我眼中的慈禧

〔英〕濮兰德 〔英〕贝克豪斯 著
钟小萌 编译

国际文化出版公司
·北京·

图书在版编目（CIP）数据

我眼中的慈禧 /（英）濮兰德，（英）贝克豪斯著；钟小萌编译. -- 北京 ：国际文化出版公司，2020.12
ISBN 978-7-5125-1236-8

Ⅰ. ①我… Ⅱ. ①濮… ②钟… Ⅲ. ①西太后（1835-1908）-生平事迹 Ⅳ. ①K827=52

中国版本图书馆 CIP 数据核字（2020）第 153886号

我眼中的慈禧

作　　者	[英] 濮兰德　[英] 贝克豪斯
译　　者	钟小萌
责任编辑	王逸明
监　　制	胡　峰
策划编辑	江婉余
出版发行	国际文化出版公司
经　　销	全国新华书店
印　　刷	北京柯蓝博泰印务有限公司
开　　本	710 毫米 ×960 毫米　16开 20 印张　315千字
版　　次	2020 年 12月 第 1 版 2020 年 12月 第 1 次印刷
书　　号	ISBN 978-7-5125-1236-8
定　　价	42.00 元

国际文化出版公司
北京朝阳区东土城路乙 9 号　　邮编：100013
总编室：（010）64271551　　传真：（010）64271578
销售热线：（010）64271187
传真：（010）64271187-800
E-mail：icpc@95777.sina.net

目 录
contents

第一章 慈禧的家世和幼年时光

叶赫那拉家族属于满洲最古老的部族之一。其家族史可以追溯到那位将女儿嫁给了努尔哈赤的叶赫贝勒杨吉砮。

叶赫那拉家族的部族位于长白山麓，紧邻朝鲜一带，那里是满洲的发祥地。杨吉砮作为叶赫那拉氏的首领，带领着部族中人四处征战，不停地侵扰着周边富饶的区域，使统治疆域不断扩大。疆域增长的同时，他们的侵略欲望也在逐渐膨胀。

遗憾的是，1583 年，杨吉砮在奉天的一次战役中被杀。而他打下的那片富饶的土地，最终也落入了他人之手。

清太祖努尔哈赤在杨吉砮死后占领了叶赫那拉族的领地。杨吉砮的女儿被努尔哈赤封为皇后。他们二人所生的儿子，就是后来的清太宗——皇太极。清太宗夺取了原本属于明朝的所有满洲领土，于 1626 年，受推举继位可汗，确立国号天聪。

1835 年 11 月，叶赫那拉出生。她的一生注定将影响无数中国人的命运。慈禧曾经三次垂帘听政，共掌权近半个世纪的时间。她的父亲名叫惠徵，是一位八旗世袭官员，但他并不得宠，任职最大的官职也不过是道台。

惠徵是在安徽任职时去世的，当时慈禧才刚满三岁。在惠徵去世后，一位名叫穆扬阿的亲戚，对慈禧和她的母亲给予了悉心照顾，慈禧也因此得到了很好的教育。这位穆扬阿，则是后来与慈禧一同垂帘听政的咸丰的皇后——慈安太后的父亲。

近些年来，关于慈禧出身卑微的流言有很多，大多都是无中生有、荒谬至极的无稽之谈。这些流言无非是一些为了博大众眼球，而故意将道听途说的消息添油加醋之后再发表出来的八卦之言。

但不可否认的是，在这些流言中，有一部分是出自宫廷争斗之中的嫉妒、恶意和仇恨，出自铁帽子王和其他王公贵族之口。他们之所以这样做，无非就是想要丑化慈禧的家族和品格，想要让叶赫那拉族丢脸。因为这些人身份显赫，说话具有一定的影响力，所以出自他们口中的流言，传播力明显要大很多。这就导致南北方大部分人，都对这些流言深信不疑。关于这一点，从康有为以及和他同时期的其他人的一些作品中就能看出来。

在众多流言故事中，有一个出自道光皇帝第五子惇勤亲王之口，几乎可以以假乱真。惇勤亲王因为早年被过继给惇恪亲王而与皇位无缘，但在1875年，他还是希望自己的儿子能够被选为皇位继承人。而这件事情最终被慈禧给搅黄了，于是他便对慈禧存了怨恨之意。

据惇勤亲王说，慈禧的母亲在惠徵死于安徽任上之后，一个人要照顾一大家人的生活起居，生活非常艰苦，为了筹得回到京城的盘缠，几乎要沦落到乞讨的地步。幸好在回京的途中，遇到了一位贵人。

一位官员本打算送给他的朋友一笔路费，却错误地将钱送到了慈禧一家人所在的船上。在他打算将钱收回来的时候，发现慈禧一家人生活得十分困窘，心生怜悯，于是便执意将钱留给了他们。

25年后，慈禧大权独揽，垂帘听政。这位曾经对她有恩的官员到京城朝觐时，被慈禧认了出来。为了感激他曾经对自己及家人的恩惠，慈禧命人将他扶了起来，并对他曾经的善意相助表达了感谢。

这个故事确实编得很好，但却不是真的。事实上，确实有一位曾死在任上的满洲官员，且在死的时候穷困潦倒，但这个人并不是惠徵。只是这件事被有心之人刻意安在了慈禧的父亲身上。

其实，在惠徵去世的时候，无论是他的妻子，还是他的家人们，都没有在他的身边，而是早就已经回到京城了。因为惠徵即将被调任到正白旗军中出任他职，所以家人们都提前回京去准备了。

在进一步的介绍之前，首先简单说明一下叶赫那拉家族和皇族长支之间的关系。

这个问题在中国近代史中有着非常重要的意义。慈禧在与怡亲王载垣的这场权势较量之中胜出之后，便已经成为了清朝的实际统治者，而她身后的叶赫那拉氏族和皇族之间的关系也随之变得敏感起来，二者之间存在着的猜忌和摩擦日益加大。

1898 年戊戌政变后，两者关系变得更加剑拔弩张。虽然碍于慈禧太后的“圣威”，皇室一族并未采取任何公开的反抗，但不可否认的是，在紫禁城中已然暗流汹涌，随时都有可能会爆发麻烦。

就拿最近发生在北京的事情来说，在慈禧太后的葬礼上，直隶总督因为“不敬”之罪而遭到了革职，已经证明了满洲贵族之间有很大的分歧。不仅如此，这件事也从侧面说明了，清政府在失去了慈禧太后的手腕之后，本就内忧外患的情形变得更加不妙。

对于外国人来说，清朝宫廷中的生活和朝廷之上的党派之争是他们无法想象和理解的。错综复杂的族谱、通婚、过继以及宗族之间的纠纷等问题，往往会让他们感到困惑无比。

需要说明的是，皇族是有“黄带子”和“红带子”之分的，分别是指努尔哈赤的嫡亲兄弟的子孙和努尔哈赤的父亲塔克世的叔伯兄弟的后裔。无论是对于他们自己还是对于汉人来说，他们都是公认的、纯正的皇室血统，是清王朝最尊贵的王族。

而对于慈禧及其身后的叶赫那拉氏族来说，虽然他们不具备皇族血统（女子嫁入皇室或嫁给皇上，只能给其带来尊贵的称号，并不能改变其家族的血统），但是拥有强大的实力。这不仅因为他们拥有庞大的家族人数，还因为在叶赫那拉氏家族中，曾经出现过三位皇太后，尤其是慈禧，她所拥有的权势和威望都非常大。

按照慈禧的遗诏，叶赫那拉家族的长辈们都觉得，当今的皇太后，即光绪皇帝的皇后，应该追随其姑妈慈禧太后的脚步，同样要进行垂帘听政，掌管国家大事，虽然时间上不能太长，但至少应该要到皇帝亲政之前。而且，慈禧立荣禄的外孙溥仪为皇帝的做法，也显然是有长远打算的。至少这样，她在掌权之后所推行的很多治国政策，可以被保留下来。

宫廷中党派之间的猜忌和分歧由来已久，因为道光皇帝的长支们（以溥伦贝子和恭亲王二人为代表）担心宣统皇帝（即溥仪）或他的摄政王父亲

（即载沣）会为他们这一支的创立者老醇亲王追加谥号，从而让醇亲王能够跻身皇帝之列，并以此来提升他们这一支在皇族中的地位。

追加谥号这件事，在欧洲人眼中可能不算什么，但是对于中国人来说，这样的做法无异于谋朝篡位。因为这会让老醇亲王和清王朝的创立者努尔哈赤有了同等的地位，也就是说，老醇亲王成了一个新世系的创立者。这样的做法，显然于理不合。而老醇亲王本人也早就想到了可能会发生这种事情，同时也料到这必将导致严重的后果。因此，他也早早地就采取了相应的防范措施。关于这点，在之后会提到。

在宣统皇帝登基之后，老醇亲王陵墓前的祭品变得更加奢华，祭祀典礼也变得越来越隆重。关于老醇亲王的名号，官方所给出的文件显示是"二阶"，也就是说，目前老醇亲王的祭祀规模已经和君王的等级相同了。而这所有的一切，都没有逃过那些一直密切关注着中国最高层政策动向的人们的眼睛。

能在高层面前说得上话的那些人普遍认为：等到宣统皇帝亲政之后，他势必会再次追封老醇亲王的谥号，甚至有可能会让其名号变为"三阶"。而这样做将会让老醇亲王和已故的清王朝的始祖努尔哈赤有了同等的地位，老醇亲王将同样会获得太庙里专门祭祀的神殿。对于中国人来说，这样的做法是不对的，必将导致严重的后果。

慈禧在叶赫那拉氏族中具有很高的地位，在她的庇护下，她的直系亲属们几乎都凌驾于法律之上。这些人在她的保护伞下，尽情享乐或是到处惹是生非。因此，叶赫那拉氏族和皇族的"黄带子""红带子"之间，一直存在着摩擦，就连在市井和茶楼酒肆之间也能经常听到相关传言。

慈禧对于能够打压皇室成员一事乐见其成。她曾经下过一道谕旨：禁止皇室成员们居住在京城的繁华商业区中。理由是他们中的有些人通过非正当手段敛财。慈禧一点儿都不喜欢铁帽子王和努尔哈赤的那些贵族后裔们，而这些皇族中人，对慈禧自然也不会喜欢。他们既害怕慈禧的权势，又为慈禧剥夺了他们应有的权力而抱怨不断。

有一个很有趣的例子，讲的就是慈禧太后如何利用自己高超的手腕来对付那些皇亲国戚的。有一个王公贵族在紧挨着皇城的地方擅自修建了一处豪华府邸，在这里能够看到皇城禁苑的一角。而在工程刚刚结束之后，慈禧就下令训斥了这位王公的胆大妄为，竟然敢窥伺皇城，并将府邸没收，并转赠给了她的弟弟照祥。

还有一个例子，也同样能看出慈禧对亲戚的偏袒。这件事发生在慈禧结束流亡的生活返回京城的三年之后。那时候巡警部刚刚成立，而深受慈禧宠信的汉臣徐世昌被任命为巡警部的尚书。但徐世昌很快就发现，让他担任这个巡警部的尚书并不是什么好事，因为他难免要与皇亲国戚们打交道。

慈禧的弟弟桂祥公爵根本不把法律法规放在眼里，平日里任性妄为，贪赃枉法，经常怂恿家中的仆从做一些违法犯罪的事情。有一次，一个警察看不过去了，便将桂祥的仆从给逮捕了。徐世昌在得知这件事情之后，立马下令将那个犯了事儿的仆从给放了。但是桂祥还是觉得这件事情让他受到了侮辱，于是坚持要求巡警部的尚书徐世昌亲自登门给他道歉。

倒霉的徐世昌只得亲自登门给桂祥道歉，但他去了三次，都被拒之门外。最后才终于在桂祥府中外面的庭院里，得以当面向桂祥磕头谢罪，并得到了原谅。此事之后，徐世昌先后被任命为东三省总督，邮传部尚书和体仁阁大学士，最后又被调转到奉天。这一系列的事件，都被北京人认为和慈禧太后偏袒自家人有关。

慈禧的母亲钮祜禄氏守寡多年，一直居住在使馆区附近的锡拉胡同。在慈禧成为皇太后之后，钮祜禄氏也被封为公爵夫人。钮祜禄氏是一个有能力的女人，有着良好的判断力，即使是在女子才智显著的家族中，也是出类拔萃的。她去世时，年纪已经很大了。她被安葬在叶赫那拉家族位于城西欧洲人赛马场附近的家族墓地中，得以和丈夫合葬。为显示孝心，慈禧还在那里为她的父母修筑了牌楼，立了大理石墓碑。

1902 年，流亡回来的慈禧，在乘火车进京的时候，拒绝了原本安排的京汉线路线，而改成了由南边进入北京城。之所以这样做，是因为京汉线的沿途会路过她父母的陵墓，到了那个地方如果不下车虔诚地祭拜那就是不孝，是对父母的大不敬。而她的这一举动，也赢得了包括保守派在内的所有人的敬佩和赞扬。

关于慈禧童年时期的事情，能查到的记录不多。但可以确定的是，在她的童年玩伴中，有一位亲戚家的名叫荣禄的男孩儿。慈禧在执掌政权之后遇到危机的时候，曾多次受到荣禄的帮助。

还有一个传言，说慈禧和荣禄二人其实从出生开始就被定下了亲事。虽然这种说法并未被证实，但很显然的是，荣禄对于慈禧来说是比较重要的一个角色，他在慈禧的一生中，也发挥了很大的作用，甚至比慈禧的亲人或是身边近臣们所发挥的作用都要大。而这离不开他们少年时期的亲密感情。

康有为和一些反对清朝统治的汉人官员们声称，慈禧和荣禄之间的关系过于暧昧，这可以追溯到咸丰皇帝逃亡热河的时候。

虽然慈禧所受的是传统教育，但是因为她的脑子比较灵活，再加上本人有着极大的野心和对权力的极度热爱，使得她能够将所学的东西全部应用于日常生活之中，而不受那些刻板教条的影响，最终成功地在男权社会统治中占有了一席之地。慈禧学会了绘画，并在其中找到了真正的快乐。而诗词等，虽然在形式上非常僵化刻板，但她还是十分精通。她在十六岁的时候，就已经能够用满语和汉语来熟读《五经》和《二十四史》。对于知识，她是非常热爱的，这是她智慧的源泉。除此之外，她还深谙权术之道。她的一生经历之多，艰难困苦都已尝遍，而这些正是她能够长久地把持朝政的原因。

1850 年道光皇帝去世后，他年仅十九岁的长子继位，改年号为咸丰。依照传统，在为先帝服丧期间（共二十七个月），新皇帝不能结婚。等到服丧结束后，咸丰皇帝便立刻下令，凡是达到结婚年龄、容貌姣好的满洲女子，全部都要到内务府去候选。咸丰在登基之前的结发妻子是穆扬阿的长女，但遗憾的是，她早早去世了。而在这次的候选秀女中，除了有慈禧之外，还有穆扬阿的次女钮祜禄氏，也就是未来的慈安太后。

1852 年 6 月 14 日，最终出现在皇太后面前的待选秀女约六十人，她们容貌秀丽，举止端庄，而皇太后最终又从中选出了二十八名女子，并将她们按照“妃”“嫔”“贵人”“常在”四个等级进行了划分。钮祜禄氏被封为“嫔”，而慈禧则被封为“贵人”。除了很少数的例外，一般来说，这些被选上的女子，虽然名义上是皇帝的妃嫔，但实际上她们却更像是皇太后的侍女。

理论上来说，后宫遴选妃子的人数最多可达到七十人，但事实上一般都达不到。除了皇帝的妃嫔之外，在后宫中还有大概两千名满族女性，她们在太监的管理和领导下，做着宫女和一般的仆役。后宫中的所有事情，都由皇太后做主。尽管也有在选妃的过程中，皇帝可以在现场视察的先例，但是对于妃子的品阶确定和事项安排上，他是没有发言权的。

就这样，慈禧离开了位于锡拉胡同的家，住进了皇宫之中，从此便与家人断绝了直接联系。有一个老妇人，是从慈禧入宫开始，一直到慈禧去世，都跟在慈禧身边伺候的。她给我们讲述了一个关于慈禧入宫之后，唯一一次回娘家省亲时所发生的故事。

1857 年 1 月，慈禧的儿子，也就是后来的同治皇帝刚出生九个月的时候，经咸丰皇帝特别批准，慈禧获得了这次出宫回娘家省亲的机会。一大早，宫里的太监就被派出去到慈禧的娘家通知她的母亲：懿贵人将会在正午的时候回家省亲。

得知获得如此殊荣，所有亲朋好友都高兴不已。就连居住在锡拉胡同的邻居们也纷纷前来，争相观看慈禧所乘坐的黄轿子。慈禧的母亲和所有家中长辈、晚辈们全都站在两边，恭迎慈禧的轿子进入院中。直到轿子来到内院的台阶前，慈禧才在太监的搀扶下缓缓下轿，并迈入正堂，坐在了最尊贵的上座上。慈禧的家人们全部都一脸谦恭地走到慈禧的面前对她行礼，除了家中长辈和她的母亲之外，所有人所行之礼皆为跪地叩首。之后，家里大摆筵席，为表示对皇子之母的尊重，慈禧被安排在了上座，由她的母亲坐在她的下座陪席。

虽然慈禧已经离家进宫多年，但好像丝毫没有受到皇宫中的刻板礼节的影响，在面对家人时，她非常热情，发自内心地关心家人的生活和弟妹们的教育，她这种对人随和的态度，给在场的所有人都留下了好印象。

宴会一直持续到傍晚才停止，这期间慈禧不知道回答了多少问题，当然她也询问了很多事情。因为一月份白天的时间很短，眨眼间便到了日暮时分，太监提醒她该回宫了。虽然心中不舍，但慈禧还是和家人做了告别，并对于从此要和家人分别，再无相聚之日深表遗憾。

她在心中期盼着，也许有一天皇帝能够再降下隆恩，让她可以再次回家省亲。在一一赏赐了家中众人之后，她便上了轿子离开了。从此以后，慈禧再也没有回过家，但她的母亲倒是会经常到皇宫中去看望她。

慈禧进宫不久，便在宫中站稳了脚跟。这和她极力讨好皇太后，得到皇太后的宠爱有很大关系。后来，她又依靠自身的魅力，很快成为了咸丰皇帝最宠爱的妃子。1856 年 4 月，她替咸丰皇帝生下了皇长子。因为有了皇位继承人，咸丰皇帝再也不用因为没有皇子而整日郁郁寡欢了，而慈禧也母凭子贵，在宫中的地位更加稳固。

慈禧进宫的那段时间，京城内外都因为太平天国运动而忧心忡忡。1853年3月，太平军攻占南京。而在此前就已经开始帮助咸丰皇帝批阅奏折，对政事能够提出意见的慈禧，便利用她的权势在皇帝面前进言，以确保曾国藩被任命为抗击太平军的主帅，并且为他提供军饷。有了这些有利的条件，再加上英国戈登将军从旁协助，曾国藩最终成功平定了太平天国运动。

从此事就能看出，慈禧从很早的时候就已经展现出了天生统治者的标志。她能够驾驭外部环境，冲破传统束缚，并拥有宽阔的心胸和果断的行事风格。按照当时的传统来说，正在服丧期间的曾国藩是不能被启用的，但慈禧却认为，那些传统先例都应该优先服从于国家，在国家有难时，哪有时间管什么先例。

1855年8月，皇太后（即道光皇帝的皇后）驾崩，慈禧因为“尽心服侍”而被从“贵人”晋升为“嫔”。与此同时，钮祜禄氏（即慈安）则成为了皇后。

当时的很多人都认为大清王朝的“气数已尽”，咸丰皇帝将成为大清朝的亡国之君。因为咸丰皇帝既没有治国之能，又没有本事激发人民对这个朝廷的忠诚。

在士大夫的眼里，咸丰皇帝就是一个腐化堕落的人，丝毫没有文人学者的品味，完全不具备流芳百世的贤明之风，更不懂得效仿先祖编纂名著典籍来赢得文人雅士的爱戴和怀念。

不仅如此，到了二十五岁时，他仍然未得一子。皇帝没有皇位继承人，这在中国人看来是不祥之兆。虽然他还很年轻，但是相较于他的祖辈们通常在十五岁之前就已经有了子嗣来说，他的年纪真的已经很大了。所以，在1856年4月份，慈禧为咸丰生下了儿子，并且又成功地将太平军赶出了湖南和江西时，人们觉得或许此事还有转机，上天也许还是眷顾着大清朝的。

此时的咸丰皇帝，因为患有中风，身体已经彻底垮掉了。而慈禧作为皇长子的生母，再加上她平日里作风强硬，几乎已经成为了朝廷的实际掌权者。不同于慈禧对权势的眷恋，皇后钮祜禄氏则对国事毫无兴趣，几乎不过问政事。此时的慈禧已经被晋升为仅次于皇后的“贵妃”。在京城中，人们通常称呼她为“懿贵妃”，“懿”是她的尊号，意为“德行美好”。

这一时期的慈禧，在对外交往的政策上通常带有攻击性。考虑到她少年时期的经历，还有她家族血统上的骄傲，以及她对外国的一无所知，也就可以理解她如此做的原因了。

在英法联军攻打大沽炮台后，耆英作为朝廷的钦差被委派到大沽去劝说联军退出大沽，结果失败而回，朝廷下令让耆英以白绫自尽。在高傲的慈禧看来，让他自尽都是皇恩浩荡。慈禧还让皇帝下谕旨，不让两广总督叶名琛和英国的商人就贸易问题进行谈判。而这个决定，直接导致了次年的广州被外夷攻占。

根据史料和当时的日志可以发现，当时皇帝的意见基本已经无足轻重，国家的大小事都已经被慈禧把控在手中。而这样一个事实，在以男权为主的社会中，本身就非比寻常。再加上当时的慈禧还仅仅是一个二十二岁的嫔妃，这就更加让人感到不可思议了。

慈禧的一生有很多的头衔和称谓，为了避免混乱，有必要在这里梳理一下。在参加选秀进入皇宫之前，慈禧是跟着家族的姓氏的，即被称为叶赫那拉氏。在被封为皇后（西宫太后）时，她仍然使用叶赫那拉氏这个姓氏。而在她垂帘听政，成为圣母皇太后之后，她获得尊号“慈禧”。但是对于大多数百姓来说，她的称呼则是皇太后或老佛爷。在慈禧晚年的时候，北方人几乎统一称呼她为老佛爷。

第二章

逃往热河

关于英法联军攻打华北的相关历史原因，已经是众所周知的事情了，在这里就不再做过多解释。但关于慈禧在逃亡热河前后的那段时间里，究竟起了什么作用，又扮演了什么角色，可能很多欧洲读者并不是很清楚。关于这件事情，曾有一位翰林学士在自己的日记中进行了记录，而在几年之后，这本日记以纪事的形式在私下里印制和发行。

这本日记名为《罔极编》，主要内容大多讲述的是关于孝心的事情，其中也穿插着一些关于英法联军的所作所为和对慈禧的独特个性的描写。虽然日记本身的文笔比较朴素，并没有什么艺术加工，但字里行间中都流露出了作者的真情实感，让人读来爱不释手。我特意从这本日记中摘录了部分内容：

庚申七月。自慈亲得病起，五六日间，即传夷人已到海口，所有内外一切奏禀，概不发抄。以致讹言四起，人心惶惑，然犹未移徙也。（时皇上方病，闻警拟狩北方，懿贵妃与僧王不可，且谓洋人必不得入京。）

初一日至初十日。慈亲得腹泻之症。初谕家中人，不令不孝知。不孝由署回寓，偶见几上药方，始知病状，然犹以为年年偶犯耳，即令请刘医诊视，以平日多用疏通剂见效，故听其用药。不孝本不信刘医，因自咸丰三年至今八载，宅中自慈亲以次得病，一请渠一诊，服药即见功效。以故慈亲及家下人，无一不深信刘医者，而孰知祸胎即兆于此乎。呜呼，昔人谓：为人子者，不可不知医。不孝不知医，以致遭此大难，祸及慈亲，虽百身亦奚赎乎。

此十日内，稍稍有迁移者，缘海口接仗失利，我军伤亡，且伤一总兵官。北塘兵溃，炮台为夷人所有，僧邸奉旨，不令接仗，以故坐困海口。外间未能深悉兵败之故，故消息不甚紧迫耳……

十四日。是日不孝见慈亲病势有加无减，心中焦灼，即请感冒假十日。不孝因慈亲抱病，外边一切事情，谕令家人不得告知慈亲。不孝日在慈亲前劝慰安心静养……自是日以后，海口消息日紧一日。迁徙出京者，遂纷纷不止矣……

十七日。是日李敏斋大令前赴安徽大营，来宅辞行，知慈亲病，索看刘医方，大不以为然。且言必遭其祸，即亲自立方，中用石膏。不孝禀知慈亲，慈亲勉强服此，夜间觉气短。不孝着急，于五更即将敏斋接来一诊，据敏斋言，并非药误……慈亲谓，还是刘医方吃得平稳。不孝只得仍请刘医照常用疏通剂。以不孝屡争，老年人岂可如此克削，以后如槟榔枳实等品，始开除不用矣。惟用顾气略略疏通方……

十九日。是日不孝将寿木两块由富寿板厂取回，令其在宅鸠工兴作，二十日做成，仔细查看。花板料最难得宽厚，此则帮足三寸余，底盖足五寸，且样子极其好看，不意拼凑，反得全美。据匠人言，此刻若在京中买此，恐非千余金不可。适辛三爷亦来，云可值八百金。不孝以此事已成，略觉如愿。

二十一日。叫孔漆匠来宅，先钻靠木生漆一遍，先做裹，用漆二斤余……是日，李裁缝会请六人在宅，支案做寿衣……买绸缎等物……

二十五日夜间，将貂袄做成。不孝因见慈亲精神尚不大减，遂将蟒袄霞帔暂且不做。是时城中哄传，夷人已到通州，定于二十七日攻城，居民纷纷移徙矣。

二十七日。用漆裹灰布一遍……是日，我军拿到夷目巴夏里等九人，禁刑部监。于是京中鼎沸。圣驾有出巡之说。朝内大臣具摺奏留，俱留中不发。凡在京旗汉大小官员眷口及财物，无一不移出京城者。然大生意，如布巷、前门一带，尚未摇动。此数日，慈亲病症无增无减。不孝于二十四日又续病假十日。

八月初一日。用漆裹灰布一遍……慈亲自七月底以后，刘医则以益脾助气方日日进之，然总未见腹泄稍止。

初四日。慈亲于早间问呼不孝进前，执手呜咽曰：“我病必不能好，可给我预备，我于今日不想饮食矣。”不孝心如刀割，急呼李裁缝复到宅中，由源丰赊来蟒袄霞帔料，会人成做。是日潘季玉世叔同杨剑芝孝廉到寓。据剑芝言，病势过重，必须固下，方能有转机。立方用赤石脂禹余粮涩下之剂。不孝禀知慈亲，慈亲生气，执意不肯服此方……至夜五更，慈亲大泄一次，觉神气清爽，人人皆喜，即慈亲亦谓病势退矣。遂令成衣匠人等散工，不必如此着忙。至初五日，将蟒袄霞帔做出，又因慈亲嫌所盖小呢被子太重，即令做裹面并被单皆用绸子被一床。慈亲言：“虽然轻暖，然太过分，汝祖母、汝父何曾用过此来？”言讫泪下不止……

此时人心惶惶，移徙出京者，日见其多，城门已闭彰义并东面一带城门矣……

初七日。我军与夷兵战于齐化门外。我军马队在前，且均系蒙古兵马，并未打过仗。一闻夷人枪炮，一齐跑回，将步队冲散，自相践踏，我兵遂溃。夷人逼近城边。先是，亲王及御前诸公屡劝圣驾出巡，圣意颇以为然。但格于二三老成，并在朝交章劝止，故有并无出巡之旨，且明降谕旨，有能杀贼立功立见赐赏等语，故人人皆以为出巡之举已中止矣。

初八日早，闻齐化门接仗失利之报，圣驾仓皇北巡。随行王公大臣皆狼狈莫可名状，若有数十万夷兵在后追及者。然其实夷人此时尚远，园中毫无警报，不知如何如此举动……（当皇上之将行也，贵妃力阻，言：“皇上在京可以镇慑一切，圣驾若行，则宗庙无主，恐为夷人践踏。昔周室东迁，天子蒙尘，永为后世之羞。今若遽弃京城而去，辱莫甚焉。”）

初九日……慈亲泄仍未止。商之刘医，将杨剑芝方试进半剂，连进两剂，稍止。后复不能止，从此不起矣，呜呼……

十二日早间，慈亲大泄不止，再进固涩之药，已不能咽。急将李裁缝叫来，将衣服套好，所有应用鸡鸣枕并被褥等物，速为料理。至是夜亥时，竟弃不孝而逝矣。呜呼痛哉！抢地呼天，究复何益？自恨素不谙医，为人所误，此罪万死不能赎也。不得已饮泣料理一切。先将中衣命内子等穿好，上用套好之白绉大衫、灰色绉夹袄、蓝缎绵袄、天青缎绵褂。上用蟒袄霞帔，补服钉在霞帔上，加上玉带，挂上琥珀朝珠，将金扁簪扎在头上。然后戴上凤冠，用大红表里褥子铺在床上，将慈亲安顿稳妥，头枕鸡鸣大红缎枕，安在上房正中。是时家家闭户，并无相好一人到宅者。

十三日……先将棺内拭净。用大红洋布八尺铺在底上，用薄薄一层土子灰，将洋布裹住灰，使灰不粘棺上。用天青缎长垫套在七星板上。然后将表里大红缎褥款款盛住入棺。周围上下，用通草包垫好，使不能动。盖上绸里面大被，然后将大红表里被盖上，子盖紧紧扣住。于是日申刻封棺讫。

是时街上荒乱，无人来往。适门生杨柳岑水部来宅……言目下消息不好之至，渠已将母柩用钱暂买龙泉寺前地一块，于夜间暗暗入土，俟平定再起出，嘱不孝早为筹画，免得临时不及措手。不孝……拟于上房后院破房内掘地安顿。柳岑以为在宅堂葬，总不大妥，倘彼疑其内系金银，则害事不小。况夷人多疑，一入城，家家必须搜到。前入广东省城，亦是如此，不可不虑……

十四日。彰义门开。不孝步行到九天庙，见正房尚空一间，令和尚先站定。回宅后思想九天庙一带安静之至，拟将灵柩送去暂安。不孝守住慈柩，将眷口送至霸州门生高摛艳处，主见亦未定。是时内外十六门，只开西便、彰义两门。前三门自初八日关闭后，至十一日始开顺治一门。内外城移徙者，几于门不能容，前未移徙各家，至此亦尽移徙外出。然小生意及手艺人虽已尽走，而大生意各行尚未移动也……

二十一日。用八人将慈柩送至九天庙安顿。不孝步行出城……是夜觉得城外比城内安静多多。二十二日早间进城，到城门口，几拥挤不能行矣。

二十三日。出门，见街上人三五一堆，俱作耳语。街道慌乱之至。至午后，忽西北火光烛天而起，哄传夷人已扑海甸圆明园一带矣。我兵数十万，竟无一人敢当者。夷兵不过三百马队耳，如入无人之境，真是怪事。僧邸、胜帅兵已退德胜门外……

自二十四日以后，京中大生意如布巷、前门，绸缎、绵花各项，日日用车装驼载，不可复止矣。车价愈贵，移徙者愈多。即下至贫民亦用推车或驴头装载出京。是日恭邸于早间差弁到夷营送愿和照会。该弁行至夷营，见其持枪相向，惧而驰回。

二十四日以后，城北日见烟起，缘夷人到园后，先将三山陈设古玩尽行掳掠一空，后用火焚烧，藉口乱兵烧毁。复出告示张挂各处，若和议不定，准于二十九日午刻攻城，居民务须远避，勿致玉石俱焚等语。以致居民愈恐，无一不思出京者。（是日车驾已安抵热河。皇上下谕言外兵深入，未克自裁，良用愧恨。传言皇上有病，而亲王载垣及端华谋摄朝政。若皇上崩，则懿贵妃等将为皇太后。但贵妃与载垣等人有隙，诸人多谗贵妃于帝前云。）

二十六日……不孝在九天庙，探问外边夜间情形，俱言安静。惟日日过兵，九天庙却未住兵……

二十九日。早间，荣儿进城来，言九天庙已被天津兵丁住满，阖家惶恐。不孝急到庙，见系我兵，始放心。惟时僧邸及胜帅俱扎营西北一带，距庙甚近。倘一开炮，俱成粉碎，况慈柩，更为不妥之至……向杠房约定九月初二日起程赴省，到刘医药铺，有推车数辆，每辆六金可到保定。随定四辆推车，装载行李……是日，夷人已于午刻进安定门，住居城楼，并城门洞内安大炮一，小炮四，口俱向南，插五色大旗。城中自一二品大员皆于是日出城……在城内者，惟当事数人而已……是日，大臣等已将巴夏里等以礼送回夷营矣。（洋人方至营，而热河急诏至，命恭亲王尽杀之，以示不屈之意。懿贵妃既主持杀洋人于前，则此次之诏，或亦贵妃之意也。）

九月初一日。早间，彰义门未开，不孝坐车到西便门出城。人车拥挤，不能行走。不孝令车后来，自己步行出门，几乎碰杀矣。随到九天庙，令其将行李收拾，将做成蓝布绵棺套自己套上，正合式之至……不孝进城料理一切，到杠房告知，定于初二日起身，推车亦送给起身信息。是日，城外慌乱之至。自二十九日，梁海楼司农亦携如夫人与行李到庙居住，至初一日尚未入城，朝中大臣可知矣。

初二日早起，不孝即出城。时杠房人夫并推车已到，即将推车装行李四辆，并无人坐地步。随将慈柩用八人抬上。言明系龙杠，临时受其愚弄，竟未用中心大杠，只用小杠八人扛抬。不孝一时匆忙，未及细看，业已起身。即令内子并三弟妻金印坐自己单套轿车，荣儿步行随走……仓皇起身，狼狈之状，惨不可言。不孝亦不忍多睹，只得听其如此。惟慈柩总要求妥当，余均在不计。打发起身后，一路步行回城。思想荣儿十五岁，并未步行上过路，倘慈亲有知，亦万不忍其受如此苦楚……遂雇推车一辆，令龚三拉纤追赶。幸是日出城矣。回宅后彻夜思量，慈柩并未用大杠，未免抬上时颠播过甚。第二日一早，到杠房……大闹数次，伊总换杠而行了，及崔荣等由保定回京，据言并未换杠，路上亦未接得信函。杠房可恶之至。然已上了他船，无可如何……且据荣儿来信并崔荣说："一路杠头陈姓狠操心，灵柩走得平稳之至，并不见得颠播。到保定后……将毡套层层揭开，棺木并未受一点摩擦……"

……自初二日慈柩及眷口起程后，京中夷人已入城内。讹言四起，人人自危。内城旗人未经移徙者，至此均将眷口移至南城店居住。流离颠沛之状，目不忍睹。(有御史某上奏，言奸人荧惑帝听，仓皇北狩，弃宗庙人民于不顾，以致沦陷于夷，请速回銮云云。) 自初间起，日日闻得与夷人换和约未成，或因恭邸不肯出见，或因夷人所说难从。总未定局，居民愈觉不安……

初六日，英夷来照会，云我国太无礼，致将伊国人虐死五人，索赔银五十万两。适俄夷亦来照会云，问得夷人索赔五十万金，伊愿说合，令我们少赔。恭邸以此事即使说合，亦不过少十万八万两，又承俄国一大人情矣。随托言已许，不能复改，谢之。俄夷又来照会云，既已许赔五十万，自不必说。惟英国焚烧园亭，伊亦愿赔一百万两。前索二百万减去一百万，只需一百万，便了事矣。恭邸答应于初九日送去银五十万两。是时，夷人所添十六条无一不从者。当事者唯求其退兵，无一敢驳回。于是夷人大笑中国太无人矣。呜呼！尚忍言哉！尚忍言哉！（懿贵妃闻恭亲王与洋人和，深以为耻，劝帝再开衅端。会帝病危，不愿离热河，于是报复之议遂寝矣。)①

在日记中，作者一直在暗示，在英法联军攻入北京的时候，咸丰皇帝处事优柔寡断。根据这一点，我们可以推断出，下面这一篇言辞激烈的谕旨，即便不是出自慈禧之手，也定然是在她的授意之下所写。这道谕旨的颁发时间是咸丰十年八月初三（1860 年 9 月 6 日）：

朕抚驭寰海，一视同仁，外洋诸国，互市通商，原所不禁。英吉利、法兰西，与中华和好有年，久无嫌隙。

咸丰七年冬间，在广东遽启兵端，闯入我城池，袭掳我官吏。朕犹以为总督叶名琛，刚愎自用，召衅有由，未即兴问罪之师也。八年间，夷酋额尔

---

① 《罔极编》原文被收录在《吴柳堂先生文集》卷四。本书的作者在将原文翻译成英文时删去了部分内容（本文中没有将删减的内容补全）。同时引文中有些内容是原文没有的，现用括号表示，括号中内容仍用陈冷汰版译文。

金等，赴诉天津。当谕总督谭廷襄，前往查办，该夷乃乘我不备，攻踞炮台，直抵津门，朕恐荼毒生灵，不与深较。爰命大学士桂良等，往与面议，息事罢兵，因所请条约，多有要挟，复令桂良等，驰往上海，商定税则，再将所立条约，讲求明允，以为信据。讵夷酋卜鲁斯等，桀骜不驯，复于八年，驾驶兵船，直抵大沽，毁我防具。经统兵大臣僧格林沁，痛加轰剿，始行退去，此由该夷自取，并非中国失信，天下所共知也。

本年夷酋额尔金、葛罗等，复来海口，我中国不为已甚，准令由北塘登岸，赴京换约。不意该夷等，包藏祸心，夹带炮车并马步各队，抄我大沽炮台后路，我兵撤退后，复至天津。因思桂良系前年在津原议之人，又令驰往，与之理谕，犹冀该夷等稍知礼义，但使所求尚可允许，不出情理之外，亦必予以优容。岂意额尔金等，肆意要求，竟欲婪索兵费，强增口岸，陈兵拥众，入我郊畿，凶狡情形，至于斯极！爰命怡亲王载垣、兵部尚书穆荫，前往再三开导，并命将所请各条，妥为商办。逆夷犹敢逞凶，带领夷兵，逼近通州，称欲带兵入见。朕若再事含容，其何以对天下？

现已严饬统兵大臣，带领各路马步诸军，与之决战。近畿各州县地方士民，或率领乡兵，齐心助战；或整饬团练，阻截路途。无论员弁兵民人等，如有能斩黑夷首一级者，赏银五十两；有能斩白夷首一级者，赏银一百两；有能斩著名夷首一人者，赏银五百两；有能焚抢夷船一只者，赏银五千两，所得资财，全行充赏。天津百姓，素称义勇，务各敌忾同仇，明攻暗袭，以靖逆氛。

朕非好武穷兵之主，凡此大不得已之苦衷，当为天下臣民所共谅。至该夷所掳闽、广等处内地人民，皆朕赤子，如能自拔来归，或斩夷首来献，朕亦必予以厚赏。至该夷去国万里，原为流通货物而来，全由刁恶汉奸，百端唆使，以致如此决裂。

并当谕令各海口，一律闭关，绝其贸易。其余恭顺各国，任其各安生理。经此次剀切明谕，该夷倘能醒悟，悔罪输诚，所有从前通商各口，朕仍准其照常交易，以示宽大之仁。如尚执迷不悟，灭理横行，我将士民团等，惟有尽力歼除，誓必全殄丑类，其毋后悔。将此通谕中外知之。钦此。[1]

在诏书下达后不久的初五日，慈禧出席了当天的早朝，在朝堂之上，咸丰皇帝又下谕令：

玉明奏，金州复到夷船多只，仍饬滨海严防一折。我兵自撤退大沽炮台后，夷人以议和为名。由津至通，节节进逼。所请各条，已皆允许，该夷必欲将该国夷书亲呈御览，坚欲撤退僧格林沁张家湾之兵，狂悖殊甚。抚局已形决裂，业经僧格林沁开仗获胜，大营现扎八里桥，阻截夷兵前进。[2]

之后朝廷还下令，对所有从停泊在金州的军舰上下来的军队都要果断迎击。

八月初七，咸丰皇帝应到孔庙祭祀。虽然他想要去祭祀先祖，并将自己即将离京的打算向列祖列宗们报告，但在第二天的时候，他却连颐和园的门都不敢踏出。于是，在原定祭祀的当天早上，恭亲王取代了怡亲王载垣成为议和大臣，开始全权处理议和事宜。尽管咸丰在上一篇谕旨中还言辞激烈，要阻挡夷人入侵，但在宫中的安佑宫祭拜之后，他还是仓皇地逃出了北京城。在逃亡之前他还特地下旨，将这次逃跑委婉地称为“秋巡”。

皇帝出逃之时，场面一片混乱。在队伍离开北京城，向北只走了大概二十九千米时，便在一处小庙中停下休息。在这里，咸丰皇帝又一次下了谕旨，命令满洲军队都前往热河护驾。第二天晚上，咸丰接到了恭亲王的一篇奏折，上面报告了一些关于夷兵的动态。咸丰在回复中言明，让恭亲王自己随机应变，见机行事，还说自己距离北京城太远了，鞭长莫及。就这样，他将责任全部推给了恭亲王。

十一日时，皇帝一行人安全抵达了密云县北部的行宫之中。根据中国的史料记载，当时皇帝身体欠佳，所有事情由慈禧代为掌管。于是，慈禧便颁布了下面这道谕旨：

本日保奏，夷氛逼近阙下，请飞召外援，以资夹击一折。

据称：用兵之道，全贵以长击短，逆夷专以火器见长，若我军能奋身扑

---

① 咸丰十年八月初四（原作者误写成初三日）上谕，见在《咸丰同治两朝上谕档》第10册第517－518页。

② 咸丰十年八月初五日上谕，见《咸丰同治两朝上谕档》第10册第518页。

进，兵刃相接，贼之枪炮，近无所施，必能大捷。蒙古京营兵丁，不能奋身击贼，惟川楚健勇，能俯身猱进，与贼相搏，逆夷定可大受惩创。请饬下袁甲三等各于川楚勇中，挑选得力若干名，派员管带，即行起程，克日赴京，以解危急等语。

逆夷犯顺，夺我大沽炮台，占踞天津，抚议未成，现已带兵至通州以西，距京咫尺。僧格林沁等兵，屡次失利，都城戒严，情形万分危急。现在军营川楚各勇，均甚得力。着曾国藩、袁甲三各选川楚精勇二三千名，即令鲍超、张得胜管带；并着庆廉于新募彝勇，及各起川楚勇中，挑选得力者数千名，即派副将黄得魁、游击赵喜义管带；安徽苗练向称勇敢，着翁同书、傅振邦饬令苗沛霖遴选练丁数千名，派委妥员管带，均着兼程前进，克日赴京，交胜保调遣。勿得借词延宕，坐视君国之急。惟有殷盼大兵云集，迅扫逆氛，同膺懋赏，是为至要。

将此由六百里加急，各谕令知之。钦此。①

皇帝一行在长城附近的巴克行营暂时休整的时候，收到了来自僧格林沁亲王的一份奏折。奏折中说，在北京的附近已经能够看到夷兵的先头部队了，但他们暂时还没有开炮攻城。对此，咸丰皇帝下达了一份谕旨，内容如下：

本日据僧格林沁等奏夷务情形一折，览奏已悉。该夷现在虽未大队攻扑，时时窥探，迁延日久，必多诡计，抚局自宜早定。所奏法夷爱嘉略欲进城求见一节，已谕恭亲王奕䜣斟酌办理矣。至该夷大队如果直抵城下，僧格林沁等即督兵在后兜剿，毋令攻扑城池。倘城已攻破，万不能支，该大臣带兵速赴古北口，布置防守。②

最终圣驾在十八日安全抵达热河。二十日时，众大臣纷纷上奏，要不惜一切代价与夷兵继续这场战争。于是，咸丰皇帝颁布了一道谕旨，命令恭亲王不能放过任何一个被俘虏的夷兵战俘，同时还在谕旨中斥责了夷兵竟然胆大包天，敢在圆明园附近安营扎寨的事情。

---

① 咸丰十年八月十一日上谕，见《咸丰同治两朝上谕档》第10册第534页。

② 咸丰十年八月十二日上谕，见《咸丰同治两朝上谕档》第10册第536页。

而恭亲王本人则回复说，他已经将战俘放了，安定门也已经被敌人占领了。对此时的情形，作为政治家的他看得十分清楚，知道目前摆在大清王朝面前的唯一出路就是投降，因此他没有理会皇上的圣旨。不久之后，咸丰皇帝也被说服了，终于同意了重新谈判，并在九月十五日下达了一道谕旨，批准在北京签署和平条约。而谕旨的内容如下：

恭亲王奕䜣奏英法两国互换和约一折。英法两国业经朕派恭亲王奕䜣于本月十一、十二等日与换和约，从此永息干戈，共敦和好。所有和约内应行各事，宜即着通行各省督抚大吏，一体按照办理。钦此。[1]

① 咸丰十年九月十五日上谕，见《咸丰同治两朝上谕档》第10册第579－580页。

第三章 载垣逆谋

咸丰皇帝曾下旨，在 1861 年的春天从热河返回北京。但是在一月的时候，他的身体越来越不好，病情也越来越严重，已经无法再长途跋涉，于是只好打消了回京的计划。

在热河的时候，咸丰皇帝的弟弟们都不在他的身边，再加上他的身体状况越来越糟糕，于是他逐渐落入了怡亲王载垣的掌控之中。作为军机大臣的载垣和郑亲王端华，宗室的肃顺等人串通一气，把控着朝政。他们看出了皇帝的生命即将走到尽头，而小皇子年纪还小，未来的朝廷将不可避免地会需要摄政王，于是决定将政权揽到自己手中。

虽然这场阴谋的直接领导者是怡亲王载垣，但在背后策划和操控一切的是肃顺。郑亲王端华是世袭爵位，也是满洲八大王爷之一，他的先祖是努尔哈赤的兄弟。而肃顺是郑亲王的亲兄弟。肃顺在年轻的时候，就已经成为北京城里非常引人注目的一号人物，经常穿着奇装异服，整日里斗鸡遛狗，花天酒地，是有名的纨绔子弟。

肃顺最初之所以能够走入皇帝眼中，是因为有怡亲王和郑亲王二人的引荐。但很快肃顺就因为和咸丰有着同样的爱好——风流成性而取得了对方的信任和好感，从户部的一个小官迅速升至协办大学士。

任职期间，众人皆知他的心狠手辣和贪婪无度。他甚至劝说咸丰皇帝下旨杀掉了他的上司兼大学士柏葰[1]，理由是柏葰在担任顺天府乡试主考官时徇私舞弊。但事实上，柏葰是一个刚正不阿、率直敢言的人。也正因为这样的性格，所以他得罪了载垣和端华，被他们嫉恨。

柏葰的这件事，让很多人对肃顺既恨又怕。也就是在如何处理柏葰的这件事情上，肃顺和年轻的慈禧之间产生了分歧。慈禧担心肃顺对皇帝的影响越来越大，为了削弱肃顺的影响，她故意和肃顺对抗。慈禧努力营救柏葰，但最后却以失败告终。柏葰被处死，而肃顺的地位则变得更加牢固。所有反对他的人都被流放或降职，整个朝廷上人人自危。尤其是当人们感觉到慈禧已经失宠之后，这种担忧的感觉更甚。

肃顺甚至经常故意做一些事情来让他们感到恐慌。他曾上书朝廷举报户部的官员们通过垄断现金市场的手段非法谋取暴利。这导致户部大小官员悉数被革职。其实在当时，官员们通过非法手段揽财的事情，早就已经是司空见惯的了。所以他的这一指控很有可能是有根据的。虽然如此，但是这件事竟然是被一个以贪污腐败而闻名于世的人举报出来的，那么就不得不让人觉得他是在恶意报复了。

他后来刻意逮捕了一百多名富商，将他们关押起来，并言明只有拿出巨额的保金才能将人救出来。通过这样卑鄙的手段，肃顺得到了大笔资金。而这笔巨大的资金让他有能力和载垣、端华二人共同密谋篡权，觊觎大位，也最终导致他走向毁灭。

在肃顺被处决后，他的金银财宝被充公，大部分都进了国库，而其中还有一部分则到了慈禧的手中。在1900年朝廷流亡的那段时间，慈禧在出逃之前，首先做的是将这些财宝藏了起来，至今它们还藏在禁宫大内的某个地方。

英法联军进逼北京城时，咸丰皇帝不顾慈禧和众位大臣的劝谏，果断选择出逃，而离开北京、避往热河的建议，就是肃顺给出的。肃顺甚至还建议，不让众位高官随驾。他的目的昭然若揭，就是想要趁机掌控咸丰皇帝，防止咸丰听取其他大臣的意见。幸好慈禧比较聪明和勇敢，在关键时刻粉碎

---

① 浦安，那桐的叔叔，任外务部尚书直至1911年，因协助柏葰处理此事而被处死。——原注。

了肃顺等人谋权篡位的阴谋，保住了大清政权，使之得以延续。

咸丰皇帝驾崩的第一时间，慈禧便在肃顺等人还没有反应过来时采取了行动。她火速派人给恭亲王送了一封急件，并在信中要求恭亲王必须以最快速度赶到热河。而热河这边，慈禧也在荣禄等多位大臣的帮助下，执行了一件大胆的计划，并最终成功粉碎了肃顺等人的阴谋，把自己推上了真正掌控大清王朝的位置上。

逆谋被揭穿，肃顺等人眼看大势已去，意识到自己已经落入慈禧手中。慈禧下令将他们送往宗人府，并对他们进行了审讯。之后，肃顺转而责备起了他的同党们："要是早听了我的话，杀了这个女人，又怎么会有如今这样的下场？"

现在让我们从头来看一下这次的逆谋吧。

最开始的时候，怡亲王的目标是离间皇帝和慈禧二人，因为慈禧对咸丰的影响很大。为了避免慈禧的影响，削弱她的势力，他们便经常在皇帝面前进谗言，说外面有很多人都在传慈禧和她身边的侍卫荣禄之间有私情。当时的荣禄年仅二十五岁，是个外表英俊潇洒，身材魁伟健壮之人。至于皇后，对他们来说根本构不成威胁。因为皇后本人性格温和，对政事丝毫不感兴趣。

肃顺等人知道，这件事情想要成功，首要的事情就是让慈禧在皇帝面前失宠，要么让皇帝将慈禧赶出皇宫，要么让她被暂时打入"冷宫"。他们心中很明白，这次的计划只能在热河实施，一旦回宫，将会存在更多的风险。因为在皇宫中，无论多么受宠的大臣，都无法时时刻刻陪伴在皇帝身边，但是慈禧不同，她只要在手下太监们的帮助下重新获得宠爱，就能恢复自己的权势。

所以，为了避免发生这样的情况，他们特意在皇帝面前提起乾隆皇帝的一位妃子因为怠慢了皇太后而被判终生监禁的例子，希望皇帝能够对慈禧和荣禄有私情一事严惩。这些挑拨的话语终究还是起了作用，咸丰皇帝最终同意，将未来皇位的继承人、慈禧的儿子从慈禧的身边带走，并将孩子交给了被特意接到热河行宫之中的怡亲王的妻子来照顾。

多年来，怡亲王和恭亲王都是势不两立的政敌。为了完成这次计划，肃顺等人甚至将目标对准了恭亲王。在皇帝面前，他们极力诋毁恭亲王利用职务之便，联合外国人一起反对皇帝，有叛国的行径。

肃顺等人的下一个目标就是将京城里的所有洋人都杀光，并且让皇帝将他的弟弟们全部处死，至少也要将他们终身监禁。为了完成这个计划，他们还特地拟好了一份诏书，必要的时候，可以用它来证明他们的这些举措都是合法的。他们打算在皇帝驾崩之后，便立即将诏书公布于世。但是在这件事情上，他们却遇到了一个意料之外的阻碍，而这个阻碍还只是慈禧给他们布置的众多阻碍之中的第一个。

他们无论如何都没有想到，原本一直在皇帝手中的印玺，不知何时竟然到了慈禧的手中。而印玺上的印文是“世传受命之宝，凡嗣皇继位，第一次谕旨，必盖此印”，意思就是，根据惯例，在新皇帝登基之后所发布的第一道谕旨上，必须得加盖这枚印玺，才能具有合法效力，否则就是一纸空文，随时都有可能被撤销。但显然，怡亲王并没有胆量采取公开的手段从慈禧的手上夺取这枚印玺。

外面那些关于慈禧和荣禄关系暧昧的传言对咸丰皇帝的影响很大，他的身体每况愈下，病情越发严重，整个夏天，他都是在热河行宫中苟延残喘的，甚至连在京中祭祀先祖的事情也全部交由恭亲王来处理。后来的六月初四，也就是在他三十岁生辰的前一天，钦天监上奏称天降吉兆，皇帝于是下旨回复了这篇谕旨，内容如下：

钦天监奏，八月初一日，日月合璧，五星联珠，并绘图呈览。本年五月，钦天监奏彗星见于西北，仰惟天象示警，方滋兢惕。兹复据奏日月合璧，五星联珠，自非虚词附会。惟念朕御极之初，即以侈言符瑞为戒。矧值东南贼匪未克殄除，眷念民生，惟增矜恻。即使星文表瑞，实为世运亨嘉之兆，亦惟有夕惕朝乾，冀邀上苍眷佑。如逆匪速就荡平，黎民复业，年谷顺成，休应孰过于斯。其不必宣付史馆。用昭以实不以文之意。钦此。[①]

谕旨颁布的第二天，也就是咸丰三十岁生日的当天，他在一座宫殿里接受了大臣们的朝贺，但当时慈禧并没有到场。这次庆典是咸丰最后一次公开露面，在这之后他的病情便开始恶化。

---

① 咸丰十一年六月初八日（原作者误写成初四日）上谕，见《咸丰同治两朝上谕档》第 11 册第 192 页。

七月初七，慈禧设法给身在北京的恭亲王送去了一封密信，她在信中向恭亲王透露了此刻咸丰皇帝病危的情况，并催促恭亲王尽快派一队叶赫那拉族的八旗兵到热河来。

七月十六，军机大臣和各部大臣（他们都拥护载垣等人）进入了皇帝的寝宫，屏退了皇后和其他嫔妃之后，极力劝说咸丰皇帝，让他指定载垣、端华和肃顺为赞襄政务王大臣①，让他们联合摄政，辅佐幼帝，并在禁止慈禧干预朝政的谕旨上签字。但因为印玺此时在慈禧的手中，他们根本无法拿到，所以即使这道圣旨颁布出去，也是没有任何效力的。第二天黎明时分，咸丰皇帝就在自己的寝宫中驾崩了，一众逆谋者们将事先拟好的遗诏颁布出去，命载垣等人辅佐新帝，而关于恭亲王和皇后则一字未提。

之后载垣等人又借着只有五岁的新皇帝的名义颁发了一道谕旨，宣布新帝登基。但人们很快就发现，这道谕旨并不合规矩，因其上并没有按照惯例对皇后进行应有的赞扬。赞襄政务王大臣们担心这件事会引出麻烦，于是在第二天就又颁发了一道圣旨，纠正了之前的错误，弥补了疏忽。这一次则封咸丰皇帝的皇后为母后皇太后，封皇帝的生母慈禧为圣母皇太后。

根据史学家们的分析，肃顺等人之所以这样做，很可能是因为他们意识到了慈禧在热河的满洲军中有着很高的声望。对于他们来说，这一点要比慈禧是新皇帝生母这一事实还要重要。他们希望回到京城之后能够改变现状，但此刻他们的地位没有稳定，不敢贸然行动。因为现在除掉慈禧，必然会引起内部纷争，也会给他们的行动增加风险。但他们非常清楚，必须得除掉慈禧。因为慈禧本身有着政治野心，同时又有着招人喜欢的性格，只要有她的存在，他们的摄政地位就必然不保。

载垣接下来要做的就是以赞襄政务王大臣的身份代行皇帝职责，发布谕旨，授权首席赞襄王大臣为“监国”。但自古以来，监国一职无一例外都是由皇帝的亲兄弟或叔伯来担任的。载垣想通过他自己担任监国一职的事情来看一下京城和各省的反应。

消息刚一传到北京，就引来了都察院谏官和各位大臣的上奏。他们纷纷

---

① 赞襄政务王大臣：清代职官名，即辅助年幼皇帝执政的王公大臣，是辅政大臣的另一种名义。

奏请新皇帝由两宫皇太后来辅佐，也就是实行中国自古以来就有的“垂帘听政”。恭亲王和其他先皇的兄弟们此刻一直在与慈禧暗中保持联系，他们将慈禧当作主心骨。恭亲王等人敦促慈禧尽快将咸丰皇帝的梓宫护送回京，并且告诉慈禧，在做此事时，务必多加小心。因为此刻先皇的众多嫔妃中已经有很多人都投靠到了载垣等人一方，当然也包括她们手下的侍卫。

而肃顺手里的大把金银，同样不容小觑。此人在京城中有着很坏的名声，心狠手辣，残忍至极，经常利用银票和现金操控市场来谋取暴利，京城中的百姓已经对他恨之入骨，但又无能为力。虽然心中对肃顺怨恨，但是又抵抗不了金钱的诱惑。一旦肃顺送给对方大笔金银，那么将可以想象，必然会有很多人倒向他们那一方。其实肃顺的这种做法，在以前的北京城也能找到，但只有他为此而付出了血淋淋的代价。

当时，皇室正在遭遇前所未有的危机，时局动荡，国家内忧外患，民众已经对皇室心存不满，而这样的结果，显然对逆谋者们更有利。因为北京城已经被外国军队占领，许多省份的百姓也都在饱受战乱之苦，所以百姓们很可能会期望有新的统治者来拯救他们，帮他们摆脱痛苦。而这几个赞襄政务王大臣在处理各项国事上所表现出来的能力是能够得到认可的，若想因此而掌控大局，并非什么难事。

慈禧虽然为女儿身，却有着处事不惊的气度和精力充沛的劲头，再加上身边有荣禄和一些忠心的追随者，她很快就让国家的形势发生了变化，出现了崭新的局面。她所提携的军队统帅曾国藩成功地从叛军手中收复了安庆（位于安徽省）。这样的结果对慈禧来说无疑是一件大喜事，不仅使形势于她更加有利，而且让她的事业开了一个好头。

慈禧凭借自己的聪明才智和过人的勇气与密谋者对抗。同时，她的权谋手段，也给对手制造出了很多麻烦，甚至使对方内斗，从而给她赢得了更多的时间和盟友。最后，肃顺等人已经毫无胜算。

虽然慈禧的野心和抱负已经昭然若揭，但此时摆在她面前的还有一个很大的阻碍，那就是清朝的法制是禁止后宫干政的。慈禧想要垂帘听政，显然是不合法制的。虽然在顺治和康熙两朝曾经出现过辅政大臣辅佐幼帝的先例，但在这两个例子里，太后对政事都是没有发言权的。

更何况，即使有辅政大臣，他们最终也都没有好结果，不是被下令赐死就是被流放充军。也许恭亲王在提议由两宫太后进行垂帘听政的时候，是没有考虑到慈禧本人的能力的，他认为让女人来摄政，最终的朝政大权一定是会被掌控在他的手中的。

有一位曾经随驾热河的满洲人描述过自己的经历，并在其中特别讲述了慈禧过人的勇气和极具魅力的性格。也正是这样的性格，才让她受到了大内侍卫的爱戴，并为她最后的成功赢得了机会。

例如，为了避免引起怡亲王等人的注意，慈禧从不亲自与荣禄联系，而是通过一位名叫安德海的太监（在后面会对此人进行交代）来联系。安德海每天会送密信给身在北京的恭亲王，向他说明热河行宫的情况。而在这段时间里，慈禧还特意假装对政事毫不关心，并且对怡亲王等人表现出尊敬之意，意在打消对方的怀疑。

八月十一日，赞襄王大臣们开会讨论了当时的政治局势。之后他们以幼帝的名义，颁布了一道圣旨，严厉地斥责了御史董元醇所奏呈的要让两宫皇太后来垂帘听政的建议，并拿出了先帝临终之前颁布的让他们为赞襄王大臣，并负责辅佐幼帝的圣谕来作为证据。同时，他们又以幼帝的名义下达了旨意，指出将于下月初二护送先帝梓宫回京。而这无疑正是慈禧心中一直期盼的结果。

在护送先帝梓宫回京的过程中，赞襄王大臣和各部的大臣都必须全程①陪同。灵柩非常重，需要一百二十个人抬着，再加上这一路都是崎岖的山路，回京的行程必然十分缓慢。沿途每隔约十五英里就设有一个休息的地方，供先皇遗体和护送的官员们留宿。这样一来，赞襄王大臣们返回京城至少也要十天时间，如果再遇到恶劣的天气，所花时间只会更多。

而这样的情况对两宫太后来说，显然是非常有利的。因为她们身份特殊，可以不用护送先皇灵柩，能够走在队列的前面。如果乘坐快轿，只需要五天时间就可以赶回京城。根据清朝的礼仪规定，在先帝灵柩出发之前，新皇帝和先帝的嫔妃们需要参加祭祀，然后先行来到目的地，并在那里提前准备类似的祭祀仪式，来迎接送葬的队伍。慈禧发现此刻她正处在一个对自己非常有利的形势上，因此她和恭亲王取得联系，并制定了周密的计划，准备

① 全程约二百四十千米。

给敌人一个措手不及的打击。

载垣等人同样也想到了这一点，如果让慈禧率先到达京城，那么他们将会处于不利的情形之中，未来会充满危险。因此，他们决定在回京途中暗杀两宫太后，让她们无法回京。为了达到这个目的，怡亲王下令让自己的私人卫队护送两宫太后回京。如果不是荣禄提前得到了他们将要刺杀两宫太后的风声，并果断采取行动，恐怕两宫太后根本无法平安回到京中。荣禄在得到消息之后，便率领一队亲兵，连夜离开送葬队伍，并火速追赶两宫太后的队伍，最终在古北口处追上，成功营救了两宫太后。古北口是平原通往蒙古的关口，怡亲王等人就是打算在这里刺杀太后的。

送葬队伍刚一离开热河，就遇到了暴雨天。道路泥泞，根本无法行走，两宫太后只能在峡谷中避雨，衣食和住宿都没有提前安排。而护送先帝梓宫的队伍也因为路遇暴雨而行动迟缓，目前已经落后他们大概十六千米。慈禧时刻都在关注着送葬队伍的情形，并派人以两宫太后的名义询问梓宫的情况。怡亲王等人则回复灵柩已经到达了第一个休息地。听到消息的慈禧，则从自己的私房钱中拿出一千两白银来犒劳抬棺人。

虽然怡亲王心中明白，只要慈禧还活着，他的危险便会时刻存在，且日益增加，但他仍然要尽职地扮好一个忠守礼节和法度的角色。于是他给慈禧呈递了折子，感谢她们对先帝遗体的担忧和挂念。而慈禧也同样在回复中赞扬了怡亲王的尽忠职守，尽职尽责。就这样，双方在这场生死较量中，始终保持着以礼相待。

双方交流的信件都被收录在案，从这些文件中，我们能看出无论是满洲人还是汉族人，都把形式和礼节看得十分重要，哪怕是在生死存亡的危急时刻依然如此，即使是在义和团发动运动的时候，也同样如此。

大雨停下之后，两宫太后的队伍继续赶路，在荣禄等人的护送下，她们安全地通过了山口，再也没有遭遇伏击，前路也就安全了。九月二十九日，两宫太后安全抵达京城，比送葬队伍早了整整三天的时间。

慈禧众人刚一到达京城，就立即召开了一次秘密会议。参与会议的人员包括先帝的弟弟们和一些明确忠诚于太后的大臣和皇室宗亲。这次的协商会议漫长而又令人焦虑。虽然慈禧手中握有先帝御赐的印玺，可以让颁布的圣命生效，但是要在当下捉拿正在护送先帝梓宫回京的国家大臣们，显然并不合适，这是对先帝的大不敬。更何况对新帝来说，这也是很不合规矩的。最后，所有人一致决定，此事不可操之过急，应该谨慎行事。暂时还是应该遵守大清的礼节规矩，等先帝的梓宫回京。之后的首要事情是，剥夺赞襄王大臣的辅政权力。其余事情再相机行事。

根据预定的时间，先帝的灵柩应于十月初二的早晨自西北门抵达京城，初一晚上，恭亲王便派出了一大队人马驻扎在此地，以防止载垣的同伙趁机发起政变。幼帝在两宫皇太后和先帝的弟弟，以及文武大臣的陪同下，出城迎接先帝梓宫。当先帝的梓宫经过城门的时候，前来迎接的一众人全部跪地行礼。

走在灵柩前的是先帝的灵位，后面则跟着大队的满洲骑兵。怡亲王率领诸位赞襄王大臣履行了自己的指责，成功护送先帝灵柩回到了京城。按照规定，他们还需要到幼帝的面前奏禀之后，才算真正地完成了使命。为了能够让他们向幼帝奏禀，城门口早已搭好了一处营帐。此刻，幼帝、两宫太后、先皇的弟弟、大学士桂良及周祖培已经等在其中。

慈禧一如往日，镇定自若。但从她身上所透露出来的威仪来看，很显然，今天的她将会是这场大戏的主角。她以圣母皇太后的身份对怡亲王说，她和母后皇太后对于怡亲王和众赞襄王大臣护送先帝梓宫回京一事深表满意和感激，现如今先帝的灵柩已经安全返京，他们的职责也就完成了，也是时候罢免了。

怡亲王听到这个消息之后，脸色大变，声称自己的赞襄王大臣的身份是合法的，乃是先帝下谕旨所赐封，两位皇太后没有权力就这样剥夺。况且在新帝成年之前，无论是太后还是其他人，在没有经过辅政大臣的允许之下，是没有权力召见朝臣的。

对此，慈禧只说了一句“那我们走着瞧”。之后，便下令让侍卫将三位赞襄王大臣当场拿下。接着，皇帝一行人又匆匆赶回皇宫，准备在紫禁城的门口迎接先帝的梓宫回宫。在中国，无论形式如何紧急，始终都是以死者为大。而已经被罢免了职权的三位赞襄王大臣只能默默跟在队伍的后面。哪怕是想要逃跑也是不可能实现的，因为此刻站在街道两边的侍卫，都是效忠于慈禧的。这一次，慈禧可谓是稳操胜券，而她也第一次尝到了至高权力的荣耀和煊赫。

之后，两宫皇太后颁下一道谕旨。为显示谕旨的合法性，她们特地在谕旨上盖上了传国玉玺。谕旨内容如下：

谕王公百官等：上年海疆不靖，京师戒严，总由在事之王大臣等筹画乖方所致。载垣等复不能尽心和议，徒以诱获英国使臣，以塞己责，以致失信于各国。淀园被扰，我皇考巡幸热河，实圣心万不得已之苦衷也。幸赖天祖默佑，恭亲王等和议告竣，厥功甚臣。皇考屡召王大臣议回銮之旨，而载垣、端华、肃顺朋比为奸，总以夷情反覆，力排众议。皇考宵旰焦劳，更兼口外严寒，以致圣体违和，竟于本年七月十七日，龙驭上宾。朕抢天号地，五内如焚，追思载垣等从前蒙蔽之罪，非朕一人痛恨，实天下臣民所痛恨者也。

朕御极之初，即欲重治其罪，惟思伊等系顾命之臣，故暂行宽免，以观后效。孰意八月十一日，朕召见载垣等八人，因御史董元醇敬陈管见一折，内称请皇太后暂时权理朝政，俟数年后，朕能亲裁庶务，再行归政。又请于亲王中，简派一二人，令其辅弼。又请在大臣中，简派一二人，充朕师傅之任。以上三端，深合朕意。虽我朝向无皇太后垂帘之仪，朕受皇考大行皇帝付托之重，惟以国计民生为念，岂能拘守常例，此所谓事贵从权。特面谕载垣等，着照所请传旨。

该王大臣奏对时，哓哓置辩，已无人臣之礼。拟旨时又阳奉阴违，擅自改写，作为朕旨颁行，是诚何心？且载垣等每以不敢专擅为词，此非专擅之实迹乎？总因朕冲龄，皇太后不能洞悉国事，任伊等欺蒙，能尽欺天下乎？此皆伊等辜负皇考深恩。朕若再事姑容，何以仰对在天之灵，又何以服天下公论？

载垣、端华、肃顺着即解任，景寿、穆荫、匡源、杜翰、焦佑瀛着退出军机处。派恭亲王会同大学士六部九卿翰詹科道，将伊等应得之咎，分别轻重，按律秉公具奏。至皇太后应如何垂帘之仪，着一并会议具奏。特谕。①

两宫皇太后在紫禁城的东华门对先帝梓宫行礼之后，将先帝灵柩迎入宫中，并安置在皇宫中的中心大殿之内。

---

① 咸丰十一年九月十八日上谕（九月三十日发下，交由内阁发抄），见《咸丰同治两朝上谕档》第11册第374－376页。

现在慈禧确认整个京中大权已经全部握在她的手中，且手下兵将均对她忠心耿耿，于是她行事也越发大胆起来。她以自己和东宫太后的名义颁发了一道谕旨，命令将载垣等三个主犯交由宗人府查办。而恭亲王则作为主要负责人，负责调查此事。在调查还没有结束的时候，慈禧就下旨将一干人等全部剥夺了官职。这份圣谕是慈禧开展君主独裁统治的开端。圣谕的内容如下：

前因载垣、端华、肃顺等三人，种种跋扈不臣，朕于热河行宫，即命醇郡王奕譞缮就谕旨，将载垣等三人解任。兹于本日特旨召见恭亲王带同大学士桂良、周祖培，军机大臣户部左侍郎文祥。乃载垣等肆言不应召见外臣，擅行拦阻，其肆无忌惮，何所底止？前旨仅予解任，实不足以蔽辜。着恭亲王奕䜣、桂良、周祖培、文祥即行传旨：将载垣、肃顺、端华革去爵职拿问，交宗人府会同大学士六部九卿翰詹科道，严行议罪。钦此。[①]

慈禧对肃顺可以说是恨之入骨的，因为在热河行宫的那段时间，肃顺的妻子曾当面侮辱过她，这口气她无论如何也无法咽下去。因此，第二天，慈禧便又下了一道针对肃顺的谕旨，内容如下：

因肃顺跋扈不臣，招权纳贿，种种悖谬，当经降旨将肃顺革职，派睿亲王仁寿，醇郡王奕譞，即将该革员拿交宗人府议罪。乃该革员于接奉谕旨之后，咆哮狂肆，目无君上，悖逆情形，实堪发指。且该革员恭送梓宫由热河回京，辄敢私带眷属行走，尤为法纪所不容。所有肃顺家产，除热河私寓，令春佑严密查抄外，其在京家产，着即派西拉布前往查抄，毋令稍有隐匿。钦此。[②]

肃顺的家产少说也有几百万两的白银，就这样，全部落入了清朝政府和慈禧的手中。这些财富，无疑给慈禧和政府带来了巨大的财力和战斗力，同时也为她的统治打下了坚实的基础。在清朝的历史上，能和肃顺一较财力的，恐怕只有乾隆年间的和珅，不过最后和珅的钱财同样也被之后继位的新皇帝查抄并充了公。

---

① 咸丰十一年九月三十日上谕，见《咸丰同治两朝上谕档》第11册第377页。

② 咸丰十一年十月初一日上谕，见《咸丰同治两朝上谕档》第11册第380页。

但显然慈禧的报复欲并没有因此而得到满足，第二天，她就又颁发了一道谕旨。从中我们能看出她的贪得无厌和作为女性勤俭持家、守护财富的一面。同时，敛财也成了她一生的追求。谕旨内容如下：

昨因肃顺跋扈不臣，已明降谕旨，革职拿问，并查抄家产矣。该革员于热河盖造房屋，年余以来，尚未完工，所蓄资财，谅必不少。着派春佑将该革员所有热河财产密速查抄候旨。该革员身膺重罪，难保不于事前寄顿。并着春佑传谕热河道福厚、承德府知府灵杰、热河总管毓泰，将寄顿之处悉为指出，一律查抄。倘福厚等敢于扶同隐匿，不吐实情，将来别经发觉，定当重治其罪，不能宽贷。该都统于派办要事，亦应认真办理，不得稍涉徇隐，致干重咎。将此由五百里谕令知之。钦此。①

十月初六，经过一段简单而又敷衍的调查之后，恭亲王和钦差大臣将调查结果上奏朝廷。之后，朝廷又颁布一道谕旨，给出了关于载垣几人的最后结果。谕旨内容如下：

宗人府会同大学士六部九卿翰詹科道等，定拟载垣等罪名，请将载垣、端华、肃顺照大逆律凌迟处死等因一折。

载垣、端华、肃顺，朋比为奸，专擅跋扈，种种情形，均经明降谕旨，示知中外。至载垣、端华、肃顺于七月十七日皇考升遐，即以赞襄政务王大臣自居，实则我皇考弥留之际，但面谕载垣等立朕为皇太子，并无令其赞襄政务之谕。载垣等乃造作赞襄名目，诸事并不请旨，擅自主持；即两宫皇太后面谕之事，亦敢违阻不行。

御史董元醇条奏皇太后垂帘等事宜，载垣等非独擅改谕旨，并于召对时，有伊等系赞襄朕躬，不能听命于皇太后，伊等请皇太后看折，亦系多余之语。当面咆哮，目无君上情形，不一而足。且每言亲王等不可召见，意存离间。此载垣、端华、肃顺之罪状也。

肃顺擅坐御位，于进内廷当差时，出入自由。目无法纪。擅用行宫内御用器物，于传取应用物件，抗违不遵。并自请分见两宫皇太后，于召对时，

---

① 咸丰十一年十月初二日上谕，见《咸丰同治两朝上谕档》第11册第381－382页。

词气之间，互有抑扬，意在构衅。此又肃顺之罪状也。

一切罪状，均经母后皇太后、圣母皇太后面谕议政王、军机大臣，逐款开列，传知会议王大臣等知悉。兹据该王大臣等按律拟罪，请将载垣、端华、肃顺凌迟处死。当即召见议政王奕䜣，军机大臣、户部左侍郎文祥，右侍郎宝鋆，鸿胪寺少卿曹毓瑛，惠亲王，惇亲王奕誴，醇郡王奕𫍽，钟郡王奕诒，孚郡王奕譓，睿亲王仁寿，大学士贾桢、周祖培，刑部尚书绵森，面询以载垣等罪名，有无一线可原。据该王大臣等佥称，载垣、端华、肃顺跋扈不臣，均属罪大恶极，于国法无可宽宥，并无异词。

朕念载垣等均属宗支，遽以身罹重罪，悉应弃市，能无泪下？惟载垣等前后一切专擅跋扈情形，实属谋危社稷，是皆列祖列宗之罪人，非独欺凌朕躬为有罪也。在载垣等未尝不自恃为顾命大臣，纵使作恶多端，定邀宽宥。岂知赞襄政务，皇考并无此谕，若不重治其罪，何以仰副皇考付托之重？亦何以饬法纪而示万世？即照该王大臣等所拟，均即凌迟处死，实属情真罪当。惟国家本有议亲议贵之条，尚可量从末减。姑于万无可贷之中，免其肆市。

载垣、端华均着加恩赐令自尽，即派肃亲王华丰、刑部尚书绵森，迅即前往宗人府空室，传旨令其自尽。此为国体起见，非朕之有私于载垣、端华也。至肃顺之悖逆狂谬，较载垣等尤甚，亟应凌迟处死，以伸国法而快人心。惟朕心究有所未忍。肃顺着加恩改为斩立决，即派睿亲王仁寿、刑部右侍郎载龄，前往监视行刑，以为大逆不道者戒。

至景寿身为国戚，缄默不言，穆荫、匡源、杜翰、焦祐瀛，于载垣等窃夺政柄，不能力争，均属辜恩溺职。穆荫在军机大臣上行走最久，班次在前情节尤重。该王大臣等拟请将景寿、穆荫、匡源、杜翰、焦祐瀛革职，发往新疆效力赎罪，均属咎有应得。惟以载垣等凶焰方张，受其钳制，均有难与争衡之势，其不能振作，尚有可原。御前大臣景寿，着即革职，加恩仍留公爵并额驸品级，免其发遣。兵部尚书穆荫，着即革职，加恩改为发往军台效力赎罪。吏部左侍郎匡源、署礼部右侍郎杜翰、太仆寺卿焦祐瀛，均着即行革职，加恩免其发遣。钦此。[1]

1861 年咸丰皇帝过世之后，怡亲王和郑亲王因为逆谋一事都被剥夺了亲王的封号。直到 1864 年朝廷平定太平天国运动，收复南京之后，两宫皇太后下旨大赦天下，这才恢复了他们二人的封号。谕旨内容如下：

本年克复江宁，殄除洪逆，礼臣诹吉，恭拟本月二十六日，行告恭礼。朕敬先期于本日亲诣太庙拈香行礼。用肃明禋，并特降谕旨，将军兴以来有功死事诸臣，再沛恩施，懋加恤赏，俾功在社稷者，庆流子孙。

因念郑献亲王济尔哈朗、怡贤亲王允祥，功勋卓著，炳耀旂常，崇德暨雍正年间所得之册文敕书，旌功褒德，带砺山河，揭日月而行，俾世守勿替。乃其后嗣端华、载垣，因恣肆狂悖，跋扈不臣，赐死革爵，既负国家豢养之恩，且为乃祖声名之玷，九原有知，能无隐痛？其所遗爵秩，前经大学士九卿等遵旨会议，佥称端华、载垣罪大恶极，请将世爵永远革除。尔时如不照议施行，恐无以服天下之心。第眷念成劳，心究不忍，当经加恩降为不入八分辅国公，并令岳灵、载泰世袭罔替。所以笃念勋旧者，固已无微不至。我慈安皇太后、慈禧皇太后莅政之余，亦时眷怀旧勋，怆然动念。

今当大勋渐集、懋赏酬庸之际，追维开国之初，郑献亲王忠义勋名，载在史策。怡贤亲王于雍正年间，忠诚辅弼，懋著勤劳。若因端华、载垣之故，使亲贤后裔弗获世守旧封，其何以绍前光而严对越？所有郑亲王、怡亲王世袭王爵，均着加恩赏还，其一切红白蓝甲数，并佐领人等，均着仍复其旧。并着宗人府照例于始封立官人之后裔内，择其向有袭次房分，排列在前，仅止有分房分，排列在后，如各房分均属相同，即以长幼之序排列。并将岳灵、载泰一并带领引见，候旨承袭。其端华、载垣子孙及亲兄弟侄，仍不准其拣选。[2]

虽然朝廷心怀善意，给郑亲王和怡亲王家族恢复了爵位，但他们的族人并没有受到上天的眷顾，最后还是落得个难得善终的下场。最后一位怡亲王

---

① 咸丰十一年十月初六日上谕，见《咸丰同治两朝上谕档》第 11 册第 388 – 390 页。

② 同治三年七月癸亥日上谕，见《穆宗毅皇帝实录》卷一一〇，《清实录》第 47 册第 425 – 426 页。

在1900年的时候被赐自尽，据说他曾经在义和团运动的时候和匪徒有勾结。但实际上，他的名字未曾出现在洋人所列出的黑名单里。他的死也许是因为运气太差，恰好赶上了慈禧心情不佳。慈禧在一气之下便仓促地下了赐死的谕旨。至于郑亲王则是在同年八国联军侵入北京的时候选择了以自杀来殉国。他算得上是一位满洲爱国者。

慈禧对肃顺的恨意在他死后三年依然没有消弭，反而再次爆发。她颁布了一道谕旨，永远禁止肃顺的子孙入朝为官。理由是当初咸丰皇帝与肃顺讨论对一位曾经得罪过肃顺的官员该如何处置时，肃顺趁机公报私仇，给出了永不叙用的建议。

第四章

首次垂帘听政

载垣的逆谋被彻底粉碎，几位主谋也相继被严惩，使得慈禧的地位得到了确保，同时也让她成为了中国实际上的统治者（慈安对政事毫不关心，慈禧几乎大权独揽）。虽然如此，慈禧还是在垂帘听政的前几年时间里小心行事，不敢明目张胆地将自己的野心暴露出来，或是越权处理政事。但同时，她也不会放过任何一个可以学习治国之道，获得朝廷大臣支持的机会。所以，这段时间里的谕旨都是以皇帝的名义颁发的。这段时间，她手中的权力，甚至还比不上之后她退隐颐和园那段时期的大。

首次垂帘听政阶段（1861－1873年），应该算是慈禧的尝试阶段。在这期间，慈禧初尝权力的滋味。同时，她也尽量避免锋芒外露。在第二次垂帘听政期间（1875－1889年），尽管她偶尔以自己的名义颁布谕旨，但已将国内的政治事务全部掌控在自己手中，包括对官员的任命和赏罚等。因此她在官员之中深受爱戴和拥护。

因为同治是咸丰皇帝的儿子，他的皇位继承源自先帝遗命，所以在同治当皇帝期间，两宫皇太后实行的是垂帘听政。而光绪并非真正的皇子，是由两宫皇太后所立的，所以在光绪未成年之前，慈禧直接取消了“垂帘”，改成了临朝听政。

严格来说，在慈禧最后的垂帘听政期间（1898－1908年），她已经不单单是在垂帘听政，而是实现了真正意义上的大权独揽。每天慈禧都会坐在宝座之上，接受群臣的觐见，而光绪皇帝则如傀儡一样坐在一边。此时的慈禧，已经是中国人尽皆知的老佛爷，是独一无二、无可替代的最高统治者。

在执政之初，慈禧似乎也认识到，自古以来中国人就不认同女性作为最高统治者来掌管政权。哪怕是在公元8世纪时，曾登上至高之位、成为女皇的中国历史上最伟大的女性武则天，也同样被后世认为是个篡权者。而汉代的吕后，这样一位被后世史学家认为和慈禧有着很多相似之处的女人，虽然曾经为汉朝的统一和兴起立下过汗马功劳，可最后还是为后世所唾弃。

慈禧平日里熟读历史，知道在过去时，皇太后摄政一事不符合国家规定，有很多的限制，但是前朝的几位太后最终还是克服一切，并且在国家政事中掌握着至高权力。因此经过思考，她最终决定效仿她们。

在除掉逆谋的三位主犯之后，御史和各部的大臣都纷纷向慈禧奏请以同样严厉的手段，将逆贼的同党除掉。恭亲王同样希望慈禧能够这样做，即便不是为了报复，也是为了惩罚那些曾经对他进过谗言的人。但是慈禧却表现出了一位政治家该有的宽容和大度。她在很早以前就已经认识到"得饶人处且饶人"的道理，赦免一个人，在一定程度上就意味着笼络了一家人，支持自己的人当然是越多越好。在罢免了怡亲王在军机处的同党之后，其余所有人全部被宽大处理。

从慈禧对吏部尚书陈孚恩和一位内务府大臣的处罚，就可以看出慈禧的宽厚。陈孚恩是最早劝说咸丰皇帝不要理会慈禧等人所说的留在京城的忠告，而是应该尽快逃到热河去的人。并且在咸丰去世之后，他也是北京城中第一个被逆谋的赞襄王大臣们召到热河的朝廷大臣。他的罪证确凿，但慈禧只是将他革职处理。而另一位内务府大臣曾在1861年的时候称京城即将发生叛乱，以此来阻止咸丰皇帝回京，试图帮助逆谋者们完成计划。而他也只是被慈禧革去了官职。

逆谋被粉碎之后，尽管京城中有很多官员想要趁机捞得好处，并且打击报复政敌，但是京城中并没有出现大规模的被发配充军的处罚。事实上，慈禧为了避免这样的事情发生，特意颁下了谕旨，言明她只想惩罚少数几个主犯。

这是慈禧做事的一贯作风，只要目标达成，她便会转而采取适度忍让的怀柔政策。她很清楚，如果载垣和他的同党们不是得到了很多大臣的支持和拥护的话，是不敢轻易策划谋逆这样大逆不道的危险之事的。但这一次，只要没有人敢再次公然和她作对，她便可以暂且放过他们。正是她的这种做事风格，为她赢得了宽容大度的美名。特别是京城百姓在提到她时便会想到“慈眉善目”或“慈母”，这也是她复杂个性之中比较真实的一面。

在这场阴谋被粉碎之后，慈禧告诫大小官员：惟当各勤厥职，争自濯磨，守正不阿，毋蹈陈孚恩等恶习。[①] 而在另外一篇谕旨中，她又强调，失察之罪并不比公然犯上作乱轻，所以也借机批评了那些因为胆小怕事而没能立即揭发谋逆之事的诸王和各位大臣。之后她又说，如果以后再发现有谋逆的事情，希望能有人第一时间向她禀报。更重要的是，她要让皇族宗室们记得载垣等三个逆谋者的下场。此三人应该让他们引以为戒。她公开表示，若是再有人涉嫌谋逆，受到的惩处只会比此三人更严厉。

太后垂帘听政的第一件事情，就是要确定新帝的年号。载垣等人曾经选定了“祺祥”二字，寓意“幸福吉祥”，但是慈禧读书很多，且比较有品味，对于确定年号一事有自己的想法，她觉得这个年号简直糟糕透了。一方面觉得这两个字的寓意重复，一方面又想完全抹掉载垣等人篡权所留下的痕迹，因此她选择了“同治”两个字来作为新帝的年号。大概她是一方面希望能够早日平定南方的叛乱，一方面又希望紫禁城里能够平安。但后来的事实证明，对于新帝来说，同治这个年号并没有比其他的好。

就在下旨将修改之后的新年号昭告天下的同一天，两宫皇太后又颁下一旨，是关于她们已经接受了大臣们奏请的垂帘听政的建议，谕旨中还假意推脱一番。谕旨内容如下：

钦奉两宫皇太后懿旨，据王大臣等所议，详加批阅，援据典章，斟酌妥善，着即依议行。垂帘之举，本非意所乐为。惟以时事多艰，该王大臣等不能无所禀承，是以姑允所请，以期措施各当，共济艰难。一俟皇帝典学有成，即行归政。王大臣仍当届时具奏，悉复旧制。[②]

紧接着，她们又以幼帝的名义颁发了一道谕旨。谕旨中，“幼帝”表示感谢两宫皇太后的摄政，并承诺在成年亲政之后，必定竭尽全力报答两位皇太后的慈爱之恩。

---

① 咸丰十一年十月初七日上谕，见《咸丰同治两朝上谕档》第 11 册第 402 页。

② 咸丰十一年十月二十六日上谕，见《咸丰同治两朝上谕档》第 11 册第 468 – 469 页。

在垂帘听政期间的安排是，每天两宫皇太后都会在偏殿召见各位大臣，除非是遇到宫廷大典，否则新皇帝的叔父们是不需要行叩头礼的，这也在间接地表示对长辈们的尊敬。

在垂帘听政之后，两宫皇太后又被加封了尊号。按照当时的情况来计算，尊号中的每一个字，都意味着每年要从国库中给她们拨款十万两白银，(也就是当时的两万英镑)。母后皇太后钮祜禄氏获得尊号“慈安”，而叶赫那拉氏则被尊为“慈禧”（慈爱吉祥的)，慈安为东太后，慈禧为西太后。自此之后，每逢大典，都会再给尊号增加两个字。等到慈禧七十岁大寿的时候，她的尊号已经多达十六个字。也是在那一次的寿宴上，慈禧拒绝了光绪皇帝再给她的尊号增加四个字的想法。在慈安去世之前，她获得了十个字的尊号。

慈禧和慈安两个人在三十岁大寿的时候又分别被加了两个字的封号。之后同治登基时又被加了两个字。同治去世之前又被加了两个字，用来感谢她们在他得天花期间对他的照顾。二人四十岁大寿时又分别得到了两个字。之后慈禧又在五十岁寿辰、光绪大婚和六十岁寿辰的时候各被增加两个字。等到她的生命即将结束的时候，慈禧的封号已经变得很长，也很难记了，全称是：慈禧端佑康颐昭豫庄诚寿恭钦献崇熙皇太后。

慈禧心中很明白，在垂帘听政初期，只有尽力拉拢恭亲王才是最正确的做法。所以，为了向恭亲王示好，慈禧和慈安一起下旨，授予恭亲王为“议政王”。这个职位相当于朝廷的顾问。并且她们还将先帝赐予他的“亲王”头衔改为世袭罔替①。

恭亲王婉言拒绝了两位太后封他为“议政王”的提议，虽然慈禧根本不需要这个顾问，但她和慈安还是再三坚持要恭亲王接受。最终，在恭亲王的多次拒绝后，两宫太后这才作罢。但她们还是表示，日后会在一个更恰当的场合再次提及此事。

此时的慈禧对于恭亲王当初在热河时对她的鼎力相助是心存感激之情的，所以她下旨将恭亲王的女儿封为大公主，为表感谢，她准许这位公主乘坐只有皇家才能使用的黄色轿子。这位公主对慈禧的影响很大，尤其是在慈

---

① 在中国，世袭头衔通常会在传承时逐代降一级。——原注。

禧晚年，义和团运动爆发时的影响尤为明显。

在垂帘听政初期，因为年轻缺乏经验，这时期的慈禧多数时候对如何处理政事都感觉毫无头绪，于是只能凭着直觉来解决党派政治和外交事务。这时期的慈禧为了利用恭亲王的智慧和经验，几乎对恭亲王言听计从。但随着时间的推移，当她本身的经验渐丰，眼界渐广，对国事了解渐多的时候，她的独断专行的个性便也逐渐显露出来，而她对恭亲王的意见和约束也变得越来越不耐烦。

通过熟读历史和自身的聪明才智，慈禧对于如何用人和怎样更好地处理政事变得越来越得心应手。以前那些能让她耐心接受的意见和指导，此刻于她来说已经没有丝毫用处，反而会让她心生厌恶。

慈禧本人专横固执，对于自己打定主意并确定的事情，无论是谁都别想改变，也别妄图干涉。而在这一点上，恭亲王和她可谓半斤八两。当慈禧开始显示出对恭亲王的意见不耐烦和不满时，他也并没有掩饰自己对慈禧专横的不满，因此二人之间的关系迅速恶化。而当慈禧完全不掩饰自己对恭亲王的怨恨时，恭亲王则去煽动慈安，让她来使自己摆脱被慈禧控制的局面。恭亲王试图通过挑拨而让两宫之间产生嫌隙。这一招成功地让宫中产生了摩擦和敌意。

恭亲王的手中，掌握着官员的任免大权，无疑，在当时的中国，掌控官员任免大权的人，便掌控着最高的权力。而恭亲王在任命官员的时候，经常会越过慈禧，直接和各省的官员进行协商，甚至还会提拔和保护自己阵营的官员。

据经历过当时事情的人士回忆说，在垂帘听政之初，恭亲王就对两位太后有些傲慢，经常觉得自己是必不可少的，曾为朝廷付出了很多。在一次上朝的时候，他甚至声称，如今两位太后能够安稳地坐在朝堂之上进行垂帘听政，全是他的功劳。这样放肆的言论，慈禧自然是不会忘记的，当然，这样放肆的恭亲王也是不可饶恕的。

在上朝的时候，两宫皇太后会坐在朝堂高处的台子上，台子上有她们的御座，而在她们的前面会垂挂着一个黄绸帘子，这可以避免大臣看到她们的容颜。之后，大臣们会按照品阶的高低，依次上前朝觐。恭亲王作为议政王，身份高贵，自然排在第一个。

在两位太后的身旁都站着服侍的太监，他们会从帘子的折叠处时刻盯着台下各位朝觐官员的举动，以防止他们有什么逾矩的行为。严格来说，无论有多高的品阶，在没有被传召的时候，都是不能进入帘子之后面见太后的。但恭亲王觉得自己高人一等，并不需要受这样的规矩约束，经常未得诏而擅入。

除此之外，恭亲王还犯下过一些其他逾矩的事情。例如，在回答太后（通常都是慈禧）的问话时，他总会刻意提高自己的音量。还有一次，他甚至在慈禧说完某件事情之后，又以自己没有听懂为由，要求慈禧再将刚才的话重复一遍。总而言之，他的态度十分嚣张和傲慢，而这对于年轻又自傲的慈禧来说是无法容忍的。

恭亲王生活在宫外，因此他有机会和其他官员以及外国的官员进行交流，只要他想，他就有机会暗中推翻慈禧的统治。再加上慈禧长期生活在宫中，她所得到的消息全部来源于身边的太监，这些消息中很有可能会有夸大的成分，也就导致她对恭亲王的怀疑和猜测也有些夸大。她觉得他可能有篡权谋反的想法，甚至还逐渐确信了自己的想法。所以，慈禧决定要向恭亲王证明，他现在所得到的一切，都是拜她的仁慈所赐。

她开始耐心等待时机的出现，终于在垂帘听政的第四年（1865 年 4 月）等到了机会。在一次上朝时，不知是因为鲁莽还是因为心不在焉，恭亲王竟然突然抬起了自己的膝盖。而这一举动显然违反了规定。当初设立这个规定，就是为了保护皇上的安全，避免突然出现的袭击会给皇上带来危险。在太监将此事禀告给两位太后之后，慈禧马上大声喊道："恭亲王意欲对两宫图谋不轨。"话音刚落，侍卫们便一拥而入，将恭亲王捉拿并带离了朝堂。

紧接着，两宫皇太后又颁发了一道谕旨，称恭亲王图谋不轨，意欲篡权夺位，并经常夸大自己对国家的重要性。就这样，恭亲王被罢免了议政王的职位，甚至还被剥夺了军机大臣和其他宫廷要职，就连总理衙门大臣的职务也一并被革除。在诏书中提到，"恭亲王辜负了两宫皇太后的信任，在担任重要职位的时候任人唯亲，他想要谋反篡位的事情必须被阻止。"①

一个月之后，慈禧发现自己的地位并非不可撼动，牢不可破。再加上这次对恭亲王的处理，已经引起朝野上下的很多负面评论。为了保全自己的面子，避免形势进一步恶化，她便以自己和慈安两人的名义颁布了一道谕旨，来解释自己做这件事情的原因。

---

① 此段内容根据作者原文直译，并未遵照谕旨摘录。关于恭亲王被惩处的谕旨颁布时间为同治四年三月初七日，见《咸丰同治两朝上谕档》第 15 册第 113 - 114 页。

在这道谕旨中，她声明自己之所以严惩近亲，完全是站在为国家考虑的角度。自古以来，那些姑息皇亲国戚所做所为的行为都导致了无法避免的后果，最终陷国家于纷争之中。她之所以惩罚恭亲王在朝堂上对皇上的不敬行为，正是为了在恭亲王犯下更大错误之前，及时挽救他。

现如今既然有多位御史和其他大臣都上书为他求情，而且皇上也已经特别恩准，那么就恢复他的内务总管的职位，让他仍然留在总理衙门中任职。实际上，恭亲王真正需要的是在礼节上的训诫，他之前多次对太后傲慢无礼，如今既然已经幡然悔悟，太后也打算既往不咎，希望他能够想通这点，以后更加殚精竭虑，尽忠职守地报效朝廷，以报答两宫太后的仁慈之恩。

一周以后，慈禧为了能够让恭亲王更加深刻地领悟这个教训，又特意以两宫太后的名义颁发了一道谕旨，内容如下：

朕奉慈安皇太后、慈禧皇太后懿旨：本日恭亲王因谢恩召见，伏地痛哭，无以自容。当经面加训诫，该王深自引咎，颇知愧悔，衷怀良用恻然。自垂帘以来，特简恭亲王在军机处议政，已历数年，受恩既渥，委任亦专；其与朝廷休戚相关，非在廷诸臣可比。特因位高速谤，稍不自检即蹈愆尤，所期望于该王者甚厚，斯责备该王也不得不严。

今恭亲王既能领悟此意，改过自新，朝廷于内外臣工用舍进退，本皆廓然大公，毫无成见，况恭亲王为亲信重臣，才堪佐理，朝廷相待，岂肯初终易辙，转令其自耽安逸耶？恭亲王着仍在军机大臣上行走。毋庸复议政名目，以示裁抑。王其毋忘此日愧悔之心，益矢靖共力图报称，仍不得意存疑畏，稍涉推诿，以副厚望。钦此。①

经过四年的时间，咸丰的陵墓终于修建完毕。这年（同治四年，1865年）秋天，朝廷为先帝举行了大葬。先帝的发妻钮祜禄氏（死于1850年，咸丰登基前一个月）和他合葬在一起。而这时距离她去世已经有十五年的时间了，在此之前，她的灵柩一直被停放在京城以西约十一千米处的一座乡村寺庙中。

葬礼仪式和修建陵寝都需要花费大量资金，而筹集必要的经费却并不容

① 同治四年四月十四日上谕，见《咸丰同治两朝上谕档》第15册第160页。

易。若是放在以前，南方诸省会在筹款中起到很大的作用，但如今他们正饱受太平天国运动所带来的灾难之苦，这就让朝廷筹集资金的事情变得更加困难。修建皇帝的陵寝大概会花费一千万两白银，当然，这其中的很大一部分都会落入各级官员和皇室成员的口袋中。

按照规定，皇帝和两宫太后都要到东陵去参加先帝的葬礼仪式，这是他们的责任。而恭亲王作为修建陵墓和筹集资金的主要负责官员，自然也要出席这次仪式。恭亲王在处理这次事情时尽职尽责，毫无错处。

先帝的遗体被安放于用梓木做成的棺材中，棺材表面涂有油漆，其上还刻了佛教经文，之后棺材被抬入具有巨大穹顶的墓室中，被放在镶满珠宝的、重金属制成的座台之上。很久以前，是需要活人来给帝王陪葬的，但如今咸丰的陵墓中，用了一些木头和纸做成的嫔妃和太监来代替真人。它们被放置在棺材的两边，虔诚地跪在那里。这意味着在阴间它们继续侍奉着先帝。之后，陵墓中的蜡烛被点燃，和尚们也开始诵经，大批价值连城的装饰品被放置于墓室之中，而金器、玉器和珍珠项链等物品则被放置于棺内。当所有仪式全部做完之后，陵墓的大门就会被缓缓关闭，最终从外面被封死。

第二天，两宫皇太后颁下谕旨，赞扬并嘉奖了恭亲王在这次事件上的功劳。谕旨内容如下：

朕奉慈安皇太后、慈禧皇太后懿旨：恭亲王自襄办文宗显皇帝大事以来，五载于兹，尽敬尽诚，有条有理。定陵工程，前经派令总司稽察，一切悉臻妥协。本日文宗显皇帝、孝德显皇后梓宫奉安定陵，礼成瞻仰，规制崇闳，典仪明备，悲痛之怀稍释，在天之灵亦慰。自应仰体文宗显皇帝谊笃友于之心，并参酌成案，渥沛殊施，以示优奖。

乃据恭亲王以盈满为惧，再四固辞，情词恳挚，出于至诚，不得不勉从所请，仅交宗人府从优议叙。惟恭亲王谊属亲藩，首参机务，近来事无巨细，愈加寅畏小心，深自敛抑，实能不负委任。

本年三月初七日所降谕旨，原因其小节之疏，恐蹈愆尤之渐，期望既厚，责备不得不严，业于三月十六、四月十四等日，将办理始末，明白宣示，谅天下共见共闻。惟虑传之久远，后人不知原委，莫定是非，转为白圭之玷，殊无以释群疑而彰忠悃。所有三月初七日谕旨，着毋庸编入《起居注》，以示眷念勋劳、保全令名至意。钦此。①

从垂帘听政之初，慈禧所颁布的这些谕旨中可以看出，她是一个比较情绪化的人。虽然恭亲王再次获得了慈禧的嘉奖和赞扬，但是在四年之后，他却因为和慈安太后合谋，联手除掉了慈禧最亲信的太监总管安德海而再次被慈禧痛恨。

① 同治四年九月二十二日上谕，见《咸丰同治两朝上谕档》第15册第451页。

第五章

曾国藩和太平天国运动

在垂帘听政之初，慈禧凭借自己的聪明，逐渐学会了治国技巧，而性格温和，对权势毫无心思的慈安则被挤出了政治管理圈。也正是在慈禧掌管大权期间，太平天国运动得以平定，全国上下都沉浸在重享太平安定的喜悦之中。

太平天国运动，自1850年开始，几乎波及了大半个中国。而中国的历史学家们，一致把平定这次运动的功劳归给大名鼎鼎的曾国藩①，正是他的领军才干与勇气，让他战胜了太平军。这一次，这些史学家们说得很对。

曾国藩和他的同乡兼同僚左宗棠一样，都是深受儒教思想熏陶的入世人才。虽然儒家哲学在一定程度上存在缺点，但不可否认的是，在它的影响下，许多如曾国藩和左宗棠这般的优秀人才不断涌现出来。由于忠诚和睿智，他们的名字能够在中国家喻户晓。

作为一个国家的统治者，慈禧之所以能成功，就在于她能够知人善任，特别是能够发现在军事指挥方面具有才能的人。只有在被迷信蒙蔽而无法做出理性判断的时候，慈禧才会出现用人错误的问题。慈禧对曾国藩的才能非常赞赏，对他的性格非常敬重。

---

① 曾国藩是驻英国使臣曾纪泽的父亲。在曾纪泽的有生之年，英国媒体将本不属于他的文学才能和他并不支持的自由主义观点都归到他的名下。曾国藩的部分子孙在英国接受了教育，而他本人以其爱国保守主义闻名于世，这种保守主义指不跟洋人来往。——原注。

最初，慈禧对曾国藩的了解仅限于那些关于他在战场上调兵遣将、神勇善战的描述。而这些描述就已经让曾国藩在她的脑海中留下了深刻的印象。后来随着战事结束，曾国藩到朝廷任职，慈禧和他的接触变多，便越发被他的优良品性折服。在整个大清朝廷，除了荣禄以外，还没有谁能像曾国藩这般得到慈禧的器重。荣禄是满洲人，慈禧和他自幼相识，器重他无可厚非，而曾国藩不过出身于湖南的乡绅家族而已。

有一个人曾记录了关于太平天国运动的事情，从记录中我们不仅能够清楚地了解到曾国藩的人格和他的爱国情怀，还能看出慈禧在当时就已经大权独揽，拥有了至高无上的权力。

在介绍这段记录之前，我们首先来梳理一下太平天国运动最后失败的原因。虽然英国人对此已经非常了解，但一些来自英国的目击者的记述却让我们不得不对大清朝廷所颁布的诏令和中国官方留存的一些文件资料的真实性表示怀疑。

1861 年，咸丰皇帝驾崩于热河，而位于京城的圆明园也被英法联军烧毁。在恭亲王作为代表与联军议和成功后，两宫皇太后便开始了垂帘听政，而他本人也被朝廷任命为“议政王”，之后他所做的第一件事，就是请求侵略者们来帮助清政府平息太平天国运动。

当时的太平军在长江流域的强大势力让清政府感受到了巨大威胁。甚至在英法联军集结于上海，对华北虎视眈眈的时候，清政府的沿江各省官员依然向联军们请求支援，希望他们能伸出援手，帮忙制服太平军。而在遭到联军们的拒绝之后，他们甚至还苦恼不已。在他们看来，英国拒绝伸出援手实非明智之举，这样做完全忽视了长江流域是中国南方重要的贸易地区。

在这里，关于常胜军[①]的事情就不需要多说了。1862 年，常胜军将叛军围困在江苏省境内。1863 年 2 月，英政府的戈登少校成为常胜军的统帅，并迅速扭转战局，使局势开始向有利于清政府的方向发展，而这也为之后曾国

---

① 常胜军：指的是“华尔洋枪队”。美国人华尔以菲律宾雇佣军为主，中国人为辅而组建的一支用于帮助清政府镇压太平军起义的军队。军队以西式方法进行操练，曾得到过英法等国的帮助。1862 年 2 月，洋枪队在松江附近曾两次打败太平军，因此被清政府命名为“常胜军”。

藩彻底平息太平天国运动、恢复地方秩序打下了良好的基础。

1863 年，江苏省的首府苏州被收复。1864 年 7 月，太平天国的都城南京被攻陷，其最高统治者去世，而这也意味着太平天国运动被彻底终结。

当时的很多欧洲人都觉得，对于中国的内乱，他们这些外国人应该保持中立，甚至赞同让中国人将腐朽的清朝统治者赶下政治舞台。但事实上，包括一名法国海军上校在内的很多人，还是在这场挽救清政府的战争中献出了自己宝贵的生命。

然而在曾国藩上奏朝廷的捷报中，却对戈登以及他的帮助和奉献只字未提，唯一提到的一处，还是指责戈登对待战俘的残忍。按照中国传统，曾国藩将这次战争的胜利归功于已故的咸丰皇帝的庇佑，这样的做法充分显示了中国人对于皇权至高无上的崇拜以及认为皇帝永远正确的观念（这种观念在日本同样适用，他们的将军在取得巨大胜利之后，也会在给朝廷撰写的奏报中以恭敬的语气感谢皇权庇佑）。

事实上，对于中国人来说，任何对生者的推崇都是不合适的，尤其这个人还是个外国人。而曾国藩之所以在取得胜利之后就迅速转变了对待外国人的态度，是因为他心中非常清楚，这位帮助他们平定太平天国运动的戈登将军，就在一年多前，参加了洗劫圆明园的行动。

无论如何，这次成功收复南京对于慈禧来说都是一件值得高兴的事情。因此她在收到捷报之后，便以幼帝的名义颁布了一道谕旨。根据她一贯的作风，她不仅在其中公布了这次胜利的结果，而且还犒赏了有功之人。我们从这篇谕旨中摘录了部分内容，从中可以更好地了解慈禧的性格。谕旨内容如下：

谕内阁，本日官文，曾国藩由六百里加紧红旗奏捷，克复江宁省城，逆首自焚，贼党悉数歼灭，并生擒李秀成、洪仁达等逆一折。览奏之余，实与天下臣民同深嘉悦。

发逆洪秀全，自道光三十年倡乱以来，由广西窜两湖三江，并分股扰及直隶、山东等省，逆踪几遍天下。咸丰三年，占踞江宁省城，僭称伪号，东南百姓，遭其荼毒，惨不忍言，罪恶贯盈，神人共愤。

我皇考文宗显皇帝赫然震怒，恭行天讨。特命两湖总督官文为钦差大臣，与前任湖北巡抚胡林翼肃清楚北上游，胡林翼驻扎宿松一带，筹办东征事务。复特授曾国藩为两江总督，并命为钦差大臣，东征江皖贼匪。号令既尊，功绩日著。

十一年七月，我皇考龙驭上宾，其时江浙郡县，半就沦陷，遗诏谆切，以未能迅殄逆氛为憾。朕以冲幼寅绍丕基，祇承先烈，恭奉两宫皇太后垂帘听政，指示机宜。授曾国藩协办大学士，节制四省军务，以一事权。

该大臣自受任以来，即建议由上游分路剿办，饬彭玉麟、杨岳斌、曾国荃[①]等水陆并进，叠克沿江城隘百余处，斩馘[②]外援逆匪十数万人，合围江宁，断其接济。本年六月十六日，曾国荃率诸将士，克复江宁外城，杀贼数万。逆首洪秀全率其悍党，仍踞内城，抵死抗拒。

兹复据曾国藩奏，官军自得天堡伪城后，贼中防守益密。五月三十日，李祥和等率队攻克。占取龙肘子山。六月初一等日，各营轮流苦攻，李臣典率吴宗国等从贼炮极密之处，重开地道。萧孚泗等修筑炮台，肉薄相逼。

十六日黎明，曾国荃将四路队伍调齐，地道火发，揭开城垣二十余丈，李臣典、武明良等身先士卒，直冲倒口而入，各弁勇蚁附齐进，左路城头之贼，以火药倾盆，烧我士卒，死者甚多。大队稍却，彭毓橘、萧孚泗等手刃数人，由是弁勇无一退者。武明良等率队从龙广山，与右路太平门之贼，排列轰击，贼始退却。

……

三更时，伪天王府及各伪王府同时火起，烟焰蔽空。洪逆率悍党千余人，冲出伪殿前南门，窜至民房。袁大升等率队腰截，斩七百余名，夺获洪酋僭用伪玉玺二方、金印一方。四更后，贼股千余人假装官军号衣，向太平门地道缺口冲突，经崑字、湘后等营截击，曾国荃加派马队，追至纯化镇，生擒伪烈王李万材，复追至湖熟镇，将逃贼全数斩刈无遗。据曾国荃亲讯李万材供称，城破后，伪忠王之兄巨王、幼西王、幼南王、定王、崇王、璋王乘夜冲出，被官军马队追及，将各头目全行杀毙。

又据城内各贼供称，首逆洪秀全实于本年五月服毒而死，瘗于伪宫院

---

① 曾国藩的弟弟，后来被加封一等伯爵，出任两江总督多年。——原注。
② 指在古代战争中以割掉敌人的左耳来记功的办法，这里用的是比喻。——原注。

内。伪幼主洪福瑱重袭伪号，城破时洪福瑱积薪自焚。李秀成一犯，城破受伤，匿于山内民房，经萧孚泗亲自搜出，并搜擒伪王次兄洪仁达。其余两广、两湖等处多年悍贼，经各将士于十七、八日，搜杀净尽。三日之间，毙贼共十余万人。伪王、伪主将及大小酋目约三千余名，无一得脱者。

此皆仰赖昊天眷佑，列圣垂庥，两宫皇太后孜孜求治，识拔人材，用能内外一心，将士用命，成此大功。上慰皇考在天之灵，下孚薄海臣民之望，自维藐躬凉德，何以堪此？追思先皇未竟之志，不克亲见成功，悲怆之怀，何能自已。

此次洪逆倡乱粤西，于今十有五年；窃踞江宁，亦十二年。蹂躏十数省，沦陷数百城，卒能次第荡平，殄除元恶。该领兵大臣等，栉风沐雨，艰苦备尝，允宜特沛殊恩，用酬劳勋。钦差大臣、协办大学士、两江总督曾国藩，自咸丰四年，在湖南省首倡团练，创立舟师，与塔齐布、罗泽南等，屡建殊功，保全湖南郡县，克复武汉等城，肃清江西全境。东征以来，由宿松克潜山太湖，进驻祁门，叠复徽州郡县，遂拔安庆省城，以为根本。分檄水陆将士，规复下游州郡。兹幸大功告蒇，首逆诛锄，实由该大臣筹策无遗，谋勇兼备，知人善任，调度得宜。曾国藩着加恩赏，加太子太保衔，锡封一等侯爵，世袭罔替，并赏戴双眼花翎。（下面还罗列了一串官员的嘉赏名单，曾国藩的弟弟居于首位，被赐封为一等伯爵。）

李秀成、洪仁达二犯，即着曾国藩等派委妥员，槛送京师，讯明后尽法处治。洪秀全尸身，觅获后，挫尸枭示，仍传首被害地方，以泄众愤。①

随后又颁发了一道谕旨，上面言明，为表示对上天和山川江河神灵的感谢，皇帝将会亲自到太庙进行祭祀。

当时有一名中国人将天王死时的情景记录了下来：

自官军攻占沐阳后，逆贼就被层层包围于南京城中，在毫无希望的情况下做困兽之斗。从阴历四月份开始，整个城市的粮草供应被切断，而且没有任何希望能够得到外界的救济。城中开始实行日渐缩减的食物配给制，天王

---

① 同治三年六月二十九日上谕，见《穆宗毅皇帝实录》卷一〇七，《清实录》第47册第356－360页。

让人把草根和树叶卷捏成团儿，供他的亲随吃，这位贼酋说："这是天赐的圣餐，以后很长的一段时间里，宫里除了这个，没有别的可吃。"他命令每个宫人采集十担草根和树叶，存入宫中的谷仓，作为储备粮食。一些无知的人遵照命令去做了，然而更多的逆贼对此不以为然。

李秀成，也就是"忠王"，从沐阳突围逃出后，进入了南京。刚进城便击鼓鸣钟，请天王升殿，他和随从们径入御座会议厅，准备就目前的危局商议对策。洪秀全盛饰仪容，威严落座后，说道："朕奉上帝圣旨、天兄耶稣圣旨下凡，作天下万国独一真主，何惧之有！不用尔奏，政事不用尔理，尔欲出外去，欲在京，任由于尔。朕铁桶江山，尔不扶，有人扶！尔说无兵，朕之天兵，多过于水，何惧曾妖者乎？"[①] 李秀成听了这番愚蠢的夸谈后，含泪离开了朝堂。

然而，在阴历五月中旬前，洪秀全终于认识到这座城池已经注定将被攻破。二十七日那天，他彻底绝望了，于是将毒药掺入酒水中，高举酒杯，痛哭流涕，说道："不是天父欺我，而是我违天父！"连呼数遍后，他饮下了这杯毒酒，辗转挣扎到半夜，才痛苦地死去。尽管他恶贯满盈，但直到临终，都没有说过一句真心忏悔的话。

随从人员用绣着龙纹的黄色绸缎把他的尸体包裹起来，按照他们的宗教习俗，不用棺椁，直接把天王的尸身葬在了皇宫中的一个角落里。随后，他们簇拥着他的儿子登上了宝座，这孩子被称作"幼主"，而对于老天王的死讯，他们打算对外保密。但是，这个消息最终还是泄露了，围困在城中的人们士气低落，军心离散，陷入绝望之中。

曾国藩在上奏朝廷的折子中说明了关于发掘伪天王尸体的情形：

伪天王洪秀全逆尸，将士积愤之余，皆欲得而甘心；直至六月二十七日始从伪宫内掘出。二十八日，扛至营次，臣与臣弟国荃验看。臣所带委员中，有曾任刑部秋审处之勒方锜、庞际云、孙尚绂等，暨各文武公同相验，该逆尸遵尚邪教，不用棺木，遍身皆用绣龙黄缎包裹。虽袴脚，亦系龙缎。头秃无发，须尚全存，已间白矣。左股右膀，肉犹未

① 参见《李秀成亲供》上海国民书店，1930年排印本，第73页。

脱。验异戮尸，举烈火而焚之！有伪宫婢者，系道州黄姓女子，即手埋逆尸者也。臣亲加讯问，据供："洪秀全生前经年不见臣僚。四月二十七日，因官军攻急，服毒身死，秘不发丧，而城内群贼，城外官兵，喧传已遍，十余日始行宣布。"……所有伪玉玺二方、金印一方；臣当专差赍送军机处，俾方略馆有所考焉。

奏折中接下来又描述了杀李秀成一事：

李秀成之就擒也……观者如堵。臣二十五日，甫至金陵，亲讯一次。旋派候选道庞际云候补知府李鸿裔候补同知周悦修等，鞫讯累日。令写亲供，多至数万字。叙发逆之始末，述忠酋之战事。甚为详悉……又力劝官兵，不宜专杀两广之人，恐粤贼愈孤，逆党愈固，军事仍无了日。其言颇有可采。

日来在事文武，皆请将李秀成槛送京师。即洋人戈登、雅妥玛等，来贺者，亦以忠逆解京为快。臣窃以圣朝天威，灭此小丑，除僭号之洪秀全外，其余皆可不必献俘。陈玉成，石达开，即有成例可援。且自来元恶解京，必须诱以甘言，许以不死。李秀成自知万无可逭，在途或不食而死，或窜夺而逃，翻恐逃显戮，而贻巨患。臣与臣弟国荃熟商，意见相同。辄于七月初六日，将李秀成凌迟处死，传首发逆所到各省，以快人心。其伪福王洪仁达一犯系洪秀全之胞兄，与其长兄洪仁发皆暴虐恣横，多行不义，为李秀成等所深憾！亦于初四日凌迟处死。①

……李秀成权术要结，颇得民心。城破后，窜逸民间：乡民怜而匿之。萧孚泗生擒李逆之后，乡民竟将亲兵王三清捉去，杀而投诸水中，若代李逆报私忿者。李秀成既入囚笼，次日又擒伪松王陈德风到营，一见李逆，即长跪请安。臣闻此二端，恶其民心之未去，党羽之尚坚。即决计就地正法……遂于初六日正法，初七日录供具奏。其洪仁达一犯，虽据李秀成供在贼中暴虐专权，而如醉如痴，口天父不绝，无录可供。因其抱病甚重，已于初四日先行处死矣！

初十日始奉将二酋解京之旨。扣算日期，臣处应于初六日接批旨！乃驿站由安庆转递江宁，致迟四日之久。臣查军机处封面，及兵部火票，皆注明

---

① 同治三年七月初七日所上《贼酋分别处治粗筹善后事宜折》，奏疏被收录在《曾文正公全集》奏稿卷二十，第1020－1021页。吉林人民出版社，1995年10月第1版。

递至江宁字样。不知驿站何处错误，应即行文挨站查办！①

臣等伏查洪逆，倡乱粤西，于今十有五年。窃据金陵，亦十二年。流毒海内，神人共愤。我朝武功之盛，超越前古。屡次削平大难，焜耀史编。然如嘉庆川楚之役，蹂躏仅及四省，沦陷不过十余城。康熙三藩之役，蹂躏尚止十二省，沦陷亦第三百余城。今粤匪之变，蹂躏竟及十六省，沦陷至六百余城之多，而其中凶酋悍党，如李开方守冯官屯，林启容守九江，叶芸来守安庆，皆坚忍不屈。此次金陵城破，十余万贼，无一降者。至聚众自焚而不悔，实为古今罕见之剧寇。然卒能次第荡平，划除元恶。臣等深维其故，盖由我文宗显皇帝，盛德宏谟！早裕戡乱之本。宫禁虽极俭啬，而不惜巨饷，以募战士；名器虽极慎重，而不惜破格以奖有功。庙算虽极精密，而不惜屈己以从将帅之谋。皇太后皇上守此三者，悉循旧章而加之去邪弥果，求贤弥广。用能诛除僭伪，蔚成中兴之业。

臣等忝窃兵符，遭逢际会，既痛我文宗不及目睹献馘告成之日，又念生灵涂炭，为时过久，惟当始终慎勉，扫荡余匪，以苏孑黎之困，而分宵旰之忧！②

在将太平天国运动平定之后的四年时间里，曾国藩一直担任着两江总督（因为曾国藩是湖南人，所以至今为止，湖南人一直认为这个职位就是属于湖南官员的），唯一的一次短期离开南京，是前往山东剿捻匪。1868 年 9 月，曾国藩被提升为直隶总督。年底离开南京并前往北京任职的时候，他受到了当地百姓的夹道欢送。

来到京城之后，曾国藩受到了朝廷的重视，在刚到北京的第二天，就受到了召见。他在一位亲王的带领下，来到了养心殿的东暖阁。幼帝面西而坐于宝座之上，而两位太后则端坐在他身后的御座上，太后和皇帝之间垂着一

① 同治三年七月二十日所上《复陈逆酋正法片》，见《曾文正公全集》奏稿卷二十一，吉林人民出版社，1995 年 10 月第 1 版第 1025 页。

② 同治三年六月二十三日所上《金陵克复全股悍贼尽数歼灭折》，见《曾文正公全集》奏稿卷二十，第 1016－1020 页。节选自吉林人民大学出版社，1995 年 10 第 1 版第 1019 页。

道黄色的帘子，慈安在南，慈禧在北。

前面提到过的记载发捻①叛乱的文章，已经描述过这段召见的经过，而在下面这段很有趣的摘录内容中，我们能看出慈禧的言行举止等信息，这段资料很珍贵，因为它很好地还原了当时的现场情况。值得注意的是，作者与同时代的其他人一样，都只记录了慈禧和朝臣的对话，而忽略了慈安，虽然慈安的地位更加尊崇，但因为她生性淡薄，不理朝政，所以很少有人会去刻意关注她。

在进入东暖阁之后，曾国藩便按照礼节跪地禀奏："臣曾国藩恭请圣安。"之后他脱帽叩首，奏称叩谢天恩，礼毕起身，向前行了几步，又跪在了软垫之上。下面所摘录的就是慈禧的问话和曾国藩的对答内容：

太后问："汝在江南事都办完了？"

对："办完了。"

问："勇都撤完了？"

对："都撤完了。"

问："遣撤几多勇？"

对："撤的二万人，留的尚有三万。"

问："何处人多？"

对："安徽人多。湖南人也有些，不过数千。安徽人极多。"

问："撤得安静？"

对："安静。"②

之后，慈禧又向曾国藩询问了一些关于他的任职履历和家庭的事情，几分钟之后，结束了召见，曾国藩又叩头退出东暖阁。从历次召见的情况中，不难看出慈禧在召见之前就已经阅读过奏章，并提前有所准备，所以她提出的问题总是简明扼要、直切要害、一针见血的。这位高高在上的统治者，在面对将大清朝廷于水深火热之中拯救出来的大臣的时候，显示出了君主一般的威严。

---

① 发捻：发指太平天国；捻指当时在北方与太平天国呼应的农民起义组织。

② 同治七年十二月十四日日记，见《曾国藩全集·日记三》第1583－1584页岳麓书社，1989年6月第1版。

同治八年的正月十六日，皇室为满汉大臣举行了一场晚宴，在宴会上，曾国藩坐在了汉人席位的首位，群臣一边喝着美酒吃着美食，一边欣赏着戏曲歌舞。根据记载，在曾国藩离京之前最后一次被召见的时候，慈禧太后向他询问了关于募练直隶地方兵勇和海防的计划。

在曾国藩担任直隶总督职位一年多的时候，他所管辖的辖区——天津爆发了天津教案（1870 年）。按道理来说，他身为总督被问罪应该在所难免，但因为当时的总督衙门是设在保定的，距离天津很远，所以这次的事件并没有牵连到他。

同年六月，两江总督马新贻遇刺身亡，曾国藩再次被调到南京，继续担任两江总督一职，而直隶总督则由李鸿章担任。李鸿章一生担任直隶总督二十四年。因为当时曾国藩的身体情况很糟糕，所以他上疏朝廷，请求免去他两江总督一职，但固执的慈禧不答应，甚至又下了一道谕旨，言明两江事务繁多，曾国藩曾经在那里为官多年，对一应事务都很熟悉，因而他是最适合的人选。她说曾国藩“现虽目疾未痊，但得该督坐镇其间，诸事自可就理”。①

在前往南京赴任之前，曾国藩迎来了自己的六十大寿，他还收到了很多朝廷送来的贺礼与赏赐，这是非常大的荣耀。其中还包括太后亲笔撰写的贺诗、御书“勋高柱石”匾额、铜佛像、紫檀木镶嵌玉如意、蟒袍各一份，以及吉祥绸缎十卷和线绉十匹。

在曾国藩离京之前觐见时，他和慈禧之间的对话很是耐人寻味。慈禧的问和曾国藩的答如下：

西太后问曰：“尔何日自天津起程？”

对：“二十三日自天津起程。”

问：“天津正凶曾已正法否？”

对：“未行刑。旋闻领事之言，俄国公使即将到津，法国罗使将派人来津验看，是以未能遽杀。”

问：“李鸿章拟于何日将伊等行刑？”

---

① 同治九年八月初十日上谕，见《咸丰同治两朝上谕档》第 20 册第 198 页。

对："臣于二十三日夜接李鸿章来信，拟以二十五日将该犯等行刑。"

问："天津百姓现尚刁难好事否？"

对："此时百姓业已安谧，均不好事。"

问："府、县前逃至顺德等处，是何居心？"

对："府、县初撤任时，并本拟罪，故渠等放胆出门，厥后造人谕知，业已革参交部，该员等惶骇，始从顺德、密云次第回津云云。"

问："尔右目现尚有光能视？"

对："右目无一隙之光，竟不能视。左目尚属有光。"

问："别的病都好了么？"

对："别的病算好了些。"

问："我看你起跪等事，精神尚好。"

对："精神总未复原。"

问："马新贻这事岂不甚奇？"

对："这事很奇。"

问："马新贻办事很好。"

对："他办事和平、精细。"①

问："尔在直隶练兵若干？"

对："臣练新兵三千，前任督臣官文练旧章之兵四千，共为七千。拟再练三千，合成一万，已与李鸿章商明，照臣奏定章程办理。"

问："南边练兵也是最要紧的，洋人就很可虑。"

对："洋人实在可虑，现在海面上尚不能与之交战，惟尚设法防守。臣拟在江中要紧之处，修筑炮台，以防轮船。"

问："能防守便是好的，这教堂就常常多事。"

对："教堂近年到处滋事，教民好欺不吃教的百姓，教士好庇护教民，领事官好庇护教士。明年法国换约，须将传教一节加意整顿。"②

---

① 同治九年九月二十六日日记，见《曾国藩全集·日记三》第1786－1787页，岳麓书社，1989年6月第1版。

② 同治九年九月二十七日日记，见《曾国藩全集·日记三》第1787页，岳麓书社，1989年6月第1版。

曾国藩觐见之后便离开了北京，而慈禧自打这次之后，就再也没有见过他。一个月之后，曾国藩到达南京，接过了两江总督的官印，坐回了总督职位。他上任之后的第一件事，就是审理前任总督马新贻的遇刺案件，并将罪犯判处凌迟处死。

第二年的夏天，他在省内巡游，游览两江名胜，看到曾经因为太平天国运动而变得民不聊生的地方如今已经一片祥和安乐，感到非常欣慰。有一次他看到河中停泊的画舫，听到里面的歌舞之声后，高兴地感叹，能够再一次看到叛乱之前的盛世之景，真的是一件很开心的事情。

11 月，他入住了总督府，而这里曾经是太平天国时期的天京宫殿。但是，在 1872 年的上半年，他刚上任还没多久的时候，他的中风病就第一次发作了。几天之后，他乘坐轿子前去拜访一位从北京过来的大臣，在轿子里，他如平时一样背诵经书中的篇章，可当他突然用手势对旁边的随从吩咐什么时，却发现自己已经无法说话了，只能发出一些含糊的咕哝声。当天晚上，他在日记中写道：

余病患不能用心，昔道光二十六、七年间，每思作诗文，则身上癣疾大作，彻底不能成寐。近年或欲作文，亦觉心中恍惚不能自主，故眩晕、目疾、肝风等症，皆心肝血虚之所致也。不能溘先朝露，速归于尽，又不能振作精神，稍治应尽之事，苟活人间，惭悚何极！①

第二天他又在日记中写道：

余精神散漫已久，凡遇应了结之件，久不能完，应收拾之件，久不能检，如败叶满山，全无归宿。通籍三十余年，官至极品，而学业一无所成，德行一无可许，老大徒伤，不胜悚惶惭赧。②

第二天，他在披览一份公文的时候，中风再一次发作，于是他叫来自己的大儿子，并向其交代在他死后丧事需要按照古制来办，不要办道场请和尚来诵经。次日清晨，虽然身体仍然非常虚弱，但他还是强行起身，并且阅读

① 同治十一年一月二十九日日记，见《曾国藩全集·日记三》第 1942 页，岳麓书社，1989 年 6 月第 1 版。

② 同治十一年二月初一日日记，见《曾国藩全集·日记三》第 1943 页，岳麓书社，1989 年 6 月第 1 版。

了一篇乡围中试的文章。晚上的时候，他在儿子的搀扶下在花园中散步，而他的中风也再一次发作。他被家人抬回大堂，却依然正襟危坐，好像在举行一场会议一样，然而他就这样坐着去世了，终年六十二岁。

记述者写道：

南京的百姓在听说曾国藩去世的消息之后，全部都痛哭不已。传说在他去世的时候，天上曾有一颗流星陨落在城中。而朝廷听说曾国藩去世的消息之后，也深感悲悯，甚至为此罢朝三日。

为了表达朝廷对他的感激和敬重，慈禧太后颁下谕旨，特意盛赞了这位忠臣，称他“实为股肱心膂之臣”。甚至还下令要在曾国藩曾平定太平军的江宁各省为他建立祠堂，“用示笃念忠良至意”①。

① 同治十一年二月十二日上谕，见《咸丰同治两朝上谕档》第22册第33页。

第六章

慈禧和太监

中国的史学家、言官以及太傅们一直在强调太监群体对王朝的危害。在他们看来，明朝之所以由盛转衰，并且腐朽不堪，甚至于亡国，就是因为朝廷上下都由太监专权，而这影响了朝廷和官僚体系的正常运转。

关于太监误国这件事，几个世纪以来，一直都有官员上书劝谏帝王远离太监。事实上，有很多的官员就是通过太监才得到的官职，而且还有一些人仍然试图通过太监在皇帝面前帮忙说好话而得到升迁。在中国历史中，因为太监而导致国家腐败的事情数不胜数，而朝堂之上那些有关太监的奏折也只是所有事情中的冰山一角（事实上这种情况并非只出现在中国）。

在慈禧统治朝政的时候，太监权势很大，嚣张跋扈。虽然她曾做出承诺对那些勇敢上奏批判太监制度的朝臣给予表扬，也曾对有不端行为的太监表示愤怒，但也仅仅是在表面上做做样子。

虽然有一些人只是在虚伪地做样子，并不是发自内心地批评宦官制度，但不可否认，在过去的五十年时间里，还是有很多真诚的改革者表示，中国如果要跻身现代文明社会，首先就应该废除太监制度。

众所周知的一件事是，1898 年的戊戌变法之所以会失败，很大程度上是因为李莲英对光绪皇帝的嫉恨。而李莲英对光绪皇帝的恨意源自几年之前受过的一次杖刑。李莲英担心，一旦光绪皇帝通过变法改革掌握朝廷大权，便会将注意力放在宫廷改革之上，从而废除太监制度，所以他设法阻挠了变法。最有力的证明就是，在后来的义和团运动中，李莲英对慈禧产生了很大的影响，使她甘心支持这场反对洋人的运动。如果没有俄国公使对他的包庇，免被公正地审判，那么恐怕他会成为《辛丑条约》要求惩处的第一个人。

之所以列举关于李莲英的这两件事情，其实是为了强调“太监误国”这样的事实。全国各省的人们都对朝廷在处理太监一事上的敷衍态度感到愤怒和不满。尤其是那些爱国进步的官员们（例如直隶总督袁世凯、唐绍仪等，他们都很清楚，朝廷对于这样野蛮的太监制度的坚持，大大影响了中国在世界上的地位和形象），以及一些新闻媒体，都在敦促朝廷尽快解决这件事情，废除太监制度。

据说太后对此也表示了支持。但一直处于太监们的谗言之下，想要推行废除太监制度的措施可谓举步维艰。

1906 年的时候，《泰晤士报》的驻京记者将目光放在了朝廷所颁发的一些新政策上面，并就此开始讨论政府是否能够率先废除太监制度。然而，在中国的保守派眼中，宦官制度已经存在了数百年之久，影响深远，太监的使用历史，甚至远远早于基督纪元，这种制度能够得到人们的广泛认可，因为它更适用于中国的一夫多妻制度，且是对传承祖先法度的尊重。而与之相对的改革派则认为，在西周王朝的贤明君主的统治时期，太监是没有任何政治地位的。后来因为太监作乱，王朝开始没落腐化，而到了春秋战国时期，孔子便指出了太监制度的弊端。因此，借古喻今，盛世王朝应该废除太监制度。

1644 年，满洲人入主北京城，并从此建立了大清王朝。作为征服者，他们接管了前朝所留下的包括宦官制度在内的一切现存机制。但很快，他们就明确地限制了太监的活动和职权范围。

在顺治皇帝的首次朝会上，满汉官员便联合上奏，一致反对宫廷中那些嚣张跋扈的太监们，认为这些仆役只适合做洒扫的事情，不应该被皇帝当作心腹之人。很快，朝廷便制定了一些专门针对太监的禁令，其中明确规定，太监不能在朝廷担任任何官职，不能享有四品以上的爵位和称号。

更重要的一点是，因为明朝末年的太监魏忠贤（自缢而死）祸乱朝政的事情，大清朝廷特意颁发旨令，明确规定太监不得以任何借口离开京城。在之后的两百年时间里，因为有康熙、乾隆等明君的统治，宫中的太监们一直也都恪守着朝廷的禁令。

但是，到了咸丰统治时期，因为皇帝昏庸无能，宫中的规矩已经逐渐形同虚设，太监们丝毫不懂得收敛，大玩权术，太监的权力在紫禁城中变得越来越大。等到慈禧掌权之后，明朝末年太监的贪污腐败、玩弄权术、钩心斗角、专横跋扈的恶劣行径又都死灰复燃，逐渐弥漫于整个朝廷。

无疑，太监们之所以敢在慈禧统治期间这般肆意妄为，是因为得到了她的庇护。在慈禧晚年时期，她已经对外界的评价不太在意了，所以下面的太监行事也变得越发大胆，无所顾忌。

1898 年以后，慈禧最宠信的大太监李莲英曾经公开表示，他对官员的升迁贬黜有着绝对的操控权，就连光绪皇帝对此也无可奈何。民间关于宫中荒淫无度，太监、戏子等伺候慈禧太后的传言有很多，但全都毫无根据。御史们的上奏、广东人和一些作者的诋毁之言，也都是道听途说而来的，并不可信。至于康有为和他的助手所写的那些诽谤慈禧的文字，更是既没有根据，又和真实的历史事实出入很大。所以关于他们所描述的慈禧和荣禄之间的关系的事情，是没有任何价值可言的。在阅读的时候，要谨慎分辨。

当然，这样的事情既然能够被大范围传播，并被很多人相信，一定是有一些事实根据和源头的。虽然在北京城中，百姓们对慈禧怀有忠心和尊敬，但他们也承认，在慈禧管辖之下的皇宫内苑崇尚奢华，太监们更是作恶多端。

可以确定的是，如果皇帝本身太弱，那么势必会让太监们有机可乘，搬弄是非，最终导致无法挽回的悲剧。而且统治者自身的堕落无能，也会在一定程度上激发太监们内心中潜藏着的恶，从而让他们产生很大的破坏力。而这些也注定了慈禧的儿子同治皇帝的最终的悲剧命运。当然也包括英年早逝的咸丰和光绪两位皇帝，他们的去世虽然不是由太监直接促成的，但不可否认的是，因为他们一直置身于由太监群体组成的邪恶的环境之中，所以势必会受到影响。

在过去的近七十年时间里，朝廷和中国内部所发生的很多事情，都与宦官和他们的那些阴谋有着密不可分的关联。而在慈禧统治的半个世纪的时间里，躲在宝座背后，控制着权力的人，实际上是她最宠信的太监李莲英。李莲英是一个比慈禧活得更久的人。

李莲英又被称为“皮硝李”[①]，在中国几乎没有人不知道这个人。从宫廷中发生的很多悲剧里都能找到他的身影。他对慈禧的影响非常巨大，除了朝会时，慈禧对他的态度都是非常温和亲切的，甚至允许他不拘礼节。除了荣禄之外，就连慈禧的家人在内的任何宠臣，都不能如李莲英一般受到这般宠爱。

1861年，在咸丰皇帝逃亡到热河，并在那里养病的时间里，年轻的慈禧在近侍中发现了一个聪明伶俐的名叫安德海的太监。在慈禧和载垣等人斗智斗勇的时候，安德海充当起慈禧的书信官，帮助慈禧和荣禄、恭亲王等人暗中联络。等到慈禧垂帘听政、大权在握之后，他便成为最受慈禧宠信的太监和密使，后来他还做了慈禧宫中的总管太监。慈禧经常将自己的想法和计划与他进行商量，而他也仗着慈禧的宠信，得到不少好处。

为了让孀居的年轻太后在生活中多一些乐子，他给慈禧找了很多好玩的事情，比如在宫中布置戏台子，并找戏子来给慈禧表演她最喜爱的戏曲节目。不仅如此，他自己也因为长相俊美，且有很高的表演天赋而经常亲自给慈禧表演节目。

在垂帘听政之初，慈禧太后的根基还不稳固，再加上载垣等人的党羽在直隶等地依然有一定的影响力，于是言官们纷纷上奏反对朝廷的奢华之风，抨击慈禧在后宫之中奢侈无度，肆意挥霍。而年轻的慈禧十分固执，对于这些评价和约束缺少耐心，而且她对身边的随从们的忠心非常放心，所以从来都不会因为这些进谏而改变自己的行为，在宫中依然一切照旧。

不过，慈禧虽然为人固执，但为了照顾自己的面子，还是在表面上对这些言官们的批评指责给予了充分的赞同和欣赏，并且没有表露出丝毫的不悦。在垂帘听政之初，她也经常颁布一些言辞恰当的诏书，言明这些事情，但是并没有人把这些诏书中所提的内容放在眼中，去依照着行事。

在她垂帘听政的第三年（1864年）时，朝廷就颁布了一道很有趣的谕旨，这道谕旨是关于太监盗窃的，但事实上，这样的情况至今依然存在，并且从不曾间断过。谕旨是在同治三年，以两宫皇太后的名义颁布的，内容

---

① 李莲英的家乡在直隶河间府（很多太监的家乡都在此处），在他进入宫中做太监之前，他曾在家乡做过皮匠学徒，所以得了这个称号。——原注。

如下：

朕奉慈安皇太后、慈禧皇太后懿旨：据御史贾铎奏，风闻内务府有太监演戏，将库存进贡缎匹裁作戏衣，每演一日，赏费几至千金，请饬总管内务府大臣速行禁止，用以杜渐防微等语。

上年七月，因皇帝将次释服，文宗显皇帝梓宫尚未永远奉安，曾特降谕旨，将一切应行庆典酌议停止，所有升平署岁时照例恭奉，俟山陵奉安后，候旨遵行，并将咸丰十年所传之民籍人等永远裁革。原以皇帝冲龄践祚，必宜绝戏愉之渐，戒奢侈之萌。乃本日据贾铎奏，风闻太监演戏，费至千金，并有用库存缎匹裁作戏衣之事，览奏实堪诧异。

方今各省军务未平，百姓疮痍满目，库帑支绌，国用不充。先皇帝山陵未安，梓宫在殡，兴言及此，隐恸实殷，又何至有如该御史折内所称情事？况库存银缎，有数可稽，非奏准不能擅动，兹事可断其必无。

惟深宫耳目，恐难周知，外间传闻，必非无自，难保无不肖太监人等，假名在外招摇，亦不可不防其渐。着总管内务府大臣等严密稽察，如果实有其事，即着从严究办，毋得稍有瞻徇，致干咎戾。

皇帝典学之余，务当亲近正人，讲求治道。倘或左右近习，恣为娱耳悦目之事，冒贡非几，所系实非浅鲜，并着该大臣等随时查察，责成总管太监，认真严禁所属。嗣后各处太监如有似此肆意妄行，在外倚势招摇等事，并着步军统领衙门一体拿办。总管太监不能举发，定将该总管太监革退，从重治罪。若总管内务府大臣等不加查察，别经发觉，必将该大臣等严加惩处。其各懔遵毋忽。此旨并着敬事房、内务府各录一通，敬谨存记。钦此。①

北京城中的所有人都知道慈禧喜欢看戏，所以这篇谕旨被认为是一纸空文，毫无实际意义。值得注意的是，从这时起，一直到安德海被处死之前，那些指责宫中日渐奢靡的风气给朝廷和国家财政系统带来恶劣影响的奏折就一直没有间断过。

1866 年，两位很有勇气、直言敢谏的官员向朝廷递交了奏折，指出了安德海胡作非为的不法行径。他们在奏折中说道：

---

① 同治三年五月二十一日上谕，见《咸丰同治两朝上谕档》第 14 册第 171 页。

溯自汉末及前明，朝政之失，半由宦寺。盖宦寺出身之始，每以小忠小信，便捷逢迎，无非售其固宠邀恩之计。及党羽已成，则骄肆专横，而箝制其上，虽英明之主，竟有百计不能除之者……今皇太后垂帘听政，洞悉其弊，杜渐防微，有鉴於前，不使宵小蒙蔽。所以知人善任，朝政肃清……臣以为宦寺之设，无非效奔走、供指使而已，万不可使年轻敏捷之人，常侍左右。请皇太后选忠正老成者为我皇上朝夕侍从，庶将来亲政，必不致受其欺蒙蛊惑，而无疆之圣德，基于此矣！①

之后慈禧在奏章中，以皇帝的口吻批示道：

所奏不为无见。前代阉寺之患，史不绝书。社鼠城狐，足为殷鉴。我朝列圣相承，不但不准此辈干预公事，并不稍假辞色，是以宫庭静谧。谗谄面谀之辈，无所施其伎俩，二百余年，永绝斯患。我两宫皇太后垂帘以来，恪承家法，远绝佥壬，曾明降谕旨，饬令总管内务府大臣随时稽察，毋使萌櫱潜滋。

兹览该御史所陈，深以此辈或邀宠任，贻误事机，虑远思深。诚得履霜坚冰之意。仍着总管内务府大臣，督率总管太监，认真查察，如有此等便僻侧媚之辈，惑聪乱明，妄肆簧鼓，即着据实直陈，严加惩办，毋得因循畏事，退有后言。傥该总管太监扶同徇隐，并着该大臣一并严参究办。以期侍御仆从，罔匪正人，用副朝廷远佞闭邪之意。②

从表面上来看，慈禧是已经听从了言官的谏言，表明了她自己的态度，但事实上，在深宫之中却一切照旧，年轻的皇太后依然沉迷于这些玩乐之中。与此同时，总管太监安德海对慈禧的影响也越来越大。街头巷尾中到处都是关于安德海的传言，他随口说的一句戏言，在紫禁城中就等同于一条法律。

慈禧和安德海经常穿上古时的戏服，在皇宫里的湖面上游玩，而且安德海还曾不止一次地穿着只有皇帝才能穿的神圣龙袍，慈禧更是经常将象征权力的玉如意赏赐给他。在这样的情况下，关于慈禧和安德海的越来越多的传

---

① 摘自《清史稿》卷四百二十三，列传二百十穆缉香阿传第 12207－12208 页。

② 同治四年六月丁巳日上谕，见《穆宗毅皇帝实录》卷一四六，《清实录》第 48 册第 424－425 页。

言便流传开来，其中一个传言便是安德海其实是个假太监，而慈禧和他甚至还有一个私生子。[1] 还有很多关于禁宫内苑的传闻，比如说有戏子假装太监进入后宫淫乱宫闱，虽然故事描述得活灵活现，却都不是真的。之所以会有这么多不靠谱的传言，就是因为咸丰时期朝纲紊乱，后宫生活奢靡无度，以及后来慈禧掌管朝政时，对太监十分宠信。

慈禧对太监的宠信举动中，有一件事情的影响很大，因为违背了大清祖上明确规定的太监不得擅自离京的祖制。

1869 年，为了中饱私囊，扩充自己的腰包，慈禧在没有和慈安、恭亲王商议的情况下，就擅自派遣安德海到山东去以她的名义勒索贡品，收缴钱财。而那时的安德海，事实上已经是很多皇族王公贝勒，尤其是恭亲王的眼中钉了。之所以被他们嫉恨，不仅因为他对慈禧的影响已经日益加大，还因为他对待官员时的态度太过倨傲。

有一回恭亲王请求觐见，结果被慈禧以正在和安德海说话为由拒绝了。这件事不仅让恭亲王面子上无光，就连对朝廷的影响也极其恶劣，因此被恭亲王一直记在心里。而这次安德海竟然违背禁令擅自出京，并且在外省肆意妄为，恰好让恭亲王逮到了机会。他既可以利用这次机会除掉安德海，又可以就此挑拨两宫皇太后的关系。

当时的山东巡抚丁宝桢是平定太平天国运动的有功之臣，此人既有才干又有谋略，而安德海竟然敢在他的眼皮底下公然僭越，无视法度，这让他非常愤怒，因此他直接给恭亲王写了一封信，并向其询问该如何处置此事。

当恭亲王接到信件的时候，慈禧正在宫中开心地听着戏曲。恭亲王一刻都没有耽误，马上进宫觐见了慈安太后，并在慈安太后的面前拟定了一道将安德海就地斩杀，无需押解进京的谕旨，且要求太后在上面签字。慈安明知道这件事情必然会得罪慈禧，但因为性格软弱，迫于恭亲王的压力，不得不在谕旨上签字。

有传言说，慈安将这道谕旨交给恭亲王的时候，还曾亲口说过，如果此事被慈禧知道，慈禧肯定会杀了她。恭亲王接过谕旨后，立刻派人将其送到

---

① 中国广州流传的小册子中记载的故事，该小册子对此事进行了详细描写，甚至还说这个私生子至今仍活着，名叫晋明。

了山东的丁宝桢手中。

下面就是这道谕旨的相关内容：

丁宝桢奏太监在外招摇煽惑一折。据德州知州赵新禀称：七月间有安姓太监，乘坐太平船二只，声势炫赫，自称奉旨差遣，织办龙衣。船上有日形三足乌旗一面，船旁有龙凤旗帜①，带有男女多人，并有女乐，品竹调丝，两岸观者如堵。又称：本月二十一日，系该太监生辰，中设龙衣，男女罗拜。该州正在访拿间，船已扬帆南下，该抚已饬东昌、济宁各府州饬属跟踪追捕等语。

览奏深堪诧异。该太监擅自远出，并有种种不法情事，若不从严惩办，何以肃宫禁而儆效尤。着马新贻、张之万、丁日昌、丁宝桢迅速派委干员，于所属地方，将六品蓝翎安姓太监严密查拿。令随从人等指证确实，毋庸审讯，即行就地正法，不准任其狡饰。如该太监闻风折回直境，即着曾国藩饬属一体严拿正法。倘有疏纵，惟该督抚等是问。其随从人等，有迹近匪类者，并着严拿，分别惩办，毋庸再行请旨。将此由六百里各密谕知之。钦此。②

而此时的慈禧，对于她最宠信的太监正身处危险之境一事一点都不知道，直到安德海被处死，她都被蒙在鼓里。慈安和恭亲王之所以能够这般秘密地处死安德海，还是因为安德海本人平日里太过肆意妄为，得罪了太多人。十天之后，慈安在恭亲王的敦促下，颁布了第二道谕旨，公布了对安德海的处置一事。谕旨内容如下：

兹据丁宝桢奏，已于泰安县地方，将该犯安德海拿获，遵旨正法。其随从人等，本日已谕令丁宝桢分别严行惩办。我朝家法相承，整饬宦寺，有犯必惩，纲纪至严，每遇有在外招摇生事者，无不立治其罪。乃该太监安得海竟敢如此胆大妄为，种种不法，实属罪有应得。

经此次严惩后，各太监自当益知儆惧，仍着总管内务大臣严饬总管太监等，嗣后务将所管太监严加约束，俾各勤慎当差。如有不安本分、出外滋事

① 代表他是由摄政的皇太后所派遣。——原注。

② 同治八年八月初四日上谕，见《咸丰同治两朝上谕档》第19册第211－212页。

者，除将本犯照例治罪外，定将该管太监一并惩办。并通谕直省各督抚，严饬所属，遇有太监冒称奉差等事，无论已未犯法，立即锁拿，奏明惩治，毋稍宽纵。①

慈安在谕旨里显露的语言风格和慈禧的风格完全不同，她似乎有些担心会惹怒慈禧，措辞极其委婉。而平日里慈禧的用词都是十分锋利的，话语中带着狠厉，似乎显示着她所拥有的力量。

在安德海被处死之后，他的几名随行太监也被处以了绞刑。其中有六人曾越狱逃跑，而有五人最后被抓了回来，仍有一人在逃。除此之外，安德海的家属也在之后被发配到边疆。安德海被处死几天后，那名逃脱了惩处的太监逃回了北京，并通过慈禧的又一名心腹太监李莲英将山东所发生的事情禀告给了慈禧。

最开始，慈禧并不相信一向胆小怕事、不理朝政的慈安敢不顾后果地签署了诏书，甚至还将此事隐瞒了下来。但当她想明白这件事情之后，便立刻怒不可遏地冲到了慈安的寝宫，向其质问这件事情的来龙去脉。

一向胆小怕事的慈安被慈禧的愤怒吓坏了，自然不敢承认这件事是自己所为，于是干脆将所有的罪责推到恭亲王身上，言明是恭亲王逼迫自己签署的诏书。但显然这样苍白无力的辩解并没有什么作用，慈禧根本不相信她说的话。在经过一番激烈的争执之后，慈禧愤怒地离去，并发誓一定要让慈安和恭亲王付出代价。

这件事成为慈禧一生的转折点。在此之前，慈禧对慈安仍然维持着表面上的温和与友善，两个人在权力上的地位也看似平等。但在这件事情之后，她将更多的时间和精力都放在了对国事的关注上，不断巩固自己的地位，甚至还下定决心，绝不与人分享手中的权力。就这样，她逐渐坐上了大清王朝统治者的宝座，彻底把慈安架空，并把慈安踢出了政局。

慈禧在大发雷霆的第二天，便在朝堂之上严肃批评了恭亲王，甚至还威胁要将他的职位和爵位罢免革除。慈禧虽然并没有真的就此惩罚他，但在心中已经对他产生了愤恨。她在等待一个合适的时机，好对他进行报复。

---

① 同治八年八月十一日上谕，见《咸丰同治两朝上谕档》第19册第218-219页。

恭亲王往后的余生，都没能摆脱慈禧的报复。慈禧对他所施行的第一个报复就是在同治皇帝驾崩之后，没有按照祖制将恭亲王的儿子立为皇帝，而是选择了光绪。尽管她后来还是将恭亲王提拔为军机处的大臣，但这也只是因为她自己无法掌控政局，还需要利用他的能力。还有一个原因是，慈禧非常喜欢恭亲王的女儿，甚至已经将她认作女儿。

在安德海被处死之后，李莲英便接替了他的职务，成为太后最为宠信的总管太监。在之后的四十年时间里，这位大太监在中国的政治舞台上扮演了非常重要的角色。他手握重权，掌握着千万人的生死，可以随意提拔和贬黜朝廷中的官员，甚至还将来自十八个省的贡品私自侵吞。

李莲英十六岁便净身进入宫中，凭着端正的容貌和文雅的举止受到慈禧太后的赏识，成为太后的心腹。据可信的史料记载，李莲英在刚伺候慈禧没多久的时候，就已经得到了太后的宠信，还得到了各种特权。比如，他可以在太后的面前获得赐座，甚至还可以坐在御座之上。私下里，他可以和慈禧谈论各种话题。而随着二人相处时间变长，彼此信任加深，李莲英对慈禧的影响力也越来越大，甚至在很多国事上，慈禧都允许李莲英发表自己的意见，并且慈禧也会对他所说的内容加以重视。

李莲英晚期和大臣们谈论起慈禧时，甚至还会使用“咱们”这样比较亲密的称呼来形容他和慈禧。而这种称呼一般都是比较亲近的亲人或者交情深厚的同辈人之间才会使用的词语。众所周知，皇帝被人称呼为万岁，而李莲英被手下人称呼为“九千岁”。只有在非常正式庄重的大典上，李莲英才会遵守礼仪，态度谦和。

李莲英虽然在对待对手和竞争者的时候冷酷无情，为人也贪婪腐化，睚眦必报，但在对待自己的女主人慈禧时却忠心耿耿。每当慈禧遇到危险的时候，他都拼尽全力地去保护她。李莲英不仅是一个幽默风趣、十分健谈的人，而且是一个很好的演员①，更重要的是，他拥有富可敌国的财富。所以，他除了获得了慈禧的赏识之外，还得到了满洲官员们的青睐。这些人从不觉得和李莲英走得很近是一件自贬身份的事情。

---

① 慈禧很喜欢戏曲人物的角色扮演，在北京现售的一张照片中，慈禧扮成了观音，而李莲英则扮成了韦驮。——原注。

1909 年 11 月，在为慈禧太后送葬的时候，这位白发苍苍、步履蹒跚的老人缓缓地行走在送葬的队伍中。在所有的送葬人员中，只有他流露出了最真实的悲伤。这样的情景叫人见了不免心生怜悯，为他对慈禧的忠诚心生敬意，而这也让在场的人们暂时忘记了在过去的几十年里他所积累的恶行。

此刻看着这位曾经创造了那么多秘史的人物，人们不禁好奇，当他最后一次护送着他的女主人经过宫廷的大殿时，他的那颗令人捉摸不透的脑袋里究竟在想些什么事情呢？在过去的半个世纪里，他一直陪伴在慈禧身边，尽心尽力地伺候着她。他们一起经历了那么多事情，这世间除了他，恐怕再没有谁能那般忠心不二地守卫着她。他从年轻的时候就陪在慈禧的身边，他和慈禧经历了太多辉煌，也遭遇过落魄仓皇，而如今慈禧已经离开，只有他还在这个世上，要去面对即将到来的凶险和陌生。虽然他的权力在慈禧离开之后就变得大不如前了，但他的身体依然健朗。

聪明使得他没有步安德海的后尘，他从不曾到各省去私自敛财，也从不奢望能够得到四品以上的官爵。而且他还摸清了慈禧太后的心思，每次在慈禧的袒护下从官员处索要了贿赂钱财，他都会与慈禧分享。在 1900 年的义和团运动后，朝廷西逃到西安之时，就曾发生过二人共同勒索贡品中饱私囊的事情。

不过，李莲英的运气显然不太好，因为他的万贯家财全部在这场浩劫中被法国驻军洗劫一空。原本他在逃离之前是将自己的财宝全部藏在了一个隐蔽之所的，而这个地方也只有他的几个心腹知道。可让他没想到的是，其中一个心腹竟然出卖了他，将财宝的藏匿地点告诉了法国驻军。在朝廷回到北京城之后，李莲英做的第一件事，就是在慈禧的默许下将这个泄露自己秘密的叛徒杀了。

北京城中的钱庄曾给李莲英的家产做过评估，大概有两百万英镑，这些钱财主要被李莲英投资在钱庄和当铺，财产中的大部分都是最近八年时间里被他贪污的各省的进贡，还有一些则是想要升官的官员给他的贿赂。如果你知道了向他买一个官职的价格竟然高达三百二十万两（相当于四万英镑）的话，你就不会惊讶于他在短短八年时间里获得如此巨额的财富了。

李莲英敛财有一个秘诀，那就是从不嫌弃钱少。我这里有一封李莲英写给一个专门置办宫廷用品的承包商的信件，从这封信中我们可以看出他们之间应该有过很多类似的合作。这封信用纸普通，其中的措辞也都是一些普通人之间的交流之语，只是其中附着一张李总管的名帖。信件的风格简洁又直接，内容如下：

王七老爷尊前：

自违芝范，时切怀思，敬维福寿康宁，定符远念矣。敬启者，弟自愧囊空，伏仰七老爷暂借银票一千五百两，给与去人，急速带回。容日再叙。

弟　李莲英

李莲英对于承包商们愿意就每个项目给他多少钱的回扣十分清楚，因此他的每一次“借钱”都没有落空。

对于李莲英的奢侈挥霍，宫中几乎人尽皆知，而他挪用公款、使国库亏空一事却给大清朝廷带来了非常大的灾难。例如，1894 年爆发的甲午中日战争最后以大清朝惨败收尾，而这个结果在很大程度上是和李莲英有关系的。因为李莲英在奉命重修颐和园的时候，和他的手下挪用、侵吞了大量海军军费。

1885 年，朝廷任命醇亲王为海军衙门的主管，并任命庆王、李鸿章和曾国藩为副手。曾国藩（曾是海军衙门的实际管理者）去世后，海军衙门的管理权基本上就落到了一些毫无经验的亲王贵胄手中了。

1889 年，同治皇帝亲政之后所做的第一件事情，就是下旨重修颐和园。自打 1861 年被英法联军焚毁之后，颐和园基本上成为了一片废墟。慈禧想要重修颐和园，但因为资金不足无法实现，为了能让老佛爷住得舒服些，李鸿章提议挪用海军经费。这个建议很快就得到了批准，海军部划拨出军费来修建园子，也因此，这个军事部门沦为了内务府的分支机构。

在中日战争爆发之后，慈禧下令取消海军衙门，而这一举措遭到了大家的反对和批判。在慈禧看来，海军衙门本来就是因为修建颐和园才存在的，既然现在颐和园的工程已经结束，经费也用完了，那么海军衙门也就没有存在的必要了。当然，海军衙门想要回这笔被挪用的经费也不可能了。

1889 年，大总管李莲英第一次跟随醇亲王一起视察了包括旅顺、威海卫在内的北洋军港。当时的人们都说，这位大总管所受到的赞誉远比醇亲王多，北洋舰队中居于丁汝昌之下的，几乎没有不对这位慈禧太后面前的大红人进行阿谀奉承的。他们个个竭尽所能地讨好李莲英，争相献上各种财物，以求成为受李莲英庇护的人。

大清朝廷在甲午战争中惨败，之后国内外的所有人几乎都在指责李鸿章，将过错归咎到他的身上。但他们似乎忘记了一个更重要的事实，就连李鸿章本人也不敢指出这个事实，那就是李莲英才是将百分之九十的海军军费挪用到颐和园修建工程之中的负责人（这笔钱很大一部分落入了李莲英自己的口袋里），而这些军费原本是用来给海军发放军饷以及建设沿海防御设施的。

因为军费被挪用，所以海军将士们心生不满，在紧要关头没有尽心尽力，再加上所用的军事设备落后，根本无法满足战时所需，所以大清朝廷在甲午战争中以惨败收场。英国历史上也曾有过相似的情况发生，但幸运的是，他们在紧要关头，并没有因为贪污腐败的事情而失去军人应有的责任感。

李莲英对光绪皇帝怀有极大的恨意，而这种恨意无疑在戊戌变法中起到了很大的作用。因为李莲英的挑拨，慈禧与光绪之间本就不甚亲近的关系变得更加疏远，矛盾也越发无法调和。京城中的很多人都认为，光绪皇帝的死和李莲英有着很大的关系。

皇帝坚持改革的做法让李莲英既恨又怕。1898 年，当一群支持维新的广东官员来到京城宣扬变法的时候，李莲英因为担心自己的地位受到威胁而果断地站在了反对变法维新的保守派的一边。他还建议慈禧重掌大权。

可以这样说，如果没有他在一旁怂恿，那么慈禧太后不会对义和团的那些把戏深信不疑，也不会选择支持义和团运动，而是会及时镇压义和团运动。如果慈禧太后及时地镇压了义和团运动，那么这次排外运动不会发展到走出山东，波及更广的境地，更不会导致清廷落得赔偿巨款的下场。

一个皮匠出身的太监竟然能对国家的命运造成这么大的影响，这在亚洲的宫廷和政局中都是非常不可思议的事情，当真有趣。当他站在曾经侍奉了多年的女主人的葬礼上时，这个侵吞了国家巨款的人的内心深处应该很痛苦吧，因为他已经想到了自己即将面对的下场只有死亡。

在义和团运动最猖獗的时候，李莲英手中的权力也达到了前所未有的高度。每次端王来和慈禧以及各位军机处的大臣陈述自己的意见时，都会特别强调一下，这些行动是已经得到了李莲英的认可的，或者说这份圣谕是在李总管的授意下颁布的。之所以这样做，是因为他心中很明白，在当时没有任何人敢和李莲英作对，如果说这些事是得到了李莲英的认可的，那么就不会有人敢反对。李莲英甚至还曾怂恿慈禧拿出自己的私房钱来犒赏义和团，并发出悬赏来购买外国人的脑袋。

当外国人的援军逼近北京城的时候，即使是最顽固的人也已经明白，义和团运动注定会失败。李莲英也为此而感到沮丧和担忧，因为他不仅预测错了时局，而且还要面对慈禧的愤怒。慈禧对于即将面对的政局感到害怕，而她此时正需要一只替罪羊来发泄怒火，李莲英无疑会首当其冲，因为正是他将慈禧引到这条毁灭的道路上的。

当援军抵达京城之后，澜国公进宫禀报，慈禧得知消息心中更怒，于是质问他之前所夸下的海口如何解释。慈禧说："如今这些洋鬼子都是从哪里冒出来的？两天前你还告诉我咱们在天津附近打了胜仗，可我们都知道直隶总督裕禄和李秉衡早就已经阵亡了。"

一直在一旁侍候的李莲英听到这里，连忙走出宫殿，通知那些早已经被吓得发抖的太监们道："如今老佛爷怒不可遏，也没有别的办法了，只有逃到陕西，在那里等待援军将这些洋鬼子全部赶出去。"

但是，在这次逃亡陕西的过程中，李莲英所受的苦要比慈禧多太多，直到到达西安，并且全部安排妥当，局势也逐渐稳定之后，他才恢复了往日的一切。在逃亡的过程中，一位随行的官员在给北京的同僚写信的时候曾提到了朝廷在这次逃亡过程中的经历，还提到了李莲英和慈禧身边的一些其他心腹太监们对国家事务的影响。在这里我摘录了部分片段：

当陕西巡抚岑春煊①在山西边境迎接到逃亡而来的圣驾的时候，老佛爷掀开轿帘，问道："你知道我们在北京城经历了什么事情吗？"他回答说："微臣不知。"慈禧恼怒地指着李莲英说道："都是他惹的祸，如今却给我带来这样的灾难。"李总管站在一边低垂着脑袋，竟一言未发。

此外，有一次，岑春煊发现在李莲英的授意下，有三个太监竟然公然扰乱乡民，抢掠财物，于是他将这件事禀报给了太后，太后只好下令将这三个

---

① 岑春煊当时应为甘肃布政使，是后来才被授予陕西巡抚。

犯了罪的太监就地正法。岑春煊当时是想将李莲英一并呈报上去，让其也得到惩罚的，但他发现太后对李总管甚是倚重，因为不敢冒险去触怒太后，所以只好作罢。

但不管怎么说，李莲英这次都是死里逃生了一次。后来，等到朝廷已经恢复正常运作，而李莲英也恢复了往日的大权之后，他便开始了对岑春煊的报复。李莲英在荣禄的帮助下，将岑春煊调为山西巡抚。之所以这样做，不仅因为八国联军在追打西迁的朝廷时已经逼近山西，这个职位已经变得非常危险了，还因为岑春煊在管理朝廷的钱粮过程中日渐得到重用。

岑春煊因为自身正直的品行而闻名，在他掌管朝廷的账目之后，各项花销都开始明显减少。他上任之后的第一个命令就是禁止宦官勒索，并将他们的俸禄调整到有限且适度的标准内。凭借自身的才能，岑春煊很快就获得了慈禧的赏识与重用，而这无疑让李莲英更加恼火。李莲英在荣禄的帮助下，开始想尽办法诋毁岑春煊，并试图改变慈禧对岑春煊的看法，最后，他成功了。

曾有一个月的时间，慈禧每天都要花一些时间来与这位正直的官员讨论各项公私事务。如果慈禧能够将岑春煊或者像他一样拥有良好品质的官员留在身边并且重用的话，那么一定能够削减堕落的满洲官员和腐化的太监的势力。

岑春煊被调任为山西巡抚之后，其上奏的奏折有很多都因为李莲英的私心而被私自扣留。渐渐地，李莲英又重新得到了慈禧的信任与宠信。而他在陕西时的骄横专治，甚至比在京城时还要严重。有时哪怕是在召见朝中大臣，他也敢拒绝传达太后的旨意，甚至直言自己累了，当天已经处理了很多公务。

在那段时间里，南方各省所进献的各种贡品都要先经过李莲英的手，而他的家中，已经堆满了龙袍、贡缎和其他价值连城的宝物。对于进贡的金银，慈禧会从中拿走一半，李莲英等太监则会获得五分之一，至于剩下的则会交给荣禄。对荣禄而言，这些金银不仅是他的私人酬劳，还是军需来源。

两宫在西安和开封停留的时候，太监们大发横财。为了一己私欲，李莲英故意蒙骗慈禧，经常以外国军队会报复为理由吓唬慈禧，防止她提前回京。其实李莲英如此做，也并不完全是为了敛财，还因为他很担心自己的名字会出现在外国公使馆所列出的黑名单上。他的害怕不是没有根据的。

为了随时关注京城的动态，获得相关消息，他特意指使自己的手下、二总管崔太监每天汇报京城的最新动向，直到庆王在折子里告诉他不必担心，他才终于安下心来，并不再阻挠两宫回京一事。

尽管他心中十分反对改革，但在荣禄的建议下，他还是决定调整自己的保守思想，并开始对太后的改革表示支持。

当时各省送到西安的贡银超过五百万两。李莲英和慈禧的另一位心腹孙太监共同负责查验每个省进献的贡银数量，而这位孙太监的贪婪和敲诈勒索的本领，和李莲英相比丝毫不逊色。

有一次，孙太监在用秤称量过湖北押送过来的贡银之后，突然对押银官表示这批贡银的成色不足，数目不对。听到孙太监的话之后，押银官马上表示湖北的银锭个个成色十足，足金足两，不会存在问题。而孙太监则一脸傲慢地看着押银官，问道："你以前押解过几次官银，对这宫中的规矩又有多少了解？"押银官虽然心中恐惧，但还是表示银两没有问题。孙太监听后大怒，训斥道："你的意思是老佛爷的秤有问题，是吗？"他甚至出手打了押银官。

因为当时居住的院子很小，他们这边的吵嚷声惊动了慈禧，于是她来到二人面前，并让孙太监把贡银搬到她的屋子里去，她要亲自称重。她还说道："最近确实出现了一些贡银成色不足的情况，这些太监们也是为了避免我被蒙骗才要这么做的。这是他们的职责。"

这位湖北的押银官最后离开时显得有些垂头丧气，在路上，他碰到了内务府大臣继禄，继禄告诉他："对于这件事情，我们都知道你受了委屈，但还请你别往心里去。因为最近老佛爷对他们管得很严格，这些太监们都没能从中捞到什么好处，再加上他们在京城的财产全部都没了，也难免会有些心思，所以还请你体谅他们。"

广东省的贡品一共有二十四样，但太监们为了中饱私囊，竟然自作主张拒收了其中九样。押解官们害怕这事被太后知道后自己遭到怪罪，只好贿赂太监。其实这些都是太监们敲诈勒索押解官惯用的手段。

不仅如此，他们还经常冒充太后的名义来强购大量物品，却又拒付费用。这些抢掠的手段给西安当地乃至整个陕西省的百姓都带来了灾难，对于当时正因为干旱而处于饥荒之中的关中地区来说无疑是雪上加霜。

据岑春煊的账本记载，当地的面粉一斤的价格大概是九十六文，一个鸡蛋是三十四文，猪肉一斤大概四百文，而鲜鱼更是几乎没有卖的，这些价格大概是南方各地的六倍。

很多太监都以捉弄皇帝为乐趣，他们会故意用一些烦心事去招惹皇帝，并以此来激怒他。一封来自西安的信件写道，皇帝看起来很幼稚，经常和太监们一起做一些小孩子玩的游戏，比如说捉迷藏。当游戏被太后打断的时候，他就会显得很生气，跑到角落里，默不作声。在生气发怒的时候，他还会随手拿起各种瓷器朝着太监宫女们的头上砸去。但这些说法不能尽信，因为它们大多出自于宫中的总管太监和一些反对皇帝变法的保守派们，他们之所以要广泛传播这些诋毁皇帝的言论，就是想要让皇帝在外人心中的形象被损毁。

就像之前所说的那样，从西安回到京城之后，李莲英对慈禧的影响变得更大了，宫中所有的事务几乎都在他的掌控之下。随着太后对改革一事转变态度，他也改变了自己的态度，开始宣扬改革的重要性，并大力支持改革。经过慈禧钦准，军机大臣和他修订，《预备立宪案》成功出台，此后，他经常对慈禧开玩笑说：“老佛爷，咱们现在也都成了假洋鬼子了。”

尽管年事已高，身体也大不如前，李莲英却依然紧紧抓着自己手中的权势不放，竭尽所能地维护宦官制度和他本人的地位。1901 年，陶模（后来担任两广总督）在奏疏中表示，由于后宫规模缩减，应该取消太监制度，全部改用宫女。李莲英得知消息后，便将这篇奏折私自拦下了，直到成功地说服了慈禧，让她放弃废除太监制度之后，才将奏折呈上来。陶模的奏折是这样写的：

奏为请除数千年之弊政，以光盛治，谨陈管见，仰乞圣鉴事。

窃惟国家兴衰，系乎主德，自古人君，未有亲君子而不致治者，未有亲小人而不致乱者，治乱之机，不可不察也。夫以人民之众，事几之繁，远而外国，近而宫廷，悉待治于一人之身，位则至尊，而事实至难。诚知其难，虽日进正直明智之士讨论于前，尤惧未足以应万几；而乃以小人间之，则天下之不危者几何？盖小人者，岂必皆大奸大恶？但使不读经史，不识道理，惟伺人主之喜怒为向背，则朝夕侍侧，即足以损君德于无形。夫廷臣虽有不肖，人主无由而近之，其得以常近人主者，惟宦官而已。

人主与宦官日近，必与贤士大夫日疏，德之不明，过之不闻，内外之相隔，上下之不通，莫不由此。是以宦官干政之祸，史不绝书，至其有关君德者，其几甚微，而为害尤烈也。我朝家法严明，二百余年，从未有内监预闻政事，至治之盛，往古所无。然臣谓除弊当如除莠，留其芽蘖，终恐发生，不若绝其根株，永无滋长。在皇上春秋鼎盛，圣德日新，岂至习于近侍？而为亿万世计，似应有烦圣虑者。

伏思前代之用宦官，盖由妃嫔众多之故，我皇上后宫减少，左右使令，本有宫女，至内廷各项差使，悉可改用士人，均不必定须内监。今者乘舆西幸，扈从内监，其数尚多，臣愚以为宜及此时，大加裁汰，酌留忠谨者二三十人，余悉遣散。回銮之后，请旨饬下王公大臣，公同筹议，定宫府一体之制，永不再选充内监。则是数千年相沿之弊政，至我皇太后、皇上而始除，非惟一时之盛事，实亦千古之美谈。

方今外侮纷乘，事机危迫，诚如圣谕："欲求振作，当议更张。"惟兴革之事，本非一端，中外臣工，当已陆续上陈。微臣之意，窃谓事有似细微而实重要者，宦官是也，此等弊政，若不早除，何以为变法自强之本；且环球各大国均无内监，独中国尚仍旧习，彼中人士恒相讥议，若改此制，则风声所播，外国倾心，于樽俎折冲之事，不无关系。臣备职外臣，不应妄言内政，惟是受恩深重，未报涓埃，冀效愚忱，以仰裨圣治于万一。伏乞皇太后、皇上圣鉴训示。谨奏。①

自此以后，建议废除太监制度的言论经常出现，同时也有传言说太监制度即将被废除，但事实上，太监制度自古流传至今，早已根深蒂固，并不容易撼动。毕竟像陶模这样勇敢直言的忠勇之臣只是少数。关于改革的书面上的措施有很多，真正有利于民且具有远见的变革举措却一时无法实现，只能寄希望于未来。中国本土的报纸最开始还笔锋犀利地抨击宦官制度和国家腐败，但不久便因为遭到了政府的镇压而不得不偃旗息鼓，之前那些类似的强有力的呼声，如今也已经全部消失了。

---

① 陶模于光绪二十七年二月二十八日所上《请遣散内监折》，见《陶勤肃公奏议遗稿》卷十一，第22–24页。

第七章

礼节问题

1873年，御史吴可读给慈禧上奏了一封密旨。这封密旨从侧面反映出了慈禧太后的生活状况及个人性格，是一封很有价值，也很有趣的密旨，它让我们了解到当时的官员是如何骄傲自大的，以及在慈禧当政时大清朝廷在对外事宜上是如何无知的。

类似这样的文件有很多，从这些文件中，我们能够看出朝廷认为与西方国家交往毫无价值，他们对那些所谓的西方蛮夷十分鄙夷，而这种鄙夷可谓根深蒂固。中国人骨子里的自大情结，以及抱有的顽固不化的想法，让西方列强们感到惊讶。虽然西方列强们在与大清朝廷交涉时多次碰壁，但他们依然不放弃。

而掌控大清朝近半个世纪的慈禧，在与其同时代的其他人相比时，显然要厉害很多。她在外交中展现的开明态度令人敬佩。

此外，吴可读的这份密旨的字里行间中都流露着其本人的幽默，具体内容如下：

奏为会议各国使臣，请觐礼节，既不能坚持初议，又不能早占先着，应请申饬诸臣，不必过于争执，特旨谕令各国使臣不必跪拜，以示宽大而稍崇体制，恭折密陈，仰祈圣鉴事。

窃自各国使臣齐呈国书请觐以来，诸臣会议，初则争以见与不见，继又争以跪拜与不跪拜，相持不决，近半年矣。臣窃与二三同志小臣妄言，此何大事，而直举国纷纷若是乎？

孟子曰："君子于禽兽何难？"各国之主，由各国之臣民废置，如奕棋然，此臣所闻也。其在京者，出门时妇人前行，或乘轿，男子为之执役步行在后，此臣所见也。观其条约，无虑数十，几近万言，问有一语述及亲亲尊贤、国之九经否？曰无有也。问有一字道及礼义廉耻、国之四维否？曰无有也。不过曰某项有利，某项于中国亦有利，以利自处，而又以利诱中国。彼本不知仁义礼智信为何物，而我必欲其率五常之性；彼本不知君臣父子夫妇昆弟朋友为何事，而我必欲其强行五伦之礼。是犹聚犬马羊豕于一堂，而令其舞蹈扬尘也。

然则即得其一跪一拜，岂足为朝廷荣？即任其不跪不拜，亦岂为朝廷辱？而议者之意，则以为必须如此郑重，再四而后允。则彼将曰中国于此等小事，尚不肯轻以我与，则事有大于此者，更无望矣！于是要求无已之心，自此而遂息，则我之势尊而彼之势屈。臣愚以为，我之尊自若也，不因彼之尊之而我始尊也；彼之不屈自若也，不因我之屈之而彼即屈也。彼窥见吾所重在跪拜，而忌在不跪拜，所畏在用兵，则常增吾所重，益吾所忌，而示吾所畏，盖我之势一弱，彼计无施而不可。

臣闻各国往来文移，并所进表章，有如许妖魔鬼怪不知何物之某皇某帝，竟与我皇上并列矣。诸臣不彼之耻而耻此乎？前岁俄夷由伊犁而入新疆，自东而南、而西，包中国一万余里，创千古外夷入中国未有之局。其措置甚大，其处心积虑甚深、甚毒。诸臣不彼之虑而虑此乎？诸臣以为各国不从中国礼节，即足为中国羞；而臣以为各国若从中国礼节，更足为中国害。

自古国家大局，时与势二者而已，度吾时未可与争，势未可与校，则当别求吾自强之道，而暂行吾权宜之计。昔子贡问政，孔子告以“足食、足兵、民信”。迨子贡两以不得已而去请，孔子曰，去兵，又曰去食。圣贤谋人家国，动出万全，断无鲁莽从事之理。去之云者，平时必有一番经济作用，成竹早已在胸，并非直至不得已时，而始仓皇失措，出此束手无策语也。

此事诸臣于初议，即应权其轻重，外审之彼，内揆之己，度其事可以一争，吾力又能争，虽小事亦不可许争之，必得而后已。若预料吾时势必不能争，而其事又不足以一争，则急宜占以先着于许其进见时，不俟彼启齿，一并慨然许以代为奏请皇上，免其行吾中国跪拜礼，并不曾轻假彼以名器，亦不致稍示我以单弱，岂不光明正大、夷夏凛然？乃始则沾沾于一见，既无以善于其前，继则斤斤于跪拜，又无以持于其后，终于为人挟制，无一不俯首而从，犹之与人也。出纳之吝，谓之有司，是犯四恶之所屏也，是蹈昔日津门办理夷务诸臣之覆辙也。臣小臣也，窃为朝廷惜之。

今已奉旨，朝见有日，于万分无可挽回之中，求一犹为彼善于此之说，惟有仰祈皇上断自宸衷，申饬诸臣争执礼节之非。本非吾国臣子，何必令行吾国礼仪？倘行不中礼，甚或失仪，则使各国既失来见之诚，中国亦未为得怀柔远人之法。且却至当堂闻笑，未必不因贻羞而变而成怒，是弭衅而反以起衅。则莫若特谕各国使臣，不必行吾中国跪拜礼节，临时或仍有失仪，概从宽免。我大小臣工，亦不得执此哓哓，复行争辩，以不屑与校之心，壹行以大度包荒之事。并请皇上格外体恤，力却诸臣之议，特旨允准，倘各国因此而遂起要挟之心，事事琐渎面请，强中国以必不可从，则亦不能夺诸臣之公议，而再为宽假也。如此则操纵之权，犹自我出，似于体制稍觉尊崇，即我中外臣民，亦不致愤激，起而与该夷为难。重烦朝廷经画，而力求吾所以自强之道，此事不足校也，此时不必校也。

抑臣更有请者，彼狡诈百出，进见时难保其必不有言，此则诸王大臣谅已早为兼筹熟计，必不致临时张皇，又复一误再误，着着后人。宋臣范祖禹有言："凡事言于未然，则诚为过，及其已然，则又无所及，言之何益？"臣亦愿朝廷可受未然之言，不愿朝廷重有无及之悔。臣生长甘肃边鄙，愚生不知大计，意切言狂，重封密进，自知罪当万死。臣不胜诚惶诚恐，谨奏。①

慈禧收到密旨后在其上批复：

所奏甚是，已有旨许各国使臣进见，并听其行本国之礼，以示朝廷怀柔远人，且严华夷之辨也。

值得一提的是，上奏这封密旨的吴可读是一位刚正不阿、敢于谏言的忠勇之臣，他曾以死谏来抗议慈禧违背祖制立光绪为帝，他的忠义之名，举国皆知。如果中国人在对待外国人的时候都能像吴可读一样，那么就不会有那么多人用荒谬之言来煽动无知的人去发动暴乱，攻击外国人了。吴可读对西方条约中充斥着的肮脏的功利主义给予了蔑视，而这也彰显了中国正统士大夫阶层对此的态度。

---

① 吴可读所上《请令各国使臣进见不必跪拜疏》，见《吴柳堂先生文集》卷一，第36–40页。

第八章

同治的亲政和驾崩

同治十一年（1872年11月），两宫皇太后颁布了一道谕旨，详细讲述了之前受托而只好垂帘听政的事情，并声称如今皇帝已经成年，到了亲自管理政务的时候了，于是她们决定将政权归还皇帝，并且命钦天监选择一个黄道吉日来助皇上完成亲政大典。钦天监表示来年的正月二十六日是吉日。在这一天，两宫皇太后颁布了她们第一次垂帘听政时期的最后一道谕旨，内容如下：

钦奉慈安端裕皇太后、慈禧端佑皇太后懿旨：皇帝寅绍丕基，于今十有二载，春秋鼎盛，典学有成，兹于本月二十六日躬亲大政。欣慰之余，倍深兢惕。

因念我朝列圣相承，无不以敬天法祖之心，为勤政爱民之治。况数年来，东南各省虽经底定，民生尚未乂安，滇陇边境及西北路军务未蒇，国用不足，时事方艰。皇帝日理万机，当敬念惟天惟祖宗所以付托一人者，至重且巨，祗承家法，夕惕朝乾，于一切用人行政，孳孳讲求，不可稍涉怠忽。视朝之暇，仍当讨论经史，深求古今治乱之原，克俭克勤，励精图治。此则垂帘听政之初心，所夙夜企望而不能或释者也。

在廷王大臣等，均宜公忠共矢，勿避怨嫌。本日召见时，业经谆谆面谕。其余中外大小臣工，亦当恪恭尽职，痛戒因循，宏济艰难，弼成上理，有厚望焉。钦此[1]。

谕旨中的这些鼓励的话语对同治皇帝来说没有丝毫作用。因为他从小时候开始就不喜欢听从他的亲生母亲慈禧的话，相反他更喜欢亲近慈安太后。他清楚后宫之中的那些明争暗斗，尤其是对于两宫太后之间的嫌隙和分歧更加了然于心。他在慈禧威严专横的教导下成长，如今已经十七岁了，他的骨子里难免也有着和慈禧一样的刚烈性情。

慈禧为他挑选的皇后是帝师崇绮的女儿阿鲁特氏。这位皇后不仅出身高贵，而且端庄正直。在亲政之初，年轻的皇帝在皇后的鼓励下，试图摆脱慈禧的束缚，但他们显然都没有意识到这样做的后果有多危险，等到他们感受到违抗慈禧会承受何种痛苦时，才终于明白千万不能违抗慈禧的意愿，否则就别想过平静日子了。

最开始的冲突是，同治皇帝拒绝将奏折送给慈禧审阅。而这件事很快就引发了更多的摩擦和矛盾，这些矛盾让这对母子之间的关系也变得越来越僵化。慈禧意识到，一旦皇后阿鲁特氏生下子嗣，那么在同治驾崩之后，阿鲁特氏就会成为皇太后，而她自己将会变成一个无关轻重的人，只能退居深宫，再无法掌握权柄，这样的结果会对她大为不利。这也是同治驾崩之后，慈禧不惜一切代价，甚至违背祖制，也要立另一个孩子来做皇帝的原因。

为了实现自己的想法，慈禧总是不择手段，她无法容忍任何人与她对抗，一切阻碍她掌控权力的人和事，她都会想办法清除。所有保持中立的人都不否认，同治皇帝驾崩时没有子嗣以及后来的皇后殉节都对慈禧是非常有利的，而这也很有可能和慈禧有关。

当时的舆论普遍认为，慈禧是有意放任同治皇帝的放荡的。皇帝沉迷酒色，淫乱无度，最后得了重病，作为母后的慈禧不但没有尽心竭力地为儿子寻找有效的治疗手段，反而眼看着他饱受摧残，一天天病弱下去。

内务府有一个叫桂清[2]的大臣，他对皇帝放荡的习性表示担忧，觉得皇帝很可能会因此而使身体受到损害，从而命不久矣。于是，他特意上奏请求将那些蛊惑皇帝误入歧途的太监们遣散，并且将他们革职查办，或者斩首。

---

① 同治十二年正月二十五日上谕，见《咸丰同治两朝上谕档》第23册第32页。

② 桂清是新任直隶总督端方的叔父，颇受世人敬仰。——原注。

同时，他建议皇帝更加注意自己的言行举止和道德品格，以及自身健康。

但是他的这种做法和态度，却招来了慈禧太后的不满和皇帝的大怒。因为皇帝不想受到任何人的指责和约束，无论对方是否出于好心。最后，不幸的桂清，被迫辞去官职，而皇帝依然我行我素，丝毫没有改正。

同样在内务府任职的桂清的同僚文锡和贵宝则完全不同，他们二人显然是和慈禧太后站在同一个阵营的，对于皇帝沉迷酒色、放纵不羁的做法，非但不加以阻止，反而乐见其成，甚至极力怂恿。

于是，京城中几乎人尽皆知的一件事情是，他们二人经常带着皇帝出入京城南城的各种污秽地方，结交各色下流之人。皇帝也经常因为前一天玩得太过疯狂而忘记了第二天要上早朝的事情。

他们还经常参与酗酒斗殴，和京城中一些不三不四的人厮混在一起。这样混乱的生活，让这位年轻帝王染上了重病，最后一命呜呼。

1873年的时候，同治就已经病入膏肓了。1874年12月的时候，他又感染上天花。在他患病期间，两宫太后重新开始了垂帘听政，代为处理朝政。月末时，同治皇帝颁发了一道谕旨，内容如下：

朕于本月遇有天花之喜，仰蒙慈安端裕康庆皇太后、慈禧端佑康颐皇太后调护朕躬，无微不至，并荷慈怀曲体，俯允将内外各衙门章奏代为批览裁定，朕心实深欣慰，允宜崇上两宫皇太后徽号，以冀仰答鸿慈于万一，所有一切应行典礼，着该衙门敬谨办理。钦此。[①]

同治脆弱的身体根本无法抵抗多重疾病的侵袭，身体状况已经糟糕到了极点。1875年1月13日晚上8点，同治皇帝咽下了最后一口气。而当时在场的，除了两宫皇太后，还有恭亲王、醇亲王以及慈禧的忠实追随者荣禄等二十余名王公大臣。

同治皇帝驾崩后，有一位胆子很大的官员上书参奏了文锡和贵宝这两位曾经引诱皇帝厮混的内务府官员，并声称就是他二人害得皇帝早夭。

而此时对于慈禧来说，他们二人已经毫无利用价值了，于是干脆直接下令将二人撤职查办。为了表示自己对衷心正直的大臣的赞赏，慈禧还特意下

---

① 同治十三年十一月十五日上谕，见《咸丰同治两朝上谕档》第24册第358页。

令赞扬了桂清，甚至还提出让桂清官复原职。但是桂清已经看出了慈禧的想法，于是婉言拒绝了慈禧的提议。

皇帝生前无子嗣，皇位没有继承人这样的事实对慈禧来说，是一件非常值得高兴的事情。但此时的皇后阿鲁特氏已经怀有身孕，一旦她产下男婴，那么阿鲁特氏和她所生下的皇子将会顺理成章地获得比慈禧更大的权力。慈禧将不再是新任皇帝的生母，也将没有借口用来垂帘听政。

她当初就是因为生下了同治，并在同治成为皇帝后，从卑微的嫔妃变成皇太后，并开始掌握大权的，但如今这一切都将失去了。如果说第一次获得权力并被人承认是因为她是皇子生母，那么这一次，她将失去这一切。因为她那身为皇帝的儿子的离世，她的一腔野心和勇气、才智也无法得以施展了。

如今阿鲁特氏即将生产，如果慈禧不想就此失去手中掌握着的大权，想要保住地位，那么就必须采取一些措施。

在皇族的长支中，很多人都对叶赫那拉氏族的影响存有猜忌。在同治驾崩之后，他们极力主张立道光皇帝的长曾孙溥伦为皇帝，这个提议很恰当，因为溥伦恰好比同治低一个辈分。但有些不妥的是，溥伦的父亲是从旁支过继到道光帝这一支的。然而支持立溥伦为皇帝的王公贵族们指出，溥伦是唯一符合承袭祖制的继承人，由他来主持同治的祭祀大典是再合适不过的了，这也是完全符合礼法的。①

慈禧对此则完全不认同。在她面前，任何感情、宗教或者其他因素都不能成为她维护自己的地位和权力的羁绊与阻碍，哪怕为此要付出违背祖制和家法的代价，她也在所不惜。她从来都不是一个优柔寡断的女人，她相信凭借自己的才智手段和在监察院众官员的支持下，她完全可以操纵事态，并压制住那些反对者们。

那段时间，她和慈安的关系很糟糕。因为慈安在处置安德海上的做法，让慈禧早已对她怀恨在心，而且慈禧对恭亲王也充满了怨恨和猜忌。至于怀有身孕的皇后阿鲁特氏显然已经成为了慈禧的心腹大患，慈禧已下定决心，

---

① 在皇家太庙和陵寝中举行的年度和季度的祭祀大典上，需要主祭者在其祖先的排位前磕头行礼，而与先帝同一辈分的人是无法完成这项仪式的。——原注。

要在阿鲁特氏产子之前除掉她。

此时慈禧唯一信任的就只有道光皇帝的第七子醇亲王。虽然他在生活上缺乏节制，但不得不承认，他还是很有才干的。而且他不仅是慈禧的小叔子，还是慈禧的妹夫。他娶了慈禧最疼爱的妹妹为妻，而这也是慈禧最后会选择立醇亲王的幼子为皇帝的原因。

立这个尚在襁褓中的婴孩为皇帝，那么她便可以在皇帝年幼的时候继续代为掌管大权。即使在皇帝长大成人，并且亲政之后，她还是可以通过皇帝的亲生母亲，也就是她的妹妹继续对其施加影响，让他对她顺从。

慈禧之所以没有选择立恭亲王的儿子为皇帝，一来是因为心中记恨恭亲王曾背着她杀掉安德海，且还在其他事情上得罪过她，二来则是因为恭亲王的儿子已经十七岁了，即位后很快就会亲政。

慈禧心中很明白，如果想要在最高的政治舞台上掌控权力，获得势力，那么就需要将对手除掉，要么夺走对方的势力，要么直接将对方杀掉。她现在必须要尽快解决这场立嗣的争论，于是，她以雷霆的手腕，彻底粉碎了那些试图反抗她的人们的意图。

她让自己的心腹太监行事，成功粉碎了支持溥伦和恭亲王的两派的联合意图，并且在荣禄的帮助下，成功把李鸿章手下的淮军调入京城。在所有的事情准备妥当之后，她传召了王公大臣们进宫，并就立皇嗣一事展开会议。

这次会议是在紫禁城西侧的养心殿内举行的，距离同治皇帝驾崩时所在的内殿只有两百多米远。除了两宫皇太后之外，还有包括亲王贝勒、内务府大臣和一些朝廷要员在内的共二十五名大臣参与了此次会议。所有与会人员中，只有五名是汉族官员。

溥伦的父亲载治贝勒和恭亲王都在场，他们代表皇位的合法继承人出席了会议。通往养心殿的两侧路上站满了太监，慈禧已经命令荣禄安排好了一切，此时在紫禁城中站岗放哨的士兵都已经被效忠于她的军队控制住了，而这些军队一部分是荣禄的亲兵，一部分则是叶赫那拉氏家族的士兵。此时的慈禧已经被荣禄严密地保护了起来。

而在慈禧的授意之下，刚刚成为寡妇的阿鲁特氏则没能参加这次会议，此刻的她只能守在已故的同治皇帝的尸体旁痛哭。此时的大行皇帝已经被重新穿上了龙袍，即将入殓。

在举行会议的养心殿中，慈禧和慈安两位皇太后面对面地坐在御座之上，而其他的王公大臣们则跪在地上。慈禧和往常一样第一个发言，她特意强调要尽快决定继承皇位的人选，并且还表示为了等待阿鲁特氏产下皇子，而导致皇位空缺显然是不妥当的。

恭亲王则持反对意见。他表示可以对同治驾崩一事保密，暂不发丧，等到皇后产下皇子，若是男孩，则顺理成章地继承皇位，若是女孩，则再商议立皇帝一事。

在场的王公大臣们全都赞成恭亲王的说法，慈禧却对他的意见丝毫不予理会。她表示如今南方的形势很乱，祸乱还没有被平定，如果皇帝已经驾崩，而新皇还未确立，皇位空虚的消息被传了出去，那么很有可能会有人趁机作乱，从而推翻大清朝的统治。她质问在场的大臣："覆巢之下，焉有完卵？"

在场的大臣中，有几位资格比较老，其中三名汉人官员对慈禧的观点表示了支持。在他们看来，如今局势不稳，那些乱臣贼子很有可能会趁机作乱，试图推翻清王朝的统治。

而此时的慈安也提出了自己的想法，认为最应该继承大统的人选是恭亲王的儿子。恭亲王在听到这个提议后便按照传统的礼节象征性地进行了拒绝，表示其家族不敢承受这样的荣誉，主张立溥伦为皇帝。而溥伦的父亲载治也按照中国的传统习惯谦虚地表示自己的儿子还有很多不足，无法承继大统。

听罢二人的话后，慈禧对载治说道："这倒没有什么，不过你只是奕纬（道光皇帝长子）的过继子嗣。"接着又转向恭亲王道："对于从旁支过继过来的人有资格继承大统的先例，你给我举出一个来。"

恭亲王对此有些犹豫，但还是说道："明朝时的例子有一个，就是英宗皇帝。"而熟读历史的慈禧当即说道："举这个例子不太合适。英宗皇帝并不是前朝皇帝真正的儿子，而是皇帝的妃子拿其他人的孩子来冒充的，他的统治简直就是一场灾难。有八年时间，他都曾沦为蒙古人的阶下囚，在回到北京后，他又被软禁了起来，而他的皇位也被他的弟弟夺走了。"

随后慈禧又转向慈安说道："我的想法是，选择立醇亲王奕譞的儿子载湉为帝。我们也没必要再浪费时间了。"听到慈禧的话，恭亲王转头看向弟弟醇亲王，生气地道："难道就完全不考虑祖上的立长的规矩了吗？"① 慈禧说："那就投票来决定这件事的结果吧。"慈安对慈禧的建议没有异议。

最终投票的结果是，以恭亲王为首的七名皇室成员投给了溥伦，还有三票投给了恭亲王的儿子，在场的其余人则投给了慈禧选定的候选人载湉。这次投票是公开进行的，因为众人已经发现慈禧此时已经下定了决心，于是多数人便都选择了支持她的决定。投票结束之后，一直胆小怕事的慈安也不愿意再多生是非，于是便听从慈禧的安排，选定了载湉为继承人。

投票结束后已经晚上九点多了，外面狂风卷沙，寒风彻骨。对于慈禧来说，此时正是危急关头，一刻都不能耽误，于是她立即派遣了一支禁军，带着只有皇帝才能用的八抬大轿到西城的醇亲王府去迎接嗣皇帝入宫。与此同时，为了避免恭亲王在此事上动手脚，她还下令让恭亲王去照看大行皇帝的遗体入殓等事宜，同时又让荣禄派兵将皇宫严密地保护起来。

慈禧办事很关注细节，处事周到详细，而这样的优点让她远远强过那些优柔寡断的反对者们。很多人都觉得她之所以能够成功是因为运气好，事实上则要归功于她的那种和拿破仑十分相似的性格特点和行事作风。

午夜之前，年幼的嗣皇帝在哭闹声中被接入了皇宫之中，这仿佛预示着他要在紫禁城中面对的凶险未来。陪着他一起入宫的还有他的母亲（慈禧的妹妹）和几名乳母。他在入宫之后被迫做的第一件事，就是依照大清祖制到大行皇帝的遗体前跪地叩头并继皇帝位。

之后，两宫皇太后颁布了一道谕旨，内容如下：

皇帝龙驭上宾，未有储贰，不得已以醇亲王奕譞之子御名，承继文宗显皇帝为子，入承大统为嗣皇帝。俟嗣皇帝生有皇子，即承继大行皇帝为嗣。特谕。②

经此一事，先皇的皇后阿鲁特氏和她腹中的孩子就这样完全被忽视了，而慈禧则再一次轻而易举地获得了大权。参加此次会议的人都明白，皇后和她肚子里还没有出世的同治皇帝的孩子再也不会对大局有什么影响了。

因为形式需要和祖制上的先例要求，王公大学士六部九卿等众位大臣联

① 恭亲王行六，而醇亲王行七，在理论上应该是恭亲王优先。——原注。
② 同治十三年十二月初五日上谕，见《咸丰同治两朝上谕档》第 24 册第 404 页。

名上书，请求两宫皇太后能够再次垂帘听政。两宫太后虽然答应了，却要表现出不太情愿、勉勉强强的样子，还在谕旨中表明，在皇帝成年亲政之前，国家要由能够主持大事的人来掌管。

慈禧在谕旨中说：

览王大臣等所奏，更觉悲痛莫释，垂帘之举，本属一时权宜。惟念嗣皇帝此时尚在冲龄，且时事多艰，王大臣等不能无所禀承，不得已姑如所请。一俟嗣皇帝典学有成，即行归政。

年幼的皇帝也十分懂事地回复道：

祇承懿训，寅感实深。①

至此，一切尘埃落定。

慈禧又下令将已经启动的西苑三海和颐和园的工程暂停，她给出的理由是，在先皇的丧期，皇太后没有时间也没有心情去享乐游玩。事实却是在同治皇帝驾崩之后，太后垂帘听政根本无法离开紫禁城。

慈禧之所以能够在同治驾崩之后，违背祖制，将自己妹妹的幼子立为皇帝，和她本人的影响力和能力有很大的关系。她独具魅力的个性和行事果断的手段，比任何传统的方法都要更加有效。

新皇帝的身体十分虚弱，很多王公大臣都隐隐觉得，未来，这位新皇帝将很难有子嗣。而那些反对慈禧立醇亲王的儿子载湉为皇帝的有勇气和胆识的臣子们，在得知这个情况之后，变得更加理直气壮，他们觉得慈禧之所以极力促成此事，正是出于她自己想要掌控大权的私心和野心。但无论如何，他们也没有办法改变这个既定的事实了。

自此开始，一直到1908年的11月15日，光绪皇帝和慈禧太后二人相继去世，一直都有传言说，在光绪皇帝登基的那一天就已经昭示了未来的不祥，他的寿命会比慈禧的短，甚至还有人说，也许他活不到亲政的那一天。所有人都觉得慈禧的寿命一定会比光绪的长，因为只有这样，她才能再次选立新帝，并继续把持朝政。

事实却证明这些预言都错了，光绪皇帝活到了亲政之年，并且真正地掌

---

① 同治十三年十二月初七日上谕，见《咸丰同治两朝上谕档》第24册第407页。

握了大权。但我们又同样都知道，在戊戌变法失败之后，如果不是南方政局不稳，那么光绪皇帝早就被慈禧废掉并杀掉，而她也将会再次选立新的皇帝了。

新皇帝的年号被定为“光绪”，“光绪”的意思是“让皇家继续光耀辉煌”，之所以选定这个年号，是为了强调新皇帝乃是大清朝最后一位颇有作为的皇帝（道光皇帝）的直系子孙，同时蕴含着结束咸丰和同治两朝的厄运和灾难的希望。

之后，两宫皇太后又下旨给阿鲁特氏皇后追加了尊号。尽管如此，阿鲁特氏最后还是选择在 3 月 27 日自杀身亡，一来为追随大行皇帝而殉节，二来为自己和腹中的孩子鸣不平。当然这只是官方给出的对皇后自杀的解释。但总会有很多其他传言流传，当时就有很多人认为，就是慈禧逼死了这个不幸的女人。

那些支持慈禧的人则表示，当时的光绪皇帝已经登基，这个事实无法改变，慈禧完全没有必要逼死前皇后。就算当时情况危急，慈禧也没有必要出此下策，更何况当时大局已定，那就更没有必要了。

大多数的证据都显示阿鲁特氏是被谋杀的，而阿鲁特氏的死也确实在社会上引起了很大的关注和讨论，民众在她死后对她的关注显然要比她活着的时候更大。于是，很多御史言官和各地方官员纷纷上奏朝廷，强烈抗议慈禧选择立醇亲王之子载湉为帝，认为这不仅违背了祖宗礼法，还破坏了父子相承的传统。

值得注意的是，所有的抗议和批评的矛头都是对准慈禧的，因为大家都认为，慈安在此事上所发挥的作用是无足轻重的。那段时间，慈禧和她背后的叶赫那拉氏家族的名誉和声望受到了很大的影响。

四年之后，御史吴可读在同治皇帝的惠陵前服毒自尽，以死谏的方式来抗议和谴责慈禧立嗣皇帝一事，再一次将这件事推到了大众的面前，引起了百姓的高度关注。慈禧迫于压力，不得不选择低头，只好再度颁发谕旨，承诺将来一定会为同治皇帝立嗣，让同治享受到子辈对他的祭祀。

光绪的父亲醇亲王上奏朝廷，请求将他的一切职权全部免除。因为作为官员，他必须对皇帝行叩拜之礼，可他又是皇帝的亲生父亲，无法向儿子磕头请安。当得知自己的儿子被选立为皇位继承人的时候，他在上奏的折子中说：

仓猝间昏迷罔知所措，迨舁回家内，身战心摇，如痴如梦，致触犯旧有肝疾等症，实属委顿成废。惟有哀恳皇太后恩施格外，洞照无遗，曲赐矜全，许乞骸骨。为天地容一虚糜爵位之人，为宣宗成皇帝留一庸钝无才之子。①

慈禧召集群臣就此事展开商议，希望能够找到一个解决的办法，商议的结果是，朝廷同意免除他的所有职务，但当朝廷遇到大事，两宫皇太后需要建言的时候，他还需要随时准备做“顾问”。太后准许他在皇帝在场，比如升殿和万寿等朝仪上，不用和别人一样行礼，但是在遇到太后大寿的时候，虽然他不用跟着朝皇帝行礼，随班庆贺，但需要到太后的宫中去行私家之礼。

醇亲王被赐予亲王世袭罔替的荣誉，他所掌管的神机营的事务，则转交给伯彦讷谟祜。但此时的神机营早已无往日神勇，营中腐败丛生，管理起来十分困难，是个难以接手的烂摊子。考虑到醇亲王之前已经掌管神机营多年，管理营中事务很有成效，因此，他就被委任继续管理神机营，并随时和伯彦讷谟祜商议筹备。

在同治初年的时候，两宫皇太后第一次垂帘听政，如今这件事情再一次重现，慈禧也将再一次掌管大清朝的朝政。

---

① 醇亲王同治十三年十二月初七日奏折，见朱寿朋编《光绪朝东华录》总第3页。中华书局1958年12月第1版。

第九章
吴可读的尸谏

同治的皇后阿鲁特氏殉节之后，新皇继位的合法性和慈禧违背祖制一事成为了朝廷中的保守派和耿直中正的大臣们所关注的焦点。最先就此事表达不满的是一位满洲内阁侍读学士，他在上奏的折子中承认了光绪成为皇帝的既成事实，但同时表示，朝廷应该昭告天下，明确规定未来的皇位继承规则，并确保将来的子嗣只有在过继给光绪皇帝之后才能继承大统。

奏折内容如下：

窃维立继之大权，操之君上，非臣下所得妄预也。若事已完善，而理当稍为变通者，又非臣下所可缄默也。想大行皇帝冲龄御极，蒙两宫皇太后垂帘励治，十有三载，天下底定，海内臣民，方将享太平之福，乐熙暤之世。讵意大行皇帝皇嗣未举，一旦龙驭上宾。凡食毛践土者，莫不吁天呼地。幸赖两宫皇太后，坤维正位，择继咸宜，以我皇上承继文宗显皇帝为子，并钦奉懿旨：俟皇帝生有皇子，即承继大行皇帝为嗣等因。钦此。仰见两宫皇太后，宸衷经营，承家原为承国；圣算悠远，立子即是立孙。不惟大行皇帝得有皇子，即大行皇帝统绪，亦得相承勿替矣。计之万全，未有过于此者。

惟是奴才尝读宋史，窃有感焉。昔太祖遵母后之命，传弟而不传子，厥后太宗偶因赵普一言，传子竟未传侄①，是废母后成命，遂起无穷斥驳。使

① 这位官员所提到的事件中的合法继承人最后自杀了。而这一暗示显然是在影射因为慈禧选择光绪来做继承人，所以阿鲁特氏选择了自杀。从士大夫角度来看，这种影射带有指控的性质。——原注。

当日后以诏命铸成铁券，如九鼎泰山，万无转移之理，赵普安得一言间之？然则立继大计，成于一时，尤贵定于百代。况我朝仁让开基，家风未远①，圣圣相承，夫复何虑。我皇上将来生有皇子，自必承继大行皇帝为嗣，接承统绪。

第恐事久年湮，或有以普言引用，岂不负两宫皇太后贻厥孙谋之至意乎？奴才受恩深重，不敢不言，如其可采，即请饬下王公大学士六部九卿会议，颁立铁券，用作奕世良谟。谨奏。②

选立新皇一事，使慈禧变得非常容易动怒，毫无疑问，这是因为她自己的想法和那些忠心耿耿的大臣们的想法是完全不一致的。慈禧在看到这篇奏折之后，当场就颁布了一道简短而尖锐的谕旨。从这道谕旨中我们能够看出她心情的不佳。谕旨内容如下：

前降旨：俟嗣皇帝生有皇子，即承继大行皇帝为嗣。业经明白宣示，中外咸知。兹据内阁侍读学士广安奏请饬廷臣会议颁立铁券等语，冒昧渎陈，殊堪诧异。广安着传旨申饬。钦此。③

很多大臣都曾上奏谏言，强调皇位继承的合法性对国家的重要性，以及对祭祀大礼等产生的深远影响。虽然群臣各抒己见，但随着时间的流逝，众人还是在京官们的带领下逐渐接受了当前的局势。没有任何迹象表明，他们打算联合起来有组织地反对太后。

慈禧的这种违背祖制的违规行为带来的影响非常大，但毫无疑问，对于朝廷所犯下的过错，老天爷总是惩罚那些已经习惯了逆来顺受的愚民。在中国官员当中有一个非常明显的特点，就是他们习惯明哲保身以及互相猜忌，彼此之间难以建立起信任。而这种特点就注定了他们无法联合起来行动，也注定了他们无法在事后找到补救的措施。

然而，还是有一位始终坚守自己的信念，并勇于维护自己的信仰的

---

① 这里指的是在清朝建立之初第一次出现摄政和儿皇帝顺治未成年的时候（1644年），制定法律和秩序的满族王公贵戚们联合行动赶走了觊觎皇位的叛乱者。——原注。

② 见朱寿朋编《光绪朝东华录》光绪元年第4页（总第21页），中华书局1958年12月第1版。

③ 光绪元年正月十七日上谕，见《光绪宣统两朝上谕档》第1册第18页。

官员。他以自杀的方式让全国上下再一次将目光聚焦到这件事情上。因为他知道，再多的文章和讨论都没有尸谏这种最直接的方式产生的效果更强烈。

怀有满腔悲愤的人们选择以自杀的方式来表达自己的哀痛，这样直接的方式无论是对于中国的历史学家来说还是对于日本的历史学家来说，都是值得被肯定的，是应该给予最崇高的褒奖的。可以肯定的是，在面对专制主义时，这种以死抗争的方式往往能改变最后的结局。

这个用自己的生命来维护信念、捍卫国家，并以一己之力来抗争光绪皇帝非法继承问题的人就是御史吴可读。他是一位刚正不阿、英勇无畏的官员，他的功绩值得被载入史册。他在尸谏前所写的最后的奏折中说道，在同治皇帝去世以后，他已经足足等了四年时间，希望看到朝中的士大夫和官员联合在一起共同上奏以让太后颁布新的谕旨，调整未来的皇位继承方式，即将光绪皇帝的子嗣过继到同治名下，再继承大统，以此来抚慰同治皇帝的在天之灵。

然而，这一希望终究还是落空了，士大夫和众多官员们一直沉默不语，他已经无法再继续等下去。因此，他趁着 1879 年为同治皇帝举行大葬的机会，自尽于先帝的陵墓前。他特意留下自己的绝笔奏疏，希望天下的文人学士和朝廷官员们记得这件事情，而事实也正如他所希望的那样。

他的死让慈禧领悟到这位御史的抗议之下所隐藏着的舆论的力量有多大，于是她马上就将来会为同治皇帝立子嗣一事作出保证，以此来慰藉这位已逝的官员。吴可读的死对慈禧的影响远不止这一次，在后来逃亡西安的时候，慈禧再一次感受到了吴可读尸谏的影响，她甚至觉得朝廷之所以会遭此磨难，是上天对自己当年所犯下的错误的惩罚。

作为遵守儒学之道，一直恪守原则的榜样，吴可读这个人物值得我们仔细研读。在这里我怀着同情之心特意讲述这位爱国人士以死谏言的故事，并抄录了他的这份奏折。

吴可读自杀的地点是同治皇帝陵墓附近的马伸桥镇的一座小庙里。关于在他死后，尸体如何处理的事情，为了尽量不给家人和朋友带来麻烦，他特意留下了详细的指示。从所留下的这些文字中，我们就能看出他的人品。以下是他给这间小庙的负责人所写的信件[①]：

周老道知之，尔万勿惶恐。我并非害尔者，只不能不借尔清净之地以归我洁白之身（可请恒德堂石掌柜来同照料）。尔可即速一面报知州主（尔可先报此地武官老爷，望武官老爷马上报知州主，所有信函并折匣均交武官老爷转呈），一面以银数两市一薄材，用沥青刷里。我衣冠俱已齐备，只将靴底皮掌割去，速即装殓入棺[②]。（临时自将右手四指误触刀刃，所以有血，棺木地方可与石掌柜商量用二十余金亦可，我并无冤头债主之说，不必怕干连人命，尔就说我烦劳他，感切，感切！）州大老爷想亦无可相验，我并非因冤仇而死。俟其看视后，即行封钉，缝子多用漆漆几层，即候朝廷查办。后可用数两买一不系山陵禁地一块，速速入土。此节我嘱托贤牧伯，成全我一生忠爱之心，且天下黄土，何处不可葬身，而必归乡里乎？我匣内有京平纹银四十五两零（我带来钢表并衣物，宅中自有记载），除费用外可余廿余金，一并赠尔，为受惊薄仪。我儿子若来，我已令他再厚给尔也。（我死于此，我儿子未能视含视殓，尔一切代他办理，他岂有到来不感激尔的道理？我身须好好防闲，勿令毁伤为荷。）想此事州主亦断不令书差或有难为你之处，慎勿惧。此白。（尔万不可动我信并要紧折匣，即我枕头匣亦不可开，交州主开，尔可无责矣。我已托州主矣，明日一早即将我身解下，停在外间阴凉处，不可见日，即用此床靠外间炕边即好，不可久悬，州主万不罪尔擅解也。我有遗嘱与尔，可不必怕。今正差务忙迫之时，断不能一二日即了也。）[③]

第二封信的内容如下：

再告周老道知，我囚住屋与尔师徒逼近，恐其惊醒尔等解救，则吾事败矣。故用自己由京带来洋药服之，则缳首之时，尔等救亦无济。总之与尔无干，尔却不可似这几日诸事把持，即尔徒尔亦不令承办我事（若仍把持，独自出主意，是尔自招其害，切切）。尔须好好尽心，速速报官，再明请本街

---

① 此信件和后面的几封信件均引自《吴柳堂先生文集》卷四。原英译本中的信件略有删减，此处为保证文件真实性，全部保留了文言文的原文。

② 埋葬地靠近皇陵墓园，但必须在它的外面。——原注。

③ 写给周老道的三封信件均引自《吴柳堂先生文集》卷四第23–24页。

老成庙中首事人替尔指示一切。无多嘱，尔须速速报官、请帮手为要。初四日又笔。（此我亲笔，尔不可存，我儿来时给与他收存。尔另抄一纸，作尔凭据。所有字纸不可失，只字片纸俱交我儿手。衣物乃小事。尔须小心将阎老道叫来帮尔，尔切不可把持，况此非尔一人能照应，尔徒子徒孙又不小。尔不过图利耳，我儿来决不亏尔，管保尔如愿也。此纸尔如有剪损痕迹，我儿查出决不依尔。毛头纸一页在后。）

第三封信的内容如下：

告周老道知，尔万万不可放闲人进房中来看，又不可令小儿们并妇女稍近我旁。此乃自尽其分，并非奇事，有何可看处，识者方悯之不暇也。至嘱，至嘱。

在写给儿子的遗书中，他表达了自己的意愿，其中体现了很多儒家学者最珍爱的理想和信念。这封文件感人至深，能够让人看出吴可读所坚守的朴素的尊严，以及他对自己尽忠职守的骄傲。

吾儿之桓知之，尔闻信切不可惊惶过戚，致阖家大小受惊。尔母已老，尔妇又少，三孙更幼小可怜，尔须缓缓告知。言我已死得其所，不必以轻生为忧。我家谱自前明始迁祖以来，三百载椒房之亲，二百年耕读之家，十八代忠厚之泽，七十岁清白之身。我少好游荡，作狎邪游，然从无疑我大节之有亏者，故同乡及两书院及门诸子，至今犹愿吾主讲席。我以先皇帝奉安有期，故昨年左爵相聘，书两来不就者，原以待今日也。

我自廿四岁乡荐以后，即束修自爱，及入官后，更不敢妄为。每览史书内忠孝节义，辄不禁感叹羡慕，对友朋言时事，合以古人情形，时或歌哭，欲起舞，至不能已已。故于先皇宾天时，即拟就一折，欲由都察院呈进，彼时已以此身置之度外。嗣因一契友见之，劝其不必以被罪之臣，又复冒昧，且折中援引近时情事未尽确实，故留以有待。今不及待矣！甘心以死，自践前日心中所言，以全毕生忠爱之忱，并非因数年来被人诬谤而然。

尔见此信后，不过来蓟州东至三十里之马伸桥三义庙内，周老道即知我死葬处所。我已托周老道买一棺木，里用沥青，我衣冠已齐全，嘱其将靴底皮掌割去[①]。即于彼处买一块地，埋我于惠陵左近，岂不远胜于家中茔地！况尔祖父、祖母，已有尔二叔埋于墓下，不必需我归于先茔也。此坟地自葬尔祖后，尔二叔以家务不能承担，于咸丰九年自裁于京师宅中；今我又因国家大事而亡，人必以为此地不祥，我岂信此等俗说者。尔必以为不可不扶柩而旋，只将我出京时所照小像到家中画全，以此作古来衣冠之葬亦可，何必定移柩数千里之外，所费不少。

尔见信后，如朝廷以我为妄言，加以重罪，断无圣明之世罪及我妻孥之理。尔可速即向通家或有可通挪之处即行拼凑出京，沿途只好托钵而回，万万不可逗留都中，又为尔父惹风波也。我最恨尔多言口快，自今以来只可痛改痛忍。人对尔言尔父忠，尔并不可言不忠；人对尔言尔父直，尔并不可言不直。马援诫侄、王昶诫子二书，不可不熟读。

尔母幼时为武世家小姐，为尔外祖父、母所最怜。自到我家，替我孝养尔祖父母，贤名久播于我里，不过随我未曾受用荣富。今已年老，又只有尔一人，尔姊已殁，尔妹又不在面前，尔必好好奉侍回家。尔姊夫、妹夫处替我问好。再，祖遗薄田数亩，全赖尔二叔、三叔把守，尔父无力焉。不惟无力，而且有破费处，尔能体我心，将此全让于尔两弟，我亦知尔必不能学古人，即如我乡曹熙堂太守分家，尽可难得。家有大小，处置则一也，尤望尔三弟兄永远同居，更佳更佳。尔妇亦系旧家女，颇知大理，告知尔妇，家中弟兄全在妇女调和。我记得吾乡铁绍裴观察遗我善书内，有一妇人以死猪假作死尸，辗转感动其夫，仍与其弟和美者。此妇乃大英雄手段，岂敢望于尔妇，只时时化导尔妇，明于家务，人必能见听也。三小孙要紧，不及复见矣。书至此，泪下搁笔逾时矣。

我所带四十余两，除蓟州贤牧伯令周老道置办我棺木葬地外，所余我已尽数送与周老道。尔到蓟州时，先谒见州主贤伯，我已函托矣。尔到三义庙，可再从优给与压惊钱。归京后，俟我此事已定，朝廷查办后，总以速速出京为要。东和处我欠京钱四百千，数十年交好，不可累他，彼生意可以还清，以全始终。尔初当大事，必然手忙脚乱，要知我之一死，固不敢必朝廷

① 寿衣必须是新的且干净的，此处让割掉靴底皮掌是为了让靴子看上去不那么破旧。——原注。

作何处置，然自问此心可以不愧。君子论是非可否，不计祸福利害，尔又何必过为忧虑乎？

张香涛先生幼樵并安圃前均致候，想如前时聚谈时不可得矣，可胜感叹。到家即去见湘阴爵相，爵相虽待我不终，然亦离间诬谤使然，无怪其然。而知己之感，耿耿在心，尔可为我请爵相安，必不令尔无啖饭处所也。吾乡亲友并素所拖累者，不及一一作札，老娘娘并徐姑娘可极力周全为是。尔岳父前致意，伊女为我生三孙，乃我家大功臣。至于为人，则在自立，不可靠人。丈人在则可，丈人殁则不可。尔妹夫处，我在则可靠，我死则不可专靠。尔姊夫处亦然。速速起程出京！速速起程回家！速速速速速速！尚有多少未尽事宜，不能细记，缘时有限，不及也。①

第二封信的内容如下：

之恒再知，周老道我甚不放心，然亦小人图利，尔不可难为他，我已托州主贤牧伯矣。周道之徒祥霖，因他言父亲出口二十余年，忽接其父信，叫他来口外，我怜他能有孝心，已给他川资二两零，此不必令其师知之。尔到时，诸事必与此间州主商酌，此地武官亦好，可以同商。州主刘公，甚有政声，今见此事，必能悯尔年轻，为尔作主。周道只可多酬谢，此亦小人常态，不足责也。我另留阎老道，他支使回庙，亦不过把持，欲独自居功尔。至我给他一张纸，计五张接连，均有缝押，如有裁损痕迹，可告知刘公，不能不追出。所嘱周道纸，此我亲笔，尔全行取回，只叫他另抄一单，以作为他无干并一切照应凭据。此等小人，只当念其好，忘其不好处。我一生最恶牵扯他人，今不能不借他庙内，以为安厝我之地方。棺木只用十余两，葬地不过一席，亦只数金，我罪臣，不可厚也。若他能叫阎道来更好，尔亦可厚谢之。此地恒德堂药铺内石掌柜，与我只一面，尔亦可约同照料，伊如怕干连，可以罢了。我自二十日到马伸桥庙内租住，租银五两尚未付，尔一并算付可也。

至我之所以迟迟到今日者，以国家正有大事，岂可以小臣扰乱宸听，况时值圣朝，我两宫皇太后并我皇上，宵旰勤劳，数年所降谕旨，无不人人称

① 写给儿子之恒的两封信件均引自《吴柳堂先生文集》卷四第17－23页。

快，我每读之至于泣下，恨我已衰不能出力，叠山先，文山后，睢阳早，许远迟，尔父岂敢仰比古人。且当圣明之世，遇圣明之主，岂能与唐中衰、宋末乱比，况又非唐明宋理之君。然其处死则一也。世乱识忠臣，非佳语亦非吉兆也。慎勿惊为奇事，我不遽引决者，正为俟朝廷大事竣耳。

尔可遵我前函谕，作速奉尔母并眷口回家，好好教三孙读书，以备将来选用，不必定扶柩而回也。不能尽言，谕尔大小两函，不妨呈贤牧伯刘公阅看，亦不妨人人见之。惟两奏草底，尔亦不可拆看，我已封固，夹在卷夹内，祈刘公交尔。（州主刘公，颂声载道，闻其约束家人、书差甚严，恨我不及一识面，可谓无缘。我已托其不令书差难为周道，尔再一求。刘公贤明，见尔年轻，必能为我尽心。而诸凡求指示，则我身后之受德，同于生前之知己，无缘深于有缘矣。切嘱切嘱！）父柳堂亲笔遗嘱。

他写给朝廷的奏折，就像他在写给儿子的信中所表现出来的那样，更像是一封声讨大清朝腐朽堕落的统治的控诉书。这篇奏折能让我们更清楚地看到朝廷在皇位继承问题上的态度。奏折开门见山地指出了他的目的——在他死后，慈禧太后能够依照本朝的先例和律法下诏为同治皇帝立嗣，明确未来的皇位继承人的身份。这篇奏折的全文内容如下：①

奏为以一死泣请懿旨预定大统之归、以毕今生忠爱事。

窃罪臣闻：治国不讳乱，安国不忘危，危乱而可讳可忘，则进苦口于尧舜，为无疾之呻吟；陈隐患于圣明，为不祥之举动。罪臣前因言事忿激，自甘或斩或囚。经王大臣会议，奏请传臣质讯，乃蒙我先皇帝曲赐矜全，既免臣于以斩而死，复免臣于以囚而死，又复免臣于以传讯而触忌、触怒而死。犯三死而未死，不求生而再生，则今日罪臣未尽之余年，皆我先皇帝数年前所赐也。

乃天崩地坼，忽遭十三年十二月初五日之变。即日钦奉两宫皇太后懿旨：大行皇帝龙驭上宾，未有储贰，不得已以醇亲王之子承继文宗显皇帝为子，入承大统，为嗣皇帝，俟嗣皇帝生有皇子，即承继大行皇帝为嗣，特谕。罪臣涕泣跪诵，反覆思维。以为两宫皇太后一误再误，为文宗显皇帝立

① 本篇遗折录自《光绪朝东华录》光绪五年第37－39页（总第725－727页），同时参考了《吴柳堂先生文集》卷一第1－7页所刊《请预定大统之归疏》。

子，不为我大行皇帝立嗣。既不为我大行皇帝立嗣，则今日嗣皇帝所承大统，乃奉我两宫皇太后之命，受之于文宗显皇帝，非受之于我大行皇帝也。而将来大统之承，亦未奉有明文，必归之承继之子。即谓懿旨内既有承继为嗣一语，则大统之仍归继子，自不待言。

罪臣窃以为未然。自古拥立推戴之际，为臣子所难言。我朝二百余年，祖宗家法，子以传子，骨肉之间，万世应无间然。况醇亲王公忠体国，中外翕然，称为贤王。观王当时一奏，令人忠义奋发之气勃然而生。言为心声，岂容伪为，罪臣读之，至于歌哭不能已已。倘王闻臣有此奏，未必不怒臣之妄，而怜臣之愚，必不以臣言为开离间之端。而我皇上仁孝性成，承我两宫皇太后授以宝位，将来千秋万岁时，均能以我两宫皇太后今日之心为心。而在廷之忠佞不齐，即众论之异同不一。以宋初宰相赵普之贤，犹有首背杜太后之事。以前明大学士王直之为国家旧人，犹以黄竑请立景帝太子一疏出于蛮夷而不出于我辈为愧。贤者如此，遑问不肖；旧人如此，奚责新进；名位已定者如此，况在未定。

不得已于一误再误中而求一归于不误之策，惟仰祈我两宫皇太后再行明白降一谕旨，将来大统仍归承继大行皇帝嗣子。嗣皇帝虽百斯男，中外及左右臣工均不得以异言进。正名定分，预绝纷纭，如此则犹是本朝祖宗来子以传子之家法。而我大行皇帝未有子而有子，即我两宫皇太后未有孙而有孙，异日绳绳揖揖，相引于万代者，皆我两宫皇太后所自出，而不可移异者也。罪臣所谓一误再误而终归于不误者，此也。

彼时罪臣即以此意拟成一折，呈由都察院转递，继思罪臣业经降调，不得越职言事。且此何等事，此何等言，出之大臣、重臣、亲臣，则为深谋远虑；出之小臣、疏臣、远臣，则为轻议妄言。又思在廷诸臣中忠直最著者，未必即以此事为可缓、言亦无益而置之，故罪臣且留以有待。洎罪臣以查办发员内，蒙恩圈出引见，奉旨以主事特用，仍复选授吏部，迩来又已五、六年矣。

此五、六年中，环顾在廷诸臣，仍未有念及于此者。今逢我大行皇帝永远奉安山陵，恐遂渐久渐忘，则罪臣昔日所留以有待者，今则迫不及待矣。

仰鼎湖之仙驾，瞻恋九重；望弓剑于桥山①，魂依尺帛。谨以我先皇帝所赐余年，为我先皇帝上乞懿旨数行于我两宫皇太后之前。惟是临命之身，神志瞀乱，折中词意，未克详明，引用率多遗忘，不及前此未上一折一二。缮写又不能庄正，罪臣本无古人学问，岂能似古人从容。昔有赴死而行不复成步者，人曰："子惧乎?"曰："惧。"曰："既惧何不归?"曰："惧，吾私也；死，吾公也。"罪臣今日亦犹是。

鸟之将死，其鸣也哀；人之将死，其言也善②。罪臣岂敢比曾参之贤，即死，其言亦未必善。惟望我两宫皇太后、我皇上怜其哀鸣，勿以为无疾之呻吟，不祥之举动，则罪臣虽死无憾。

宋臣有言，凡事言于未然，诚为太过，及其已然，则又无所及，言之何益？可使朝廷受未然之言，不可使臣等有无及之悔。今罪臣诚愿异日臣言之不验，使天下后世笑臣愚；不愿异日臣言之或验，使天下后世谓臣明等。杜牧之罪言，虽逾职分；效史鳅之尸谏，只尽愚忠。罪臣尤愿我两宫皇太后、我皇上体圣祖世宗之心，调剂宽猛，养忠厚和平之福，任用老成，毋争外国之所独争，为中华留不尽；毋创祖宗之所未创，为子孙留有余。罪臣言毕于斯，愿毕于斯，命毕于斯。

再罪臣曾任御史，故敢昧死具折，又以今职不能专达，恳由臣部堂官代为上进。罪臣前以臣衙门所派随同行礼司员内，未经派及罪臣，是以罪臣再四面求臣部堂官大学士宝鋆，始添派而来。罪臣之死，为宝鋆所不及料，想宝鋆并无不应派而误派之咎。时当盛世，岂容有疑于古来殉葬不情之事。特以我先皇帝龙驭永归天上，普天同泣，故不禁哀痛迫切。

谨以大统所系，贡陈缕缕，自称罪臣以闻。谨具奏。

---

① 据传黄帝就是在这里过世的，其衣冠冢也被立在了这里。——原注。
② 这里引用的是孔子的弟子曾子的名言。——原注。

第十章

慈禧独揽大权

同治皇帝的葬礼大典已经完毕，他的棺材也将在钦天监所选定的吉日安葬，多亏了吴可读的付出，让慈禧不得不下诏明确表示会在未来的某个时候给他立嗣，以慰他的在天之灵。紫禁城中恢复了往日的平静，一切都重归正轨，两宫皇太后又开始了她们的垂帘听政。

没过多久，还只是一个胆小懦弱的小男孩的光绪皇帝（被慈禧一手推上皇位），就在不知不觉中变成了慈禧的心病。随着逐渐长大，光绪皇帝变得越来越喜欢亲近和蔼可亲、性情温柔的慈安太后。因此，只要一有时间他就会到慈安所在的东宫去。

而对于慈禧来说，这样的情况是她无法容忍的，她没有办法接受任何竞争对手，哪怕只是为了争夺一个孩子的心。眼看着光绪越来越亲近慈安，她内心的嫉恨就越来越大，她甚至担心这个未来的一国之主无法被自己掌控，反而被掌控在另一个女人的手中。

与此同时，经常有人故意在慈禧的耳边打小报告，称慈安怂恿光绪皇帝和她做对，让光绪皇帝故意惹她生气。如此一来，光绪皇帝不可避免地成为了两宫皇太后之间的摩擦和争斗的导火索。

毫无疑问，慈禧对光绪皇帝偏爱慈安以及慈安教唆光绪和自己对着干的事情都十分憎恨。她很清楚，在朝堂之上，任何人和任何事都可能会成为阴谋诡计，成为制造矛盾和纷争的工具，因此，她对小皇帝的态度十分关注。

慈禧很清楚，凭借本人的能力，慈安是不可能成为自己的对手的，但如果加上皇帝对她的信任和支持，让她有机会煽动皇帝与自己做对（事实证明，后来的光绪果然如此），那么自己未来的处境就会变得十分不妙。

随着皇帝年岁渐长，亲政的时间也近在眼前，为了避免所担心的事情发生，慈禧必须要采取一些有效的防范措施。她可不想像乾隆的皇后那样落得一个悲惨的结局，不仅因为被指控“生活奢侈，纵情宴乐，对太后不敬”等罪名而被打入冷宫，还被剥夺了一切荣衔，甚至被害死在宫中。①

1880年在去东陵祭祖的时候，发生了一件进一步激化两宫皇太后的矛盾的事情。当时，皇帝只有九岁。显然这一次慈安的所作所为是因为有恭亲王的鼓动。祭祀时，慈安坚持要求在祭拜先祖的所有仪式上，以及在向每座“宝城”（即覆盖皇帝墓室的小土丘）跪拜的时候，她都居于首位，以显示自己高人一等的威严。

两宫皇太后到咸丰皇帝的陵墓前祭拜的时候发生了激烈的冲突。因为慈安是已故咸丰皇帝的正宫皇后，所以她声称自己有权力位于正中间的位置，而慈禧则被她安排到了低她一等的右边稍靠后的位置，她左边的位置则被空了出来。

即便如此，慈安仍然不满足，甚至提醒慈禧究竟该如何祭祀咸丰。因为在咸丰帝活着的时候，慈禧不过是一个嫔妃。她是因为咸丰去世，同治登基，才母凭子贵被提升成太后的。而作为嫔妃，在祭祀的时候，就是应该站在旁边稍靠后的地方。至于空出来的左手边位置，则是属于咸丰皇帝的第一个妃子的，她虽然在咸丰登基之前就已经去世，却在死后被追封成了皇后。

慈禧知道，这些加在她身上的侮辱都是因为恭亲王和一些其他宗室成员的教唆，但她可不打算就这么乖乖听话，任他们欺辱，于是她执意要按照自己实际的等级和权威来排位。众人因此而发生了很激烈的争论，但争论的时间很短暂，可想而知，慈禧获得了胜利。

只是，在慈禧看来，在祖宗陵墓前发生这样的闹剧，还被随从的官员们看到了，实在有失体统，不仅亵渎了神灵，还有伤皇家颜面。这次事件让慈禧觉得颜面扫地，对她之后的所作所为和她与慈安之间的关系产生了很大的

---

① 这里所说的皇后应该是指乾隆皇帝的第二任皇后乌拉那拉氏，但所言与史实有出入。

影响。[①]

这次去皇陵祭祖，荣禄作为步军统领，是负责护卫两宫皇太后的安全的。然而，就在回宫后不久，他却因为一件事情而招致了慈禧的不满。即使他曾经深得慈禧的宠信。

在逃亡热河、载垣谋逆，以及同治皇帝驾崩等危机时刻，这个位高权重且很有手段的满洲官员一直是慈禧非常宠信的大臣，深受慈禧的重用。在咸丰皇帝时期，他担任内务总管，因此拥有随时进出皇宫的权力。1880 年，荣禄因为无法忍受深宫寂寞，竟然和已经去世的同治皇帝的一位妃嫔私通，而这件事恰好被和他一直不和的帝师翁同龢得知，于是便被捅到了太后那里。

当时宫中传言说，在得知这件事情之后，慈禧亲自来到这位妃子的房间将正在行苟且之事的二人抓了个正着。这等有损皇家颜面的丑事，简直是十恶不赦的。事已至此，慈禧只好将荣禄革职查办。在之后的七年时间里，他便一直闲居在家。

在这件事情上，慈禧虽然以雷霆手段及时处置，挽回了自己的脸面，但也不得不失去了一直以来的倚重之人。荣禄的离去让她顿时觉得失去了安全感。没过多久，她就感到后悔了，因为在众多的朝廷官员中，竟然没有一个能像荣禄那般可以信任。她再也得不到如荣禄那般的忠诚和勇气了。

但既然已经下了将荣禄革职的命令，就再没有挽回的余地，否则不仅会在荣禄面前失了威严，还会让文武百官看笑话，这对于将自尊心看得极重的慈禧来说，自然是不可能的。事实上，慈禧怀疑荣禄私通被革职这件事就是慈安在背后策划好的，而这无疑让她和慈安之间的关系越来越僵。

在 1881 年的 3 月，两宫太后因为李莲英的专权跋扈而再一次爆发了严重的争吵。慈安说李莲英作为慈禧的一个心腹奴才，竟然不把她这位太后放在眼中，经常无视她，甚至还不把她的权威当一回事，渐渐地宫中其他人也都上行下效，就连她自己宫中的宫人也开始嘲笑她。她还对眼下的形式表示

---

① 说起来也挺奇怪，皇陵似乎成了经常发生这种不体面争吵的场所，皇城中长期积压的怨气，都在这里找到了发泄口。1909 年在慈禧大葬的时候，也曾发生过类似的事情。当时同治和光绪两位皇帝的几个还活着的妃子就因为类似的问题，而与新太后（隆裕）发生了争执，她们甚至因此而怒气冲冲地留在皇陵，拒绝回城，直到朝廷派来一个特别的使节团，她们才肯回去。——原注。

了不满，并言辞激烈地给予了谴责，甚至怒斥李莲英作为一个太监竟然敢公然享受“九千岁”这个称呼①，这是比皇帝的“万岁”只低一等的称呼，暗示着可以享受到仅次于皇帝的荣誉。

这次的争吵非常激烈，就连后来有人调停，想要缓解她们之间恶劣的关系也丝毫没有用。人们普遍认为，是慈禧害死了慈安（通常认为是下毒致死），甚至在慈安死后还有人断言，慈禧在怒不可遏的情况下，不希望再有人妨碍她，于是干脆下了毒手。

在东方的宫廷中，这样没有办法证实同时也无法反驳的指控总是有很多。但有一件值得注意的事是，所有曾试图妨碍慈禧，或者招致她不快的人，最后都难逃一死。如果不是因为这个事实的话，那么很多无稽之谈也就不值得人们去深思了。但正因为这样的事情发生了很多，所以自然引起了人们的关注和猜疑，无法让人们相信这真的只是巧合。

就拿这件事来说吧，慈安本来好好的，突然就生了一场神秘的怪病，按照圣谕中所说的，就是于三月初十晚“仙驭升遐”。按照传统，她在临死之前拟定了一份遗诏，但是在读过这封遗诏之后会发现，其中竟然根本没有提到和政治相关的任何问题。如此来看，她似乎还是将这些国家大事交给了那位强势有主见的共同垂帘的太后。遗诏的内容如下：

予以薄德，祗承文宗显皇帝册命，备位宫闱。追穆宗毅皇帝寅绍丕基，孝思纯笃，承欢奉养，必敬必诚。今皇帝入缵大统，视膳问安，秉性诚孝；且自御极以来，典学维勤，克懋敬德，予心弥深欣慰。虽当时事多艰，旰宵勤政，然幸体气素称强健，或冀克享遐龄，得资颐养。本月初九日，偶染微疴，皇帝侍药问安，祈予速痊。不意初十日病势陡重，延至戌时，神思渐散，遂至弥留。

予年四十有五，母仪尊养，垂二十年。屡逢庆典，叠晋徽称，夫复何憾？第念皇帝遭兹大故，自极哀伤。惟人主一身，关系天下，务当勉节哀思，一以国事为重，以仰慰慈禧端佑康颐昭豫庄诚皇太后教育之心。中外文

---

① 这个称呼起源于明朝皇帝朱由校宫里一个声名狼藉的太监，他因为对那位风流浪荡的皇帝主子的影响力而被追封了这个头衔。前文中所提到的安德海也曾用过这个头衔。——原注。

武，恪恭厥职，共襄郅治，予灵爽实与嘉之。其丧服酌遵旧典，皇帝持服二十七日而除。大祀固不可疏，群祀亦不可辍。再，予向以俭约朴素为宫壶先，一切事关典礼，固不容矫从抑损。至于饰终仪物，有可稍从俭约者，务恤物力，即所以副予之素愿也。故兹诰谕，其各遵行。①

慈安按照自古以来都有的讲求谦虚的规矩，请求以简朴的风格来办理丧事，将为她服丧的时间由原来的二十七个月改成了二十七天。遗诏的最后处体现了一些能够令人动容的人情味儿，因为它将慈安描述成了“以俭约朴素为宫壶先”，从这一点来看，这封遗诏应该和慈禧没有关系。众人皆知，慈安多年来一直都是勤俭节约的，她对葬礼一切从简的要求，恰好与慈禧向来行事奢侈、铺张浪费形成了鲜明的对比，而这明显讽刺了慈禧的生活作风，所以从这一点上来看，遗诏应该是出自慈安之手。

慈安死了。她曾是慈禧的童年玩伴，她曾与慈禧携手面对紫禁城的神秘深宫，后来因为没能为皇帝生下子嗣而在母凭子贵的慈禧面前失了几分颜色。这个多年来一直都懦弱无力的竞争对手，如今终于死了，她再也不会给慈禧制造任何麻烦了。从今以后，再也不会有人能威胁到慈禧，也不会有人敢来篡权夺位，慈禧终于可以放开手脚，独自驾驶大清朝这艘大船，成为大清唯一的摄政太后了。

在慈安去世之后，慈禧的野心逐渐变大，她渴望成为掌管这个国家命运的唯一合法并被公认的领导人。事实上，自从安德海被慈安和恭亲王联手除掉之后，这许多年来，慈禧便一直与恭亲王不和，而且还嫉妒他在朝堂之上的影响力，以及他在治国方面的才干和名声。

关于多年前慈禧剥夺恭亲王“议政王”头衔的事情，我们在前面已经讲过了。她虽然讨厌恭亲王，但是一方面需要恭亲王的相助，另一方面也十分渴望恭亲王的丰富经验给她带来的好处，因此她不得不勉强容忍恭亲王一而再再而三的挑衅。

到了1884年的时候，慈禧觉得自己已经足够强大，可以独当一面了，再加上中国和法国就越南宗主权而引发了战争，她终于找到了机会摆脱掉恭

① 光绪七年三月初十日上谕，见《光绪宣统两朝上谕档》第7册第45页。

亲王和他的那些在军机处的同僚们的掌控了。

她将这些人革职的借口是：中国水师在马江和法国军队作战的时候全军覆没①。事实上却是，慈禧怀疑恭亲王正在和小皇帝合谋反对她，而且最近一直有几位御史上奏疏参她道德败坏、奢侈无度，她认为这件事情一定是恭亲王在背后搞鬼。

罢免恭亲王职位的上谕体现着她一贯的风格，言辞巧妙，展现了很多她的个人品质，也正是因为这些超高的手腕和非凡的品质，她才能够成为统治大清朝廷多年的女人。慈禧在圣旨中所提到的事情，与后来的历史有着直接而有趣的关系。谕旨内容如下：

钦奉慈禧端佑康颐昭豫庄诚皇太后懿旨：现值国家元气未充，时艰犹巨，政虞丛脞，民未敉安。内外事务必须得人而理，而军机处实为内外用人行政之枢纽。恭亲王奕䜣等，始尚小心匡弼，继则委蛇保荣，近年爵禄日崇，因循日甚，每于朝廷振作求治之意，谬执成见，不肯实力奉行。屡经言者论列，或目为壅蔽，或劾其委靡，或谓簠簋不饬，或谓昧于知人。本朝家法綦严，若谓其如前代之窃权乱政，不惟居心所不敢，亦实法律所不容。只以上数端，贻误已非浅鲜，若仍不改图，专务姑息，何以仰副列圣之伟烈贻谋；将来皇帝亲政，又安能诸臻上理。若竟照弹章一一宣示，既不能复议亲贵，亦不能曲全耆旧，是岂朝廷宽大之政所忍为哉。言念及此，良用恻然。

恭亲王奕䜣、大学士宝鋆，入直最久，责备宜严，姑念一系多病，一系年老，兹特录其前劳，全其末路。奕䜣着加恩仍留世袭罔替亲王，赏食亲王全俸，开去一切差使，并撤去恩加双俸，家居养疾。宝鋆着原品休致。协办大学士、吏部尚书李鸿藻②，内廷当差有年，只为囿于才识，遂致办事竭蹶；兵部尚书景廉，只能循分供职，经济非其所长，均着开去一切差使，降二级调用。工部尚书翁同龢，甫直枢廷，适当多事，惟既别无建白，亦有应得之

① 此处原文为闽江，马江也叫马尾，位于闽江下游，在中国文献中，习惯将其称为“马江海战”或“马尾海战”，故在此处翻译成马江。事实上，书中所述也有不准之处，因为马江之败发生在光绪十年七月，而恭亲王等人被斥责，则是在三月。

② 慈禧不喜欢这位大臣。因为在1861年时，正是他根据肃顺的口授负责起草的咸丰皇帝的遗诏。——原注。

咎，着加恩革职留任，退出军机处仍在毓庆宫行走，以示区别。

朝廷于该王大臣之居心办事，默察已久，知其决难振作，诚恐贻误愈深，则获咎愈重，是以曲示矜全，从轻予谴。初不因寻常一眚之微，小臣一疏之劾，遽将亲藩大臣投闲降级也。嗣后内外臣工，务当痛戒因循，各摅忠悃，建言者秉公献替，务期远大，朝廷但察其心，不责其迹，苟于国事有补，无不虚衷嘉纳。倘有门户之弊，标榜之风，假公济私，倾轧攻讦，甚至品行卑鄙，为人驱使，就中受贿渔利，必当立抉其隐，按法惩治不贷。将此通谕知之。钦此。[1]

在这篇谕旨降下之后，恭亲王便退出了政治舞台，从此过着默默无闻的赋闲在家的生活。直到 1894 年，中日战争爆发后，清军惨败，慈禧才再一次向他寻求帮助，而他也再一次对慈禧伸出援手。虽然他对朝廷和太后的影响早已不似当初那般强大，但是从他官复原职一直到他 1898 年去世，他的声望一直都很高，尤其是在外国人当中。尽管慈禧不喜欢恭亲王，但也不得不承认，恭亲王在处理自己被革职一事上保留了她的尊严，并容忍了她的处置。

在上述谕旨被颁布之后，恭亲王的职位便转交给了礼亲王。礼亲王是努尔哈赤幼子的后代，位居八旗亲王家族之首。在军机处共事的除了礼亲王之外，还有一位张之万（张之洞的兄长）和一位孙毓汶[2]。孙毓汶和帝师翁同龢是死对头，两人可谓势不两立。在任命军机处的大臣时，慈禧采用了一贯的互相制衡的策略，即安排两个敌对之人，让他们彼此互相牵制，而由她来维持权力的平衡。

慈禧接下来的一系列举措，受到了朝野上下的一致反对和谴责。她颁布谕旨，要求军机处在向皇帝禀报紧要事务之前，要先和皇帝的亲生父亲醇亲王商议。她还表示，会在皇帝长大成人后，再就此事重新下达指示。

这样违规的事情在以前从没有发生过。这不仅会让皇帝的亲生父亲醇亲

---

① 光绪十年三月十三日上谕，见《光绪宣统两朝上谕档》第 10 册第60－61页。

② 此人曾一直颇受器重，但在 1894 年 12 月，因为翁同龢的劝说，最终被皇帝革职。而那时的慈禧已经不再理朝政，整日在颐和园看戏和消遣，对于这场政治活动，只作壁上观。因此，当时的孙毓汶的处境十分凶险。——原注。

王成了实际上的掌权者，而且还有可能会违背在1875年时她曾许下的要给同治皇帝选立继承人的承诺。这次事件再次引起大臣们的担心。他们担心光绪皇帝会在他的父亲醇亲王的劝导下，不去管为同治皇帝立嗣的事情，反而以醇亲王为首，确立一个新的皇族家系。

对于醇亲王来说，他有很强的动机去这样做，因为这事一旦成功，他就会在有生之年获得帝王的品级，而在死后也能得到帝王的谥号。但这也意味着同治皇帝的统治就此结束，大清朝的长支有了一个很不光彩的结局，子孙后代也会因此而感到丢脸。相反，对叶赫那拉氏家族来说，他们会因此而获得至高无上的权力，但这样的结果，可能会让宫廷的未来存在更多的阴谋、纷争和叛逆。事实上，由此而导致的局面，和英国历史上的约克家族同兰开斯特家族之间的斗争有些相像。

一位名叫盛昱的皇室宗亲和几名士大夫一起联名上书，言辞恳切地请求皇太后收回成命，并表示哪怕真的需要醇亲王的建议，那也应该是让他直接向她汇报，而不是向军机处汇报。他们拿出了很多办法，意在保全醇亲王的脸面，同时阻止他接受慈禧的这一安排。

他们担忧醇亲王的身体健康情况使他不能胜任这份工作，怀疑其无法承受这份工作所带来的压力，怀疑他所承受的责任与他所处的高位不匹配。同时，他们还预言，如果将这个独裁者的权力授予醇亲王，那么醇亲王势必会不得人心，而这样的结果，显然也不是慈禧愿意看到的。

在1799年的时候，嘉庆皇帝还曾宣布过，除非在必要情况下，否则皇族宗室成员不得入职军机处。

盛昱在奏折的最后这样写道：

诚以亲王爵秩较崇，有功而赏，赏无可加；有过而罚，罚所不忍；优以恩礼，而不授以事权。圣谟深远，万世永遵。恭亲王参赞密勿，本属权宜，况醇亲王又非恭亲王之比乎。伏恳皇太后禀遵祖训，收回醇亲王会同商办之懿旨。①

最后，上奏者指出，醇亲王不能每天一大早就入宫参与议事，也不能让军机大臣们到醇亲王的府邸去商讨要事，否则他就是越职，在行驶皇帝的权

① 参见朱寿朋所编《光绪朝东华录》光绪十年三月第28页（总第1680页）。

力了。而对于在军机处任职的亲王，即使犯了错，御史也是没有办法对其进行指责的。

御史赵尔巽（一位品行正直的官员，曾在满洲和四川担任总督）也就此事上了奏疏，他说如果所有的事情都要与醇亲王商讨，那么军机处也就形同虚设、毫无意义了，并指出醇亲王是皇帝的父亲所以不能担任这个职位。他说："皇太后总揽宏纲，虚衷谘访，以收实效。醇亲王仍可于召对时随事纳忠，正不必有枢臣商办之名，始为有益。"①

对于这些抗议，慈禧给出的回复是：

圣谟深远，允宜永遵。惟自垂帘以来，揆度时势，不能不用亲藩进参机务，此不得已之深衷，当为在廷诸臣所共谅。本月十四日谕令醇亲王奕環与军机大臣会商事件，本为军机处现办紧要事件而言，并非寻常诸事概令与闻，亦断不能另派差使。醇亲王奕環再四坚辞，碰头恳恩，当经曲加勉励，并谕俟皇帝亲政后再降懿旨，始暂时奉命。此中委折，尔诸臣岂能尽知耶？至军机处政事，委任枢臣，不准推诿，希图卸肩，以专责成。经此次剀切晓谕，在廷诸臣自当仰体上意，毋再多渎。盛昱等所奏，应毋庸议。②

这样官方的文章，让人忍不住联想到伊丽莎白女王和她在处理类似问题时的方式。

① 参见朱寿朋所编《光绪朝东华录》光绪十年三月第29页（总第1681页）。
② 光绪十年三月十八日上谕，见《光绪宣统两朝上谕档》第10册第73页。

第十一章

慈禧让权

1887 年，光绪皇帝已经年满十七岁，慈禧不得不将国家的政权交还给他。而对于那些在过去十年间一直追随着慈禧并受她保护的大臣和亲属们，那些很有可能会因为新的政权而丧失位置的人们来说，皇帝亲政让人忧心忡忡。

所以，当慈禧表示自己即将归还政权，退居幕后时，一篇篇奏折和谏书便如雪片一般呈奏上来。但这些奏章没能阻止慈禧的让权，她最终还是在 1889 年 2 月光绪大婚的时候将政权还给了他。而皇帝所娶的皇后则是慈禧的亲弟弟承恩公桂祥的女儿。

此时的慈禧已经五十五岁，而她统治大清朝的时间已经长达近三十年。她已经尝过了专制独裁的权力的滋味，满足过了自己的所有欲望。但此刻的她似乎并不是很享受自己这么多年的劳动成果，反而希望能够远离紫禁城中每日刻板无趣的例行公事。于是，她选择到正在修建的颐和园中享受安逸和自由。

慈禧渴望改变。目前越来越繁重的政务和无休止的大臣们的觐见，以及那些来自边境上的列强们所施加的压力，都让慈禧越来越厌烦。相比之下，颐和园的安逸自在、悠闲度日更让她喜欢。

再加上年轻的光绪一直在跃跃欲试，虽然他没有大张旗鼓地表现出想要篡权，慈禧却没有理由继续把持朝政。不将朝政交到他的手上，就会于理不合。而且如果不将朝政交到他的手上，不让他亲自体验一下，他又怎么知道自己不行，从而让她有理由继续留在那把龙椅上呢？

有一些国内外的作者认为，此时的慈禧实际上是以退为进。也就是说，在表面上来看，她已经退居幕后，不再理会朝中之事，但实际上，她从来都没有将自己的权力之手从紫禁城的事务中抽离出来。从某种程度上来说，这种想法是有一定道理的。但其实慈禧在颐和园生活的十年时间里，除了偶尔会关注那些直接关系到她的切身利益的事情，基本上不再关心其余的国家政事。

虽然慈禧放弃了那些大权，将它们交给了光绪皇帝，但她也不打算就此做一个在朝廷之中无足轻重的人，不想完全不理会时局。因此，她一直在位于西山脚下的豪华住处密切关注着皇帝的一举一动，甚至还在保护着京城和外省的那些一直追随她的官员们的安全。在李莲英的建议下，她还将任免朝廷官员的权力留在了自己的手中。

慈禧之所以让光绪迎娶自己的侄女，就是为了避免当初在同治身上所犯下的错误。同治在娶了正直善良又敢作敢当的皇后阿鲁特氏之后，竟然和皇后联合起来公然反抗她的命令，让她的权力受到了威胁。

有了同治这个前车之鉴，慈禧在给光绪选择皇后的时候更多的是出于对她自身有利的长远考虑，而不是考虑光绪的幸福。她希望有一个人在光绪身边监视他的一举一动，并随时向她汇报。对于这一角色，她的这个侄女显然最适合，且做得很到位。

她长相不佳，性情不好，却拥有叶赫那拉族所有的聪明才智和意志力。她和皇帝的关系从最开始的时候就很糟糕。他们二人经常会陷入争吵之中，这在宫中几乎是人尽皆知的事情，而几乎每次都以皇后娘娘获胜而终结。对于光绪皇帝来说，他更偏爱另外两位地位同样高贵的妃子，她们分别是珍妃和瑾妃。

在光绪皇帝亲政之后，叶赫那拉氏族中的长辈们都觉得应该把握这次机会，巩固家族的地位和权力。同时应该将光绪皇帝的生父醇亲王的头衔提高一个层次，以便于将来让他获得皇帝的封号。

而关于这件事，无论是提出建议的一方还是慈禧的委婉拒绝都给醇亲王留足了颜面。从这件事情中，我们看到了中国朝廷事务中所隐藏的暗流涌动，以及让欧洲人很是费解的明争暗斗。

前都察院左副都御史、现河道总督吴大澂给慈禧呈递的奏折反映了醇亲王的追随者们的普遍观点。在这份奏折中，他首先对醇亲王任海军事务大臣时所立下的功劳给予了赞扬，并歌颂了他忠贞爱国的精神以及谦虚的品格。然后指出醇亲王作为皇帝的生父在讲求“以孝治国”的大清朝理应获得更高的尊敬。

吴大澂在奏折中还表示，根据孟子所提倡的“圣人人伦之至”的原则，皇帝应该给予他的生父更特别的褒奖和荣耀。为了使这个观点更有说服力，他还特意举了乾隆皇帝在《御批通鉴辑览》中提到的一个宋朝的例子：

在1050年的时候，朝中的两个党派就是否为皇帝的生父确立尊号产生了分歧。乾隆皇帝的观点与之前的史学家们的观点相反。他认为从孝道上考虑，皇帝的生父是有资格得到特别的荣誉的。为了支撑自己的观点，乾隆还特意引用了一个明朝时期的例子。1525年，当时皇帝的生父只是一个亲王，因此皇帝希望提升自己生父的级别。换句话说，乾隆的观点可以作为比较有权威的本朝例子。对于乾隆来说，在父子血缘关系面前，其他的君臣关系理论和惯例只能退居其次。

吴大澂在奏章的最后提出，应该加封醇亲王为“皇父”[①]。并且，他认为慈禧太后应该在还政于光绪之前将此事作为最后一道诏令颁布下去，昭告天下，以彰显皇帝的孝心。

很显然这篇奏折是得到了上面高层的直接授意的，如此一来，慈禧就可以将自己的观点记录在案，同时也可以授予醇亲王家族极高的荣誉。太后所颁布的谕旨内容如下：

皇帝入嗣文宗显皇帝，寅承大统，醇亲王奕譞谦卑谨慎，翼翼小心，十余年来，深宫派办事宜，靡不殚竭心力，恪恭尽职。每遇优加异数，皆再四涕泣恳辞。前赏杏黄轿[②]，至今不敢乘坐，其秉心忠赤，严畏殊常，非徒深宫知之最深，实天下臣民所共谅。自光绪元年正月初八

① 关于“皇父”的尊号的说法是错误的，在吴大澂的奏疏中，并没有提出具体的尊号，而是说“拟请懿旨饬下廷臣会议醇亲王称号礼节，详细奏明，出自皇太后特旨，宣示天下，以遂我皇上孝敬之怀。”（参见《光绪朝东华录》光绪十五年第25页）。

② 杏黄色是皇室专用的颜色。——原注。

日，醇亲王即有豫杜妄论一奏。内称历代继统之君，推崇本生父母者，以宋孝宗不改子偁秀王之封为至当。虑皇帝亲政后，佥壬倖进，援引治平、嘉靖之说，肆其奸邪，豫具封章，请俟亲政时宣示天下，俾千秋万载，勿再更张。其披沥之诚，自古纯臣居心，何以过此。此深宫不能不嘉许感叹，勉从所请者也。兹当归政伊始，吴大澂果有此奏，若不将醇亲王原奏及时宣示，则后此邪说竞进，妄希议礼梯荣，其患何堪设想？用特明白晓谕，并将醇亲王原奏发抄，俾中外臣民，咸知我朝隆轨，超越古今，即贤王心事，亦从此可以共白，嗣后阚名希宠之徒，更何所容其觊觎乎。将此通谕中外知之。钦此。①

在1875年（即光绪元年）的时候，醇亲王曾给慈禧呈递过一封密折，密折本身并没有什么重要之处，反而是其中所体现的醇亲王的远见卓识更值得注意。早在当时，醇亲王就已经预见未来会有关于皇位继承的混乱，还有可能会产生一些关于局面调整的问题。

他拒绝接受更高的荣誉，并且已经将自己的心思说得很明白，希望能够借此避免那些惯会阿谀奉承与心怀叵测之人通过他去实现更大的野心，或在紫禁城中结党营私、胡作非为等。而事实上，这些他所担心的情况已经出现了。他还担心会有这样的可能性：“倘将来亲政后，或有草茅新进之徒，趋六年拜相捷径，以危言故事，耸动宸听，不幸稍一夷犹，则朝廷徒滋多事矣。”②

最终，醇亲王依然是个世袭亲王的头衔，但可以肯定的是，这件事情并没有得到解决，或许在不久的将来再有摄政王管理朝政的时候，将会再次提起这个话题。③

慈禧将政权还给光绪不久，醇亲王就得了重病，一直卧病在床，并在1891年1月1日④离世。在醇亲王去世之前，一直尊崇孝道的都察院曾向慈

---

① 光绪十五年二月初二日上谕，见《光绪宣统两朝上谕档》第15册第88页。

② 参见朱寿朋所编《光绪朝东华录》光绪十五年二月第24页（总第2580页）。

③ 在这种情况下，受益的就不是只有叶赫那拉族了。因为宣统皇帝的祖母（醇亲王的福晋之一）依然健在，她将会分享授予给她丈夫的荣誉，而到那时光绪的母亲就被排除在外了。——原注。

④ 即光绪十六年十一月二十一日。

禧上奏一份奏折，意在提醒慈禧和光绪去看望一下醇亲王。而对此事，慈禧严厉斥责了都察院多管闲事，并要求他们只做好自己的事情就好。慈禧的做法，让人再一次想起了伊丽莎白女王在处理类似事情时的态度。尽管慈禧对他们给予了斥责，但她还是接受了他们的意见，并在1890年的夏天多次到醇亲王府去探病。

在众多亲王中，慈禧一直比较喜欢醇亲王。他聪明大胆的谏言经常能帮助慈禧找到正确的政策和办法，所以他的去世让慈禧深感痛惜。

醇亲王是一个坚定可靠的满洲亲王，他很看重满洲各部族所拥有的特权。在东京湾战役后的一次会议上，他发表的一席话值得被中国历史铭记。他说："宁赠友邦，勿与家奴。"他之所以说出这样的话，是因为当时广东省爆发了排斥清政府统治的事件。

慈禧在通报醇亲王去世的奏折中赞扬了醇亲王作为内务府总管、海军事务大臣和神机营主管时所立下的卓越功劳①。这道谕旨的内容很详细，包含了对葬礼细节的指示。慈禧以自己的名义赏赐醇亲王覆盖遗体的陀罗经被，还赐给他"皇帝本生考"的尊号，并下令"一切饰终葬祭典礼，自宜恪遵祖训，详定彝章，用遂皇帝恩义交尽之忱"，兼表"贤王终始不渝之志"②。这符合慈禧一贯的中庸之道，她希望通过这种手段彻底打消皇室宗亲们对于醇亲王家族的僭越篡权之心的担忧。最后，慈禧又按照乾隆皇帝所确立的先例将醇亲王府分成两部分，一部分用作祖居，一部分则作为光绪皇帝的出生地，即"潜龙邸"。

1894年恰逢慈禧的六十岁大寿，按照中国人的传统观念，这是一个很特别的日子，是值得隆重庆祝的。对于此时的慈禧来说，她知道自己的声望和权力都已经得到了巩固，并且也深得人心，越来越受臣民的爱戴，因此她打算将自己在颐和园③的闲暇时光全部放到筹备这次庆典上，她认为这将是一场盛世空前的巨大盛典。

---

① 醇亲王在海、陆军部门所建立的功勋，在三年之后的对日战争中得到了验证，但结果并不令人满意。——原注。

② 摘录于光绪十六年十一月二十一日上谕，见《光绪宣统两朝上谕档》第16册第371页。

③ 颐和园："颐和"二字出自《礼记》，意为"心平气和，颐养天年"。

遵照皇帝的命令，颐和园自1889年开始被重新修葺，直到现在终于竣工，修葺园子所使用的经费全部来自海军部和其他政府部门。

为了参加这次庆典，地方官员们齐聚京城（当然，他们也没少为这次庆典掏钱），而在这些人中，就有当年被撤职的荣禄。如今，他再一次得到慈禧的宠信，并回到了她的身边，担任起京师步军统领这一职位。在过去的三年时间里，他一直在西安，担任旗人将军的闲职。

对于这一次庆典，大清朝的所有高官显贵均受到了"邀请"，他们拿出自己四分之一的俸禄作为孝敬给皇太后贺寿的礼金，这些贡品总额高达数百万两白银。当时的所有指令几乎都是关于这场庆典的，朝廷甚至下令在京城通往颐和园的大道旁修建大牌楼。

然而，就在所有人都为庆典做准备的时候，却爆发了中日甲午战争，而在战争中，中国军队接二连三地惨败。这样的结果让慈禧不得不重新考虑一下眼前的局势，并最终取消了为这次庆典所做的所有准备工程。她以光绪皇帝的名义，颁布了下面这道有些令人同情的谕旨，谕旨内容如下：

钦奉慈禧端佑康颐昭豫庄诚寿恭钦献崇熙皇太后懿旨：本年十月，予六旬庆辰，率土胪欢，同深忭祝。届时皇帝率中外臣工诣万寿山行庆贺礼，自大内至颐和园，沿途跸路所经，臣民报效，点缀景物，建设经坛。予因康熙、隆乾年间历届盛典崇隆，垂为成宪，又值民康物阜，海宇乂安，不欲过为矫情，特允皇帝之请，在颐和园受贺。讵意自六月后，倭人肇衅，变乱藩封，寻复毁我舟船，不得已兴师致讨。刻下干戈未戢，征调频烦，两国生灵，均罹锋镝。每一思及，悯悼何穷？前因念士卒战阵之苦，特颁内帑三百万金，俾资腾饱。兹者庆辰将届，予亦何心侈耳目之观，受台莱之祝耶？所有庆辰典礼，着仍在宫中举行，其颐和园受贺事宜，即行停办。①

光绪皇帝又在这篇谕旨上补了一句能表达自己孝心的话：

朕仰承懿旨，孺怀实有未安。惟再三吁请，未荷慈俞。敬维盛德所关，

① 光绪二十年八月二十六日上谕，见《光绪宣统两朝上谕档》第20册第433－434页。

不敢不钦遵宣示。各该衙门即遵谕行。钦此。[1]

在中日甲午战争中，中国最终以失败收场，这样的结果无疑让大清王朝颜面扫地。而这次战争的失败直接导致了南方各省人民更加强烈地要求改革，也导致了后来的戊戌政变和义和团运动。

有人提出疑问，如果当初避免了这场战争，是不是就可以不用做出这么大的牺牲，也不用承受如此大的耻辱了呢？但显然答案无人知晓。慈禧太后也显示出了她一贯的聪明，在此事上没有对皇上的决定发表任何观点，因此也不用替皇上分担任何责任。

慈禧心里很清楚，正是因为李莲英的建议和操纵，这些年来海军的经费都被挪用到修建颐和园的项目上去了，这也就直接导致了海军资金短缺，战备情况较差。然而对于此事，就连很多杰出的官员们也是毫不知情的。

当时的直隶总督是李鸿章，人们都认为是他要朝廷以武力来维护对朝鲜的宗主权。但就此事而言，他应该和其他官员一样，在面对如此困境，决定冒险之前，一定也曾犹豫不决过，直到最后一刻才下定决心放手一搏。因为他很清楚，无论选择战或不战，都有很大的风险。

不幸的是，记录这段历史的曾被保存在天津总督衙门和北京总税务司官邸的所有相关文件都在1900年被毁，所以到底是什么导致了这场让大清朝损失惨重的战争，我们也无从知晓了。

李鸿章意识到，日本已经两次因得到好处而放弃了对中国发起战争。第一次是1874年，中国付出了一笔赔款，第二次是1885年，中国承认了日本对朝鲜的部分控制权，而正是这一次又一次的让步最终导致了眼前的这场危机。

同时他也意识到，即使中国这一次再次让步，将对朝鲜的控制权全部交给日本，也只能买到暂时的和平。用不了多久，不甘于满足的日本就会再一次对中国发起新一轮的战争，到时候也许丢掉的就是中国诸省。

他的这种担忧很快就变成了现实。1905年，日俄双方在中国签署了《朴茨茅斯条约》，东北三省的命运也随之被改变。事实上，日本在外交上对

---

① 光绪二十年八月二十六日上谕，见《光绪皇帝两朝上谕档》第20册第434页。

中国的态度就如同他们在战场上一样无礼。

李鸿章很清楚，这些年来日本一直在为战争做准备，同时他也知道中国的海、陆军资源欠缺，条件较差，战斗力较弱的情况，但遗憾的是，他身边的那些官员全都还像 1900 年的满洲人一样，认为大清朝有着绝对的优势，是战无不胜的天朝上国。而且中国驻朝鲜的代表袁世凯也曾向他保证，如果日本对中国发起战争，那么英国一定会提供帮助。英国人有很强的同情心这一点是可以确定的，从英国驻汉城总领事①的所作所为上就能看出来。

中国的历史学家曾公开指责在李鸿章的鼓动下，朝廷和皇帝卷入了战争中，而这一指控也被外国人普遍认可。但事实是，在最开始的时候，李鸿章确实主张战争，主张派遣一支军队去镇压朝鲜的叛乱，但当他意识到这一切都是日本的阴谋，日本人正等着他们挑起战争的时候，他便立即改变了主意，反对所有可能会引起战争的事情。

但遗憾的是，在德国顾问的极力劝说下，他的军事热情战胜了他的理智，他做出了错误的判断。与京中大臣们商讨后，他便将“高升”号船及其全体水兵派遣到了朝鲜，而他心中也十分清楚，做出这个决定也就意味着向日本宣战。“高升”号被击沉后，当他收到关于海军在这场战事中的消息时，他便自然而然地想要推卸掉自己的责任。

外国人指责李鸿章向日本开战，而中国人则指责他卖国求荣，向日本求和，就像后来指责他将满洲出卖给俄国一样。慈禧虽然欣赏他的非凡智慧和机智娴熟的处事方法，却并不喜欢他这个人。然而，当战后李鸿章受到几位御史弹劾时，慈禧发现他受指责的那些过错和自己有着千丝万缕的联系，于是她便开始极力维护他。

1895 年，一位比较大胆的御史将中国所遭遇的灾难全都归咎于太后和李鸿章，他在奏折中说：

李鸿章平日挟外洋以自重，今当倭贼犯顺，自恐寄顿倭国之私财付之东流，其不欲战，固系隐情。及诏旨严切，一意主战，大拂李鸿章之心。于是

① 这个人就是在 1908 年被袁世凯任命为军机处外国顾问的禧在明爵士。在日本人即将攻打到汉城，而袁世凯不得不仓皇出逃时，是英国的水兵卫队给予他帮助，并将他护送到济物浦（即仁川市）。——原注。

倒行逆施，接济倭贼煤米军火，日夜望倭贼之来，以实其言。而于我军前敌粮饷火器，则有意勒扣之。有言战者，动遭呵斥，闻败则喜，闻胜则怒。淮军将领望风希旨，未见贼，先退避，偶遇贼，即惊溃。李鸿章之丧心病狂，九卿科道亦屡言之，臣不复赘陈。

惟叶志超、卫汝贵，均以革职拿问之人，藏匿天津，以节署为逋逃薮。人言啧啧，恐非无因。而于拿问之丁汝昌，竟敢代为乞恩，并谓美国人有雾气者，必须丁汝昌驾驭。此等怪诞不经之说，竟敢直陈于君父之前，是以朝廷为儿戏也。而枢臣中竟无人敢为争论者，良由枢臣暮气已深，过劳则神昏，如在云雾之中，雾气之说，入而俱化，故不觉其非耳。

张荫桓、邵友濂为全权大臣，尚未明奉谕旨，在枢臣亦明知和议之举不可对人言。既不能以生死争，复不能以利害争，只得为掩耳盗铃之事，而不知通国之人，早已皆知也。倭贼与邵友濂有隙，竟敢索派李鸿章之子李经方为全权大臣，尚复成何国体。李经方乃倭逆之婿，以张邦昌自命，臣前已劾之。若令此等悖逆之人前往，适中倭之计。倭贼之议和，诱我也。彼既外强中干，我不能激励将士决计一战，而乃俯首听命于倭贼，然则此举非议和也，直纳款耳。不但误国，而且卖国。中外臣民无不切齿痛恨，欲食李鸿章之肉。

而又谓和议出自皇太后，太监李莲英实左右之，此等市井之谈，臣未敢深信。何者？皇太后既归政皇上，若仍遇事牵制，将何以上对祖宗，下对天下臣民。至李莲英是何人斯，敢干政事乎？如果属实，律以祖宗法制，李莲英岂复可容。

惟是朝廷受李鸿章恫喝，不及详审，而枢臣中或系私党，甘心左袒，或恐李鸿章反叛，姑事调停。而不知李鸿章久有不臣之心，非不敢反，直不能反。彼之淮军将领，类皆贪利小人，绝无伎俩；其士卒横被克加，皆已离心离德；曹克忠天津新募之卒，制李鸿章有余。此其不能反之实在情形也，若能反则早反矣。既不能反，而犹事事挟制朝廷，抗违谕旨，彼其心目中，不复知有我皇上，并不复知有我皇太后，故敢以雾气之说戏侮之也。

臣实耻之，臣实痛之。惟冀皇上赫然震怒，明正李鸿章跋扈之罪，布告天下。如是而将士有不奋兴，倭贼有不破灭者，即请斩臣以正妄言之罪。祖宗鉴临，臣实不惧。用是披肝胆，冒斧钺，痛哭直陈，不胜迫切待命之至。①

对于这样一篇直言敢谏的奏折，光绪皇帝给出了一道谕旨，而从这道谕旨中，我们能看出慈禧在背后操控一切的痕迹。当时慈禧一直在密切注视着光绪皇帝的一举一动，甚至经常会阅读批复奏章，而这篇奏折竟然攻击了她最宠信的太监李莲英，显然已经引起慈禧的注意。谕旨的内容如下：

近因时事多艰，凡遇言官论奏，无不虚衷容纳，即或措词失当，亦不加以谴责。其有军国紧要事件，必仰承皇太后懿训遵行。此皆朕恪恭求治之诚心，天下臣民，早应共谅。乃本日御史安维峻呈递封奏，托诸传闻，竟有皇太后遇事牵制、何以对祖宗天下之语。肆口妄言，毫无忌惮，若不严行惩办，恐开离间之端，安维峻着即革职，发往军台效力赎罪，以示儆戒。②

中国的历史学家们始终都没有忘记，日本民族的很多文化和艺术都是承袭自中国。而如今大清却败于日本之手，这件事让慈禧深感羞耻。为了避免日本再一次攻占直隶省，慈禧甘愿付出任何代价。再加上李鸿章也曾对她信誓旦旦地做出保证，俄国和其他的欧洲盟国不会允许日本吞并东三省的任何地区，因此她批准了和日本签订停战合约。

就像前面所说的那样，她不允许李鸿章成为此事的替罪羊，也决不允许她的满族同胞和南方各省的激进人士对他进行批评和指责。慈禧很清楚李鸿章的位置不好坐，他的处境也很艰难。慈禧对于中国国防的糟糕情况很清楚，所以她认为这次的战败与李鸿章并没有直接关系。

但慈禧也是一个女人，她心中有怨气的时候，也想要找一个人来撒气。正是这场战争毁掉了她为自己的六十大寿精心准备的一切，也正是这场战争让她不得不停止举行那场盛大的典礼。而这场典礼本应该是非常华丽壮观的，甚至值得被所有的子孙后代铭记。所以，她将过错全部都归咎到了皇帝身上，是皇帝在她完全不知情的情况下弄出了这么一场损失惨重的战争，毁了这一切。

也就是在这个时候，慈禧和光绪二人之间的关系开始变得疏远，而之后

① 参见朱寿朋所编《光绪朝东华录》光绪二十年十二月第211－212页（总第3515－3516页）。

② 光绪二十年十二月初二日上谕，见《光绪宣统两朝上谕档》第20册第600页。

二人的分歧也越来越大，甚至变成了公开的敌意。直到1898年的戊戌政变，慈禧和光绪二人之间的长期不快使朝廷开始分裂成两个不同的阵营，彼此排挤争斗，长久不停。

也是从这时开始，据那些对宫廷之中的事情有些了解的人说，光绪的皇后[①]，同时也是慈禧的侄女，也开始公开疏远光绪，而随着光绪皇帝的维新改革逐渐发展成型，他们二人之间的关系也变得越来越紧张。

从1894年到1896年，光绪对慈禧的态度并没有明显的变化，表面上依然保持着应有的尊敬，但是，街头巷尾的百姓们都已经知道这不过是表面平和，是暴风雨即将来临前的平静。

1896年，随着光绪的生母、慈禧的妹妹的去世，光绪和慈禧之间仅剩的最后一丝亲情的纽带和和解的机会也失去了。

---

① 如今被称为隆裕皇太后。——原注。

第十二章 维新运动

1898年初的军机处，由恭亲王、礼亲王、刚毅[①]、廖寿恒和翁同龢组成。此时的皇太后慈禧依然在颐和园过着悠闲的生活，平日里有两位闺中密友陪伴，一位是荣禄的妻子，一位是她的养女，即皇家的大公主。

据说慈禧的生活丰富多彩，休闲活动有很多。她或到昆明湖边散步野餐，或听戏赏曲，或吟诗作画，或到附近的寺庙去祭拜游览。不过，她并没有就此而不理紫禁城中的事情，而是通过刚毅和礼亲王的汇报，对一切了如指掌。

虽然已经将朝中的一切权力都交给了皇帝，但她还是会偶尔回到紫禁城中住几天。而皇上出于礼节上的要求，也会隔三差五地到颐和园去给慈禧请安。这一时期的二人表面上很和睦。光绪总是会在颁布谕旨之前到颐和园去征询慈禧的意见，而慈禧也会对光绪表现得很亲切。

有一点可以确定的是，慈禧曾不止一次因为听信手下的太监说光绪对下人们的态度恶劣，脾气暴躁，而就此责备于他。这些传言多半都是从李莲英口中传出来的，事情的真假不能确定，很有可能是他为了达到自己的目的，而故意夸大事实，编造谣言。

---

① 他是一位坚定的保守派，也是义和团运动在京城的主要煽动者。他当时说的一句话，中国的青年应该都还记得。他说："开学堂不过增长汉人之智识，以危我满洲之朝廷，凡读书能文者，皆当摧抑之，拔其根株，勿令留遗。"（译者注：因未能找到其所说的原文，故此段话参考的是陈冷汰的译文。）——原注。

但就如后来所发生的事情一样，光绪皇帝对慈禧太后温和的表面下所隐藏着的铁血手腕十分了解，因此他在表面上对慈禧越发恭敬，只要是慈禧回到紫禁城，无论什么时候，他都会亲自到城门口去跪着迎接。

在去颐和园给慈禧请安的时候，光绪不让人提前通报自己的到来，而是跪在内宫门外，等到总管太监出门传来召见的谕旨时才会起来觐见。内心痛恨光绪的李莲英，自然乐于见到光绪跪在地上，因此很多时候甚至会拖上半小时才去向太后禀报光绪的到来。每次去觐见太后，光绪也不得不像很多朝臣一样掏钱买通当班的太监。

但事实上，这些太监对光绪的尊敬，甚至还比不上在面对一些满族权贵时来得殷切一些。在宫里，人们几乎都没把光绪这位皇帝放在眼里，觉得他就是一个无足轻重之人。所以，在1898年的夏天，光绪在维新期间所展示出来的决心和果断让宫中的很多人都感到吃惊。人们这才意识到，光绪皇帝也有从他母亲那里继承来的叶赫那拉族的血统，只要让他等到机会，他一样可以办成大事。

到现在为止，对皇帝影响最深的大臣就是他的师父翁同龢。在中日甲午战争之后，原来在军机处任职的官员全部被革职，而他就是在这时候进入了军机处。从皇帝五岁开始，他就成为帝师，也因此可以自由进出皇宫。他是江苏人，也是南方派到京城的领袖。他憎恨满族人狭隘的保守主义，也痛恨京城里的汉人，因为他们的政见和观点与满族人一样。

南北之争最早是从光绪初年开始的。作为北方阵营的两位主要人物的徐桐和李鸿藻，一位是受过良好教育的汉军旗人，但其实在徐桐的心里，他自己早已经被满族人同化，他也曾担任过同治皇帝的师父。而另一位李鸿藻是直隶人，他和翁同龢一同进入了军机处。南方派的领导人则是翁同龢与潘祖荫。潘祖荫祖籍苏州，他也是一位才华横溢之人，不仅是个学者还是一位散文家。

在这里，我们有必要对两党之争做个详细的介绍，因为它是戊戌变法、慈禧政变以及义和团起义的导火索。

这四位大臣在京城同朝为官二十多年，每天除了在官场上见面，在私下的社交中也难免会碰面，可谓低头不见抬头见。每当他们碰到一起，就难免会爆发一场唇枪舌剑，但往往获胜的都是伶牙俐齿的南方党派。这场南北党派之争，几乎成为了京城中街头巷尾的谈资。

四人都是性格刚正、人品正直之人，因此那些刚入官场的后辈文人们也愿意到其门下拜访投奔。但根据情况来看，显然投奔到南方党派的人更多。而这样的情况引起了李鸿藻和徐桐二人的嫉妒。嫉妒的情绪越来越强烈，直到1899年[①]的殿试时，他们终于找到了发泄的机会。

在这次科考中，李鸿藻是主考官，而潘祖荫则担任副主考。作为副主考，潘祖荫的职责是挑选出最好的文章，因此他推荐了一个来自江苏的考生，他认为这位江苏考生是第一名，但是李鸿藻没有认可他的决定，反而将一个直隶的考生定为了第一。因为这件事，潘祖荫觉得李鸿藻对南方派心存偏见，所以心中十分不平，故意嘲笑李鸿藻的学问也不过尔尔。

1880年，俄军攻占伊犁。当时的徐桐和翁同龢分别担任礼部尚书和工部尚书。在一次最高级别的宫廷会议上，本来翁同龢与徐桐已说好都支持对俄国发动战争，但当翁同龢在会议中提出自己的建议时，徐桐临阵倒戈，让翁同龢一个人孤掌难鸣，尴尬至极。因为这件事，徐桐和翁同龢二人之间产生了嫌隙与敌意，而当他们分别成为南北派的领袖人物之后，这种敌意也就越发难以调和。

翁同龢与荣禄的关系也不好，荣禄永远都不会忘记，在1880年时，就是因为翁同龢向慈禧告密，才导致他与宫中妃子偷情的事情被发现，而最终导致他被革职。再加上他是满族人，无论从哪方面考虑，他都会更偏向于北方派。

自1890年开始，南北两个党派之间的敌意就与日俱增。直到1894年，李鸿藻和翁同龢二人共同进入军机处之后，整个朝廷也被卷入了这场纷争之中。慈禧太后支持北方党派，而光绪皇帝支持南方党派。当时的百姓们习惯将南北两个党派分别称呼为“李党”和“翁党”，后来又称其为“后党”和“帝党”，甚至还给这两个党派起了绰号，分别为

---

① 原文误写成1899年，正确的应该是1889年。即光绪十五年乙丑。

“老母班”和“小孩班”。

1897年，潘祖荫和李鸿藻二人相继去世。在李鸿藻去世之后，徐桐便开始计划阴谋，试图对付光绪皇帝，甚至还称呼光绪皇帝为汉奸。徐桐曾经担任过同治皇帝的帝师，对慈禧太后有很大的影响力。但是，光绪皇帝非常讨厌徐桐这个老家伙，坚决禁止他进入军机处，甚至在1887年至1898年间，竟然只召见过徐桐一次。

对刚毅来说，徐桐是一个很不错的盟友。因为他本人非常痛恨汉人，无论他们是南方人还是北方人。于是，他利用自己的影响力在慈禧和光绪之间播撒不合的种子。1897年，刚毅劝光绪下旨对满族军队进行更加有效的训练，并为他们提供更优良的军备。光绪皇帝却回复他说：“看来你还在坚持认为，满洲的士兵都是英勇善战的优秀士兵这样早就已经被事实否定了的观点啊。我告诉你吧，他们都是废物。”这样的话彻底激怒了刚毅，刚毅立即到慈禧那里将此事告知于她，并称皇帝将所有的满族人都当成了仇敌，他正秘密计划将所有的高官要职都给汉人。而这些话无疑引起了宫中和朝廷上下满人对皇帝的强烈不满。

朝廷的外交政策也因为两个党派之间的争斗而受到了影响。慈禧、满族人和汉军旗人都希望能和俄国达成和解，而光绪、翁同龢以及南方汉人则更倾向于和日本建立友好关系，希望能够效仿日本的成功改革。

因为大多数人都将中日战争中中国战败的原因归咎到李鸿章的身上，因此战争后他在朝廷上的影响力已经大打折扣，关于这件事，他的意见就显得无足轻重了，并没有什么人愿意听从。即便如此，他反对帝党的想法，还是被后党用来作为打击帝党的理由。

作为皇室成员中的老前辈，恭亲王所具有的成熟睿智就连慈禧也不得不敬佩。他是唯一一个和汉人关系密切且友好的满族高官。而且，他本人一直很钦佩翁同龢的学识，对翁同龢十分敬佩与尊重。除此之外，中日之间爆发战争也不是他想看到的。在家中闲居十四年之后，恭亲王与翁同龢一起被召回了军机处。

很多人不知道的是，其实在当时，翁同龢十分希望朝廷能够任命他为特使，让他去参加沙皇的加冕典礼。因为他已经意识到自己所处环境的危机，慈禧已经越来越无法容忍他，为了躲避即将到来的危险，他希望自己能够躲到一个安全的地方去。

1895 年，朝廷下旨免去了翁同龢继续到宫中给光绪授课的任务，从此以后，他再也无法像以前一样去影响皇帝了，而他的那些竞争对手们却能够在皇帝面前恶意歪曲事实中伤于他。

1898 年初，作为军机处首脑的恭亲王罹患肺病和心脏病，而这两种病症都是无法治愈的。在恭亲王患病期间，慈禧和皇帝曾三次前往恭亲王的府邸去探病，并且命令御医为其治病，但都无济于事。四月初十日，恭亲王因病去世。于是慈禧下了一纸诏书，内容如下：

朕钦奉慈禧端佑康颐昭豫庄诚寿恭钦献崇熙皇太后懿旨：恭亲王奕䜣，谊属亲贤，久襄密勿。溯当同治初元，予与孝贞显皇后垂帘听政，其时东南未靖，国是多艰，恭亲王翊赞谟猷，削平大难。论功行赏，特命以亲王世袭罔替。三十余年，恪恭奉职，殚竭忠忱。其间养疾家居，旋复起膺枢要，朝夕从事，力任其难。二月之杪，旧疾举发，予率皇帝叠次亲临看视，方冀安心调理，可即就痊，不意本月初十日，遽尔长逝。时事方殷，失此良弼，予怀震悼，曷可胜言！本日临邸奠醊，追维畴昔，眷念成劳，恭亲王着赐谥曰“忠”，入祀贤良祠，守卫园寝，添设丁户，四时祭祀，官为经理。伊孙溥伟着即日承袭亲王，用示笃念宗亲、怆怀贤辅至意。钦此。[①]

上面的这道谕旨反映出了朝廷中的两派之争对慈禧太后的直接影响，同时也表明了，尽管太后在名义上已经将政权归还给了皇帝，但事实上她依然是朝廷的独权者，只要她愿意，随时可以拿回政权，发挥自己的权势。

在慈禧颁布谕旨后，皇帝也颁发了一道谕旨，内容完全附属太后的那篇谕旨。再之后，皇帝又颁布了一道谕旨，号召全体大臣以恭亲王为榜样，效仿他的尽忠职守。在谕旨的最后，他特意公布了恭亲王在遗折

---

① 光绪二十四年四月十一日上谕，见《光绪宣统两朝上谕档》第 24 册第 159 页。

中的建议，要皇帝无论在什么时候都听从皇太后的意见，要组建一支有效率的军队，并且整饬吏治。①

恭亲王的死影响很大。对满族一方来说，他们失去的是一位地位崇高，能够给予他们忠告以及领导他们前行的德高望重之人，恭亲王还是一位对排汉反外起到积极影响的政治家。作为道光皇帝最后一位尚在人世的儿子，他在慈禧面前所起到的作用要比任何同辈亲王都大，如果他还在的话，那么也许就不会有后来的义和团运动。

对于光绪来说，他一直很尊敬恭亲王，也很听从恭亲王的建议。一直到恭亲王去世之后，光绪才开始采取了轻率的举动，推行康有为等人提出的改革计划。虽然恭亲王不是一个顽固的保守分子，但如果他还在世，对于计划中的很多举措一定会表示强烈反对。

恭亲王的去世对翁同龢来说也是很大的损失，这一点他心中非常清楚，因为恭亲王一直都是他很好的朋友。

在恭亲王去世后不久，翁同龢便将康有为引荐给了光绪，并向光绪言明康有为的能力远在他之上。翁同龢之所以这样做，无疑是希望康有为能够获得皇帝的赏识，并借此为南方的党派再增加一份助力。到时候，他可以联合康有为一起对付满族人，尤其是对付他的敌人徐桐和刚毅。

翁同龢显然没有想到康有为的野心会那样大，甚至已经超出了他的掌控范围，竟然建议光绪公然违抗慈禧，甚至去谋害慈禧。翁同龢之所以推荐康有为，无非是希望借他来稳固自己的地位，满足自己的沽名钓誉而已。

光绪皇帝接受了翁同龢的举荐，并在光绪二十四年四月二十八日（1898 年 6 月 14 日）召见了康有为。

翁同龢对自己的朋友兼同僚廖寿恒说，等康有为这次觐见的结果出

---

① 上谕中的原文应是“上则敬天法祖、尊养慈闱，下则经武整军、用人行政。”谕旨摘录于光绪二十四年四月十二日上谕，见《光绪宣统两朝上谕档》第 24 册第 165 页。原作者对谕旨中的这段文言文的理解有偏差，因此在翻译的时候意思不太准确。

来之后，他再进行下一步计划。如果康有为给皇帝留下了好印象，他就继续留任，否则他将请辞离去。他还说，如果在端午节的时候，皇帝像以往一样给他赏赐，那么也就意味着他暂时还没有危险。他所希望的不过就是能够避开慈禧太后对他的敌意，他不希望自己像户部左侍郎张荫桓那样，随时面临被革职的危险。

说来也巧，在后来的百日维新中，康有为和他的同党们竟然说服光绪留任张荫桓，并且让他成为了皇帝的左膀右臂，帮助皇帝一起处理事情。在他们忙碌的时候，慈禧却一直在她的“深宫”之中静静等待着时机。

四月二十日，翁同龢已经感受到了即将到来的危机，因此他请了七天的病假，希望能够躲避这场风暴。二十三日，光绪皇帝就变法一事颁布了第一道谕旨。在此之前，他特意到颐和园就谕旨中所说的事与慈禧做了交流，并且还特意召见了荣禄。

慈禧向光绪保证，只要维新变法不会动摇满族人的地位，不会损害他们的特权，她就不会加以阻挠。同时，她也对光绪说明要即刻撤销翁同龢的职位，因为他正在煽动排满运动，一旦排满运动成功，大清朝的统治将危在旦夕。荣禄也向光绪举荐了一位著名的维新分子，这个人就是湖南巡抚陈宝箴的儿子。这件事很有趣，因为在欧洲人看来，荣禄一直是反对变法维新的。

之后发生的很多事情都迫使荣禄做出了改变，让他转而反对曾经举荐的这个人。其实他之所以会有这样的改变，并不是因为观念变了，而是因为这些维新的改革者们的政策正朝着无法预料的危险方向发展。光绪所颁布的第一道维新诏书内容如下：

数年以来，中外臣工，讲求时务，多主变法自强。迩者诏书数下，如开特科、裁冗兵、改武科制度、立大小学堂，皆经再三审定，筹之至熟，甫议施行。惟是风气尚未大开，论说莫衷一是。或托于老成忧国，以为旧章必应墨守，新法必当摈除。众喙哓哓，空言无补。试问今日时局如此，国势如此，若仍以不练之兵，有限之饷，士无实学，工无良师，强弱相形，贫富悬绝，岂真能制梃以挞坚甲利兵乎？朕惟国是不定，则号令不行，极其流弊，必至门户纷争，互相火水，徒蹈宋明积习，于时政毫无裨益。即以中国大经大法而论，五帝三王不相沿袭，譬之冬裘夏葛，势不两存。用特明白宣示：嗣后中外大小诸臣，自王公以及士庶，各宜努力向上，发愤为雄。以圣贤义理之学植其根本，又须博采西学之切于时务者，实力讲求，以救空疏迂谬之弊。专心致志，精益求精，毋徒袭其皮毛，毋竞腾其口说，总期化无用为有用，以成通经济变之才。京师大学堂为各行省之倡，尤应首先举办。着军机大臣、总理各国事务王大臣会同妥速议奏，所有翰林院编检、各部院司员、大门侍卫、候补候选道府州县以下，官大员子弟、八旗世职、各省武职后裔，其愿入学堂者均准入学肄习，以期人才辈出，共济时艰。不得敷衍因循，徇私援引，致负朝廷谆谆告诫之至意。将此通谕知之。钦此。[①]

第二天，殿试的成绩公布，光绪皇帝已经计划好了要让这场考试成为旧制度下的科举考试的最后一场。原本被选定的第一名是一位来自江苏的学子，但因为慈禧的插手，第一名被改成了一位来自贵州的考生。她显然是借此来表达对翁同龢的出生地的不满。

与此同时，朝廷下旨鼓励皇族子弟到欧洲留学，就连皇室亲王贝勒也被鼓励到欧洲去学习考察。这份诏书在满族人中引起了轩然大波，他们认为这是有史以来第一次感觉到大清朝的统治受到了极大的威胁，王朝特权正处在危险之中。孟子曾言："吾闻用夏变夷者，未闻变于夷者也。"[②]

在谕旨颁发的第二天，翁同龢的七日假期结束，他像往常一样在早上四点钟的时候便出门去往位于颐和园处的军机处。当他到达之后，却收到另一位军机处官员给出的他已经被罢免职位的谕旨。这是慈禧为了维护满族人利益而做出的第一步反击，也清楚地显示了她对光绪皇帝的掌控与胁迫。谕旨内容如下：

---

① 光绪二十四年四月二十三日上谕，见《光绪宣统两朝上谕档》第24册第177－178页。

② 参见《孟子·滕文公上》。

协办大学士、户部尚书翁同龢，近来办事多未允协，以致众论不服，屡经有人参奏。且每于召对时，咨询事件，任意可否，喜怒见于词色，渐露揽权狂悖情状，断难胜枢机之任。本应查明究办，予以重惩，姑念其在毓庆宫行走有年，不忍遽加严谴。翁同龢着即开缺回籍，以示保全。特谕。①

另外一道谕旨甚至更加清楚地证明了光绪皇帝完全是听命于慈禧的。因为他在谕旨中明确表示，今后所有新被授予二品以上职位的官员，都要到太后处谢恩。慈禧自从甲午中日战争之后，除了会在生日或者有重要国事的场合召见大臣之外，基本上已不会再召见朝臣。但是从这一天开始，这一切都改变了。

也是在同一天，荣禄被任命为直隶总督，被调往天津。次日清晨，皇帝便召见了荣禄和康有为二人。皇帝命荣禄在天津组建一支陆军，并希望荣禄在这次变法中竭力协助。之后，他又和康有为进行了几个小时的谈话，他们之间的谈话多是如此（但这次谈话是史书中唯一有记载的一次）。

康有为不仅不喜欢慈禧，还十分害怕慈禧。因此从一开始，他就竭尽全力地想要让光绪对慈禧产生偏见。他反复对光绪表达自己的观点，认为慈禧之所以同意变法，无非是一种虚假的伪装，毫无真心可言。他指责慈禧整日都在颐和园过着骄奢淫逸、挥霍无度的生活。

他称南方人之所以反对大清朝的统治，就是因为慈禧的做法不得人心。他把慈禧比作臭名昭著的武则天，甚至建议光绪赶紧将慈禧打入冷宫，因为她就是这次变法的最大障碍。而光绪很快就受到了康有为的影响，并对他言听计从。光绪后来颁布的很多谕旨，都是在康有为的协助下完成的。

后面了解到的事实让很多中国人都认为，康有为之所以这样热衷于

---

① 光绪二十四年四月二十七日上谕，见《光绪宣统两朝上谕档》第 24 册第 181－182 页，此谕旨与《光绪朝东华录》中所载有一定差别（参见《光绪朝东华录》总第 4097 页）。

变法并非没有私心，光绪的感情用事和在处事上的优柔寡断，也许正是可利用之处，而他也试图通过掌控皇帝继而掌控整个朝廷。

考虑到这一点，我们也就明白他对慈禧和荣禄二人的恶意诋毁的目的了。因为他心中十分清楚，只要慈禧还大权在握，他就永远没有办法实现自己的野心，而且也无法保全自己的地位。

第十三章

百日维新

在第一次召见康有为之后，光绪皇帝很快就颁布了一系列关于维新变法的谕旨。首先就是将自宋朝开始就一直延续至今的科举制度（在康熙朝曾有过短暂的中断）彻底废除。皇帝在诏书中说，至于将来的国家考试将会考察更多实用学科的文章。在公职考试中，除了会将原来的经史典籍作为考察的基础之外，还要增加考察国外历史以及当代政治的内容。

就是在此时，御史宋伯鲁和杨深秀二人联名上书弹劾礼部尚书许应骙（此人虽是广东人，却是个保守派），指责他阻挠变法。奏折内容如下：

宋伯鲁等奏：臣伏读四月二十三日上谕，仰见皇上赫然发奋，图新自强，而尤垂意于学校、外交两事，此诚储才之急务，保邦之远猷也。臣维礼部为学校总汇之区，总署乃外交钤键之地，必得人以为理，始措置之得宜。

窃见礼部尚书总理各国事务大臣许应骙，品行平常，识见庸谬，妄自尊大，刚愎凌人。礼部为文学之官，关系极为重大，国家学校贡举之制，多由核议。皇上既深维穷变通久之义，为鼓舞人才起见，特开经济特科，岁举两途，以广登进。而许应骙庸妄狂悖，腹诽朝旨，在礼部堂上倡言经济科之无益，务欲裁减其额，使得之极难，就之者寡，然后其心始快。此外，见有诏书关乎开新下礼部议者，其多方阻挠，亦大率类是。接见门生后辈，辄痛诋西学；遇有通达时务之士，则疾之如仇。皇上日患经济之才少，而思所以养之。许应骙日患经济之才多，而思所以遏之。臣不解其何心也？

总理衙门为交涉要区，一话一言，动易招衅，非深通洋务，洞悉敌情，岂能胜任？许应骙于中国学问，尚未能十分讲求，何论西学。而犹鄙夷一切，妄自尊大；其于伤邦交而损国体，所关非细故也。臣以为，许应骙既深恶洋务，使之承乏总署，于交涉事件，一毫无所赞益，而语言举动，随在可以贻误。宜令即行退出总理衙门，实为慎重邦交之道。礼部总持天下学术，皇上方谆谆诫谕，令天下讲求时务，以救空疏迂谬之弊。而许应骙以空疏迂谬之厕乎其间，日以窒塞风气、禁抑人才为事，致圣意不能宣达，天下无所适从，宜解去部职，以为守旧误国者戒。伏请皇上天威特振，可否将礼部尚书许应骙以三四品京堂降调，退去总理衙门行走，庶几内可以去新政之壅蔽，外可以免邻封之笑柄，所系似非浅鲜。①

光绪在收到这份奏折之后便责令许应骙提交一份回奏，解释自己的行为。许应骙通过下面这份回奏表达的对康有为的不满要超过对那两位弹劾他的官员的不满。回奏内容如下：

本月初二日，内阁奉上谕："御史宋伯鲁、杨深秀奏礼臣守旧迂谬、阻挠新政一折，着许应骙按照所参各节明白回奏。钦此。"并军机处抄录原奏，交出到臣。俯思憨直之招尤，仰荷圣明之洞察，许自陈达，良深感悚。谨将被参各节，为皇上缕晰陈之。

如原奏，谓臣腹诽朝旨，在礼部昌言经济科无益，务欲裁减其额，使得之极难，就之者寡一节。查严修请设经济科原折，系下总署核议，臣与李鸿章等，以其因延揽人材、转移风气起见，当经议准复陈。若臣意见参差，可不随同画稿，何至朝旨既下，忽生腹诽？夫诽存于腹，该御史奚从知之？任意捏诬，已可概见。

至岁举中额，应由臣部妥议，会同具奏，恭候钦定。臣维事关创始，当求详慎。自古名臣著论，斤斤以珍惜名器为要图。况乡举一阶，胶庠所重，倘过为宽取，恐滥竽充选。鄙夫之所喜，即志士之所羞，人才何由鼓励？是以与同部诸臣熟商定额，期于协中，既不敢存刻核之见以从苛，更不敢博宽大之名以邀誉。且现未定稿，该御史竟谓臣务欲裁减，不知何据而言？向来交议事件，未经复奏以前，言官不得搀越条奏。今该御史隐挟成见，逞臆遽陈，殊非体例。

---

① 参见朱寿朋所编《光绪朝东华录》光绪二十四年五月第83页（总第4099页）。

原奏又称：诏书关乎开新，下礼部议者，臣率多方阻挠一节。近来迭奉明谕，如汰冗兵、改武科诸政事，均不隶臣部，岂能越俎代谋？此外，惟杨深秀厘正文体一折，系奉旨交议。按之西学时务，无甚关涉，且未拟稿，何得云多方阻挠耶？

原奏又称：臣接见门生后辈，辄痛诋西学，遇有通达时务之士，则疾之如仇一节。窃臣世居世粤峤，洋务夙所习闻，数十年讲求西法，物色通才，如熟悉洋务之华廷春，精练枪队之方耀，善制火器之赖长，均经先后奏保。及东中事起，三员业早凋谢，未展其才，臣深惜之。方今时事多艰，需才愈亟，凡有偏长片技，堪资实用者，臣断不肯失之交臂。即平日接见门生后辈，无不虚衷谘访，冀有所益，并勖以务求实际，无尚虚华，初何尝痛诋西学？该御史谓臣仇视通达时务之士，似指工部主事康有为而言。盖康有为与臣同乡，稔知其少即无行，迨通籍旋里，屡次构讼，为众论所不容。始行晋京，意图倖进，终日联络台谏，夤缘要津，托词西学，以耸听观。即臣寓所，已干谒再三，臣鄙其为人，概予谢绝。嗣在臣省会馆，私行立会，聚众至二百余人，臣恐其滋事，复为禁止。此臣修怨于康有为之所由来也。比者饬令入对，即以大用自负，向乡人扬言：及奉旨充总理衙门章京，不无觖望。臣在总署，有堂属之分，亟思中伤，捏造浮辞，讽言官弹劾，势所不免。

前协办大学士李鸿藻尝论，今之以西学自炫者，绝无心得，不过借端牟利，借径弋名。臣素服膺其论。今康有为逞厥横议，广通声气，袭西报之陈说，轻中朝之典章。其建言既不可行，其居心尤不可测。若非罢斥驱逐回籍，将久居总署，必刺探机密，漏言生事。长住京邸，必勾结朋党，快意排挤，摇惑人心，混淆国事，关系非浅。臣疾恶如仇，诚有如该御史所言者。

原奏又称，臣深恶洋务一节。臣自承乏总署，已逾一载，平日仰蒙召对，辄以商务、矿务、制船、制械等事，皆属当务之急，屡陈天听，请次第施行。臣是否窒塞风气，应亦难逃圣鉴。窃自胶事定议后，总署交涉事件，益难措手。倘徒争以口舌，断不能弭隐患。臣望浅才庸，自揣万难胜任，惟有仰恳天思，开去总署差使，俾息谗谤而免陨越，实为厚幸。①

---

① 参见朱寿朋所编《光绪朝东华录》光绪二十四年五月第84－85页（总第4100－4101页）。

虽然光绪对许应骙在奏折中指责康有为一事非常愤怒，但他现在还没有勇气冒着惹慈禧发怒的后果而罢免颇受慈禧青睐的许应骙。慈禧在仔细阅读了许应骙的两份奏折之后，对其中提到的改革者过于激进的警告感到震惊。也就是从这一天起，慈禧虽然没有公开反对变法维新，但已经开始怀疑康有为对皇帝的影响过大。她在默默等待时机，因为只要她发话，光绪就会乖乖地革了康有为的职。

慈禧特意召见了刚毅荣禄做好交接工作，从直隶总督位置上下来，并回到了京城的王文韶。对于许应骙对变法维新一事的谨慎态度，王文韶给予了支持，他同样认为朝廷对皇帝所颁布的改革措施应持谨慎态度。

之后，光绪皇帝又下了一道谕旨，允许许应骙继续留任原职，却告诫他以后在遇到事情的时候要更加尽职尽责，并且多和其他官员一起商榷，不要辜负了朝廷对他的信任。许应骙认为此次在慈禧太后的保护下，他已经取得了明确的胜利，于是变得更加反对变法革新。再加上之后他在礼部的满人同僚、慈禧的表亲怀塔布对反对变法的强烈支持，他更加坚定了对变法维新的反对。

之后，光绪皇帝又颁布了一道谕旨，下令重整直隶的满洲军队，并且在全国各省创办京师大学堂这般模式的大学和中学。

一个名叫文悌①的御史给朝廷上奏了一篇奏折，弹劾宋伯鲁和杨深秀二人因为嫉妒康有为在皇帝面前的地位而故意欺骗皇帝。文悌试图通过诽谤许应骙来引起皇帝的注意，从而挑拨皇帝和慈禧的关系。

光绪在看过文悌的奏折之后非常生气，直接下旨将他革职，并斥责他试图挑起党争。面对光绪的责难，文悌只好找到怀塔布，并向他寻求帮助，希望能够通过他将此事转达给位于颐和园的慈禧太后知晓。但让他没想到的是，慈禧在得知这件事之后竟然拒绝插手此事。

因为目前光绪等人没有做出什么出格的举动，所以她没有任何理由对维新变法一事提出意见，此时，她更愿意看着这些人肆意妄为，然后再在时机

---

① 1901 年，在慈禧太后从开封即将启程回京的时候，这位御史上奏恳求慈禧不要回京，因为她的皇宫已经被蛮夷玷污了。——原注。

出现之后，一举将他们除掉。

所以，慈禧虽然表面上按兵不动，却让自己的心腹裕禄进了军机处，而裕禄也会定期将京城中所发生的事情向慈禧进行汇报。裕禄和刚毅等人一样属于保守派，他对于变法革新持有极端反对的态度。在后来的1900年，他作为直隶总督为杀尽洋人的计划做出了很大的贡献，也因此而成为义和团运动的主要领袖。

因为有刚毅、王文韶和裕禄三位坚定的保守派在军机处任职，光绪所颁布的关于维新变法的诏令几乎变成了一纸空文，维新派想用变法实现什么目的，达成什么举措几乎不可能。不过，维新派还是觉得应该在保守派进行下一步举动之前先将慈禧和荣禄争取过来，让他们公开支持维新变法。

就是在这时，光绪因为官员在上奏的奏疏中出现了一个错别字而下令申斥了这位官员[①]。然而在一周之后，他又颁布了一道谕旨，声称以后在科举考试的时候，不会将书法作为考试的一个特别科目来考察。该谕旨内容如下：

至词章楷法，虽馆阁撰拟应奉文字，未可尽废，如需用此项人员，自当先期特降谕旨考试，偶一举行，不为常例。[②]

光绪本人十分注重文字书法，却下达了这样的命令，很显然是受到了康有为的影响。

六月初八日，光绪又下了一道谕旨，命令在全国各地出版官报，康有为则被任命为上海总报局的主管。报纸为官方报纸，由政府发行，主要是负责普及常识。官报局官员的俸禄和各项花费等由朝廷负责，所印发的报纸将会被定期呈递给光绪阅览，刊登的文章可以自由发表观点，可以大胆指责弊端。至于官报的章程则由康有为负责拟定。

六月二十三日，朝廷再一次颁布谕旨，命令各阶层官员必须严密关注新政要求。在谕旨中，光绪对于那些对新政抱有敷衍了事心态，依然因循守旧

---

① 光绪皇帝在类似这样的小事上总是会固执己见，甚至还颇为自豪，很多年轻的官员都曾因为他的火爆脾气和他严厉的处理方式而感到害怕。

② 光绪二十四年六月初一日上谕，见《光绪宣统两朝上谕档》第24册第251－252页。

的人表达了不满，并声称：

总之，无动为大，病在痿痹，积弊太深，诸臣所宜力戒。即如陈宝箴，自简任湖南巡抚以来，锐意整顿，即不免指摘纷乘，此等悠悠之口，属在搢绅，傥亦随声附和，则是有意阻挠，不顾大局，必当予以严惩，断难宽贷。

光绪又说道：

尔诸臣其各精白乃心，力除壅蔽，上下以一诚相感，庶国是以定，而治理蒸蒸日上，朕实有厚望焉。①

还有一道谕旨是关于下令创办水师学堂的，而这也是重建中国海军所走出的第一步。同时光绪在谕旨中声称要在北京建立铁路局和矿务局，并由广东的维新派改革者梁启超负责执掌译书局，专门负责翻译并出版外国的政治经济和自然科学方面的名著作品，每月朝廷都会拨款一千两白银作为开支。

这些接二连三的改革举措已经让保守派们应接不暇，而让他们更为吃惊的是终于有支持改革的谕旨摆在他们面前。此前，荣禄曾表示全力支持军事方面的改革，并上奏疏建议重整满军。在这篇谕旨中，光绪宣布在本年的九月初五日将和慈禧太后一同乘坐火车到天津去检阅军队。

这可把那些保守派的官员们吓坏了。但相较于他们的担忧，慈禧本人因为平日里经常会乘坐西苑中的微型火车，所以对这场即将到来的旅行感到格外高兴。如果说这个举措给保守的满洲官员们在礼节上带来了极大的冲击，那么接下来的一篇谕旨则让他们更加不淡定了。

在新颁布的谕旨中，光绪竟然裁减了很多无用的官职和闲散的衙门。对于许多满洲权贵来说，他们数代以来一直都靠占据这样闲散的官位来享受国家的供养，一直无所作为却安心拿着俸禄。

在这项谕旨颁布之后，群臣哗然，纷纷上奏抨击此举违背了大清祖制，甚至还给慈禧上奏，希望她能够保护满洲权贵的权利，撤销这道谕旨。然而，另一个晴天霹雳在两天后降临，包括许应骙和怀塔布在内的礼部官员全部因为私自扣押礼部主事王照的奏折一事而被革职。王照曾在这篇被扣押的

---

① 光绪二十四年六月二十三日上谕，见《光绪宣统两朝上谕档》第 24 册第 292－293 页。

奏折中声称，希望皇帝能够和慈禧太后一起出国游历，从日本开始，然后再到欧洲。

事情发展到这种地步，保守派官员们都已经意识到江山社稷正处于危险之中，于是担任要职的保守派们全部来到颐和园请求慈禧出山，重新掌管政权，似乎只有这样才能于水火之中挽救国家。慈禧却劝说他们少安毋躁，耐心等待时机，此刻的她还不打算采取行动。

康有为虽然已经意识到危险即将到来，却错误地认为慈禧之所以没有动作是因为优柔寡断，难当大任，因此他劝说光绪，希望光绪能够借此机会反抗慈禧。他再一次对光绪说，慈禧虽然表面上支持维新变法，事实上却是在作秀，是虚伪的。慈禧才是真正阻碍中国通过变法重新觉醒的道路上最大的阻碍。国家的腐朽堕落和毫无生气，正是因为有她的存在。为什么要允许她每年将几百万的国库中的钱财用于在颐和园享乐呢？

最后，康有为建议光绪，要打太后个措手不及，迅速派兵包围她的住处，并将她监禁在西苑的某个小岛中，让她在那里了此残生。然后再下一道谕旨，列举太后的各项罪名，并宣布禁止太后再参与任何国事。

康有为和光绪的这次密谋是在一间密室中进行的，但我们有理由相信，他们的这场谈话被听命于李莲英的某个小太监听到并被秘密告诉了慈禧。

通过这次密谈，光绪竟然愚蠢地听信了康有为的建议，决定从天津阅兵回来就进行政变。光绪深知，如果想要在这场政变中获得成功，首先要将军权掌握在自己手中，但他也意识到，此刻直隶的军权正掌握在荣禄的手中，而荣禄是绝对不会允许任何人动慈禧一根汗毛的。在光绪看来，此时最大的障碍就是荣禄。但他不知道的是，他此刻面临的最大的危险应该是慈禧那遍布朝野的亲信以及她对整个朝廷的影响力。他似乎低估了慈禧的能力，以为她此刻的按兵不动是因为优柔寡断。

光绪皇帝继续为革新颁布各项政令，一会儿下令在北京城铺上碎石路，一会儿又说要为了国防而招募新兵，一会儿又批准满人可以随自己的想法而选择是否要离开京城，到外省去生活。

七月二十七日，光绪颁布了最后一份重要的关于维新变法的诏书。考虑到之后所发生的事件，再来看此封诏书，人们自然对他感到同情。诏书内容如下：

国家振兴庶政，兼采西法，诚以为民立政，中西所同，而西人考究较勤，故可补我所未及。今士大夫昧于域外之观者，几若彼中全无调教，不知西国政治之学，千端万绪，主于为民开其智慧，裕其身家，其精乃能美人性质，延人寿命。凡生人应得之利益，务令其推扩无遗。

朕夙夜孜孜，改图百度，岂为崇尚新奇？乃眷怀赤子，皆上天之所畀，祖宗之所遗，非悉使其康乐和亲，朕躬未为尽职。加以各国环处，陵迫为忧，非取人之所长，不能全我之所有。朕用心至苦，而黎庶犹有未知。职由不肖官吏，与守旧之士大夫，不能广宣朕意，乃反胥动浮言，使小民摇惑惊恐。山谷扶杖之民，有不获闻新政者，朕实为叹恨。今将变法之意布告天下，使百姓咸喻朕心，共知其君之可恃，上下同心，以成新政，以强中国，朕不胜厚望。

着查照四月二十三日以后，所有关乎新政之谕旨，各省督抚，均迅速照录，刊刻誊黄，切实开导。着各州县教官，详切宣讲，务令家喻户晓。各省藩臬、道府，饬令上书言事，毋事隐默顾忌。其州县官，应由督抚代递者，即由督抚将原封呈递，不得稍有阻格，总期民隐尽能上达，督抚无从营私作弊为要。此次谕旨，并着悬挂各省督抚衙门大堂，俾众共观，庶无壅隔。钦此。①

但到了此刻，慈禧的所有耐心都已经用完，她也从“深宫”中走了出来，再次进入紫禁城的权力之争中，光绪皇帝的黄金时代即将结束，百日维新也终将成为泡影。

① 光绪二十四年七月二十七日上谕，见《光绪宣统两朝上谕档》第24册第384－385页。

第十四章

戊戌政变

1898 年 8 月，即光绪二十四年七月底，只有少数人心中清楚，宫中的形势已定，慈禧已经暗中和保守派联合在一起。但她并没有立即采取行动，而是将这个计划推迟到她和光绪的天津之行之时，也就是在九月份进行。

慈禧之所以答应光绪前往天津阅兵，是因为她决定在采取行动之前与荣禄进行一番沟通。慈禧很清楚目前南方有很多人都对她怀有敌意，她希望在重新掌控政权之前暂时平息南方人民的敌意，因此在这个时候，她要避免一切公然篡权的行为。

八月初一日，当时也住在颐和园的光绪召见了直隶按察使袁世凯，二人就帝国政局一事进行了商讨。时年四十岁的袁世凯，因为有李鸿章的保举，在仕途上一帆风顺。但他的竞争者和死对头们纷纷将 1894 年的中日战争的失败归咎到他的身上。他们指责他在担任大清驻朝鲜代表时独断专行、不得人心，最终导致了这场战争。

即便袁世凯不是导致这场战争的直接原因，也在这场战争中起到了催化剂的作用。不可否认的是，正是因为他对朝鲜局势的错误报告和建议，清政府才会贸然出兵，而这恰恰中了日本的圈套。因为日本早在之前就已经做好了对战的全面准备，正等着大清钻入这场阴谋，主动向他们宣战。也就是在这场战争中，大清失去了在朝鲜的宗主国权力。即便如此，袁世凯的个人声誉和在朝廷中的影响力却丝毫没有受到影响。

在这次谈话中，光绪对于袁世凯表现出的对维新改革一事的积极态度十分信任，他自认为找到了一个强有力的支持者。就在不久前，康有为建议光绪应该更多地主张自己心中所想一事被慈禧知道了，慈禧勃然大怒，斥责光绪不可听信谗言。光绪对这件事很不满，对太后仰仗权威故意打压自己已经到了忍无可忍的地步。光绪觉得自己该和慈禧太后算一算账了。

光绪心中很明白，荣禄始终都会站在慈禧那一边，根本没有办法拉拢。如果慈禧此刻宣布自己支持保守派，反对变法维新，那么在整个大清帝国中，恐怕没有一个满族权贵敢公然反对，或者就京城而言，恐怕也没有一个汉人敢和慈禧公开做对。

目前的京城官员里，光绪确定能够支持他的就只有广东的张荫桓和贵州的李端棻。但如果他能掌控北洋新军，那么就可以彻底将保守派等反对变法的人击倒。想要实现这个目标，就必须在太后察觉这件事情之前，迅速将担任直隶总督兼北洋新军总领的荣禄除掉。

改革派大臣康有为、御史大臣杨深秀、军机处章京谭嗣同、林旭、杨锐和刘光第等人建议光绪在天津总督衙门中杀掉荣禄，然后直接接手荣禄掌握的一万人的新军，并派他们到京城将慈禧太后围困在颐和园中。与此同时，还要将京城中包括刚毅、裕禄、怀塔布、许应骙等人在内的保守反对派全部抓起来，送到刑部大牢。

在第一次召见袁世凯的时候，光绪就将自己维护和执行新政的决心告诉了他，并向他询问如果让他成为统帅新军的将领，他是否会忠心不二。袁世凯当即便对光绪表达了自己的忠诚，他说会竭尽全力报效皇上隆恩，只要有一息尚存，就一定会效犬马之劳。

光绪在听了袁世凯的那一番表忠心的话，看到他对变法维新一事的真挚热情后，便彻底相信了他。于是，光绪立即颁布了一道谕旨，内容如下：

现在练兵紧要，直隶按察使袁世凯，办事勤奋，校练认真，着开缺以侍郎候补，责成专办练兵事务，所有应办事宜，着随时具奏。当此时局艰难，修明武备实为第一要务。袁世凯惟当勉益加勉，切实讲求训练，俾成劲旅，用副朝廷整饬戎行之至意。钦此。①

在第一次召见袁世凯的时候，光绪对于计划除掉荣禄的事情只字未提。袁世凯刚离开仁寿宫，就被慈禧召到了颐和园。慈禧向他详细询问了皇帝在这次召见中对他所说的事情。听罢，慈禧对袁世凯说："整顿军队，是国家的当务之急，这道谕旨所言没错，但皇帝这么着急，想必一定还有什么事情是他所隐瞒的。你就安心等着他的第二次召见吧，然后再来听我的指示。"

之后，慈禧又召见了光绪，并命令他把康有为抓起来，因为康有为竟然敢放肆地对她的私生活和个人道德进行评论。慈禧没有将自己已经知道光绪计划夺走她的权力一事说出来，而是假装毫不知情。不过，对于光绪打算将她和荣禄除掉一事，她是真的还不知情。

慈禧甚至责备光绪不孝。光绪无法，只好顺从地答应慈禧的要求，表示立即会派人将康有为抓起来。但是，当天傍晚，当慈禧正在昆明湖边享受着美景和野餐的时候，光绪却派自己的亲信太监拿着他亲自草拟的一份圣旨去了城中。圣旨内容如下：

工部主事康有为，前命其督办官报局，此时闻尚未出京，实堪诧异。朕深念时艰，思得通达时务之人，与商治法。闻康有为素日讲求，是以召见一次，令其督办官报。诚以报馆为开民智之本，职任不为不重。现既筹有的款，着康有为迅速前往上海开办，毋得迁延观望。钦此。②

康有为在接到这封谕旨之后，意识到事情的严重性，于是在第二天一早便乘坐火车离开了京城，并安全抵达塘沽，之后又在塘沽乘坐轮船，成功抵达上海。③

慈禧得知康有为外逃之后非常生气，立即发电报给荣禄，让他将康

---

① 光绪二十四年八月初一日上谕，见《光绪宣统两朝上谕档》第24册第404页。

② 光绪二十四年八月初二日上谕，见《光绪宣统两朝上谕档》第24册第407页。

③ 康有为后来还在英国的保护下逃往海外。作者之一就曾参与帮助康有为逃亡一事，并在《蓝皮书》1899年第一号电讯中对此事做了详细的描写。——原注。

有为抓起来。但不知道是什么原因，荣禄在得到消息之后并没有立刻采取行动。事实上，他早在康有为抵达天津之前就已经收到了电报。显然，他在此时还不知道光绪等人要将他除掉的计划，否则，他一定不会让康有为这般轻松地逃掉。

康有为并没有什么地方是值得荣禄信任的，康有为一直在指责荣禄，称荣禄的邪恶仅次于慈禧，是阻碍变法维新的最主要的敌人之一。但事实上，荣禄是最初将康有为推荐给光绪的官员之一，直到去世之前，荣禄还经常会开玩笑说自己也是“康党”的一员。就连慈禧也觉得有趣，甚至会经常打趣地问他:“最近有没有你那个逆贼朋友康有为的消息啊?”

当月初二一早，光绪先后召见了维新党的林旭和袁世凯，而这一次袁世凯又一次对光绪信誓旦旦地表示，一定会对光绪忠心不二。之后，光绪起驾离开颐和园回了紫禁城，他打算在紫禁城中进行对慈禧的反叛大事，因为他很清楚，颐和园中的所有太监都是听命于慈禧的，一旦被他们告密，这件事就势必会失败。

很明显，直到这一刻，光绪依然天真地以为自己的反叛会获得成功。第二天一早，他就颁发了两道谕旨，一道是命令在公立学校开设英语课程，另一道则是严饬地方官吏要肃清吏治。

初五早上，光绪在乾清宫中再次召见了袁世凯，而这也是袁世凯在离开京城赶赴天津之前的最后一次被召见。在这次召见中，为了防止被偷听，光绪皇帝采取了万全之策。光绪皇帝不知道这竟然是他最后一次坐在龙椅之上，很快这个位置就会被慈禧重新收回。

乾清宫的大殿之中昏暗无光，光绪坐在龙椅之上对袁世凯交代了将要交给他的重要任务的相关细节。光绪要袁世凯在天津除掉荣禄之后立刻领兵回京，然后控制住慈禧并将她监禁起来。

光绪赐给袁世凯一支象征着皇权的令箭，命令他火速赶往天津，并在总督衙门处将荣禄就地正法。之后，光绪又给袁世凯一道谕旨，命令他在杀掉荣禄之后暂时担任直隶总督，然后火速回京接受召见。

袁世凯承诺会遵从圣旨，之后没有和任何人说一声，就火速乘坐第一趟火车离开了京城。当天早上八点钟，慈禧太后从颐和园来到北海祭祀蚕神，而得到消息的光绪则按照他一贯遵守的礼节提前来到瀛秀门跪迎慈禧的到来。

袁世凯在晌午之前就赶到了天津，并立刻来到总督衙门找到荣禄，开门见山地问：“你是否还将我当作兄弟？（二人曾于几年前结拜为兄弟。）”荣禄回道：“当然。”于是袁世凯便将自己此次前来的目的告知荣禄，他说皇帝派他来杀了荣禄，他还将光绪的计划全部告诉了荣禄。

荣禄在得知这件事情之后并没有表现出吃惊，只是对于慈禧竟然对这件事情一无所知感到有些惊讶。于是，荣禄决定即刻进京将这件事情告知慈禧。袁世凯将光绪交给他的谕旨给了荣禄，荣禄当即乘坐专列于下午五点多抵达京城。

荣禄在回到京城之后便直接去了西苑，径直来到慈禧的住处，完全无视了“非传召外地官员不得入京”的规定，更不管严格的宫廷门禁，在没有任何人引领的情况下，一路飞奔至慈禧面前，直接跪地三叩首，哭喊道：“求老佛爷救命。”慈禧问：“在这深宫禁地之中，有什么是需要我救命的？这里没有人能伤到你，再说，这里也不是你可以随意擅闯的地方。”

于是，荣禄便将自己从袁世凯处听到的事情一五一十地告诉了慈禧。得知消息之后，慈禧也意识到情况的危急，马上拿出克服一切困难的勇气和智慧，下令让荣禄秘密通知保守派的领袖们立刻来西苑觐见（此时的光绪，正在紫禁城中）。

不到两个小时的时间，整个军机处的大臣、几位满洲贵族王公（庆亲王每次在遇到事情时都称病不到，此次依然以生病为由请假未到场）、各部大员（包括已经被革职的怀塔布和许应骙）来到西苑，跪在慈禧面前，恳请她重掌政权，挽救大清朝。

慈禧迅速就此事做出安排。她将紫禁城中的侍卫全部换成了荣禄的亲兵，然后让荣禄即刻返回天津等待进一步的指示。这一次的会议一直延续到午夜才结束。

第二天早上五点半，光绪按照往常一般来到中和殿，仔细阅读由礼部草拟的将会在第二天的秋祭大典上宣读的祭文。就在他即将离开大殿的时候，几位侍卫和太监突然冲了出来将他抓住，并把他带到了位于西苑湖中的瀛台小岛上的宫殿中。他们告诉他，慈禧太后一会儿会过来看望他。

之后，慈禧以皇帝的名义颁布了一道谕旨，内容如下：

现在国事艰难，庶务待理，朕勤劳宵旰，日综万几，兢业之余，时虞丛脞。恭溯同治年间以来，慈禧端佑康颐昭豫庄诚寿恭钦献崇熙皇太后两次垂帘听政，办理朝政，宏济时艰，无不尽美尽善。因念宗社为重，再三吁恳慈恩训政，仰蒙俯如所请，此乃天下臣民之福。由今日始，在便殿办事，本月初八日，朕率诸王大臣在勤政殿行礼，一切应行礼仪，着各该衙门敬谨预备。钦此。①

紧接着，慈禧又颁布了一道谕旨，将御史宋伯鲁革职，指责他“滥保匪人（指维新党梁启超），平素声明恶劣”。慈禧十分讨厌这位御史，因为就在不久之前，他竟然公开指责慈禧的个人道德品行有问题，不过，因为宋伯鲁并没有参与这次密谋，所以慈禧只是下令将其罢免，并没有打算杀他。

最后，慈禧在李莲英一个人的陪同下，来到了瀛台。此时陪在光绪身边的太监，已经被全部换成了李莲英的手下。而光绪身边的亲信太监，此刻要么已经身首异处，要么已经被发配流放。

下面这段关于此次会面的描写出自于一位满人之口，而这个满人曾从慈禧的弟弟桂祥公爵处听闻了这次会面的情形。

慈禧直截了当地告诉光绪，她不会杀了他，至少现在不会，但是她也不会放他自由。从此以后，光绪所说的每一句话，所做的每一件事，都会有人向她报告，他的一切都将在她的掌控和监视之中。

至于光绪心心念念的维新变法一事，慈禧表示她会全部废除。她虽然曾经鼓励维新，但无论如何都没有想到光绪竟然会这般昏聩糊涂，自以为是，最后竟将这件事情做到如今的地步。他竟然忘恩负义地想要除掉她，难道他忘记了他能成为皇帝都是她一手促成的吗？慈禧表示，光绪就是一个傀儡，根本不配做皇帝，只要她想，随时都可以将他废除。

慈禧还说，如今所有的满族重臣都希望她能够重新掌控政权，并将

---

① 光绪二十四年八月初六日上谕，见《光绪宣统两朝上谕档》第24册第416页。

光绪废除。而目前还对光绪给予同情的汉人大臣则是乱臣贼子，日后她会寻找一个恰当的时机将这些人除掉。

光绪唯一宠爱的妃子——珍妃跪在慈禧的面前恳求她饶恕光绪，不要再责备他。她甚至还暗示慈禧，光绪毕竟是大清朝合法的皇帝，哪怕是太后，也不能不理会朝廷法度，随意囚禁皇帝。珍妃的话彻底惹怒慈禧，盛怒之下的慈禧下令将珍妃拖走，并将她幽闭在宫中的一处地方。从此以后，珍妃便一直待在那里，直到1900年，慈禧才终于逮到机会将这个放肆的妃子处置了。①

与光绪形同陌路的皇后被慈禧留在了瀛台，负责监视光绪的一举一动。作为慈禧的侄女，她是一个可以相信的密探。太后不在的时候，除了皇后和当班的太监，光绪见不到其他人。

直到去世之前，光绪的心中也只责怪袁世凯一个人。他认为正是袁世凯的背叛，才导致计划失败。他认为维新的失败，以及他所承受的侮辱和在瀛台度过的孤独的二十三个月的监禁都是袁世凯的背叛导致的。

在弥留之际，光绪依然没有忘记告诉自己的弟弟们，他之所以会有这样悲苦的结局，就是因为袁世凯，他让他们记住，一定不要忘了找这个毁掉他的人报仇。至于荣禄，光绪觉得因为他是慈禧太后的亲信，在得知计划之后，第一时间去通知慈禧是再自然不过的事情。再者，毕竟他曾想要杀掉荣禄，又怎么还能奢望荣禄对他忠诚与爱戴呢？至于慈禧对他这般嫉恨也很自然，毕竟他曾密谋对付她，虽然没有成功。

只有袁世凯，他永远都不会原谅，因为袁世凯曾那样信誓旦旦地表示会对他忠诚，却在最后背叛了他。自从袁世凯背叛他的那一刻开始，他就再也没有和袁世凯说过一句话，哪怕是在袁世凯就任直隶总督，达到权力巅峰的时候也没有。

---

① 在八国联军攻进北京、朝廷准备逃亡的时候，慈禧下令将珍妃扔进了一口井中。（参见后文）——原注。

第十五章

再度垂帘听政

光绪的皇帝生涯就这样结束了，从此之后，留给他的空有皇帝的头衔却没有丝毫实权。他也曾凭着自己的青春狂热勇敢地与朝廷和后宫中的阴暗、危险进行斗争，但不幸的是，上天并没有因此而眷顾他。最终他以失败收场。

就如同治皇帝驾崩之后一样，慈禧再一次垂帘听政，大权在握。她又可以像曾经那样满足自己的野心了。

作为光绪皇帝的姨母，慈禧也曾给过他机会，并退居颐和园不理朝政，将影响国家命脉的大权交到他的手中。作为大清朝的掌舵人，光绪却偏偏用自己的愚蠢将国家驶入了暴风骤雨的危险之中。如今众臣纷纷上书请她出山，重掌政权，将国家从水火之中解救出来，这只能说是天意使然，并不是她的过错。

二十三年前，因为慈禧的恶意纵容，同治皇帝沾染上恶习最终落得早逝的下场，而这直接促成了慈禧的掌权。如今，光绪皇帝因为自己行事鲁莽，而再一次让慈禧掌权。很多人都说，这是命运使然。哪怕慈禧重掌政权这件事情中有她自己的助力，也不会有人去刻意在乎。

虽然光绪（他脆弱且孤独）尚在人间，但他的统治时代已经结束了。慈禧从来都不是一个做事模棱两可，寻找折中办法的人，因此，自打光绪皇帝被幽禁在瀛台上的宫殿中时，她便开始着手以中国正统的形式为光绪的“龙驭上宾”和“魂归九天”做好准备。当务之急就是寻找一位能够接替光绪的新皇帝，而这个皇帝必须要年轻，无论是家室还是性格都必须能够满足她长久地垂帘听政这个要求。

考虑到南方一直不算太平的情况，以及欧洲国家对光绪皇帝的乌托邦式的改革幻想的同情，慈禧担心会有意外发生，因此，她决定尽量小心行事，严格遵守礼节，避免正面冲突与矛盾。到了十月的时候，整个京城之中都在盛传“皇帝将会在年底驾崩”。

此时的光绪对自己的处境十分了解，他就像一个囚犯一般在劫难逃，但同时他又不得不扮演好自己傀儡天子的角色，在每个季度都要按照规矩装模作样地主持祭祀大典。

八月初八这一天，光绪就是这样做着傀儡的。他按照侍从的吩咐带领着满朝文武在慈禧太后的面前三跪九叩，以此来显示自己的失败和无足轻重，并凸显太后的权威。当天下午，光绪在荣禄率领的一队亲兵的护送下离开瀛台，前往月坛参加祭祀大典。

戊戌变法失败之后，慈禧只是将光绪软禁，并没有对他做出更致命的打击，但已经失去一切权力的皇帝，犹如傀儡一般任由太后控制着参加各项祭祀典礼。作为国家最高的祭司，光绪已经意识到他自己将会成为下一个祭品。当一切帝王排场结束之后，他将会再次回到那座位于瀛台之上的孤寂的囚笼，当他想到这里时，内心该是多么的苦涩啊！

之后，慈禧便开始一心处理政事。她并没有因为退居颐和园几年而觉得生疏或对政事缺乏热情。她首先要做的就是向她自己、向大臣们、向全世界的人证明，发动这场政变，夺回权势，重新垂帘听政是正确的。她还必须除掉那些冒犯和反对她的人，然后将心腹之臣留在身边。

中秋节过后，也就是在光绪皇帝举行完月坛秋祭的几天之后，太后便下诏对宗室王公们说，任何皇亲国戚，如果胆敢对朝廷不忠，那么哪怕他们的权势再大、地位再高也没有办法保住他们的性命。这么长时间以来，慈禧一直都有留意那些在背地里搞阴谋诡计的皇族宗室成员们。

就像这一次在诏书中被判决的载澍[1]贝勒，他曾公开支持光绪的维新变法，因此落了个永远被监禁在宗人府的下场。

在慈禧发动政变之后，京城中就出现了一些讨论，一方面是关于皇帝的维新变法是否有价值的，一方面是关于慈禧发动政变镇压维新变法是否明智的，关于这两件事的讨论可谓众说纷纭，始终没有一个准确的说法。但是，对于京城之中的大小官员来说，他们多是见利忘义之辈，所秉持的政治倾向也多会随着权力的变动而变动。既然此时获胜方是慈禧，那么他们自然就会站在慈禧一边。

而且，慈禧在操控舆论方面还有一套俾斯麦式的能力和手段。她让太监到街坊酒肆之间散播谣言，刻意诋毁光绪，通过老百姓的口口相传，越来越多的人相信这就是事实，士大夫和文人们也逐渐相信皇帝对慈禧太后是缺乏孝心的，他密谋铲除那位年事已高且受人尊敬的姨母就是最好的证明。而这样的做法在正统的儒家士大夫眼中是不可饶恕的罪过。除此之外，皇帝竟然得到了很多外国人的同情和支持，光凭这一点，就足以让大多数中国人，包括那些思想进步的人们来批评谴责他。

最终，人们普遍认为皇上就是一个缺乏判断力和自制力的人，而慈禧太后重新掌握政权是十分正确的选择。甚至连那些曾经对光绪皇帝的改革给予过认可，觉得维新变法是中国新时代的曙光的外国使团们也开始接受并认可皇帝的无能。

这些外国使团们在外交政策上非常灵活多变，总是选择支持那些对于他们来说阻碍更小的政策，对于既成的事实则会选择接受并宽恕。因此，没过多久，包括英国在内的其他国家都开始转变态度，从最初的敦促光绪变法到后来的指责变法太过仓促。而在1900年慈禧接纳并实行新政之后，这些外国人再一次改变了自己的观点，转而支持新政，并称这是大清王朝即将迎来新生的证据。

---

① 如果我们注意的话，能够看到一件很有趣的事情，现如今的摄政王，也就是光绪皇帝的弟弟已经把这位贝勒从大牢中放了出来，并且就在将袁世凯的直隶总督一职罢免的当天（1909年1月），还将这位贝勒任命为八旗军的统领之一。帝党对于他的复职表示十分开心。——原注。

1898年6月，英国外交使臣看到了皇帝的维新诏书，并认为“朝廷终于认识到需要进行彻底的改革了”。十月，康有为在英国驻上海总领事的帮助下，逃离了慈禧的报复和追捕，并在英国军舰的护送下，成功逃到了英属殖民地（这给人一个错觉，即英国对康有为的保护哪怕不是出于人道主义保护，也是出于自己的利益，因而积极地干预进步事业）。

之前采取权宜之计的人们如今开始普遍认为：“太后和满洲贵族们因为担心变法会危及自身的利益与安全，因此便认为维新改革一事会危及到大清的统治。”两个月后，受到和平与友好时局的影响，窦纳乐爵士在向索尔兹伯里侯爵所做的报告中提到，一共有七位外国公使的夫人收到了慈禧太后的邀请，并在太后六十四岁寿辰的庆典上受到了召见。太后“对所有人都很热情，且温和有礼，给在场的所有人都留下了深刻的印象”。在这次庆典上，已经成为傀儡的光绪皇帝也要参加庆典，并且按照礼节与在场的女士一一握手。就这样，维新的大幕徐徐落下，这场变法的闹剧也终于在几乎让关注此事的人都满意的情况下完结。

然而这之后的不久，就有一个谣言甚嚣尘上，搅得英国使臣心中烦闷。谣言称“慈禧太后将要对皇帝采取极端的手段”。谣言被传得沸沸扬扬，以至于他们不得不对此采取措施来警告中国政府，切不可做出任何会令欧洲感到不安的事情。总理衙门被告知，如果光绪皇帝突然死亡，那么各国都会感到震惊，继而会对清政府表示不满。

英国公使出面干预引起了中国群众的强烈愤慨。中国民众认为，这很明显是中国的内政，并且在国内，这样的先例有很多，所以绝不允许外国人插手，并对此说三道四。

在满洲人看来，光绪接受了西方的那些新奇观念，本身就是一种犯罪，如果他还想要获得西方人的同情和支持，那么不仅对于满人，就连对汉人来说，也同样让人无法容忍。

这件事所引起的风波很快就得以平息，全国人民的生活又回复到以往的平静。百姓们得知老佛爷将重掌政权之后觉得很满意，且为之高兴。为了给废除光绪一事提前铺平道路，北京城中开始流传出各种传言，其中一个传言说光绪曾经设计谋杀慈禧，如今慈禧只是将他幽禁起来，和他所犯下的罪过相比实在太轻了。[1] 就连文人雅士也特意撰写文章，将他比作唐朝时期的一位曾唆使他人谋杀太后的皇帝（762 年）。

舆论形势对光绪十分不利，而且还有很多人预言他将不久于人世。不管这个传言在南方引起了怎样的轩然大波，对于华北的人来说，没有人觉得这个传言有什么大不了的，人们对此几乎没有发表什么言论。

人们都觉得光绪皇帝可能会随时去世，就在这样一种情况下，慈禧随后以光绪的名义颁布了一道谕旨，声称皇帝得了重病。对此，人们并没有表现出丝毫的意外与担忧。而慈禧让各省的官员派出名医来给皇帝看病，也是出于礼节的不得不为。谕旨中称：

朕躬自四月以来（即自百日维新之初），屡有不适，调治日久，尚无大效。[2]

很多人都从这封诏书中看出来他即将被废黜的下场。

在给光绪皇帝看病的医生中，有一位在中国很有名，他叫陈莲舫。下面的这篇报道提到了他在北京城所经历的事情以及他的职责。内容全部出自他之口，并由笔者之一整理，最后交由《泰晤士报》刊登。内容如下：

朝廷下旨，让各省的总督巡抚派当地的名医到京城去给皇帝看病，陈莲舫也收到了总督自苏州所发出的指令，于是即刻前往京城。就这件事本身而言，陈莲舫心中十分清楚，这是出于公职而不得不前往，但他本人对此完全不感兴趣，再者此事也毫无利益可言，再加上他已经年过七旬，身体老弱，舟车赶路对他的身体来说，也是不小的负担，但如果想要逃避，绝无可能。

于是，他将家中的生意交给两位心腹助手打理，自己则拿着从总督处领到的六千两银元，作为此次上京的盘缠和预支的酬劳，之后便启程

---

① 这里有一个例子，是中国官方的方法，上海道台在请求英国总领事馆协助抓捕康有为的时候曾毫不犹豫地说康有为杀死了皇帝。（参见《中国蓝皮书》1899 年第一号通信第 401 号。）——原注。

② 光绪二十四年八月初十日上谕，见《光绪宣统两朝上谕档》第 24 册第 424 页。

去了京城，来到军机处报到。在他来到军机处之前，这里已经有三位从外地应召而来的名医在当值。

法国领事馆的多德福医生也已经对皇帝进行过诊视，而他这次为皇帝的诊视以及他所做的症状诊断，可以说是一次历史性的。直到现在，他的这次经历还被很多外国公使作为茶余饭后的谈资。

谈起法国医生对皇帝病情的诊断以及所给出的诊疗建议时，这位年迈的医者满是鄙夷。他本人为皇帝所下的诊断，以及所开的药方中的措辞，却和历史小说作者们的笔下所描绘的中世纪欧洲的医生们所说的一样。

他说在皇帝的体内有寒热之气在运转，还说了一些关于为何会发热和发热之后的影响等内容，他所说的话，对中国人来说或许很容易理解，对英国读者来说却有些莫名其妙。总结来说，他对于皇帝的病情，所说的内容最后也指向了呼吸器官的疾病。他说皇帝的病症已经持续了十二年以上，又说发热是因为身体虚弱以及精神焦虑。

在陈莲舫离开京城之前（大概十一月中旬），光绪的病情已经有明显好转。但事关重大，且皇帝病情严重，随时都可能会有危险降临，因此他决定及早抽身，将危险留给那些年轻的同行们去承担。于是，他贿赂朝廷大臣，并最终实现心愿，侥幸逃脱。

当被问及皇帝的病情是否真的很严重时，陈莲舫则隐晦地回答，如果皇帝能够撑过新年，到了第二年的春天，身体就会逐渐恢复，并有望彻底痊愈。

就在陈莲舫抵达京城的几天之后，便在一位军机处大臣的带领之下，奉旨进宫觐见。当时，皇帝和太后二人在皇宫南侧的一处大殿中等待他的到来。这次的诊视让人看到了中国统治者的神圣威严，以及支配中国内部政策的绝对的保守主义作风。

按照规矩，陈莲舫在殿外跪地磕头后，走进殿内，来到皇帝面前，跪倒在地。大殿中，皇帝和太后二人相对而坐，中间放置一张矮几，在整个会面的过程中，皇帝和太后二人都相对而坐。

光绪面色苍白，脸有倦容，喉咙有痰，且有发炎的症状，并伴有发烧。他的脸颊消瘦，但轮廓分明，鼻如鹰钩，用陈莲舫自己的话来说，光绪看起来颇似外国人。让陈莲舫感到吃惊的是，太后虽然年纪很大，但保养得很好，而且看起来很聪明，似乎对光绪的病症很是关心，会时刻注意光绪是否舒适。

按照中国旧时规矩，医生是不能询问皇帝的病症的，因此太后便主动向他描述了光绪的情况，而皇上则在一旁时而点头或说一两个字来表示认同。在慈禧说明皇帝病情的过程中，按照规矩，陈莲舫是没有资格抬头的，只能低头看着地面，直到太后话音落下之后，他才被允许开始为皇帝诊脉。但他依然跪在地上。

事实上，他的手也只是轻轻放在皇帝的手腕之上，根本感觉不到皇帝的脉搏，于是只好来回调整诊脉时所触碰的手腕位置。诊断完之后，慈禧又向他描述了皇帝的病情，说了舌苔的症状，以及口部和喉咙溃疡的情况，但他依然不能亲自为皇帝诊视，只能根据慈禧的描述，尽自己的最大努力来做出判断。

太后将病情说完之后，陈莲舫便叩头退出大殿，他将自己对病情的诊断情况以及治疗建议交给军机处，而这些东西又被转呈给皇帝。其实他所开的药方无外乎一些滋补药材，给出的建议也是要修养身心，让身心得到放松。①

陈莲舫的预言成真了，光绪皇帝活过了新年之后，身体果然逐渐好转。之所以会出现这样的结果，在一定程度上是因为慈禧担心外国的干涉，因此不敢轻举妄动。但更主要的原因是她已经意识到南方反对派的舆论影响很大，他们不服从她的统治，她觉得有必要保住皇帝的性命来暂时平息南方的愤怒。

几个广东的维新人士被杀害，无疑更加激怒了两广等南方人对满人的排斥情绪。这些蠢蠢欲动的南方人，不仅敌视满人，而且在做其他事情时十分勇猛，这时候稍微有一点儿风吹草动，就很可能会引发新一轮的暴动。

在中国，小道消息总会传播得非常迅速，因此，南方人很快就知道

① 文章引自1899年3月31日的《泰晤士报》。——原注。

了皇帝已经危在旦夕，很可能活不过这个年关。于是，京城及各部衙门收到了来自全国各地的抗议和警告，甚至是朝廷也收到了一些。

在这些被送到京城的信件中，有一封来自上海官员经元善的电报。他以“寓沪各省绅商士民”的名义，提到了公布皇帝病情的谕旨，并恳请慈禧太后、满洲贵族王爷和军机处的大人们允许皇帝“力疾临御”①，称即使皇帝身体患有疾病，也不应该有退位的想法。他还在电报中提到了如今江苏民心沸腾，甚至还毫不掩饰地说明，如果皇帝遭遇不测，那么外国人不会袖手旁观，很可能会横加干涉。

慈禧被这位大胆的官员的言论彻底激怒，不是因为他竟然敢公开指责她试图谋害皇上，而是因为他竟然用皇上死后的后果来威胁她。于是，她下令将经元善革职查办。而经元善害怕慈禧会对他进行更严厉的惩处，于是干脆逃到了澳门。不过，他的大胆直言对于拯救光绪的性命还是起到了一定作用。

在众多的封疆大吏中，只有两江总督刘坤一凭着自己的英勇无畏和满腔正义站了出来，并为皇帝说话。刘坤一位高权重，再加上此时南方政局不稳，慈禧不好像对付经元善那样公开斥责于他，只好暗自压下心中的怒火，对他的公正无私表示钦佩。

与刘坤一的英勇公正形成鲜明对比的则是他的同僚——湖广总督张之洞。张之洞奉行明哲保身的原则，他是个见风使舵的人。之前，他一直是改革维新的支持者，就在六个月之前，他还向光绪举荐了包括他自己的门生杨锐在内的几位进步人士，就在戊戌政变的暴风雨来临之前，他还被光绪召到了北京。作为军机处的大臣，张之洞声称要支持皇帝的改革维新。

然而，就在慈禧表明自己与保守派站在一起，光绪又经历了争取袁世凯与新军的失败时，张之洞马上改变了立场，转而向慈禧表明支持她的政策，甚至极力建议太后要严惩那些维新党派人士。他的这些话纯属废话，就算没有他的建议，慈禧在重掌大权之后，也绝对不会放过那些

---

① 参见虞和平所编《经元善集》第 309 页，华东师范大学出版社 1988 年 7 月第 1 版。

维新党。

八月十一日，慈禧将荣禄召回京城，让他协助自己将维新运动之事彻底摆平。不久前刑部上奏，请求派遣钦差一同会审康有为的同党。慈禧太后回复，让他们和军机处协同处置，严审罪犯。同时，慈禧下令将皇帝信任的参谋兼朋友张荫桓①抓起来关进刑部大牢。在谕旨中，张荫桓被评价为“声名狼藉，臭名昭著”之人。

这份谕旨还特意赞扬了慈禧的大度，声称尽管太后已经知道“难保官绅中无被其诱惑之人”，但是“朝廷政存宽大，概不深究株连，以示明慎用刑至意”。②

按照荣禄的建议，慈禧的下一步是以皇帝的名义颁发一纸诏书，说明她发动戊戌政变一事是正确的，以此来保证保守派的利益和地位，打消他们的顾虑。这份谕旨充分展现了慈禧的政治手腕以及她惯用的手法。

这篇谕旨有着永恒的意义，里面的观点，无论是在过去还是在现在都能使用。就算今后清政府遇到了君主立宪的问题，该谕旨也可以派上用场。谕旨的内容如下：

朝廷振兴庶务，筹办一切新政，原为当此时局，冀为国家图富强，为吾民筹生计，并非好为变法，弃旧如遗。此朕不得已之苦衷，当为天下臣民所共谅。乃体察近日民情，颇觉惶惑，总缘有司奉行不善，未能仰体朕意，以致无识之徒，妄相揣测，议论纷腾。

即如裁并官缺一事，本为沙汰冗员，而外间不察，遂有以大更制度为请者。举此类推，将以讹传讹，伊于胡底。若不开诚宣示，诚恐胥动

---

① 在维多利亚女王五十岁大寿的庆典上，在场的张荫桓被授予了圣米迦勒及圣乔治爵士勋章。之后，他先是被流放突厥斯坦，后又被处死。端郡王在义和团运动时下达的一条命令直接导致他被处死。另一位名叫徐致靖的维新党派人士，在端郡王的这一旨令中被判处了终生监禁。1900 年 8 月，八国联军攻入北京，徐致靖被释放，但在被救出之后，他因为不屑于被外国人搭救，所以立刻到太原府去投案自首。这是一个足以说明中国官员思想观念的典型案例，同时也说明了他们对圣旨的敬畏和尊重。——原注。

② 光绪二十四年八月十一日上谕，见《光绪宣统两朝上谕档》第 24 册第 426 页。

浮言，民气因之不靖，殊失朕力图自强之本意。所有现行新政中裁撤之詹事府等衙门，原议将应办之事，分别归并，以省烦冗。现在详察情形，此减彼增，转多周折，不若悉仍其旧。

着将詹事府、通政司、大理寺、光禄寺、太仆寺、鸿胪寺等衙门，照常设立，办事毋庸裁并。其各省应行裁并局所冗员，仍着各该督抚认真裁汰。至开办时务官报，及准令士民上书，原以寓明目达聪之用，惟现在朝廷广开言路，内外臣工条陈时政者，言苟可采，无不立见施行。而疏章竞进，辄多摭拾浮辞，雷同附和，甚至语涉荒诞，殊多庞杂。

嗣后凡有言责之员，自当各抒谠论，以达民隐而宣国是。其余不应奏事人员，概不准擅递封章，以符定制。时务官报无裨治体，徒惑人心，并着即行裁撤。大学堂为培植人才之地，除京师及各省会业已次第兴办外，其各府州县议设之小学堂，着该地方官察酌情形，听民自便。其各省祠庙，不在祀典者，苟非淫祀，着一仍其旧，毋庸改为学堂，致于民情不便。

此外，业经议行及现在交议各事，如通商、惠工、重农、育材以及修武备、浚利源，实系有关国计民生者，亟当切实次第举行。其无益时政而有碍治体者，均毋庸置议。着六部及总理各国事务衙门详加核议，据实奏明，分别办理。

方今时势艰难，一切兴革事宜，总须斟酌尽善，期于毫无流弊。朕执两用中，不存成见，尔大小臣工等，务当善体朕心，共矢公忠，实事求是，以副朝廷励精图治、不厌求祥之至意。将此通谕知之。钦此。①

如今，荣禄已经被提拔为军机大臣，并成为北洋陆军的统领，被授予兵部尚书一职，成为整个大清朝廷最有权势的大臣。他现在在朝廷中无人能撼动，就算是在大清王朝的几百年历史中，他的权势地位也是史无前例的。

他再一次用自己的行动证明了对慈禧的忠心，自从逃亡热河开始，他就一直陪伴在慈禧身边，并为她效劳，如今，他的那些付出也算是得

---

① 光绪二十四年八月十一日上谕，见《光绪宣统两朝上谕档》第24册第425－426页。

到了回报。当然，他在戊戌政变中的所作所为，以及他所扮演的角色，也一定会为他招来很多批评，尤其是来自国外的批评。但是，站在中国官员的立场上来看，他是效忠于太后的，做出反对皇帝的事情，也不过是职责所在。

作为政治家，荣禄是一个温和有礼、聪明可信的人。在义和团运动爆发的时候，国内外的媒体纷纷发表文章指责他，其实一部分原因是康有为和他的那些同党们散播谣言，而荣禄不曾对其给予反驳，另一部分原因是这些谣言让外国公使们对他产生了偏见，对整件事情缺乏正确的了解。

就像之后的事实所表现出来的那样，他所做的一切努力都是为了镇压义和团这场盲目狂热的运动，以及阻止慈禧太后做出愚蠢的事情，防止引发更大的祸乱。和清朝那些懦弱无知又残忍愚蠢的宗室成员们相比，荣禄所表现出来的深谋远虑和英勇无畏总是那样与众不同。

在慈禧漫长的统治生涯中，她身边的所有大臣里，无论是在爱国情怀方面，还是在政治管理才能方面，能够和荣禄相媲美的只有曾国藩。

从此开始，一直到他去世的1903年，他一直都是慈禧最信赖的左膀右臂，给慈禧出谋划策。而他也没有让慈禧失望。就像下一章我们会讲到的那样，1900年时，慈禧因为义和团运动被弄得心烦意乱，因为她自己的希望和迷信以及王公贵族们的建议被弄得晕头转向，最终，她竟然听信了端王和他的同党们的建议，准备削弱荣禄的势力和影响力。

然而，就像《景善日记》提到的那样，慈禧在最后的关键时刻又会去向荣禄寻求帮助和安慰，让他帮忙出谋划策。就是在最终面临生死危机的时刻，她也在倚仗荣禄，而荣禄也从未辜负她。慈禧在有生之年终于认识到一点，即荣禄给她提供的建议往往都是非常合理的，哪怕是当时并没有被她给予重视和在意的建议，在最后也往往被证明是正确的。

尽管在中国的近代历史上有很多不确定的因素，但有一点是非常肯定的，那就是荣禄无论是在中国人还是在外国人的心中，都应该受到更多的尊重，应该得到一个更崇高的位置。在朝廷逃亡期间，外界那些关于他的流言蜚语，他一点儿都不知道。朝廷回到京城之后，他在外国使团的面前受到了冷遇，这让他的内心和正义感受到了很深的伤害。

从这一刻开始，一直到去世，他经常对自己亲近的朋友们说，他从没有后悔在镇压义和团运动时所采取的态度，但他也不能理解，明明是对外国人有好处的做法为什么会引起外国人强烈的敌意。他无法原谅这些外国人的所作所为。

有人曾记录了荣禄所说过的一段话，他说自己之所以那样做，并不是因为喜欢外国人，而是因为喜欢太后和大清。虽然话是如此，但他的所作所为对那些在中国生活的外国人是有好处的，凭借这一点，他就应该获得外国人的尊敬和赞赏。

对于如何处罚那些维新党派，慈禧和荣禄进行了很长时间的商讨。荣禄认为事关大清朝的声望，因此应该对这些人给予严厉的镇压。刑部对六名罪犯进行了严厉的审讯，荣禄则主要向他们询问了康有为如何阴谋设计慈禧太后一事。

他们从康有为的住处搜出了很多关于这起密谋的细节资料，证据确凿，军机处建议对六人判处死刑。在维新派和保守派正处于激烈对抗的情况下，任何拖延都可能会让满人和汉人之间的关系变得更加剑拔弩张。

老佛爷对于军机处的建议给出了赞成的态度，也希望能够尽快结束这场危机。于是，在本月的十三日，慈禧下令将这几个维新分子执行了死刑。六个维新人士勇敢赴死，毫无畏惧之色，在他们被行刑的现场，大批民众进行了围观。

据说，朝廷从杨锐那里搜出了一封光绪皇帝亲笔所写的书信，这封信除了泄露了很多机密，还有一些谴责抨击太后的言论。朝廷还发现了一篇杨锐的奏折，该奏折弹劾慈禧太后和几名位高权重的大臣有着暧昧不明的关系，而这其中就包含荣禄，并且光绪皇帝还亲自在这篇奏疏上加了朱批。

在这篇奏折中，杨锐提到了广州城中被广泛传唱的童谣，其中所唱的正是太后的那些堕落邪恶的罪行。他还警告皇帝，如果大清朝现在灭亡，那么就是因为太后和她的邪恶行径。他还特意举了商纣王的例子，说当初就是因为纣王迷恋妲己，纵欲过度，奢靡荒诞，所以国家才会灭亡，并被载入史册。杨锐将慈禧在颐和园中放荡奢侈的生活与臭名昭著的妲己在酒池肉林中的奢靡生活相比，称二者并没有什么差别。

支持慈禧采取严厉镇压手段的人认为，慈禧就是因为看到了这篇大逆不道的奏折上竟然有皇帝的御笔朱批，认为这些反叛的言论是得到了光绪皇帝的袒护的，所以才决定对光绪皇帝进行报复，并决定从此与皇帝和维新改革者彻底斩断关系。

慈禧在荣禄的协助下亲自草拟了处死维新党派领袖的谕旨。颇具讽刺意味的是，她是以光绪皇帝的口吻来写的。为表郑重，谕旨特意用红色朱砂写成。这样的写法通常只在皇帝亲自颁布诏令时才会使用。谕旨的内容如下：

近因时事多艰，朝廷孜孜图治，力求变法自强，凡所设施，无非为宗社生民之计。朕忧勤宵旰，每切兢兢。乃不意主事康有为，首倡邪说，惑世诬民，而宵小之徒，群相附和，乘变法之际，隐行其乱法之谋，包藏祸心，潜图不轨。前日竟有纠约乱党，谋围颐和园，劫制皇太后及朕躬之事，幸经觉察，立破奸谋。又闻该乱党私立保国会，言保中国不保大清，其悖逆情形，实堪发指。

朕恭奉慈闱，力崇孝治，此中外臣民之所共知。康有为学术乖僻，其平日著作，无非离经叛道、非圣无法之言。前因其素讲时务，令在总理各国事务衙门章京上行走，旋令赴上海办理官报局。乃竟逗留辇下，构煽阴谋，若非仰赖祖宗默佑，洞烛几先，其事何堪设想？康有为实为叛逆之首，现已在逃，着各直省督抚，一体严密查拿，极刑惩治。

举人梁启超，与康有为狼狈为奸，所著文字，语多狂谬，着一并严拿惩办。康有为之弟康广仁，及御史杨深秀、军机章京谭嗣同、林旭、杨锐、刘光第等，实系与康有为结党，隐图煽惑。杨锐等每于召见时，欺蒙狂悖，密保匪人，实属同恶相济，罪大恶极。前经将各该犯革职，拿交刑部讯究，旋有人奏，若稽时日，恐有中变。朕熟思审处，该犯等情节较重，难逃法网，倘语多牵涉，恐致株累，是以未俟覆奏，于昨日谕令将该犯等即行正法。

此事为非常之变，附和奸党，均已明正典刑，康有为首创逆谋，罪恶贯盈，谅亦难逃显戮。现在罪案已定，允宜宣示天下，俾众咸知。我朝以礼教立国，如康有为之大逆不道，人神所共愤，即为覆载所不容。

鹰鹯之逐，人有同心。至被其诱惑，甘心附从者，党类尚繁，朝廷亦皆察悉，朕心存宽大，业经明降谕旨，概不深究株连[①]。嗣后大小臣工，务当以康有为为炯戒，力扶名教，共济时艰。所有一切自强新政，胥关国计民生，不特已行者亟应实力举行，即尚未兴办者，亦当次第推广，于以挽回积习，渐臻上理，朕实有厚望焉。将此通谕知之。钦此。[②]

尽管慈禧在诏书中声称“心存宽大”，而且也曾说只处理六个维新党的领导人，其余人“概不深究株连”，但只要一想起那些人曾经竟然密谋要加害于她，这股怒火便被再一次点燃。上面这篇谕旨被颁布之后，慈禧又颁发了一道诏书，以莫须有的罪名将张荫桓发配边疆。但他被流放的真正原因是他曾公开指责慈禧太后生活奢侈，让慈禧更加无法忍受的一点是，英国公使竟然借替他求情而插手中国的内政。

在下达的另一篇谕旨中，原本已经确定的天津之行被取消了。荣禄担心照计划实行会有人对慈禧不利，谋害她的性命。虽然慈禧对出行天津有很多期待与好奇，但一想到荣禄的建议很有道理之后，便只好作罢。与此同时，直隶的新军整顿也在火热地进行中。

在荣禄离开天津回到北京之后，裕禄就接替他成为新的直隶总督。裕禄十分顽固，同时深得太后的信任和青睐。和许多满人相比，裕禄可以说是一个非常无知且缺乏能力的人，后来的义和团运动在天津及其周边地区兴起，他应该负很大的责任。虽然他的能力很差，但相较于汉人来说，慈禧更愿意让他这样一个满人来坐镇直隶。显然，他坐镇直隶更有利于防止维新党派发动有组织的反叛行动。

到了这一刻，在北京城中曾和维新党派有过公开牵连的还不曾受到过惩罚的大臣就只有礼部尚书李端棻了。在提心吊胆地等了几天之后，他才发现朝廷所下达的几封诏书中都没有提到他的名字。但是对于他自己而言，这样的等待让他更难受，于是他主动上奏，请求朝廷降下诏书为他保举康有为等

---

① 太后在七十岁寿辰的时候，特意下了谕旨，宣布除康有为、梁启超和孙逸仙外，其余参与过戊戌变法的人都可以被赦免罪行。——原注。

② 光绪二十四年八月十四日上谕，见《光绪宣统两朝上谕档》第 24 册第 430－431 页。

维新党派人士一事给予相应的惩罚。

这篇奏折本身就是一份很有趣的文件，因为它展现了中国政府内部的某些典型的特征。李端棻在奏折中首先承认了自己的罪行，之后又表达了对朝廷至今仍然宽厚仁慈的感恩，同时又说明自己因为没有受到惩罚而感到良心不安，所以恳请太后降下惩罚，“以为大臣之滥保匪人者戒”①。

慈禧在回复这篇奏疏时的语言同样很有趣，像平时一样，这份谕旨也是以光绪的名义颁布的。内容如下：

该尚书受恩深重，竟将大逆不道之康有为等滥行保荐，并于召对时，一再面陈。今据事后检举，实属有意取巧，未便以寻常滥保之例稍从末减。礼部尚书李端棻着即行革职，发往新疆，交地方官严加管束，以示惩儆。钦此。②

从李端棻的上奏到慈禧的下诏，整个过程犹如一场猫鼠游戏。

这时，慈禧等反对派对维新党派所采取的激烈的镇压措施在南方等地已经引起了民众的强烈不满，人们纷纷成立各种组织来表达对光绪皇帝的支持。上海的外国租界出版的报纸全都言辞犀利地抨击慈禧和荣禄，而荣禄更是成为了众矢之的。

这些文章的作者，显然是受到了逃亡的维新党派领袖的鼓动。他们声称，之所以会发生这些事情，在本质上是因为这场行动是具有排汉性质的，这场行动一定会以满人掌控大权而告终。

另一方面，各省还陆续爆发了一些排外运动，而那些煽动排外行动的领导者们相信，他们的所作所为定然会得到慈禧太后的支持和鼓励。这样的局面显然是非常危险的，长此以往后果不堪设想。一位名叫会章的御史大臣上奏慈禧，直言如此下去大清将面临严重的危机，而他的话也引起了太后的注意。

在奏疏中，会章先是赞扬和恭贺了慈禧太后在镇压康有为等人的谋反中所取得的胜利，并言明这个功绩大大提高了老佛爷的威望。然后，他又提到

---

① 参见朱寿朋所编《光绪朝东华录》光绪二十四年八月第199页（总第4215页）。

② 光绪二十四年八月十九日上谕，见《光绪宣统两朝上谕档》第24册第439页。（1904年特赦的时候，被发配到新疆的李端棻也获得释放，回到原籍。——原注。）

了此时的南方局势，其所奏内容如下：

近日外间浮言，颇有以诛戮皆属汉人，遂疑朝廷有内满外汉之意。夫我朝之于满汉，本无歧视；即今日办理逆党，我皇太后、皇上岂有成心？无如康党借此谣传，于大局实有关系。此际株连，则非朝廷宽大之意；明白宣示，又似近于描画，更适以实康党之言。惟有择汉人中之忠正不挠者，褒奖数人，则群情定矣。

盖附逆者既有显诛，则效忠者自应厚赏。议拟请于四月初一日以来，所有封奏条陈，其能论变法之非宜，斥伪学之乱政者，分别褒扬录用，则正气常伸，邪党自解。夫公忠大义，出之汉人，则所全者尤大。此中枢纽，谅在我皇太后、皇上洞鉴中也。①

虽然慈禧是以斥责的口吻回复这篇奏折的，但她显然已经从奏折中有所领悟。她刻意在回复中一反常态，避免谈及奏折中所提到的具体问题，仅仅强调了朝廷在做决议的时候是绝对公正的，无论是对满人还是对汉人都一视同仁。

然而，在上奏之后的不久，会章就得到了朝廷的提拔。与此同时，慈禧又下旨将几个大臣革职，这其中就有一个满人。显然，她希望通过此举来表明自己对满汉是一视同仁、不偏不倚的。荣禄也因为之前曾向朝廷保举过一个维新党派的人而被慈禧下令交由吏部论处。之所以这样做，仅仅是为了挽回她的面子。

和以前一样，慈禧只要遇到针对她的批评指责就会一连下达许多诏书。其中一篇谕旨声称要保护在中国境内生活的外国人以及在北京城中的外交使团；另一篇谕旨则告诫各省的官员严管吏治，对下属官员的选拔要慎重；还有一篇谕旨号召各省总督和巡抚为国家出谋划策，但同时告诫他们不得有党派之争，因为“难逃朝廷洞鉴”②。

之后，慈禧太后借着谈论国家大事的机会显示了一番自己的治国之道，展示了自己的大清朝首脑的身份，并为维护满人统治的政策做了一番辩护。

---

① 参见中国史学会所编《中国近代史资料丛刊·戊戌变法》第二册第506页。上海人民出版社，1953年版。

② 光绪二十四年八月二十二上谕，见《光绪宣统两朝上谕档》第24册第446页。

诏书的部分内容摘录如下：

从来制治未乱，保邦未危，我朝圣圣相承，宪度修明，无不尽美尽善。至于深仁厚泽，难以枚举。水旱偏灾，无不立施蠲赈；江河漫溢，深恐累及穷黎；遇有军务，并未抽派丁役；宫中使女，亦未选及民间。仁民之政又如此。宜其上下一德，耕鉴相安，以期共享承平之福。乃有大逆不道之徒，聚党密谋，辩言乱政；而士大夫中竟有不明大义者，援引匪人，心怀叵测。言念及此，能勿愤懑？朝廷屡示宽大，姑免株连。尔诸臣等受恩深重，具有天良际兹邪说暴行之繁兴，当以名教纲常为己任，以端学术，以正人心，共矢公忠，勤修职业。①

在这篇谕旨的最后，和往常一样，是告诫各级官员应该对朝廷忠诚，注重官德，发奋勤勉。

慈禧接下来的打算就是将曾经被光绪革职的保守党派们官复原职，尤其是因为弹劾维新党派的王照而被革职的许应骙。如今的帝党已经彻底被粉碎，在北京城中，再也找不到一个支持光绪的人了，京城里没有一个人是他的朋友。

甘肃布政使曾鉌是最后一个公开支持维新党派的高官。他是一位满人，也是一位维新运动的支持者。他上书替翁同龢求情彻底惹怒了慈禧太后。于是，慈禧下旨将他立即革职，并且永不叙用。在谕旨中，慈禧还表达了对帝师翁同龢参与阴谋，有辱自己名声的做法感到惋惜。

之后，慈禧又将目光转向了各省。刘坤一以生病为由请求辞去两江总督之职，却换来了慈禧的严厉指责。慈禧还提醒他不要忘了朝廷很仰仗他，以及对他恩重如山，命令他不要找托词，而是继续履行职责，为朝廷效力，甚至更加勤勉地恪尽职守，在选任下属的时候更谨慎。

翁同龢的大胆犯上让慈禧一直耿耿于怀，就这样放他在老家安度晚年，过着风光的退休生活，显然不符合慈禧太后一贯的做事风格。这样的结果，也不是荣禄希望看到的，他一直都因为当年的事情而对翁同龢不满，甚至怀恨在心，因此他也不想化解慈禧太后对翁同龢的怨恨。

---

① 光绪二十四年八月二十三日上谕，见《光绪宣统两朝上谕档》第24册第449页。

为了消解自己心中的怨恨，慈禧以光绪皇帝的名义下达了一篇谕旨，将她对这位年事已高、与世无争的老者的怨恨肆意发泄出来，这样的做事方式很符合慈禧的一贯作风和她本人喜怒无常的特点。这篇谕旨十分有趣，值得我们深入了解，我们在此引用一下：

翁同龢授读以来，辅导无方，从未以经史大义剀切敷陈，但以怡情适性之书画古玩等物不时陈说，往往巧借事端，刺探朕意。至甲午年中东之役，主战主和，甚至议及迁避，信口侈陈，任意怂恿，办理诸务，种种乖谬，以致不可收拾。今春力陈变法，密保康有为，谓其才胜伊百倍，意在举国以听。朕以时局艰难，亟图自强，于变法一事，不惮屈己以从。乃康有为乘变法之际，阴行其悖逆之谋，是翁同龢滥保匪人，已属罪无可逭。其余陈奏重大事件，朕间有驳诘，翁同龢辄怫然不悦，恫喝要挟，无所不至。词色甚为狂悖，其任性跋扈情形，事后追维，深堪痛恨。前令其开缺回籍，实不足以蔽辜，翁同龢即行革职，永不叙用，交地方官严加管束，不准滋生事端，以为大臣居心险诈者戒。①

1904 年 6 月去世之前，翁同龢一直在江苏老家常熟生活，并获得了当地人的热爱和尊敬。翁同龢不甘于像光绪身边其他年迈的大臣一样，做一个平庸无奇、无足轻重的人，他十分有个性，在被革职之后，一直抱有一个希望，期待在老佛爷去世之后还能东山再起，重新被皇帝启用，继续为皇帝和维新事业效力。

与此同时，他对于当地的官员来说，也是一个麻烦和困扰。因为他每个月都会到衙门三次，以一个被管束的屈从者的姿态跪在官员的面前，恳求官员说："你是奉了朝廷的圣旨来监视和管束我的一言一行的，奉命一事我自当义不容辞，现在我特意来到这里，帮助你执行圣旨。"

然而这位官员根本不知道该如何面对翁同龢，因为他无法确定面前这位曾经位高权重的军机大臣是否会在未来的某一天官复原职，东山再起。再加

① 光绪二十四年十月二十一日上谕，见《光绪宣统两朝上谕档》第 24 册第 539 页。（在翁同龢去世之后，如今的摄政王下了一道谕旨，恢复了他的名誉以及官阶品级。就这样，光绪皇帝的所作所为逐渐被证明是正确的，而他的那些追随者们，仍然在阴间经历着中国官场生活的祸福无常。——原注。）

上翁家在当地颇有声望，所以他的处境变得非常尴尬。

折腾地方官之余，翁同龢过着学者般的隐居生活。他在这一时期的作品后来被刊印出版了，从他的文字中，我们能够了解到他作为诗人和学者的最有魅力的一面。

他的文风轻松简单，又结合了一些神学和哲学思想，这让他的作品备受文人学者的推崇。虽然他被慈禧罢了官，但并没有被抄家，因此这段赋闲在家的晚年生活，反而比他在京城中的钩心斗角、尔虞我诈的官场生活更加丰富多彩。到他去世时，他忠贞爱国的名声和拥有过人智慧的声誉早已传播到其他地区。

慈禧意识到，因为光绪废除了自古就流传下来的科举考试制度，所以文人学者等士大夫阶层的忠诚之心也跟着动摇了。为了改变局势，她决定废除光绪的决定，重新恢复科举考试制度，而这个决定，也深得保守党派的欢心。不仅如此，全国各地的学子们也极力赞扬慈禧，说她明察秋毫，体察民心，这个决定正彰显了她的英明。

不可否认，从某种程度上来说，光绪引入的新的考试制度在最开始推行的时候带来了很多弊端，而这些弊端在以考生匿名制为基本原则的旧体制时代并不存在。为了解决这个问题，太后特意颁布了一道诏书，内容如下：

国家以四书文取士，原本先儒传注，阐发圣贤精蕴，二百年来，得人为盛。近来文风日陋，各省士子，往往抄袭雷同，毫无根底。此非时文之弊，乃典试诸臣不能厘正文体之弊也。论者不揣其本，辄以所学非所用，归咎于立法之未善。殊不知试场献艺，不过为士子进身之阶，苟其人怀奇抱伟，虽沿用唐宋旧制，试以诗赋，亦未尝不可得人。设使论说徒工，心术不正，虽日策以时务，亦适足长嚣竞之风。

用特明白宣示：嗣后乡试、会试、暨岁考、科考等场，悉照旧制，仍以四书文、试帖、经文、策问等项，分别考试。经济特科易滋流弊，并着即行停罢。朝廷于抡才大典，斟酌至再，不厌求祥。嗣后典试诸臣及应试士子，务当屏斥浮华，力崇正学，毋负朝廷作育人才之至意。

至富强之术，固当讲求，惟必须地方官认真举办，方不至有名无实。所有农工商诸务，亟宜实力整顿，惟总局设在京城，文牍往还，事多隔膜，一切未能灵通。仍应责成各督抚在省设局，分门别类，详加考核，庶有实际。着直隶总督遴派妥员，督率办理，以为各省之倡。京城现设之局，着即裁撤。钦此。①

俗话说“女人都是善变的”，慈禧作为女人，自然也不例外。她的想法很难长久，总是变来变去。慈禧在治国方面希望让朝廷各党派和敌对势力之间互相制约，互相平衡，而她会因为可以掌控双方的平衡而自豪不已。

之后，她颁布了一道谕旨，其中提出了她将遵循的原则。这道诏书也反映了她内心的隐忧和怀疑，她一直担心外界会因为她对维新党派领袖所做的处置而严厉地批评她。谕旨内容如下：

国家制治保邦，纲常名教，亘古为昭。至于条理损益，随时变通尽利，本无一成之法。前因中外积弊过深，不得不因时制宜，力加整顿。而宵小之徒，窃变法之说，为煽乱之谋，当经严拿惩治，以遏横流。至一切政治有关国计民生者，无论新旧，仍应次第推行，不能因噎废食。迭经明降谕旨，剀切宣示，大小臣工，当能仰体此意。惟言事诸臣，往往胸无定识，即如乱谋方张之日，内外章奏能灼见先几、防微杜渐者，并不多见。迨至事后，或且仰窥意旨，揣测希荣。岂知朝廷用人行政，一秉大公，执两用中，不偏不倚。用特再为申谕：嗣后内外臣工，务当精白乃心，一化新旧之见。凡所建白，但期有裨时局，不得妄意揣摩。甚或挟私攻讦，是非所在，亦自难逃洞鉴也。特此通谕知之。钦此。②

之后，慈禧又将目光转移到民生疾苦一事上。并下令山东地区要采取措施，防止因为黄河决堤而给百姓带来伤亡和财产损失。慈禧深知，自古以来整治黄河以及赈灾等事情都会伴随着贪官污吏大肆搜刮民脂民膏等事情。她也知道，在这些事情上，任何劝解都不能让她的官员们得到满足。

于是，慈禧委婉地提出这样一个事实：“这样频繁地修固黄河两岸河堤，并没有达到一劳永逸的效果。”于是，她同军机大臣、大学士、六

① 光绪二十四年八月二十四日上谕，见《光绪宣统两朝上谕档》第24册第451－452页。

② 光绪二十四年九月初一日上谕，见《光绪宣统两朝上谕档》第24册第461页。

部和都察院等官员进行商议，期望想出一个更可靠的办法，但依然毫无结果。后来，她派李鸿章到黄河周边实地考察，并估算出修筑河堤工程所需要的工程款项。她这样做确实是发自真心，并没有特别期望让百姓们相信什么。

这一时期的慈禧，对各方面都表现得很积极，就如她在1861年粉碎载垣谋逆、刚刚掌控大权那会儿一样，从这一时期她所颁发的谕旨数量上也能看出这一点。

在处理完黄河水患一事之后，她又将目光转向了另一件一直让人头疼的事情上，即法律诉讼。数百年来诉讼一事便一直困扰着中国最底层的百姓，老百姓到官府寻求正义需要等待很长时间，还要花费一笔巨大的财富，这些无疑都给百姓带来了非常大的痛苦。

为解决此事，慈禧特意下了一道谕旨，而从这道谕旨中，我们能看出慈禧对那些弊端早已心知肚明，只是在官方文件中，这些事情鲜少被记载。因为慈禧在处理这些让大家讳莫如深的事情时十分坦率，所以人们认为她是一个心软善良之人。

全国各地的，尤其是北方的农民和商人们普遍认为老佛爷的心肠真是太软了。虽然善良温和的性格值得赞美，但在很多情况下，这种性格会给她和这个国家带来危险。人们认为不合时宜的善良和仁慈导致慈禧太后采取了怀柔政策，让她没有在1900年的八国联军攻入京城之前将外国人和基督徒赶尽杀绝，而这使得国家陷入了灾难之中。

在这篇关于诉讼的谕旨中，慈禧这样说道：

词讼为吏治最要之端，必须随到随结，毫不拖累，方足以恤民命而清讼源。近闻内外问刑衙门，于应办案件，往往经旬累月，延不审结，甚有创设候审、待质各所，以避班馆名目，滥押无辜。其间丁役之需索，胥吏之留难，种种弊端，不可枚举。

试思一人坐狱，合家不安。小民各有生计，苟非含冤负屈，岂肯轻涉讼庭，委身法吏？乃有司各官，因循疲玩，习为故常，全不以民瘼为念，殊甚痛恨。着刑部都察院及各省督抚，详定清讼章程，严核官吏功过，所有月报各册，务须实力奉行。如有不肖官吏，仍前玩泄，视为具文，即着严参惩办，毋稍徇纵。将此通谕知之。[①]

另外一道诏书再次反映了慈禧的仁善之心，以及她渴望平息公众舆论的想法。诏书内容如下：

近来各省奏到就地正法之案，以盗犯为最多。此等凶徒，其情可恶，其愚可悯。凡为盗贼之人，每藉口于饥寒迫切，流而为匪，殊不思犯法干刑，断无生理。况若辈类非懦弱无能，倘使安分务农，本有营生之路；投营效力，亦有进身之阶。与囚禁囹圄、身首异处者，孰得孰失？且一经事发，累及父母妻子，扪心自问，其何以安？深宫轸念民生，无日不以尚德缓刑为念。用是特颁训谕：凡我赤子，尚其仰体朝廷恫瘝在抱之怀，勉为盛世良民，毋得徒逞强梁，自罹法网。着各省督抚督饬地方有司通行晓示，务使遐陬僻壤，咸共周知，用副爱养黎元至意。钦此。[②]

在国内外生活的外国人都对光绪皇帝表达了同情，这其中也包括英国公使在内的很多外国使节团，对此，慈禧太后非常愤怒。但慈禧并没有就此表现出愤怒，而是采取了从经典古籍中学到的怀柔政策。

于是，在初冬的时候，慈禧特地邀请了包括英国公使夫人在内的很多外国使馆的女士们到宫中觐见。在召见她们的时候，她的态度温和、热情，她很快就赢得了这些外国女士的欢心。但其实她的这些友好全都是假装出来的。

从此以后，慈禧越来越受到保守派的领袖刚毅的影响，在荣禄休假期间，刚毅成功说服了太后，并让她相信，想要改善国家的军事资源，提高军事力量，就应该在全国各地建立民兵团练组织。

一直密切关注着山东及其他民兵组织组建地区的传教士们，很快就意识到，这次的军事行动主要是针对外国人的。而这样一场运动的主要原因，正是太后听信并支持了刚毅的建议。

从某种程度上来说，下面这道颁布于年末的谕旨可以被看作义和团运动爆发的开端和授权状，毫无疑问，这道诏书就是在刚毅和他的同党的鼓动下

① 光绪二十四年九月初十日上谕，见《光绪宣统两朝上谕档》第24册第475页。

② 光绪二十四年九月初十日上谕，见《光绪宣统两朝上谕档》第24册第474－475页。

颁布的。诏书内容如下：

从来君民一体，上下同心，凡属地方应办事宜，虽在官为之倡，尤赖绅民共为襄理，方克相与有成。即如积谷、保甲、团练易言之似属故常，若能实力奉行，有利无弊。积谷则歉岁足以救荒，保甲则常年足以弭盗，乡团则更番训练，久之民尽知兵，自足为缓急之恃。

着自直隶、奉天、山东三省为始，以及各省将军、督抚，务当晓谕绅民，将以上各项认真兴办。其旧有章程者，重加厘订。其未有章程者，妥议举行，先从省会办起，推之通省，行之各省，速即照章举办，以期逐渐扩充。①

诏书中的剩余部分都是一些老生常谈的劝诫和警告之言，并不是特别重要。从这份诏书中，我们无法确定慈禧太后是否清楚地知道她同意组织乡兵团练会有怎样的后果，以及她是否知道自己交到团练手中的力量究竟意味着什么。

后来义和团运动爆发，慈禧在处理这件事情时所表现出来的摇摆不定的态度，也不免让人猜测，当初她是在刚毅的影响之下做出了较为冲动的举动，在没有做好准备的情况下做下了鲁莽的决定。

但是后来情况变得越来越糟糕，于是在几天之后，慈禧又一次就组织民兵团练一事下达了诏书，并在诏书中说明团练作为一支国家军队已经在她的心中留下了深刻的印象。正如大众所知的那般，慈禧的心中一直有对外国人的恨意，这种伺机报复的心思一直都存在。诏书中有这样的话：

近因时事多艰，深宫宵旰忧劳，无日不以教兵养民为念，叠次所颁谕旨，如训练兵勇，劝课水利蚕桑，兴办保甲、团练、积谷各事宜，无非为海宇筹富强，为闾阎谋乐利。至于避邪教则禁奸徒之私立会盟，清庶狱则戒愚民之轻罹刑辟，所为训俗型方者，尤属无微不至。各封疆大吏等，果能诚心宣布，实力奉行，何难朝野一心，日臻上理。乃闻向来各省，于奉旨饬办之件，并不认真遵办，不过由院发司，由司交府发县，一行了事，以致恩膏不

① 光绪二十四年九月二十二日上谕，见《光绪宣统两朝上谕档》第 24 册第 495 页。

能下逮，明诏皆若具文，积习相沿，所宜切戒。

着各将军、督抚等，通饬各府州县地方官，即将以上所奉谕旨，俱一律刊刻誊黄，遍行晓谕，遐陬僻壤，务使周知。以后诏旨中，凡兴利除弊、有关于民生休戚者，俱着照此办理。学政有风化之责，并着督率教官，会集绅耆，随时宣讲。各营弁勇，由该管将领勤加训练，传宣德意，勉以忠义。

经此次申谕之后，大小臣工，均宜振刷精神，以实心行实政，毋蹈因循欺饰之习。其绅衿士庶，亦当激发天良，申明大义，父诏兄勉，乐事劝功。平时勿怀畏难苟安之私，临事自获众志成城之效，于以固邦本而振国威，庶不负予谆谆诰诫之至意。将此通谕知之。①

之后，慈禧又刻意发下了一道冠冕堂皇的谕旨，要求军队中人忠君爱国，但因为没有什么需要特别注意的内容，因此也就没有受到军民的重视，其效果就和平时下发的要求官员尽职尽责、为民效力的诏书一样。

有些作家将这一时期慈禧下发的诏书看作是她希望有效改革国家政治的证据。但对于外国人，或者朝廷之外的普通中国民众来说，理解这些诏书中隐藏的深层含义绝非易事。

可以说，慈禧并没有以身作则，也没有做出什么事情来让世人相信她的真诚。而且，她没有采取任何措施来管理紫禁城，没有让其变得井然有序，也没有将那些宫廷中的弊端整饬干净，歪风邪气、奢侈成风的情况依然存在。

老佛爷在颁发了一系列关于文化和政治方面的谕旨之后，再一次谈及了让她心中愤怒的事情，即那个试图谋夺她的神圣权力、谋害她的性命的主谋康有为如今依然在逃。她认为百姓们并没有真正认识到康有为究竟犯下了何等大罪，于是特意在 12 月份颁布了一道谕旨，谕旨内容如下：

昨据两广总督谭钟麟，在康有为本籍抄出逆党来往信函多件，并石印呈览。查阅原信，悖逆之词，连篇累牍，甚至称谭嗣同为伯里玺②之选，谓本朝为不足辅。各函均不用光绪年号，但以孔子后几千几百几十年大书特书。

---

① 光绪二十四年九月二十五日上谕，见《光绪宣统两朝上谕档》第 24 册第 500 页。

② 伯里玺：即“总统”一词的音译。

迹其种种狂悖情形，实为乱臣贼子之尤。其信件往还牵涉多人，朝廷政存宽大，不欲深究株连，已将原信悉数焚毁矣。

前因康有为首倡邪说，互相煽惑，不得不明揭其罪，以遏乱萌。嗣闻无知之徒，浮议纷纭。有谓该逆仅止意在变法者，试证以抄出函件，当知康有为大逆不道，确凿可据。凡属本朝臣子，以及食毛践土之伦，应晓然于大义之所在，毋为该逆邪说所惑，以定国是而靖人心。将此通谕知之。钦此。[①]

慈禧就这样再度垂帘听政，重掌大权，成为大清朝的实际统治者，而她也为之后那场动摇帝国根基的灾难埋下了种子。

① 光绪二十四年十一月十六日上谕，见《光绪宣统两朝上谕档》第24册第569－570页。

第十六章

义和团运动的起源

关于义和团运动的历史，已经有很多很详细的描述，对于其起源和引发因素，也有过很多精彩的记述，如果再在此处浪费笔墨未免显得多余。但从荣禄写给他的好朋友、闽浙总督许应骙的书信中，我们或许能更加清楚地了解这场运动为什么会在直隶发展壮大，也能了解到慈禧的心腹大臣的性格、个人观点和政治手腕。书信写于1900年初，内容如下：

义和团（义和拳）起源于山东冠县十八村，最开始名叫“梅花拳”。当时的山东巡抚李秉衡非但没有禁止，反而将其收纳入民兵团练之中。去年夏天的时候，拳民与清军多次发生冲突，李秉衡却将清军的将领革职，将那些被关押的拳民释放了。

当时拳民的领导者名叫“朱红灯”，自称是明朝皇室的后裔，而拳民中的女子分部也因此而取名“红灯照”。去年秋天，因为受到巡抚的鼓励，义和团运动已经逐渐蔓延到直隶。景州知州特意张贴告示，警告百姓不要轻易相信义和团所宣扬的那些法术，并说他们不过是以前的“白莲教”改了个名字而已。这个知州和法国的传教士交好，总督在听闻此事后，稍作调查核实，便将他立即革职了。

我对此事深感遗憾，因为在王文韶和我分别担任直隶总督时，我就对这个人很有了解，且对他很是器重。

去年九月底，有拳民在直隶地区公然竖起“天佑神助，扫除洋孽”的旗帜。还有一个地方的拳民，以一个和尚为首领，率领暴民焚烧教堂。后来他们在刘八庄焚烧百姓房屋的时候，被当地的知县出兵镇压。直到士兵朝他们开火，他们方才退去。他们的匪首被捕，而且还有三四十人被击毙。从这件事也能让百姓知道，他们所说的刀枪不入不过是一些荒谬之言。官兵去捉拿他们这些人，就犹如捉只小鸡一样简单。朝廷还在匪首的身上搜到了很多符咒，经过知县的审讯之后，他们全部被就地正法。

直隶按察使廷雍①与义和团运动的开始有很大关系。我听闻他在十日前曾下令召集属下到其衙门，并劝他们加入义和团。当时恰好宣化知府路过这里，进来时便看到了此情此景。知府说："嘉庆年间时就曾有过这样的邪教组织，皇上曾下令镇压。"廷雍答道："时过境迁，今非昔比，你又何必提当年的事情呢?"知府说："时过境迁，确实不错，但皇上所下的谕旨和组训是我们永远都不能违背的啊。"廷雍无言以对，只能怒目而视，顾左右而言他，不再继续这个话题。

五月二十五日，慈禧太后下诏书称拳民忠勇可嘉，命令我等将拳民收编至团练，且各省督抚照办。我在得知这个消息之后，彻夜难眠，思虑再三，心中喜忧参半。招募爱国将士入团练，共同抗击外国人的入侵，无疑是一件好事。倘若能够对他们进行正规的训练和指挥，必然能够从中获得更大的力量，这无疑是件利国利民的好事。然而若处置不当，一旦失控，这些人将会贻害无穷。

你和我在一起共事多年，彼此了解，想必你一定认为我说的话是对的。将拳民编入团练，让他们成为义勇的想法很好。因为百姓和基督教等教众之间的仇恨嫌隙已经很深，大有水火不容之势。朝廷"诱敌于阙下"，决一死战，彼等赴汤蹈火，在所不辞，忠勇之气，固可嘉也。

但是，在运动之初，这些拳民不敢太过聚集，担心会被朝廷的军队镇压。就单凭这一点，我就知道他们未尝没有害怕的心思。因此，不能全然相信这些人，但根据我的想法（或许有些荒谬），其实可以利用他们的狂热心思来激励朝廷的官军将士的士气。等到真正面对敌人时，他们也就不会再害怕了。而拳民们所宣扬的那些所谓的法术，则可以用来壮我军的声势，让敌人害怕。但如果对他们那些荒谬的法术深信不疑，或者说相信那些法术在对

---

① 廷雍：作为义和团运动的始作俑者之一，后来被八国联军处死。

敌时真的有用，则就是大大的荒谬之言了，当然这样的想法也是非常危险的。就算这些法术中真的有能相信的，也一定是邪术。你应该也非常清楚，历史上所记载的这类迷信的事情，最开始都宣扬邪术，最后又都用这些来做反叛的事。

最近收到你的电报，你告诉我不要过度忧虑，因为拳民已经在五月二十四日的天津与大沽之战中表现英勇，获得了胜利。我实在不太相信这件事。无论如何，我们都应该牢记，南方人和北方人的脾气和性格不同①。

南方诸省，大多主张结成秘密革命社团，多是些私盐贩子或亡命之徒，他们就像是一堆聚在一起的干柴，稍微碰到一点儿火星，就能变成熊熊大火。这些南方人多为赌徒和暴民，本来就没有忠君爱国之心，倘若将这样的人大批地纳入团练之中，无异于驱使豺狼来斗猛虎，结果是猛虎毫发无伤，而百万民众却如绵羊一样被伤害致死。

而北方的拳民，最初并不是以劫掠为生，而是被宗教的狂热所驱动的。北方人鲁莽冲动，顽固又倔强，而南方人精明狡猾，并不可靠，因此很难用同一种政策来管理他们，也无法轻易地让他们采取统一的行动。甲午中日战争的时候，我军在面对日本军时的胆小软弱，和看到敌人就吓得逃跑不就体现了南方人的这种性格吗？

义和团并非训练有素的将士，但他们不害怕和敌人开战，不畏惧死亡。看到他们的忠勇之心，和同仇敌忾的义气，实在是可喜可贺的事情。但是，如果只看到这些勇敢之人，就想要让全体国民效仿他们，并以为可以依靠他们来驱除外国人，那就大错特错了，如果一意孤行，结果注定会是失败的。

我之所以告诉你这些，是想让你违抗朝廷所下的编整团练的谕旨。我敢将这件事情告诉你，当然也敢保证此事绝对没有风险。你应当谨慎对待此事，更重要的是，绝对不能让圣旨变成组织拳民暴乱的借口。迫于忧思，有些词不达意之处，还请谅解，我静等你的回复。

荣禄

---

① 许应骙本人是广东人，当时担任闽浙总督。——原注。

第十七章
景善日记

景善，满洲正白旗人，生于1823年。于1863年，即同治二年，考中进士，被授予翰林院庶吉士一职。景善以研究宋代理学而著称。同治三年，担任内务府主事。同治八年，被提拔为内务府员外郎。光绪五年，即1879年时，又被升为内务府总管①。

景善的父亲广顺，在道光年间曾担任都统一职，深得道光皇帝的信任。景善的家族不仅与叶赫那拉家族是亲戚，而且与满洲大多数贵族之间都有密切联系。因此，对于朝廷之中的事情，他十分了解，对于满汉大臣的观点，他也都知道，甚至还对他们的行动了然于胸。

在京中各部担任官职之后，景善最终于1894年，即光绪二十年致仕回家。因为他是端王、辅国公载澜和惇勤亲王（道光第五子）几个儿子的师傅，所以与几位拳匪的领袖关系十分密切。

景善的命运十分悲惨，即使将其放在1900年8月被战火侵袭的北京城的凄惨苍凉的背景上来进行对比，他的命运也要更凄凉几分。当时的大清正经历着残酷激烈的战火，拳匪暴乱、甘军烧杀抢掠、洋人入侵等让国家

---

① 关于景善的这份生平简历，并没有找到相关文献记载。据《北京市志稿·人物志》（燕山出版社，1998年）："景善，姓马佳氏，字茀亭，满洲正白旗人。同治二年进士，由庶吉士改□部主事。历官内阁学士。光绪十年四月，擢工部左侍郎。闰五月，调户部。十三年正月，调吏部。十五年二月，因病解任。十月，授礼部右侍郎。二十年正月，以京察休致。二十六年七月，以联军入京殉难，照左都御史例赐恤。"

民不聊生，而景善的家中也不得安宁，女人们无休止地争吵，儿子们不孝，这些事情都被他记录在日记中，阅之令人心酸。

8 月 15 日，联军攻入北京之后，太后仓皇出逃，景善的妻妾和儿媳等人自尽，而他本人也只不过比别人多活了几个小时，之后就被他的长子恩澍亲手推进了自家院子里的一口井中淹死。而恩澍也因为私自收留武装拳匪，最终落得个被联军枪毙的下场。

这本日记是陈冷汰于8 月18 日在景善的书房中发现的。当时正有一伙印度士兵要将它烧掉，幸而被抢救了下来，这才使之得以保存。日记是从1900 年1 月开始记载事情的，一直到8 月截止，其中所记载的内容有很多都是枯燥乏味的琐事。

以下摘录的内容不仅展现了太后在这场疯狂而愚蠢的悲剧中所扮演的角色，而且表现了努尔哈赤的子孙们的愚昧无知。内容如下：①

腊月二十五日。今日澜公来宅。公爷素不忘师弟之情，甚佩之。言以毓抚在山东所立之义和团，颇有关系大局，大能为国家出力也。公爷亦将昨日召见之情形告之甚详。圣母先于鸾仪殿［仪鸾殿］召见恭、端二王，贝勒滢、濂二贝勒，大学士，各部尚书，内务府大臣等。老佛降旨，有易大位之意。言以年前立皇上之时，各省之中，啧有烦言，因穆宗无子之故（也）。况当今实属辜负厚恩。具有天良，应如何孝顺以答之？不意上年康党之变，为皇上作主，害予一举，为上赞成。是以现已定夺。立刻废之，另立他人为穆宗之子。元旦嗣皇应登极也。兹由卿等商议，于废上之后，应如何处置之。查前明有废上之例，英宗被北狄抢往蒙古之后，景泰代之，八年后，将英宗复位，并将代宗降为亲王等谕。

无人敢奏对，缄默甚久。嗣由徐相奏："似乎应请太后赏皇上'混德公'之名号，未尝不可，盖此名号系元朝进赠南宋之废帝也。"老佛颇为

---

① 《景善日记》是本书中争议最大的一篇文献，目前学界的主流观点都认为这篇文章为伪作，原件收藏于伦敦英国图书馆东方书籍及手稿部。本文在做翻译时，以《中国近代史资料丛刊·义和团》第一册中《景善日记》（据章伯钧所藏影印本抄录，神州国光社，1951 年）为底本，参校荣孟源重编《中国近代史资料选辑》（三联书店，1954 年）第七辑所收该文。文中错处已经在方括号中改正，遗漏处已在圆括号中补全，存疑之处已经用□代替。

嘉赏。嗣后告知王公等以“拟立载漪之长子承大统，盖端郡王素称恭顺，从此以来，载漪务须常川入宫，照料伊子之典学”等谕。孙相于此奏对：“臣不以废帝为然，务请太后斟酌再三，诚恐南省接耗之下，必有造反之意，立储一举，太后自有权衡。惟务俟万年之后，方可议及”等语。慈颜颇滋不悦，谕以“此事非尔汉人所知，尔等无干豫之权。今日召见汉尚书，系予格外之恩。早将此意告上，上未敢违命”等谕。太后嗣后降旨，命各王等往勤政殿跪候慈驾，以便共拟立储之旨。但废帝一事，应俟元旦方可施行等谕。

王等如命（至）勤政殿。数分之后，慈驾至。王等跪接，叩首三次。随驾之太监颇多，老佛命伊等等候在殿外，后派李总管请皇上。圣驾至门外，上下轿，老佛已升宝座，上如仪叩首，老佛命上入殿，至殿内，跪请圣安。百官尚跪在外，老佛有言：“尔可进来，不用跪下。”等谕。并命上坐宝座之上，复将所拟之办法宣告于众。上曰：“圣母之意，甚为妥善，正适朕意。”嗣由荣相将军机所拟之旨进览。慈颜甚为喜悦，谕以“如此办理可也”。于万岁爷之前，未提及废帝一举，不过商议立储一事而已。老佛命王等立时下朝，后叫起军机，惟公爷不知系为何事。皇上颇有失措愤懑之状，似如梦中，不省人事耳。

三十日。早起，在花园溜腿，命刘顺剃头。今晚伊回宝坻系过年。予长子恩澍，屡次请予赏伊五十两，购买银鼠马褂，伊家属不孝之极也。

前东抚毓贤之女婿济绶卿来谈，云以毓公有补授晋抚之望，因法国教案①之故，在抚山东任内，担处分开缺。惟来京之后，于召见之时，颇蒙老佛嘉许，盖其大公无私之名，早入圣鉴之中矣。大刀会灭洋一事，老佛尚不认可，因恐我势太弱也。毓公常往端邸，有密商之事。端云以洋人所要索之事，本易了结，尚盼授总署大臣一席，当不难令彼族为敛迹也。端邸骄奢淫逸，恐成不了大事也。济君现搬往拐棒胡同也。

二十六年元旦。今年予享七十岁有八也。予子笑予耳之不聪。伊等实在不孝，太无出息。前五十年，予作内务府郎中之时，渥蒙宣宗嘉奖，赐

---

① 被害人不是法国人，而是英国人。即1899年12月31日，朝廷刚好做出将毓贤革职的决定之后，布鲁克斯神父被杀害。——原注。

赏御笔朱子诗一首，赐赍骈蕃，感激何极矣。诚恐本年欲起不祥之事，现人布散流言，盖每逢庚子之年，如闰八月，必有意外之患。今闻老佛本拟于今日易大位，立嗣皇帝，以亨庆［普庆］建元。乃予第三子内务府主事恩麟，方由皇寿殿［寿皇殿］回来，言以大阿哥恭代行礼。今年大阿哥十五岁，聪明过人，年少气盛，今早在景山门外，下轿步行如仪。

五月初五日①，端阳佳节。早起，适于小套间洗脸之时，霍司门拿进刚相所赠之猪肉十斤，并问候予之起居。予尚未闻中堂与赵军机已由涿州覆，不知二公查办义和团如何了局。据价云，午后中堂拟来相谈一切。

恩澍与恩麟今日在济宅观戏，恩铭在颐和园当差，闻老佛已降观戏四日之懿旨。不知刚中堂因何尚未请圣安？大约昨晚回京太迟，务俟明日方可复命也。

申刻，刚中堂来谈，留吃饭。予甚佩予贤弟，军机大臣之中实为矫矫。今年尚望平顺，品行端谨，令人钦佩。闻昨日数百夷兵进城。中堂等昨酉刻到京，已将神团一切情形，一总具缮底稿，明日递进。端邸请假五日。昨晚刚相走访，彼此谈叙之时，庆邸所派之员请谒。请安之后，云以三百洋兵，于本日曾经由天津启程来京护使馆，由庆邸恳求端王，勿庸拦阻该兵进城。其数甚寡，不足挂齿。是以盼端邸命虎神营不许相敌。况老佛已从各使所请，准该兵来京。由端王问该员其详细情形。伊云以庆邸已接裕帅来电，该兵无炮。于是端王大笑，言以寡不敌众，数百幺幺小鬼，何益之有？

乃刚中堂告知予，以伊颇不然，洋兵之来京，曾请端邸吩咐崇统领极力拦阻。但荣仲华已允其来，是以未果矣。刚相颇滋不悦，不知荣中堂系如何起见？闻上年底，端邸与荣商明易大位，立大阿哥一事，端王颇承认：如未经荣相认可，奏请老佛废帝，恐立大阿哥一举，难以告成。乃目下荣相竟参神团，请太后万不可纵容匪徒造乱，如若荣仍然固执己见，诚恐太后永无信团之日。端王云以“大阿哥在颐和园，打扮义和团二师兄，与太监练习，偶被老佛见及，立刻将大阿哥严加责备，并将徐相申饬，因伊失察，致负其常川照料之责也”。

---

① 正月到五月的日记都是些琐事，没有意义，故从略。

向端邸告别之后，经刚相出前门，观洋兵之路过，人民肆口詈骂，惟未敢拦其前来。想伊等大无生路之望，不过等死而已。

刚相此次往涿一行，令之甚信神团之术，颇有众志成城之效。通省定志，将洋人前［翦］而朝食。五尺之童，执有软戈不共戴天之状。涿郡龚知州已将大师兄数名拿获，立时由刚、赵二位将伊等释放。令之练习神术，实为从古未有之奇事。虽数人屡次被枪子所中，均未受伤，可谓可怪之至。伊等立时由地起立，丝毫无伤害之状。于练习之时，观者如堵，人山人海，知州之署为之满也。赵大司寇云以年前在山西原籍，亲睹此项之神术。汉末之时，张角率领数十万人创黄巾之乱，为玉皇所保，不怕刀剑，大致与此次团民相同。

明日，由刚等将一切情形奏明，请老佛准该团投入军伍，足为国家之干城。乃应派端邸与刚相充团练大臣，因荣相料其必无与洋兵相敌之力也。虽李总管甚信团，并时常将其所睹之神术为老佛陈之。慈圣果能允准否，尚在两可之间。盖荣相现荷圣眷至优极渥，非端等所可比者也。兼之圣母春秋已高，必不主战，所好皆文雅之游戏，藉以消遣，如观戏、描画、著诗等事。素时性极温和，乃因意外之事，大发雷霆，令人不胜悚惶战栗之至。

先考充内务府大臣之时，身经孝贞显皇后，允恭忠王之请，将安总管在山东就地正法。老佛闻耗之后，言以总管内务府大臣，均谋不轨，因未将实情奏闻。并以恭邸有谋叛之意，亲贵大臣，难辞负义忘恩之咎。彼时恭邸颇不安于位，实因此，故未立滢贝勒入承大统。于彼时由掌仪司严加讯究安总管所居之太监，以便查出的实情形，嗣将攻讦安姓之太监于大内杖毙，以为不臣者之戒。

现时老佛慈善之心，不忍杀害洋人，如老佛肯降与洋人开战之旨，当不难灭尽彼族。所有交民巷一带之洋楼，亦当焚烧，致有片瓦无存、鸡犬不留之惨状。刚中堂在此谈叙一时之久，然后往端邸，赴李总管所订之约，以便密商要事。

工部左侍郎堃子岩来谈，云以庆邸本不信团，力言其愚谬无用，其邪术不值识者一笑。乃日昨召见之时，老佛问其意见如何，究竟可否恃团。庆邸以含糊之词奏对，谓将来保甲一举，于国家之平安，颇有关系。

戌刻，恩澍方由济宅归家，云以无不以荣相为非，所准洋兵进城一事，实系糊涂，本应极力拦阻。毓公由晋来函，告知济君以目下山西团尚少，现拟设法创办此举，以便联各北省敌王所忾。兹闻袁中丞有入洋教之意，如将山东之团禁止，其罪不容于死也。

恩澍之妻大不孝，今晚因细故与姨太太口角，将有动武之状，女子难养，近之则不逊，远之则怨。予望八旬，不应受家人之欺，实系难忍之苦楚。

五月十二日。今日午刻，恩铭由颐和园随扈还海。此次老佛未乘御舟，由石路进城。慈颜颇有忧闷之状，沿途屡催轿夫，急扇以扇，铭以蓝翎侍卫，距圣驾甚近也。

昨早召见荣仲华一时之久，将烧铁路情形说进，以致有还海之旨，团民避刀一事，老佛遽信①。闻荣相续假五日。除荣以外，老佛所作情者，即刚、启二大臣。于迎［瀛］秀门，皇上及大阿哥跪接慈驾。还海之后，立时召见端王。所可惜者，系太后游疑不定之状。目下于召见时，皇（上）默然无言，虽太后垂问，亦不置可否。董军门亦随扈进城，今日参刻（劾）仲华，并言：如准其攻使馆，于五日之内将洋夷灭尽。惟荣中堂因不信团之故，实系汉奸，如不乘机与洋人报仇，诚恐圣清将有不安之日等语。董系鲁莽昏谬，其词色不恭之至，似与满人有仇。刚相其嫌之，乃一时不得不以礼待，以维大局。

十四日。启军机来拜，将所拟绝裂上谕底稿持出，企盼日后太后认可，惟至今尚无开仗之意。午后，往澜公府邸一访，因今日系其夫人之寿辰也。于外院留住佐领文顺，带有团民一百余名。农民占其多数，其内亦有十几岁之幼童，偶然灵游象外，嘴流白沫，嗣后起立，伸手乱抓，喊叫狂言。澜公颇信伊等，届时能指出二毛子之住址。公爷之夫人，时常进内，将此等情形入告老佛。大公主亦准二百多团民于府内寄宿，乃尚未敢为太后提及。现滢贝勒业经练习团术，该会一切之举动，令人钦佩。现由甘军之勇进外城，内外城之移徙者，几于门不能容。

---

① 在《中国近代史资料选辑》中，这处写作：老佛尚不敢遽信。

十六日。荣仲华今日消假。礼王未敢将甘军于永定门外杀害洋夷①一节入奏。嗣将荣相叫起，不知老佛垂询何事。乃刚相云以大约经荣奏请，命董军率领其勇，立刻出京。并降旨将被害之日本书记生从优议恤。于召见之后，荣相立时回宅，未入军机处办事。于是日未叫起他大臣。风闻洋兵续行来京之耗，惟老佛尚未允从，徒荣相大约亦不以为然。现已奏请派带兵大员将洋人送往天津，沿路妥为照料。盖春秋之（义），不戮行人，本与万国公法相同也。

十八日。昨日薄暮，恩澍告以数百团民，已由崇文门进城内。所可惜者，先［现］在步履维艰，未得亲往一观，派郝景廷将一切情形略为报告也。此事真系本生之大幸，除使署以外，业将各洋楼烧尽，实非逆料所及也。

夜间，城内各处火光烛天而起，观之不胜欢喜之至。刚相派价告知以及三更后同澜公前（往）顺真［直］门洋堂，以便督催焚烧该处之义团等。伊等将教匪老幼男女烧死五百有余，该处俱成粉碎，其焚烧之屋②，几成山堆。澜刚二君，掩鼻而过也。黎明，刚君上朝，李总管告之以老佛由南悔迤西之山石游览一切，于焚烧顺直门内洋堂之时，正适老佛在该处站立，偶见烟起，垂间［问］李姓一切细情。李云以先由洋人在崇文门放枪，伤害多人，以致义勇大抱不平，杀教民、烧堂为报复起见。

探闻徐相尚未得逃出交民巷，因洋夷阻塞街道，不许出入。老佛颇为挂心，命庆王立刻照会各使，令其外出。老佛深嘉义勇之勇敢，大约将有允攻使馆之意。但李总管告知刚相以不可于老佛前过于赞美义团。除荣相外，大臣均不敢建白也。老佛拟于日内还宁寿宫，因南海距西什库甚近，如夜间攻击，难以成眠也。

二十一日。外城日见烟起，缘义和团随心所欲，用火焚烧洋药铺，该处一带，大遭回禄，炉房、首饰楼被烧毁不少。火烈昆岗，玉石皆焚，此言不假耳。虽真正义团系安分良民，其中匪徒，固不乏人。伊等依附其间，实为伪团，无恶不作，颇于真团之名声有妨碍。二十日焚烧前门楼

---

① 被杀害的人是这个驻华使馆的书记官杉山彬。——原注。

② 在《中国近代史资料选辑》中，这处写作：焚烧之尸。

后，老佛命荣相多派旗兵，在城上巡逻，以免土匪潜入大清门。

午后，予之侄来宅省亲，裱褙胡同荒乱异常，是以意欲搬往北城，住其仗［丈］人宅内也。探闻老佛允端王之请，将授为译署大臣，并责成荣相等，克期将洋人一律送出城外，不准义和团沿途攻打也。今降懿旨，派予知己启军机与那阁学在总署行走。昨由那阁学奏请先与各国下宣战之书，不俟重兵之来京也。老佛现命那阁学帮端王、启军机设法将洋人驱逐出城也。庆仍不建白，义团一事，未置可否，为留将来之退身步也。荣相本愿护送洋人至杨村一带，乃直督一席，奏请另派贤员，因裕帅难负重任之故也。

今晚，太太病势危笃，于炕之上东挪西展，颇有不安之状，不知口出何言，嗣由刘大夫医以针灸也。

二十四日。昨午刻，裕帅有到京奏，以洋夷胆敢要索我大沽炮台，归彼族看管；并请皇太后立时宣战，以申天讨，而正国法。太后立时叫起王大臣，慈颜颇动圣怒，定于了今日召见王公、六部尚、侍、九卿等，垂询一切。嗣由端王、启军机、那阁学将各使适才致送之照会呈览。该照会[①]竟敢请老佛立时归政，将大阿哥革职，仍请皇上复位，兼之由彼族请皇上允准一万洋兵来京，为弹压地面。刚相云以未曾见慈颜如此之怒容，康党之变，虽大发雷霆，尚不如此之甚也。老佛有言："彼族焉敢干预予之权，是可忍，孰不可忍也。当以灭此朝食。"现老佛定准立决死战，慈意所属，虽沐恩甚优之荣相，亦不敢劝阻，恐生意外之故也。

兹老佛业经准荣相之请，沿途护送洋使，乃被团民所害，中国难担其责。因各使所请归政一事，实属情理之外，万难略为优容也。太后本愿贷其一死，以示体恤至意。乃洋人等具有天良，应如何感激厚恩，报答于万一。日前朝廷勉允所请，准其来兵为卫馆保命，绝不干预国家公事。深信其词决非虚伪，是以仍为保护，禁止团民攻馆。现其实情显然，万不可信其前言。与其受洋人之指使我□［固］有之权，何如大讨大伐，以免遗羞万世等谕。慈禧以坤元兼乾元，圣明过人，实为旷代所无，历朝帝王之中，殆无其匹也。

---

① 这份照会是伪造的。

二十四日。酉刻，午后走访贤弟刚相，询乃今日召见之情势。寅刻，老佛升仪銮[鸾]殿，召见军机，礼王，荣王、刚三相，启、赵二尚书均到，皇上未临。此次召见，系为各军机先行抒陈其意见所及，伏乞圣明作定。于第二次召见各王大臣之时，应如何定国是。先由荣相泣叩天恩，披沥密陈，言以“洋人本无礼，中国本应宣战，乃端王与军机大臣所主张攻击使馆一举，实为非计之至。今祸乱日亟，愚妄之见，不敢不冒死渎陈于圣明之前。以春秋之义，两国构兵，不戮行人。蔑视各国公使，即蔑视其国。若任令团匪攻毁使馆，尽杀使臣，各国引为大耻，连合一气，致死报仇。以一国而敌各国，愚谓不独胜负攸关，实存亡攸关也。务须维持大局，庙社不惊，万民幸甚”等情。慈颜颇不悦，力言其非：“如此怀挟私见，不顾大局，万难允从。如愿令洋人立刻出京，则无所不可。义和团尚未攻击使馆，惟从今以后，未便再行拦阻。朝廷不得已之苦衷，非臣子所知；惟荣禄如此之愚，实非逆料所及也。所请万难采纳，勿庸再为渎请，准其立时下朝。”等谕，嗣由荣相叩请圣安，立退。启军机由靴里呈出章京连文冲主笔、身带多日、失和宜杖[仗]之上谕底稿，内有云：“不若大征大代[伐]，以决雄雌。”览后，慈颜甚喜，言以“此稿甚善，正合予意”。后命大臣各言其意，无不主战，兹由李总管跪请慈驾先还暖阁用茶膳，少坐。盖定于六钟在勤政殿召见王大臣也。

贵族懿亲均在殿外跪候圣驾，即恭、醇、端三王，濂、滢二贝勒，澜公与其弟庆、庄、肃、怡四亲王，军机大臣，六部满、汉尚书，九卿，八旗都统，内务府大臣等。两宫乘四人抬之轿，同时临殿，皇上先降轿跪候。慈驾到，由李、崔二总管扶掖升宝座。皇上圣容白如死灰，于坐太后宝座以右之时，圣体颤动，步履维艰，颇有忧虑之状也。太后先命王等进殿内，跪聆懿旨。词气极为激烈，谕以“万难稍为宽容洋人无礼之要求。如稍事姑息，在国体殊有妨碍，更何辞以对在天之灵也。在各使未请归政以前，尚有严惩团民之意。乃归政一事，朝廷自有权衡，非外人所得干预也。况当今体素称弱，垂帘听政，本系不得已之举，现已定夺与洋人决裂，不可再为挽回也。予卧薪尝胆，四十年有余。五月二十夜戌刻，杜领事索取大沽炮台，实属情理之外。乃各使干预听政之权，殊系狂悖已极。荣禄以老成谋国，中外咸推之大臣，此次胶执己见，力主护使，未蒙俞允。际若国家多事，时局维艰，草野之民，具与有责。尔汉大臣等，应记意。以我国家二百余年深恩厚泽，浃于人心，食毛践土者，思效力驰驱，以答载覆之德。朝廷于用舍大权，斟酌至当，毫无容心。南省之民，皆□［我］赤子，一视同仁，不分畛域。我朝以礼教立国，偏灾见告，无不恩施立沛。听政伊初，正发寇俶扰之际，仰承天府，消平大难，转危为安。凡有血气，何尝不愿聚彼族而歼旃。虽自称文明之国，其一举一动，大则侮慢圣贤，小则欺压平民。我朝去尝不以礼待彼，以示怀柔远人之谊。前于康熙年间，朝廷勉允其来华传教，是实为民教相仇，圣祖之一大缺点，致遗殷忧于后世，何敢谓其曲全出于民。外侮频加，臣民均应图报。国家现欲齐一人心，当不难翦彼族之势，而张吾国之威。彼传兵甲，我传天理。予待民如子孙，民戴予如天帝，吾民颇明敌忾同仇之义，我国共有二十一行省之多，我人民不下四百兆，加之数百万义勇，急难从戎，奋忠义自矢之心，以及五尺之童亦软戈，实为千古所未有之美谈也。先于咸丰十年，夷寇猖獗，京师戒严，正时势孔棘之际，夷人胆敢扑海向［甸］圆明园一带，掳掠一空。我兵数十万，竟无一人敢当，实为可耻已极。臣工互相观望，转误事机。乃时局已变，亟应乘机同举报复，不负予之厚望，其尚勉之”等谕。

老佛言毕，垂询皇上圣意如何。圣颜悲戚，默然颇久，似乎欲言而不敢言，后云以“应请太后允从荣禄所请，使馆不可攻，洋人亦应送津，惟是否有当，出于太后圣裁，非朕所敢作主者也”。赵军机奏请老佛降旨，将在内地寄居之教士等，立刻戕杀，免有间谍之患。太后即命军机统筹大局，从速议奏。后由户部尚书立山、吏部左侍郎许、太常寺卿袁等，恳求太后，不可向各国宣战，因寡不敌众。外洋之强势，万难抵御。并以团民非义民，不可恃。如与各国轻易开衅，宗社难保，内乱欲起，以致存亡呼吸，朝不保夕。袁公力陈：“邪术不足信，以臣亲至交民巷，见尸骸狼藉，显被枪炮轰毙。”并云：“洋人以信义为重，臣值总署大臣有年，外洋之情形无不熟悉，至各使咨请归政一事，臣保其必无。我内政之权，洋人虽愚，焉能以恫喝之辞干预。足见该照会之伪。”等语。于此，端王于太后之前面，斥为逆说，詈之以汉奸。端王以无礼喧嚷，被太后申斥，乃命袁公立刻退值。皇上感至执手泣涕。除许等外，他大臣等作袖手旁观之状。

太后命立刻宣开衅之上谕，于接仗以前，拟在奉先殿先行行礼。派庄王澜作为团练大臣，但如洋使今日出京，仍由荣禄极力护送至津。于午正又将军机叫起，除端、澜以外，大臣退值。探闻徐相已得逃出与［东］交民巷，亦蒙召见。太后颇为庆喜之，盖恐伊有性命之虞也。闻以澜公将夜间玉皇降世一事，陈进于太后之前。适公爷与团民设坛之时，玉皇出显神团一事，颇蒙嘉奖。老佛甚喜之，言以“垂拱元年，经玉皇降世一次，实系吉祥之兆，中国大有得胜之望”。

未刻，刚相入值之时，庆王于军机处伺候召见，颇有进退维谷之状。适才由领催恩海至邸禀见，告以本日九钟，于总步胡同对过之处，将乘坐轿之洋人二名戕害。业经奉端王、启大人之命，将沿路游行之洋人一律杀害，由恩海叩请庆王，特为保举，盼得不次之赏。端王接耗之下，甚为欢喜。先由庆王、刚中堂相商良久，拟立时入告老佛。刚相以使馆旦夕间便可铲除，杀害一二洋夷，不甚紧要。乃王不以此说为然，盖星使实非教民可比，诚恐各国引为大耻，连合一气，致死报复。前于咸丰十年，因中国虐死英人一事，该国无理取闹也。后将军机叫起，庆王未蒙召见，由礼王将杀使臣一事入告，并云以“先由洋人放枪，是以咎由自取”。慈颜颇为动容，立刻将荣相召进。惟刚相因备办团民米面一事，为时甚迫，刻即退值也。

恩澍来，告以甘军现正攻击使馆，并以荣力主护送洋人之办法，已成画饼也。谓以飞过之枪子甚多，惟因耳太重听之故，未闻其响也。刘顺请假六日，移徙之家颇多，不怪其然也。

二十四日。戌刻，恩铭来，告以甘军业经拿获洋夷一名，由二三勇将伊带往庄邸，以铳剑刺之，受伤甚重，不知口出何言，现已将伊议拟定正法。该勇必得懋赏。庄王已授为步军统领也。此可谓前车之鉴，不知屯扎宫门以外之幺幺小鬼，对于此事，有何等感情也。探闻荣相率领旗兵二千余名，本拟将洋人送往天津，惟老佛有言，现无拦阻甘军功［攻］打使馆之意，如洋人愿出京，则仍听其便。大约沿途无人攻打，否则勿谓言之不豫也。

澜公约予于明日走往一谈，目下公事甚为忙迫，乃无不照老师之礼待予，令人钦佩之至。其弟亦然，其性维［虽］极好勇，尚属温柔。现由绶卿派人问予，愿否搬往北城，留住伊宅内，因东安门内距使馆甚近，恐在此殊多不便也[①]。经予善为辞之。济君已将昨日召见之情形，函致毓抚台也。

澜公来函，以那阁学桐告知端王、启军机，以袁少卿将被害之洋夷，业经收殓。由那学士请端王戮尸，并于东安门枭首示众。惟袁公力主不可，云以于心不忍，伊以总署大臣与德使相识，不能不以其尸入棺也。今人乍见孺子将入于井，皆有怵惕恻隐之心。乃此等汉奸，竟敢矜怜洋夷，将变夏于夷也，不亦怪事。

二十五日。申刻，经轿夫均逃跑城外，是以不得不乘坐轿车往澜公之第。端王、刚相、濂贝勒、崇四均在座。今日老佛召见端王，两宫业经还宫也。圣驾出西苑门之时，慈颜甚喜，因有六百余团跪接，颇蒙老佛嘉奖。并问载勋曰："伊等尚称坚强，可为庆喜之。赏伊等以二千两。"老佛告知端王以"洋人之情事，实如釜中之鱼，予待洋人未尝不厚，并赐其女眷游览南海。现如众志成城，洋人必为败绩也"。端王甚盼老佛立刻易大位，所不幸者，刘制军颇为太后最所倚重，二月之间，迭奏以团术不可恃，并力言立大阿哥之非计。如刘公无此奏，废帝一举，早为玉成。是以端王衔之甚毒也。刘奏南省将反，恐于圣清无益，乃此事与汉人无干。光绪元年以来，内忧外患，不一而足，应以废之。如端欲立大阿哥，何难之有？盖甘军、虎神营必当相助。乃恐如荣相不认可，老佛未必准之。荣夫人[②]时常命入宫内也。

二十六日。恩澍与恩铭业将我外院让义民，以致本宅非己所有，大有久假不归之景象，并务须供以米面。虽灭尽洋夷，为臣民所应尽之责，适此米珠薪桂之际，以阿堵中物掷于无何有之乡，实属可惜。予望八旬，似近萧安爱钱之性，百万一聚，黄榜标之；十万一库，悬一紫标。传以颇受家人之怨恨，现予子甚盼夺予之钱，则恐艰［难］以副望也。

今早往礼邸一谈，王忧闷异常，恐其财必［被］枪［抢］之故也。以

① 景善的家在东安门内，在当时的使馆区北边大概0.4千米处。——原注。

② 指的是荣禄的福晋，她最初是荣禄的侧福晋，在前正福晋1900年9月去世后被扶正。她是慈禧最喜欢的密友。——原注。

军机之领袖，颇有自愧才短之叹。王本无能之名，难明因何渥蒙慈眷优隆之故，畀以此重任。礼王云以今日召见之时，老佛颇动圣怒，因刘督电奏参团之故也。闻以刘亦电请荣相，即为设法挽回大局。不知荣相如何答复。此疏系由廷藩台转送，语言极其痛切，颇愿带兵北上与各国相战。乃戕孤弱之洋人，无补于时，并为不仁之至。老佛阅览之后，颇滋不悦，引以车辅相依、唇亡齿寒一言。盖刘公于削平寇乱之际，不无微劳，何以不明是理乎？老佛现亦降旨，命载勋等立刻悬出颁赏之告示，由广储司给发，现将原文缮列于后：

步军统领载，团练大臣刚、载，右翼总兵英

悬赏出示晓谕事：照得京城教堂烧毁殆尽，洋人无处隐为藏，势必纷纷逃匿。如此示仰尔士庶兵勇，其有藏匿洋人者，固为法所必诛。果能生擒洋人一名，男则赏银五十两，女则四十两，幼则三十两。务须真正活口，验明后，立即照数领赏。各禀遵勿违。特示。

正适予与礼王相谈之时，荣相乘轿而到，殊有精神将衰之态，力言团民不济于时，并云以该匪胆敢于路过之时，詈之以汉奸。予未答对，想以此称不为过当。荣相于旗员之中，实为铁中铮，其禀性果决有端，诚恐义团一举，为荣一人所坏也。

回宅以后，闻以端、庄二王业经派兵攻击西什库，盖护卫彼处之夷兵，为数无多，当不难攻破矣。礼王胆小，有搬往他处之意，因恐乱民闯入府内之故也。现予院被团民、甘军所占，本宅实非己所有。洋人胡闹，真为予所恶之也。

戌刻，礼王将荣相寄往济南府由袁抚台转之电，令之一观，惟不可泄露也。其文曰：

直隶藩台转送李钦差、刘制台、张制台、鹿抚台、王抚台、松抚台、于抚台、俞抚台鉴：来电敬悉。以一弱国而抵十数强国，危亡立见。两国相战，不罪使臣，自古皆然。祖宗创业艰难，一旦为邪匪所惑，轻于一掷，可乎？此均不待智者而后知也。上至九重，下至臣庶，均以受外欺凌至于极处，今既出此义和团，皆以天之所使为词。区区力陈利害，竟不能挽回一二。因病不能转动，假内上奏片七次，无以勉，力疾出陈，势尤难挽。至诸王、贝勒、群臣内对，皆众口一词，谅亦有所闻，不敢述也。且两宫、诸邸左右，半系拳会中人，满汉各营卒中，亦皆大半，都中数万，来去如蝗，万难收拾。虽两宫圣明在上，亦难扭众。天实为之，谓之何哉！嗣再竭力设法转机，而是日又为神机营兵将德国使臣击毙，从此则事局又变。种种情形，千回万转，至难尽述。庆邸仁和，尚有同心，然亦无济于事。区区一死不足惜，是为万世罪人，此心惟天可表，恸恸！本朝深恩厚泽，惟有仰赖列圣在天之灵耳。时局至此，无可如何。沿江沿海，势必戒严，尚希密为布置，各尽全心。禄。泣电复。

闻以张香涛电奏，欲遣恺军北上勤王。香涛本随波逐流，上年立嗣之变，方是时，惟刘督一上章切谏，张则援吴可读以自解，不敢稍立异同。张向日声名坠于涂炭，公之闻望，乃有一落千丈之势矣。刘有魄力，敢拒神团，予虽稍倡异意，甚佩其立言得体也。

闻以老佛每日于万几之暇，必将神团咒语诵七十次。诵毕由李总管言以“又亡洋夷一名”等语。

二十七日。今日卯刻，将洋夷于东安门内处斩也。现由东安门榛枭，因无辫之故，收入木笼，其面貌真难入目，惨不堪言。现有洋夷之首级，悬于我宫之外，岂非本生之大幸耶。前于咸丰十年，记忆以曾亲王在刑部外，将黑夷数置诸典。荣相本有抢求该夷之意，乃由端、庄二王业经定夺，将伊正法；是以荣之亲兵未到以前，早将洋人身首异处也。日昨由王爷严审讯，命其跪□［锁］数时之久，洋人呻吟不已，求王施恩救命，为耳不忍闻。已由端奏明老佛，赏该勇等银五百两，由广储司给发，以示信赏必罚之至意。

虎锯本宅之团无礼，言以不许吸吕宋之烟，后因看予岁数已高，仍将其交回。现在各种外洋之物品，一概不许使用。张德成等，本系棍徒，为地方巨害，现为王公器重，待如上宾，实系怪事也。

今晚，澜公来谈，言以今早大阿哥竟敢詈骂皇上以“二毛子”。后因被申斥之故，以拳击圣颜。皇上立刻奏老佛，慈颜颇动圣怒，命崔总管鞭挞大阿哥之臂二十。端王深滋不悦，乃实不得已，因深惧老佛或有不满意之处，稍毁告矣。老佛游览宫内花园之时，偶见使馆一带火光烛天，由太监等入告以“洋人将灭矣”。

乃午后召见许侍郎，将伊与袁公参王大臣之密折呈进，并奏以甘军将翰林院烧毁，俾使馆易于攻破之故。慈颜颇怒，将董严加申斥，立时将荣相召进，商量甚久也。

今日裕帅来致奏疏，以我军与团民合力痛击紫竹林洋兵，并焚毁洋房不少，于大沽停泊之轮船二艘，业经被击坏矣。今日由庄王，王芬额驸，桂、贻二公，于庄王府外杀害教民数百名，遭池鱼之殃者，亦有不少也。老佛以仁慈性成，颇为动容，甚惜之。如教民革面洗心，尚能令之漏网，以示皇仁。

五月二十九日。今日卯刻，端、庄二王与贝勒载濂、载滢，率领义勇六十余人，胆敢闯入大内，搜拿教民。两宫尚在寝宫，乃太监均怕端邸之权势，未敢拦阻。王等至皇极殿外，大声鼓噪，云以“我等颇愿见皇上，因有紧要之事”等语。言毕，口出不逊，竟敢詈上以“二毛子”。此事予闻之甚详，因总管内务府大臣文公告知一切情形，端似有酩酊之态也。伊等喧嚷之时，老佛正用茶膳。义团大有弑君之意，呼为毛子，概以猕薙为快。老佛大发雷霆，词气极其激烈，云以“岂料尔等便忘戒励，以致所行所为，狂悖至此乎？载漪实谋不轨，自取屠戮，原不足惜，其如老辈何？废皇上一事，非尔等所得干预，予自有权衡。大阿哥之名号，本不难撤，将伊逐出宫外，真如反掌之易。如尔等欲乘国家多事之秋，倒行逆施，肆无忌惮，其愚谬已极，不得不为尔等痛言之。尔等不顾大局，徒快阴私，实为狂悖之徒，煽为邪妄之说。现由尔等立刻退出，除入值之时以外，永不准擅行入内，以示慎重。尔等当向皇上叩首，求恩恕罪也。尔王等着罚俸一年，以示薄惩。至于团民，胆敢持枪抗拒，犯上作乱至斯，应立时处决，以昭炯戒而维国法。嗣后尔等在廷诸原［人］，切切［切勿］再生事端，致滋罪戾”等因。荣相遵旨将团目二十余名，在东安门内立刻正法。皇上慄慄危惧，颇感圣母再生之恩。

戌刻，因端邸目无法纪，纵容团民滋事，老佛深恐此狼子野心，或生他患，是以允从荣相所请，准其前往使馆慰问各使，并欲立刻停战归好。荣相于酉刻，率领亲兵至北御河桥，等候多时，洋人始敢露面。彼此遥议良久，先将懿旨缮写于木牌之上，其文曰“钦奉懿旨，力护使馆。钦此”等因。令洋人看之，以释群疑。荣相深盼与使会晤，以期商订切实办法。于三小时之久，未经放枪，颇为安静。不意恩铭才适来，告以老佛倾接我军于廊坊得胜之耗，甚为欢喜，仍有攻击使馆之意，并令团民将洋人灭尽，谅仍有寝其皮而食肉之一日矣。

六月初四日。戌刻，刚相来谈，云以董军门今早至荣相府第请谒，因意欲借大炮也。先是司门者未敢回上，令董等候一小时之多。于伊入见之后，颇有暴躁之态。荣不应，隐几而卧。

董不悦，乃荣相哂笑之，云以“如君必用我炮，请君向老佛恳求鄙人之头。君为老佛所器重，当不难邀允，盖君真可称朝廷柱石耳”。董大怒，因损之太苦，立时上朝，叩请入觐。彼时王大臣早已退值，时交午正，董于皇极殿外，胆敢喧嚷多时，命太监入告老佛以“董军门在外，可否准其进见”？适老佛画竹字花，虽大怒董之无礼，命太监将伊带进。老佛言以“又以使馆尽毁入告乎？从上月以来，闻知此耗已有十次，所惜者，不真也”。董面奏以“奴才应请慈恩，将荣禄革职，伊实汉奸，心谋不轨。虽迭蒙老佛之命，今将洋人从速灭尽，仍不肯借我军所需用之大炮”。老佛益怒，命伊缄默，云以“汝挟有夙仇，忘［妄］言他人所不敢言。汝本系甘肃土匪，穷迫投诚，随营效力，积有微劳，予恩宽大，既往未究。但现时汝之举动，形同寇贼，大有尾长不掉之势。今日汝蒙予厚恩召入，岂非旷典耶！现命立时退出，再不许擅行入内，免有他患”等因。

闻以立尚书已被那侍郎所参，将折留中不发也。

昨晚老佛幸西苑，乘坐御舟，游览莲花，妃□［嫔］诸位，荣相夫人，均随驾同往。乃因正攻打西什库，响声大作，慈驾颇觉不安，特派近侍二人传旨，命西安门统领立时停战，俟还宫之后方行开炮。

初八日。午刻，绶卿来谈甚久。彼时正攻使馆之际，现由李鉴帅之兵，业经于皇城根搭脚子作为炮台，以便就近攻打使馆。想以辇毂之下，任令乱军乱民，纵横荡决，伊（衍文）自古伊今，实为罕见。荣相媚外之意，国老多加指摘，未首肯借大炮之故也。值此寇氛昌炽之秋，其隐忧伊于何底。闻以荣相颇为兵卒所推重，致无人敢违其号令，虽诱之以重贿亦然也，不亦怪哉！荣相秉性耿直不阿，立言侃侃，真为勇敢。如云当纣之时，居北海之滨，以待天下之清，似不过当也。闻以端已将御玺一座据为己有，以便遇有不测之事，易立大阿哥为嗣皇帝。但如老佛闻知之，恐端邸难免也。

闻以毓抚屡次具奏，请旨应如何处置寄住晋省之洋教士。日前老佛业降密旨："洋人该杀，虽退境外，亦该杀，钦此。"闻以老佛命将此通谕知之等因。乃端午帅暨裕帅并蒙古各大臣，均奉保洋人之旨，盖"杀"字改为"保"字，实为怪极也。恐有汉奸主持此意，尚未将此事入告老佛也。兹闻最近消息，以毓帅钦奉老佛纶音："洋人着就地正法，无论男女老幼，均着不得漏网，以清妖孽而安忠良，钦此。"

毓公有季常之癖，□（所）杀洋人一事，亦系毓夫人作主，署中公事，由其夫人主持。但毓卑宫室，恶衣食，自奉极为俭约，实为不可多得之员，晋人无不钦佩。荣相欲设法为洋人分辩，并向老佛面奏，以"戕害此孤弱之洋人，无补于时，实不足为中国之荣，并于老佛慈善之名声颇有妨碍。嗣后凡禀生于地球者，莫不大笑我中国不仁而不武"等语，其言极为洋人缓颊。老佛云以"汝言求尝不然，乃汝所信爱之洋人，久有令予归政之意，予当与伊等甘心焉。道咸以来，喧宾夺主，现有泄积忿之一日，不亦乐乎"等因。荣相默然无言。

十一日。裕帅奏以"我军杀寄天津之洋人不少，并掳掠驼只"等语，令人喷饭。探闻以董军门招雇内务府庖丁，向荣相行刺，不意伊激于义气，将此事泄露，告知荣中堂。盖此人系杀害德使恩海之兄，董想以攻破使馆一举，必为伊所乐助。但如庾公之斯、卫之善射者也，学射于尹公之地，实不忍为此不义之事也。

荣相又奏请老佛立时停战，其闻征引近世中外事实，洋洋千言，允当一（衍文）切实。折上，留中不发。云以"皮之不存，毛将安附，就我国现在情形而论，万九与各国得胜之望。虽近来特莫［英］战事，可引为列国前车之鉴，实则情形不同，铤而走险如是，则不免圣清孤立无援，竟同尾大。若将洋人概与骈诛，遂召分析之祸，现若竭全国之力，仅仅底定，或有转机，否则大局之坏，何堪设想"。荣亦云"陛下无由知之，以祖宗之鸿业，轻于一掷"等语。语极沉痛，老佛颇为动容，盖团民实不济于事，不过夸口大言而已。

十四日。文安翁云以老佛颇动圣怒，因天时炎热，不得安。昨晚由大阿哥奏问老佛，可否准其恭奉慈驾，幸避暑庄。令皇上在京议订和局，因皇上与洋夷有密切交宜［谊］，举国共知，实为一举两得。老佛未允其所请，令之退出。后有小太监入，告以“方才放炮，又死洋人一名”等语。老佛云以“二十余日之久，洋兵死者寥寥，良民骸骨狼藉，练团一事，实为假虚，其伎俩亦可概见。旅华洋人，统计不过数万人之多，若团等真有神术，当早将彼族灭尽”等因。

六月十九日。毓抚台在山西巡抚任内，纵容即今日团大刀会有据。山东前一、二年，不记日期，有大刀会向人为难等案。总署管法国股总章京傅嘉年曾见此文书，即大刀会与法人为难事。此又上谕并各文书照会，有傅嘉年经手，上谕准洋人等皆送至天津，实系好意，并无中途谋害之意。然如团民不遵上谕，则洋人途中必遭险事。上谕送使臣出京，傅嘉年虽办此照会，未便将料想中途恐遭团险各节，暗中写信，乃洋人均不出京，甚为平安。

文海管顺治门，向神机营借大炮，次日始给小炮，荣相不准。又，文海面奏，城门内外、城门均看守，恐洋人改装中国人出城。若教民等出城，文海等会奉六月十八日上谕，派文海带兵看守城，专管人出入城，司启闭城门。

六月二十日。今得裕帅警耗，天津失守，洋势猖獗，各国纷纷调兵。时至今日，间不容发。先是，无人敢入告老佛，后由端邸面奏以“伪团依附真正团民之间，以致开罪于天，但必能以神术阴令洋人前进，九庙万无震惊之虞”。今早荣相面奏老佛，以请归政之照会出自伪纂，本系端王作主，令章京连某修纂。此事之内容，为荣所深知。老佛深滋不悦，云：“以假文书而言，尤为上负国恩，下辜众望。汝包藏祸心，觊觎非望，反复狡诈，不一其端。如洋人果然直扑京师，定当明正汝罪。汝犬字之称①，颇为适当。予生一月，万无归政之意。如斯擅拟诏旨，驱策百僚，实有不轨之心。”等因。端赶紧退值，以迅雷不及掩耳。

鉴帅前赴通县，以期背城借与洋人决死战，并引以荣相媚外之实据，奏请老佛惩治。其折留中不发。今早皇上语荣，谓：“朕所望于卿者，正

① 端王（即端郡王）载漪的名字中有一个“犬”字，该字为咸丰皇帝所取。当时道光皇帝正处于服丧期，按照古代礼法，儿子在父亲服丧期间（共27个月）生孩子是违反法律的行为。——原注。

未有艾。盖卿耳敏心灵，调度有方，务仍然加勉力护使馆，勿违朕命，有厚望焉。”等因。荣云：“奴才从戊戌以来，未蒙我皇上嘉奖一次，现奉旨慰问，感愧无地矣。”

六月二十日。老佛传旨，派庆邸慰问公使，并赐以蔬果米面，以示怀柔远人之至意。绶卿前往晋省，因毓抚台来函，以有紧要之事。并闻以毓公遵旨杀害洋人一疏，业经来到。先是，将各该洋人诱入网罗，并将其锁禁，带往署内，令大师兄等杀之。惟有一女得脱，逃至城根，因已将其乳部割去，团民未得其生擒也。

此数日以来，阴雨绵绵，恐禾田受伤也。逃勇为患，到处皆然，望禄繁兴，人心不安。

七月初四。荣中堂为大帅，不给董军大炮、地雷。中堂云：“若用大炮、地雷，则董军系客军远来，并无大炮，宗庙宫阙内廷，若用地雷，恐为震动。”密嘱除董福祥外，诸将不可力攻东交民巷。否则中国兵力虽弱，令京师数省兵力，何致两月之久，/交民巷使馆之地，尚未攻开。此皆荣中堂恐伤和好之意，力保中国大局。董福祥当面屡次参奏，东交民巷未开，皆因荣相不准诸将力攻之故。许景澄亦有致使馆密信，系使馆派往天津，此信内必提。庆王亦有密信，大约在暗码信内，未译出洋文。信转交军机处，洋文九封，暗玛［码］信或［弍］封，发交总署翻译，翻出九封洋文，暗玛［码］信未翻出。洋文信云，许景澄常有密信至使馆等语。以故许、袁诸公均被杀。洋信内又云“另得交民巷米铺之米不少”等语。

山西巡抚毓公之女婿济绶卿，住东四牌楼拐棒胡同。济绶卿在京，将端、庄信团，欲害洋使各节，写信告知毓抚台。毓仰体端、庄之意，杀害洋人，皆由济卿信内，说北京内廷信团，以致毓公杀害洋人，信任匪团，酿成大祸。代毓公坐京写信办事，传说内廷消息，即其女婿济绶卿也。五月二十三日，董军并团攻东交民巷。六月十六日，济绶卿出京往西陵也。六月十八日，屡次上谕均系保护洋人，董军及团民攻使馆，并未明降谕旨。山西巡抚毓公，欲杀洋教士男女数十名，尚须请旨后方能正法。必有济绶卿将京中端、庄信团，攻洋使馆各节，写信告知毓抚，伊始敢伤洋人。

七月初七日。老佛甚器重鉴帅，日昨刚中堂与李公，将袁、许擅改懿旨、着“杀洋人”一句，改为“保洋人”之事，面奏老佛。刚云，老佛颇有怒意，慈颜大发雷霆，云“其罪不容于死，应引《左传》辗高渠弥一案，定拟其罪名，许、袁着就地正法，以为百僚之戒”等因。但所降谕旨，未提及擅改上谕一事，因于国体有碍。乃历数罪状以“离间宫廷，与洋人有密切关系”等事。予殊为袁公惜。今日未刻，业经弃市。恩铭往观。袁以中清亮达，学识闳通，实受无妄之灾。至于许公，则早知其不廉之癖，辇金私室，官囊裕如。于伏刑之时，袁云以“正适彗星出现之际，尚盼乾坤之再造，日月之重光”等语。盖指端邸谋国不臧，以致老佛之圣聪，轻听妄言。澜公监刑，语袁谓：“汝尚敢胡说乎？妄清尊汉，背君媚贼，汝有何面见人乎？”袁不为之动容，颇有泰然之态，云：“予等本无罪，年后于尔罪魁祸首，已正典刑之后，予等齐名并称。尔等执迷不悟，以小忿之故，遂成叛逆之举，内患滋大。”嗣向许云：“古人视死如归，在黄泉相会之日不远矣。”等语。澜往前，似欲殴之。其言未毕，乃二公伏诛矣。

予长子不孝，予之钱财被伊所偷，为数甚大，是以严加申斥。伊敢答以“予受恩甚重，答报良难，何如殉难报国，以全忠节”等语。

七月十一日。今探闻以那侍郎桐，颇为启军机所倚重。那云以设伏掩击洋使，为最妙之策。经那请启公致函，仿照总署照会体式，与伊等在该衙门定约会，但不得有洋兵护送，俾我军途中易于攻打。启公甚然之，乃虽迭次致函，商订办法。洋人尚自为甕中之鸡，不肯外出。惟杀害洋人一事，此那侍郎惟一之心，殊属可嘉。

十三日。昨由荣相奏请老佛，如万一京师失守，示相当之办法。老佛引以贾生之言，语于荣相“欲试属国，施五饵三表以系单于。其五饵，系赏之以车裘，以坏其目；以馐馔，以坏其腹；以女伶，以坏其耳；以美婢，以坏其身；以皇帝赐宴、亲临，以坏其思。三表系以装仁，以垂爱御下，以口出甜言，如此当不难仍归于好。年前召入洋使女眷，觐见之时，伊等颇形款洽，并散重金于该女眷之间，以收其欢心。虽甚知伊等不以垂帘为然，是以定当以谄言密语引诱之，致不念旧恶。因凡事乐伐易，而虑始唯矣”等因。

七月十四日。前有洋夷一名，由使馆逃跑，颇有颠狂之状，在崇文门一带，向路过之人等叩首，大声喧嚷“救命，洋人快死，独我何罪”等语。后由荣之兵送往东厂胡同，荣相仍将其送回使馆，足见洋人朝不保夕之势。

十五日。老佛向荣相叩以急策。荣云：“审急救之策，惟在圣驾不出巡而已。”言次唏嘘。所幸者洋人军规甚严，虽果然来京，万无抢财之虞。咸丰十年，洋兵未敢闯进人民之家内，于以见洋寇军规之严也。

七月十六日。有人参与予相善之尚书。原折云以伊凿有隧道，以便将食物送进西什库，因其府第在酒醋局胡同，离教堂相距不远也。今有端擅行将立、徐二尚书与联阁学一并交刑部。闻以罗织徐、联二公之故，系因对之大阿哥一举，力言其非，致端邸恨之入骨。那侍郎告知端邸，以联与袁公相善，以致被屈。今早将三公正法，因通洋夷之故也。徐公寿享七十岁有九，长兵部时，颇克自镞砺，以无罪而弃市，未免算为不白之冤。于被刑之时，立云以“君父之亲，情无不通，谊无不浃，其言不我听者，必其情有未诚，诚有未至”。联似蘅平治宋学，谨慎办公。于刀锯之下，徐云以“端不过为洋人傅翼而已，我心志久如百炼之钢。端某所谋之事，非臣子所敢言。将来必有一歼厥渠魁之一日。死者，人之终境也。神京失守之后，当有何项景象，难以预料。杀我一事，非太后本意。其终无如愿相偿之一日乎”等语。探闻以老佛倘不知，业将三公正法。仲华对于此事，颇为伤感也。

十八日。闻我军迭次接仗失利之报，贼势日张，师久无功。七月十二日，裕帅在北仓兵败，退扎杨村，又退至蔡村，忿不欲生，入棺材铺，用手枪自尽，真系不吉之兆也。李鉴帅尚抵河西务，所统张春发、陈泽霖两军，不战自溃，鉴帅亦服毒自尽。洋兵进逼通州。今日由荣将我军败绩一事入告老佛。荣相感悚之初，罔知所措，老佛聆奏，默然无言，君臣相顾而泣。荣云“奴才不敢因国是至此，稍有自诿之意，奴才本不信团。乃奴才一人不足惜，大局何堪设想。”老佛颇有殉社之意，并令皇上同时殉社，圣意颇不以出巡为然。

七月十八日。老佛向荣相询以有何切实办法。荣云“务须劝圣驾，万万不可出巡，应立刻独断，施行安民之办法。非将载漪等置诸重典，不足挽危局而赞大猷。若非奴才本营赴机神速，昼夜保卫使馆，则为患何堪设想。如不将谋国不臧之王大臣惩治，恐难释群疑而彰慈仁”等语。不意老佛仍然尊奉拳民，神而明之，尚盼伊等可作为长城之恃。今日荣召见八次，端王五次，除荣外，他军机袖手旁观。团民棉薄无似，几至摧残殆尽，势孤力薄，予早知伊等不济于事也。日前闻以晋省总兵刘某蒙召见，入告老佛以伊所统之兵，颇为劲旅，定当于三日以内，攻破使馆，并云以夷寇绝不敢扑入神京。

二十日。酉刻，通州现已失守，城中哄传夷人定于明日攻城，居民纷纷移徙矣。今日于宁寿宫召见军机五次。京中鼎沸圣驾出巡张垣之说。旗、汉大小官员眷口，无一不移出京外者。于申正，澜闯入宫内，似有失措之状，狂然喧嚷，入告老佛“洋夷来了”等语。嗣由刚中堂、赵司寇等接踵而来，云以缠头之黑兵数百名，业经屯扎在天坛之内。老佛闻此凶耗之下，稍未动容，云以“或者伊等系新疆接应之军，并欲向洋人开仗，岂非意中之事乎”等因。刚相回奏：“否，恐系洋兵来到，奴才务祈圣驾立时出巡，否则其祸不堪设想，非臣等忍言也。”

亥正，召见军机，见面仅刚、赵、王三人而已。老佛云：“只尔三人在此，其余何往？大约各回其乡，将我母子二人丢去不顾，尔三人务须随驾同行。”并谕王相：“汝年纪太大，尚令汝吃此辛苦，我心实所不忍，汝当随后赶来。刚、赵素善骑马，必要随驾同行。”王复奏：“臣必赶来矣。以诚心持以毅力。”皇上精神尚好，亦云：“汝务必要来。”后下朝。然至夜半，犹说不即走。荣相未入值。因志图复败兵也。

二十一日。文公方才路过，彼此于门口略得谈叙，云以老佛终夜未寝，不过安歇一时之久，于寅刻仓促着以昨日叫进农妇之衣，以汉妆梳头，实属奇事。老佛有言：“团民闹事之初，谁想到有今日之怪状乎？”后叫进轿车三辆，赶入大内，御夫并未带缨帽也。于寅初二刻降旨，令宫眷诸位均到请安，并有暂时勿庸同行之旨。珍妃素不孝老佛，现胆敢跪请于老佛之前，以“皇上不必西幸，应请圣驾在京裁度议和各事”等语。老佛大发雷霆，立时命该班之太监，即将此忤逆之女推倒井内。皇上颇有忧伤之状，因珍妃系圣眷最宠之人，跪求老佛施恩，贷其一死。乃慈颜颇滋不悦，云：“我事为时甚迫，谁肯多发闲话乎。尔等仍遵前命，将珍妃致死，以为鸮鸟生翼、欲啄母睛者之戒。”嗣由李、宋二太监将珍妃推倒宁寿宫外之大井也。皇上忧惶迫切，悚疚莫名。老佛向皇上云：“尔当上辇，务将车帘挂上，免沿途有人看见之事。”

皇上穿黑纱长衫，黑布战裙二条。太后穿蓝布长衫。老佛命伦贝子与皇（上）同坐一车：“尔当妥为照料。溥儁，汝当跨在予车辕之上。莲英，汝素不善骑，乃当设法同往也。”彼时老佛神色泰然照常，毫不动于中，从容告知辇夫：“尔等必为我效力，益快益妙。如有洋夷欲拦，不必言语，予当向伊等告说：我等为逃难回家之乡下人，先拟往湖，然后听命可也。”于是圣驾起銮，由宫眷诸位以及内务府大臣、太监等，先行叩首于宫门之外，不过刚、赵随驾同行，他随扈大臣，定在园候驾。文君遥随扈从。圣驾至德胜门，但人山人海，致城门口几拥挤不能行矣。

申正，圣驾于辰正至湖，老佛用膳少坐。先由庆邸派员前往朝阳门，向倭寇悬止战之旗，后将城门辟开，由倭兵拥挤而入。圣驾幸湖之际，恩铭正在彼值班，两宫蒙尘而至，致无人敢认果然系老佛否。但一见慈颜似有不悦之状，立时开辟左门，将车赶进。于用膳之后，老佛命太监先将三山陈设古玩，尾行送往避暑庄。并派金太监立时进城，面见皇后，入告以须将紫禁城一切财物，埋在宁寿宫院内。后由园仓皇拔越，随行者不过端、庆、那、肃四邸，及公爷几位而已。堂官有刚、赵、吴、王、溥兴五人。各部八旗练军千余人，马玉昆保驾，率各营官弁兵丁，亦均千余人。

现予闻得以徐相国业经殉难，我公以谦抑自下，不敢自是，推诚待士，博览书籍，现竟投缳，岂不哀哉！其夫人以及四公子与眷共十八位，均亦殉死。呜呼！我圣朝宗族懿亲，衰败至斯，致衣冠填壑，为千古未有之奇祸也。与醇亲王指婚之萨克达氏，亦从容引药而死①。现京城已陷，老佛又遭蒙尘在外之患，经此大创，我为国危矣。其原皆由于端邸有排汉之意，小不忍，乱大谋，岂不然哉！以全国人民公同担任，事固未有为而寡效。

荣相本明于先几，团民之神术，不值识者一笑，实不过秋毫之末。韶华不再，大清臣子只有一死字而已。天与人归，谋不得逞，亦异事也。

予内眷均拟仰药殉难，是为最下之策，乃以坤道之愚，实不服劝，致

---

① 根据太后的特旨，醇亲王后来娶了荣禄的女儿。——原注。

不得阻之也。予决无此意。现内外信息断绝，各处有洋寇抢夺，但喧传竖白旗者免死，大约洋夷无法找余所藏之财，是以拟不他往，静候而已。恩澍无影，不知何往。予之□□（跟丁），各回其乡，无人备予之晚……

日记到这里便戛然而止了，当天晚上，景善便被他的长子杀害，而家中的女人们早在之前就已经全部服毒自尽。

下面是光绪二十五年十二月二十四日（1990年1月），皇帝颁布的谕旨，该谕旨将端郡王的儿子确立为大阿哥。谕旨内容如下：

朕以冲龄入继大统，仰承皇太后垂帘听政，殷勤教诲，巨细无遗。迨亲政后，复际时艰，亟思振奋图治，敬报慈恩，即以仰副穆宗毅皇帝付托之重。乃自上年以来，气体违和，庶政殷繁，时虞丛脞。惟念宗社至重，是以吁恳皇太后训政。一年有余，朕躬总未康复，郊坛宗社诸大祀，弗克亲行。值兹时事艰难，仰见深宫宵旰忧劳，不遑暇逸，抚躬循省，寝馈难安。

敬念祖宗缔造之艰，深恐弗克负荷。且追维入继之初，恭奉皇太后懿旨，俟朕生有皇子，即承继穆宗毅皇帝为嗣。此天下臣民所共知者也。乃朕痼疾在躬，艰于诞育，以致穆宗毅皇帝嗣续无人，统系所关，至为重大。忧思及此，无地自容，诸病何能望愈！

用是叩恳圣慈，于近支宗室中慎简元良，为穆宗毅皇帝立嗣，以为将来大统之归。再四恳求，始蒙俯允，以多罗端郡王载漪之子溥儁承继为穆宗毅皇帝之子。钦承懿旨，感幸莫名。谨当仰遵慈训，封载漪之子溥儁为皇子，以绵统绪。将此通谕知之。①

如此令人感伤的谕旨在历史上实属罕见。这不仅是一份供认书，皇帝公开承认自己地位的非法同时甘心让位隐退，还宣示自己即将死亡，对于这一点，几乎所有人都十分清楚。然而他还不得不感激那位导致他悲剧的人，感激赞美她的“慈爱”，真是太可悲了。这位慈爱之人亲手毁了他的一生，从他还在摇篮中时就已经开始。

---

① 光绪二十五年十二月二十四日上谕（原作者误写成二十五日），见《光绪宣统两朝上谕档》第25册第397页－398页。

京中督察院给位于西安的行在呈递了一份奏疏，陈述了杀死德国公使克林德男爵的凶手安海被逮捕一事。从这份奏疏中，我们能看出朝中高官对义和团运动和排外运动的同情，尽管在这场对外的战争中吃了败仗，他们还是十分感激太后的。同时，我们看到了中国官员对军人身上的英雄主义的看法。奏折内容如下:①

日本人所雇侦探，在日军领地当铺之内查得一表，有克林德图记，当铺主人言，此乃满人名安海者所当。此人住内城车店内。侦探名为得洛，本旗营定字第八队之书记，查得此事，即报告于日人。立派人往车站内，以二三人先人内，立院中，问曰："安海在此住否?"有一人答曰："予即安海。"乃立时拘去。

审问之时，安海神宇镇定，毫无畏惧。问官问曰："德国公使，是否为汝所杀?"安海答曰："我奉长官命令，遇外国人即杀之。我本一兵，只知服从长官命令。有一日，我带领二三十人，在街上见一外国人坐轿而来。我立于旁，对准外国人放一枪，轿夫立时逃走。我将外国人拖出，已死，其胸前有一表，我即取之。同事中有得其手枪者，有得其戒指者。我万不料因此表犯案。但我因杀国仇而死，心中甚乐。汝等即杀予以偿命可也。"

翻译又问曰："你那天是否醉了?"安海笑答曰："酒乃最好之物。我平常每次可饮四五斤，但那天实未饮一杯。你怕我要倚酒希图减罪吗?"安海真一忠勇之人，侃侃不惧，观者皆为动容，觉中国军中尚有英雄也。次日即交于德人，在克林德被杀之地杀之。臣等思此事，理当奏闻。安海为国而死，当邀皇太后、皇上之悯惜，加以荣典。谨此具奏。

---

① 这份奏折并没有公开发表过，因此不见官方记载。后来一位一同逃亡到西安的官员将它邮寄给上海的一家报社，才被刊登于报纸上。——原注。未找到原文，但国内很多作品中所引用文章均来自于陈冷汰版本，因此本文也引用了陈冷汰的译文。

第十八章

纪念两位勇士

上一章提到了满洲士兵安海在德国公使毫无防备的情况下将其射杀于轿中，之后又介绍了安海被抓捕以及被执行死刑的过程。

很多大臣纷纷上奏为安海的英勇就义发言，称赞其勇气可嘉，同时为大清朝能有这样英勇忠诚的人士而祝贺慈禧太后。其实，如果大清朝的士大夫们更有远见一些，就能从袁昶和许景澄的案子中发现什么才是真正的英雄主义。他们二人的那种堪称凤毛麟角的道德勇气令人佩服，就如我们所看到的那样，他们甘心为国家大义和最崇高的利益舍弃自己的生命。如果中国能够有更多如他们一样的人，那么中国的民众也就没有什么好为未来担心的了。

这两个人值得我们所有人的衷心敬佩。我将会在本章摘录他们二人最后的奏折内容。在这篇奏折中，他们警告慈禧不要听信奸佞小人的话，劝她不要一错再错，同时斥责了义和团的所作所为。

他们的美名赢得了中国人民的尊敬，他们英勇无私的爱国精神也得到了更多人的认可，如今的摄政王更是下令将他们迁入了贤良祠。

就在他们死后不久，袁昶的儿子便于 1900 年 9 月撰写了如下这篇讣告。通过这篇讣告，他将父亲的死讯告知了亲友，赞扬了父亲忠勇无畏的精神，并表达了自己的哀伤之情。内容摘录如下：

不孝等窃念先公立志未伸，遽以身殉。海内有识，莫不心为之痛，而不孝等所不忍追述者也，故谨最录藁草所存五月十九日上庆邸请严惩拳匪说帖，及先后疏陈邪教始末，乞责成荣禄剿抚兼施，又请保全使臣，免攻使馆，又劾酿祸诸大臣徐桐、刚毅等凡三疏，皆已传布海内者用备。

采择不孝等犹忆六月廿七日，奏劾大臣之疏既上，公密谓家人曰："今日言亦死，不言亦死，与其死于乱民之手，曷若死于司寇！苟死而朝廷顿悟。吾无憾矣。"家人环泣，公坦然曰："吾以身许国，无复他顾。汝等留京回南，自主可耳。"谆谆以忠义诏不孝等。洎七月二日。下稷。有步军统领衙门弁役来宅，诡言："诸大臣在总署相候议事。"语门丁云："拳匪败事，其请诸大人斡旋乎。"及登车，乃云："王大臣皆在提督署。"遂由署送入刑部，家人始知祸作。次晨不孝等方拟入狱省视，中途闻耗折回刑部，则已不及，遄出顺治门，而遂不及见矣。

呜呼痛哉！时拳匪塞路，犹诘公以仇视义和团之故，公叱之曰："大臣谋议国事，岂尔等所应问？"闻狱卒言：公与许公在狱中，犹从容索纸笔，手草数十纸，置诸怀袖后，悉为拳匪搜得焚弃遗疏耶，遗嘱耶？不可知矣。呜呼痛哉！①

如果说视死如归、临危不惧是英雄主义的话，那么这两个人绝对算得上是真正的英雄。他们两个人的奏折能够让人联想到古希腊和古罗马时期的英雄们。他们二人所表现出来的高风亮节和面对死亡时的从容不迫，以及深邃的思想，与苏格拉底、塞涅卡和普林尼等人拥有的高贵的精神气息一样。正是这些精神构成了欧洲文明中高尚的品格和情操。也正是这种"舍小我、成就大我"的精神力量，成就了日本的强盛。

三篇奏折中的最后一篇，堪称绝唱，真正凸显了他们二人的英勇和英明。第一篇奏折虽然是以袁昶一个人的名义呈递的，事实上却是他们二人合写的。许景澄因为曾经在圣彼得堡和柏林担任公使而在外交领域颇负盛名。从个人的爱国品格和英勇无私等方面来说，他比不上袁昶，但不管他有怎样的缺陷，这一次的英勇就义、为国尽忠弥补了他之前的不足。

1900 年 6 月 20 日，袁昶呈递了第一篇奏折，他将矛头直指义和团，

---

① 参见《太常袁公行略》第 11 页。

奏折内容如下：①

奏为密陈目前局势危迫，亟图补救之法，以弭将来钜患，披沥直陈，仰祈圣鉴事。窃见自本月十六、七日，拳匪倡乱京师，连日召见王、贝勒、内外廷臣工，圣躬焦劳，为宗庙社稷，深维至计，广谘下问。臣等不能弭患事先，纾君父之忧劳，负罪无状，内愧且愤。

伏查嘉庆十三年七月上谕，即有山东、河南一带匪徒，设立八卦教、义和拳等名目之事，此项实系白莲教余孽，曾奉仁宗睿皇帝严旨密拿惩办。去年，吴桥县知县劳乃宣说帖考之最详。前月，东抚袁世凯遵旨覆陈一折，言万无招抚编为营伍之理，言之最为切实明白。前东抚毓贤办理平原县邪匪一案，称匪首朱红灯自称明裔，妖言煽乱，各处响应。幸被官兵掩捕擒获，就地正法，绝无能避枪炮、刀斧之妖术，此其明证。上年，臣询提督程文炳，该提督乙未年驻军近畿，有山东义和拳，又自称金钟罩、红灯照名目，四五十人投效，以火枪利刀试其技俩，立时见血伤毙。是妖术全不可信，确凿无疑。而其匪首广树党羽，久蓄逆谋，妄称明裔煽乱，其为邪教乱民，实已明白昭著。

臣于上年十月十三日蒙恩召见，其时东省拳匪，借仇教为名滋事。臣曾面奏系邪教倡乱，应预为扑灭各情。旋经东抚袁世凯实力禁止，扑灭十余巨股，东省晏然。始而山东士绅，误信左道，腾谤谓该抚不应用剿。此皆不学无识之徒，以邪为正，近舆论亦渐帖服，以该抚办理为是。臣去年冬曾以劳乃宣说帖，商之总署诸臣，奏明请旨饬下东抚办理。旋因东抚办有头绪，遂寝未奏。不意东省渐次肃清，流入直隶，直隶督臣观望迁延，养痈贻患，听其蔓延，始谋不臧。咎实难辞。及涞水戕官，督臣裕禄见该邪匪借仇教为名，叛迹昭著，乃电奏力请剿办。而内外议有异同，迟延未决，涿州踞城不已，延及永清、霸州各处，涞水戕官尚未痛办，遂致匪胆愈张，甚且焚毁芦保铁路、京津铁路、电杆，又毁京津至张家口电线。此皆国家派员出内帑、借洋款、集数十年之物力所经营，一旦焚毁，千数百万巨资，深堪惋惜，又焚杀教民数百处，将来议赏亦不赀。

---

① 以下所引用的三篇奏折内容都来自《中国近代史资料丛刊·义和团》（上海人民出版社，1957年版）第四册之《袁昶奏稿》。

伏以民教互仇，积成愤毒，地方官禀承国家律令，自有平心谳狱办法，但凭案情曲直，不分是民是教，断不容匪徒自行报复。乃自本月十六、七日，该匪胆敢潜入京师，盗兵辇毂之下焚毁教堂，攻击各使馆，纵横恣肆，放火杀人，震惊宫阙，实属罪大恶极，万不可赦。二十日，焚烧前门外千余家，甚至灾及正阳门城楼，拳匪喝禁水会，不准救火。北城乃财产精华所聚，焚掠一空，官民搬徙，十室九逃，商贾尽行闭歇失业，饷项亦艰于汇兑给发。京都为万国所瞻仰，气象萧索，一至于此。自有乱民不治，任其焚杀叫喊，实贻邻国之耻笑。

各洋公使因匪仇教，畏其凶锋，情急自卫，现兵只有四百十余人，各保性命，是其实情。十五日，臣偕许景澄晤俄、英、法、美四公使。十六日，枢臣启秀等传懿旨慰问各公使馆，并及公使之妻。该公使等感戴圣慈，沦肌入体，口称调洋兵为卫馆保命起见，绝不敢干预中国国家公事，匪平无事，即行撤回，指天誓日，其词决非虚伪。为今之计，惟有先清城内之匪，以抚定民心，慰安洋情，乃可阻其续调之兵，必中国自剿，乃可免洋兵助剿，情势显然。

臣伏思兵事最忌多立统帅，意见参差，事权不一，以致互兵观望，转误事机，现在历奉严旨，饬令步军统领武卫中军与神机营虎神营，严拿首要各犯，刻即解散随从，将城内外设立坛棚，尽行拆去。等因钦此。乃官兵观望，拳匪横行如故。步军统领顺天府五城，前遵旨所拟十条章程，实止虚文搪塞，何曾实力做到。且拳匪所到之处，先喊令人磕头焚香，官兵竟随同礼拜，兵气衰疲不可用，一至如此。皆由无将统率，毫无赏罚，军律不严。此事权不一之故也。

拳匪麇聚京城，现闻城外添设无数拳坛，久且煽惑愈多，致生巨变。伏乞皇太后、皇上赫然震怒，恭行天讨，上安九庙，下靖兆民。宜专责成大学士荣禄，兼用且剿且抚之法，得以便宜从事，俾一事权。先肃清内城地面，遵旨立即出示，徧谕军民人等，凡遇头扎红巾，身系红带，持刀放火杀人之匪，准其格杀勿论。并悬重赏之格：缚献匪首所谓老祖师、大师兄者，赏银二万两，立即超擢官阶；擒斩该匪团长一名，赏银五百两；余匪计首一级，赏银一百两，均准报名候予奏奖。该大学士忠勇性成，见几明决，为国重臣，应扼要坐镇，不宜过劳细事，尤须差委得人襄助，乃可分理机宜。伏见武卫军幕僚、记名道府樊增祥，素有谋略；内阁学士桂春，忠勇明决；编修王廷相，御史黄桂鋆，皆素有清操，通达事理；府丞兼署府尹陈夔龙，勇于任事，请旨交大学士荣禄差遣，专办此事，参赞方略。遴派武卫中军得力将弁，挑选劲兵，分为十余队，队长如得力，每队止枪手、刀斧手二三百人已足。请旨暂闭前三门，严禁游民，只准出，不准进，分路搜捕匪徒，务令各空庙废祠根株净尽。官兵有退缩不前者，立即正法。命提督衙门、刑部遴派明干司员多人，分驻各汛段官厅，随将所拿匪徒，略讯口供，禀明统帅，即行就地正法，以儆凶顽。余者悉行解散，驱逐出外城之外，递解回籍。事平再行将正法若干匪，造册奏报。

或谓该匪人多势众，不可轻剿。不知只匪首倡乱，余多愚蠢村农，幼壮不一，随声附和，斩一悍匪，懦者心悔惧立散。或谓匪有邪术。臣愚以为汉末张角、黄巾，元末破头潘、关先生，皆有妖术，卒归擒斩。该匪昼伏夜动，动言请神，口出妖言，面带阴气，此乃假托符咒，扶鸾请仙，五鬼搬运之邪术，一遇声光并见之物，阳气炽烈，如枪炮等物，立即破法轰毙。若云匪术能避枪炮，何以十七、八等日，该匪连攻东交民巷使馆，洋兵放枪，立毙数匪。昨又击毙帅府胡同拳匪四十余名，拆毁其坛，毫无能避之验。

或谓民心因旱饥骤变。臣料京师军民数百万，受朝廷深仁厚泽，实无一谋叛者，叛逆只拳匪首要数人耳。一经擒斩，申国法，儆人心，匪胆即寒，民志亦大定。外五城御史、街道厅督，同绿营、练勇、水会，一体归荣禄节制办理，不使稍有掣肘。御营则专宿卫禁城，以防不虞。各办各事，城匪既清，各公使馆蒙天恩保护，感激再生之恩，则续调之洋兵，自可阻其来京。即来，亦可以城匪既清，无庸自行保护折之，令其撤回，我有词矣。

总之，周礼称治乱国用重典，康诰称用其义刑义杀，内匪事在必剿，无可游移。若因循不剿，招抚之亦必不受命，各国势大怨深，并举报复，祸败不可胜言。与其外兵干预，代行剿办，必至拳匪洋兵，互相斗哄，喋血辇毂之下，转致玉石不分，杀害无数良民，大局糜烂，不可收拾。不如我自行剿办，尚可示以形势，杜彼族之口实，以维持大局。庙社不惊、万民幸甚。大学士荣禄，公忠体国，如特奉明旨，责成既专，收效乃速。至交涉之艰，亦可审机因应。所有密筹目前急图补救之法，务一事权，以弭巨患缘由，披沥密陈，伏乞皇太后、皇上圣明裁断。谨奏。①

1900年7月8日，袁昶与许景澄上奏了第二篇奏折，内容如下：

奏为密陈内讧外侮，祸乱日亟，速谋保护使馆，维持大局，披沥愚忱，仰祈圣鉴事。窃自上月二十四日。德国使臣克林德途遇枪毙之后，该匪遂攻击各国使馆。提督董福祥所统甘军，尤与之声势相倚，狼狈为虐。使馆附近居民，遭池鱼之殃者，不可胜计。东城一带京官私宅，劫掠殆尽。该匪既以仇教为名，波及使馆，复以攻使馆之故，波及官民，辇毂之下，任令乱军乱民，纵横荡决，伊古伊今，实为罕见。

当匪徒初攻使馆时，莫不谓旦夕间便可铲除，董福祥且屡以使馆尽毁告矣。今已二十余日，洋兵死者寥寥，而匪徒骸骼狼藉，遍于东交民巷口。平日妖言惑众，自诩能避枪炮之术，而今安在？夫以数万匪徒，攻四百余洋兵所守之使馆，至二十余日之久，犹未能破，则其伎俩亦可概见。尚得恃血气之勇，收御侮之效哉！若云真义和团确能为国宣力，其寻衅焚杀，皆依附其间之伪义和团所为。一类之中，既分真伪，扰乱已极，且既容附入之伪者无恶不作，则真者亦非善类可知。况历奉严旨，禁止持械寻仇、焚毁劫掠，并令解散出城。该匪竟置若罔闻，横行如故。无论真伪，总之藐视王法，均为冥顽不灵，罪在不赦。愈抚则愈众，愈纵则愈骄。臣等前次奏请专责成大学士荣禄，用且剿且抚之法，未蒙俞允施行。今祸乱日亟，愚妄之见，尤不敢不冒死渎陈于圣明之前。

伏以春秋之义，两国构兵，不戮行人；泰西公法，尤以公使为国之重臣，蔑视其公使，即蔑视其国。兹若任令该匪攻毁使馆，尽杀使臣，各国引为大耻，联合一气，致死报复。在京之洋兵有限，续来之洋兵无穷，以一国而敌各国，臣愚以谓不独胜负攸关，实存亡攸关也。我国家与泰西各国通商，垂六十年，准其各省传教，平日教民倚势鱼肉乡里，以洋教士为护符。地方官或者希图了事，抑制平民，亦所不免。民心怨忿，仇视教民，是皆臣等办理不善，贻害至今，负罪实甚。臣等何敢谓民教相仇，其

① 参见《中国近代史资料专刊·义和团》（上海人民出版社，1957年版）第四册第159－164页《请亟图补救之法以弭钜患疏》。

曲全在于民，特任令自相报复，殊失国体。譬如乡里之间，两家有隙，而子弟僮仆，肆行斗狠，毁邻居之室，而杀其阍人，为家主者不能禁止，而邻居之诘问，必不向子弟僮仆，而向家主。为家主者，又安得以子弟僮仆不守约束，而置身事外？以小喻大，其理相同。

且泰西各国之教，有宗天主者，有宗耶稣者。传天主教者曰神父，传耶稣教者曰牧师，该匪亦不辨所传何教，统以洋教呼之。而俄国向宗希腊，日本向宗佛教，该国从无入内地传教之事。该匪更不知何国有传教之人，何国无传教之人，见异服异言，统呼之为毛子，锐以猕薙为快，无论势有所不能，理有所不直。且我出洋各使臣，非衔命而出者乎！若各国以我杀其使臣，不胜忿忿，先杀我使臣以偿之，是直易刃而自杀其使臣也。朝廷方赐各使馆蔬果米麦，以示怀柔，该匪乃倚骄将为护符，肆行攻击。外人转疑朝廷阳款阴袒，谓非纵令恣意凌轹，其谁信之？

夫使馆无恙，将来与各国复归于好，各使臣受皇太后、皇上厚恩，自当激发天良，剖言祸之肇自拳匪，猝不及防，非朝廷姑息所致，释其本国疑忌之心，事半功倍，转图较易。若使馆尽毁，使臣尽戮，则我皇太后、皇上此时怀柔之恩，外人乌从而知之。欲释于名国，虽百喙亦无从解免。今各国纷纷调兵，以代剿匪为词，疑之者谓乘机窥窃，信之者谓其心无他。臣愚莫测其究竟，而拳匪种种无法，早当痛剿，已不待外人谆请，更何待外人代庖。臣愚请保全使馆，为将来转圜地步。一面严旨切责董福祥，饬令甘军悉行退扎城外，不许重至东交民巷，比昵匪徒，向各使馆攻击，违者即行正法。使兵匪相离，匪势较弱，则剿除亦较易。一面仍请责成大学士荣禄，克期将拳匪一律驱逐出城，以救燃眉之急，再图剿洗，永杜后患。臣亦知飞蝗蔽天，言出祸随，顾念存亡呼吸，区区蝼蚁微忱，不忍言，亦不忍不言。是用冒死具奏，伏乞皇太后、皇上圣鉴。①

1900年7月23日，袁昶与许景澄上奏第三篇奏折，内容如下：

奏为密陈大臣信崇邪术，误国殃民，请旨严惩祸首，以遏乱源而救危局，仰祈圣鉴事。窃自拳匪肇乱，甫经月余，神京震动，四海响应，兵连

---

① 参见《中国近代史资料专刊·义和团》（上海人民出版社，1957年版）第四册第162－165页《请速谋保护使馆维持大局疏》。

祸结，牵制全球，为千古未有之奇事，必酿成千古未有之奇灾。昔咸丰年间之发匪、捻匪，负嵎十余年，蹂躏十数省；上溯嘉庆年间之川陕教匪，沦陷三四省，窃据三四载。考之方略，见当时兴师振旅，竭中原全力，仅乃克之。至今视之，则前数者为手足之疾，未若拳匪为腹心之疾也。盖发匪、捻匪、教匪之乱，上自朝廷，下自闾阎，莫不知其为匪。而今之拳匪，竟有身为大员，谬视为义民，不肯以匪目之者；亦有知其为匪，不敢以匪加之者。无识至此，不特为各国所仇，且为各国所笑。

查拳匪揭竿之始，非有枪炮之坚利，战阵之训练，徒以“扶清灭洋”四字，号召群不逞之徒，乌合肇事，若得一牧令将弁之能者，荡平之而有余。前山东抚臣毓贤，养痈于先，直隶总督裕禄，礼迎于后，给以战具，附虎以翼。夫“扶清灭洋”四字，试问从何解说？谓我国家二百余年深恩厚泽，浃于人心，食毛践土者，思效力驰驱，以答载覆之德，斯可矣。若谓际兹国家多事，时局维艰，草野之民，具有大力，能扶危而为安，扶者倾之对，能扶之即能倾之，其心不可问，其言尤可诛。

臣等虽不肖，亦知洋人窟穴内地，诚非中国之利，然必修明内政，慎重邦交，观衅而动，择各国中之易与者，一震威棱，用雪积愤。设当外寇入犯时，有能奋发忠义，为灭此朝食之谋，臣等无论其力量何如，要不敢不服其气概。今朝廷方与各国讲信修睦，忽创灭洋之说，是谓横挑边衅，以天下为儿戏。且所灭之洋，指在中国之洋人而言，抑括五洲各国之洋人而言？仅灭在中国之洋人，不能禁其续至；若尽灭五洲各国之洋人，则洋人之多于华人，奚啻十倍。其能尽灭与否，不待智者知之。不料毓贤、裕禄，为封疆大吏，识不及此。裕禄且招揽拳匪头目，待如上宾，乡里无赖棍徒，聚千百人，持义和团三字名帖，即可身入衙署，与该督分庭抗礼，不亦轻朝廷而羞当世之士耶？

静海县之拳匪张德成、曹福田、韩以礼、文霸之、王德成等，皆平日武断乡曲，蔑视官长，聚众滋事之棍徒，为地方巨害，其名久著，土人莫不知之，即京师之人，亦莫不知之。该督公然入诸奏报，加以考语，为录用地步，欺君罔上，莫此为甚。

又裕禄奏称：“五月二十夜戌刻，洋人索取大沽炮台屯兵，提督罗荣光坚却不允，相持至丑刻，洋人竟先开炮攻取，该提督竭力抵御，击坏洋人停泊轮船二艘。二十二日，紫竹林洋兵分路出战，我军随处截堵，义和团分起助战，合力痛击，焚毁租界洋房不少。”臣询由津来京避难之人，佥谓击沉洋船，焚毁洋房，实属并无其事。而我军及拳匪，被洋兵击毙者，不下数万人，异口同声，决非谣传之讹。甚有谓：二十日洋人攻击大沽炮台，系裕禄令拳匪攻紫竹林，先行挑衅。此说或者众怨攸归，未可尽信，而诳报军情，竟与提督董福祥，诈称使馆洋人焚杀净尽，如出一辙。

董福祥本系甘肃土匪，穷迫投诚，随营效力，积有微劳，蒙朝廷不次之擢，得有今职，应何束身自爱，仰答高厚鸿慈？乃比匪为奸，形同寇贼，迹其狂悖之状，不但辜负天恩，益恐狼子野心，或生他患。裕禄屡任兼圻，非董福祥武员可比，而竟愦愦乃尔，令人不可思议。要皆希合在廷诸臣谬见，误为我皇太后、皇上圣意所在，遂各倒行逆施，肆无忌惮，是皆在廷诸臣，欺饰锢蔽，有以召之也。

大学士徐桐，徐性糊涂，罔识利害。军机大臣、协办大学士刚毅，比奸阿匪，顽固性成。军机大臣、礼部尚书启秀，胶执己见，愚而自用。军机大臣、刑部尚书赵舒翘，居心狡狯，工于逢迎。当拳匪甫入京师之时，仰蒙召见王公以下内外臣工，垂询剿抚之策。臣等有以团民非义民，不可恃以御敌，无故不可轻与各国开衅之说进者。徐桐、刚毅等，竟敢于皇太后、皇上之前，面斥为逆说。夫使十万横磨剑，果足制敌，臣等凡有血气，何尝不欲聚彼族而歼旃。否则自误以误国，其逆恐不在臣等也。

五月间，刚毅、赵舒翘奉旨前往涿州解散拳匪，该匪勒令跪香，语多诬妄。赵舒翘明知其罔，语其随员人等，则太息痛恨。终以刚毅信有神术，不敢立异，仅出告示数百纸，含糊了事，以业经解散覆命。既解散矣，何以群匪如毛，不胜猕薙？似此任意妄奏，朝廷盍一诘责之乎？

近日天津被陷，洋兵节节进逼，曾无拳匪，能以邪术阻令前进。诚恐旬日之间，势将直扑京师。万一九庙震惊，兆民涂炭，尔时作何景象？臣等设想及之，悲来填膺，而徐桐、刚毅等，谈笑漏舟之中，晏然自得，一若仍以拳匪可作长城之恃。盈廷惘惘，如醉如痴。亲而天潢贵胄，尊而师保枢密，大半尊奉拳匪，神而明之。甚至王公府第，闻亦设有拳坛。拳匪愚矣，更以愚徐桐、刚毅等。徐桐、刚毅等愚矣，更以愚王公。是徐桐、刚毅等，实为酿祸之枢纽，若非皇太后、皇上立将首先袒护拳匪之大臣，明正其罪，上伸国法，恐廷臣佥为拳匪所惑，疆臣之希合者，接踵而起，又不止毓贤、裕禄数人。国家数百年宗社，将任谬妄诸臣，轻信拳匪，为孤注之一掷，何以仰答列祖列宗在天之灵？

臣等愚谓时至今日，间不容发，非痛剿拳匪，无词以止洋兵。非诛袒护拳匪之大臣，不足以剿拳匪。方匪初起时，何尝敢抗旨辱官，毁坏官物？亦何敢持械焚劫，杀戮平民？自徐桐、刚毅等称为义民，拳匪之势益张，愚民之惑滋甚，无赖之聚愈众。使去岁毓贤能力剿，该匪断不致蔓延直隶，使今春裕禄能认真防堵，该匪亦不至闯入京师。使徐桐、刚毅等不加以义民之称，该匪尚不敢大肆焚掠杀戮之惨。推原祸首，罪有攸归。应请旨将徐桐、刚毅、启秀、赵舒翘、裕禄、毓贤、董福祥，先治以重典。其余袒护拳匪，与徐桐、刚毅等谬妄相若者，一律治以应得之罪。不得援议亲议贵，为之末减。庶各国恍然于从前纵匪肇衅，皆谬妄诸臣所为，并非国家本意，弃仇寻好，宗社无恙。然后诛臣等以谢徐桐、刚毅诸臣。臣等虽死，当含笑入地。无任流涕具陈，不胜痛愤惶迫之至。伏乞皇太后、皇上圣鉴。①

① 参见《中国近代史资料专刊·义和团》（上海人民出版社，1957年版）第四册第165－168页《严劾大臣崇信邪术请旨惩办疏》。

第十九章

慈禧的治国方法

曾上奏疏直言慈禧支持义和团这件事十分危险，会给大清带来危险的，除了袁昶和许景澄二人之外，还有其他的大臣。两江总督刘坤一在刚得知慈禧实行了这种引火烧身的政策时，就给她写了一篇奏疏，并通过电报和加急件的形式把奏疏送到了她的手中。

在这份奏折中，刘坤一请求慈禧太后撤回攻打使馆的指令。然而慈禧在回复这封奏疏时采取了模棱两可的态度，这种态度正体现了她在这段时期的犹豫不决和优柔寡断。她一方面想要报复那些可恨的外国人，另一方面又担心此举会带来灾难。

从《景善日记》中，我们能够看出此时的慈禧心理压力很大，因此她经常喜怒无常，心情会随着使馆周围的战况而出现巨大起伏。在她收到刘坤一的奏折并回复之后的一个月时间里，这样的情况一直持续着。

慈禧心中非常清楚刘坤一是一个忠诚之人，她对刘坤一的信任，丝毫不亚于对荣禄的信任。这些年，刘坤一的成熟稳重和聪明睿智给予了她不少帮助。尽管如此，刘坤一的奏折还是无法让慈禧改变想法，无法让她放弃对外国人的报复行动，更无法让她减少对至高无上的权势的渴望。

直到联军占领大沽炮台之后，慈禧才看清局势，但为时已晚，于是她只好仓皇逃离，寻找避难所。为了改变局势，她又联系外国列强的首脑们，给他们送信表达自己的想法，甚至特意命人给领事馆送去了新鲜的水果和蔬菜，以此来显示自己对遭到围攻的使团们的慰问和同情，并声称自已是一番好意。

其实慈禧的态度一直都是模棱两可的，她一方面对列强们示好，一方面希望端王和他手下的义和团民众兑现曾夸下的海口，将这些列强们全部赶到大海中去。

刘坤一上奏给慈禧的奏折是这样写的：

窃查此次战事，由于匪徒藉口仇教，肆行烧杀，致酿大患。各国亦以剿匪及保护商民教士为词，调舰增兵，合而谋我。军事既起，各省自宜力筹战守。臣等已将防务严密筹备，倘彼族前来侵犯，即当奋力抵拒，不敢稍涉疏虞。

窃维中朝宽大，圣泽如天，柔怀远人，无不仁至义尽。目前办法，总须将朝廷万不得已之苦衷，即并行不悖之德意，切实宣谕，庶匪徒不敢藉端滋扰，为害地方。臣等于战事初起之时，即行出示晓谕，务各相安，不必妄生疑虑。并接出洋华人电禀，请保护各国洋人，以免报复，情词极为迫切。臣等遂乘各领事等来商保护商教之时，会饬江海关道余联沅与之订定章程。长江一带及苏杭内地，各国如不侵犯，我当照常保护。经各领事电商外部，臣等亦电致各使臣，向各国切实声明。德因戕杀使臣，颇持异议，嗣因各国牵制，遂亦帖然就范。

恭译光绪二十六年五月二十九日谕旨，现在各使臣势甚危迫，我仍尽力保护，并饬臣等各尽职守所当为，相机审势，竭力办理。六月初三日寄谕，各使臣现仍严饬带兵官照前保护各国使馆，惟力是视，各该大臣等在各国遇有交涉事件，仍照常办理等因。是朝廷于天津开仗之洋人，则严加惩创；于未与战事之洋官商教，则曲为保全。威德并施，昭如日月。

臣等屡次奏请保护各使臣，亦以圣虑之所重，时局之所系，首在此举，不容稍缓。迭准出使大臣杨儒等来电，总以保全使臣暨在省之各洋人为第一要义。拟恳天恩饬下在京得力各军，保护各国使臣，正所以自保使臣。并请饬令各省督抚保护在华洋人，正所以保在洋华民。不胜急迫之至。①

① 参见朱寿朋所编《光绪朝东华录》光绪二十六年六月第64页（总第4530页）。

对这篇奏折，慈禧的回复内容如下：

上谕：刘坤一等奏相机审势、妥筹办法一折。朝廷本意，原不欲轻开边衅，故曾致书各国，并电谕各疆臣，及屡次明降谕旨，总以保护使臣及各口岸商民，为尽其在我之实，与该督抚等意见正复相同①。现幸各国使臣除克林德外，余均平安无恙。日前并给各使馆蔬果食物，以示体恤。如各国恃其兵力，进犯各省，自应保守疆土，竭力抵御。即使目前相安无事，亦应严密筹备，以防意外之变。惟总不欲兵衅自我而开，一面将坦怀相与之意，宣示各国领事，共筹补救之方，以维大局。不得轻听浮言，致多疑虑，是为至要。将此由六百里各谕令知之。钦此。②

7月1日，也就是颁布这篇谕旨的几天之前，慈禧亲自起草了一道谕旨，特地向列强们解释造成如今这般局势的原因。十分有趣的是，就在十天之前，她还曾下旨悬赏缉拿在京城的外国人，并命令毓贤将山西的外国人杀光，而毓贤也真的照做了。慈禧熟读经史典籍，自身经历也十分丰富，因此，对她来说，在这些外国人之间制造矛盾和猜忌简直易如反掌。

她的这篇谕旨的内容如下：

此次中外开衅，其间事机纷凑，处处不顺，均非意计所及。该大臣等远隔重洋，无由深悉情形，即不能向各外部切实声明，达知中国本意。特为该大臣等缕晰言之。

先是，直东两省有一种乱民，各就村落练习拳棒，杂以神怪。地方官失于觉察，遂致相煽成风。旬月之间，几于遍地皆是，甚至沿及京城，亦皆视若神奇，翕然附和。遂有桀黠之徒，倡为仇教之说。五月中旬，猝然发难，焚烧教堂，戕杀教民，阖城汹汹，势不可遏。当风声初起之时，各国请调洋兵到京保护使馆。朝廷以时势颇迫，慨然破格许之。各国通计到京洋兵不下五百人，此中国慎重邦交之明证也。

各国在京使馆，平日与地方官尚属无怨无德；而自洋兵入城以后，未

---

① 慈禧很喜欢在谕旨内容中弄一些无伤大雅的挖苦之言。——原注。

② 光绪二十六年六月二十八日上谕，见《光绪宣统两朝上谕档》第26册第218页。

能专事护馆，或有时上城放枪，或有时四出巡街，以致屡有放枪伤人之事，甚或任意游行，几欲阑入东华门，被阻始止。于是兵民交愤，异口同声。匪徒乘隙横行，烧杀教民，益无忌惮。各国遂添调洋兵，中途为乱党所杀，迄未能前。盖此时直东两省之乱党已镕成一片，不可开交矣。

朝廷非不欲将此种乱民下令痛剿，而肘腋之间，操之太促，深恐各国使馆保护不及，激成大祸，亦恐直东两省同时举事，两省教士、教民便无遗类，所以不能不踌躇审顾者以此。尔时不得已，乃有令各使臣暂避至津之事。正在彼此商议间，突有德使克林德晨赴总署，途中被乱民伤害之案。德使盖先日函约赴署，该署因中途扰乱，未克如期候晤者也。自出此案，乱民益挟骑虎之势，并护送使臣赴津之举，亦不便轻率从事矣。惟有饬保护使馆之兵，严益加严，以防仓猝。不料五月二十日，即有大沽海口洋员面见守台提督罗荣光索让炮台之事，谓如不允，便当于明日两点钟用力占据。罗荣光职守所在，岂肯允让？乃次日果先开炮击台。相持竟日，遂至不守。自此兵端已启，本非衅自我开。且中国即不自量，亦何至与各国同时开衅，并何至恃乱民以与各国开衅。此意当为各国所深谅。

以上委曲情形，及中国万不得已而作此因应之处，该大臣等各将此旨，详细向各外部切实声明，达知中国本意。现仍严饬带兵官，照前保护使馆，惟力是视。此种乱民，设法相机自行惩办。各该大臣在各国遇有交涉事件，仍照常办理，不得稍涉观望。将此各电谕知之。[①]

也许是因为受到军机大臣的煽动，慈禧决定和外国列强们玩一出在中国屡试不爽的把戏，即故意挑拨各国之间的关系，在列强之间制造嫌隙。因此，她特意给包括俄国沙皇、维多利亚女王及日本天皇在内的多个国家的最高领导人发去了电报。

但是很显然，中国官员在处理这些外交事宜时太过稚嫩，缺乏经验，否则这些能够澄清误解，且让列强之间产生隔阂的重要信函，就会被庆亲王及总理衙门大臣亲自送到领事馆（此时的领事馆依然被围困着）。

大沽炮台失守，天津陷落，联军的队伍即将攻进北京城等一系列消息

① 光绪二十六年六月初三日上谕，见《光绪朝东华录》光绪二十六年六月第57－58页（总第4523－4524页）。

给慈禧带来了极大的心理压力。在内心极度不安的情况下，她连忙给各国的领事馆发去电报，并且给中国驻国外的各位官员下达指示，命令他们采取友好交往的政治策略。

如果有可能的话，她一定会早些时候就和那些容易被欺骗的外国人交好，并好好利用他们在外交政策上的弱点，适时地以一个无辜受害者的身份出现在大众面前，博得外界的同情和谅解。如今身处宫中的她，却依然对义和团抱有幻想，希望他们能够兑现承诺，取得胜利，将被围困的外国领事馆一举拿下。

在这里，我们插些题外话。研究中国近代史的人都希望从中学到一些教训，好在未来避免再次发生这些问题。毫无疑问，他们都看到这样一个事实，即不管是主战派还是主和派，也不管这些满汉大臣是好人还是坏人，是勇敢还是懦弱，是正直还是腐败，他们的观点都非常一致，他们十分痛恨外国人所做的一切。

对外国人的这些痛恨被义和团民众大张旗鼓地喊了出来，文人学士们在表达自己对外国人的痛恨时要显得平和一些，只是低声附和义和团的呼喊。而朝中的权贵大臣，诸如袁世凯、荣禄、刘坤一等人，同样直接表露出对外国人的厌恶。哪怕是在和外国人交好时，他们的心中也是不屑的，他们甚至只把这种交好看作一种权宜之计。

因此在京城中，无论是看到表面示好的文书，还是看到有些官员与外国人交好，并听到他们口中做出了友好的承诺，都不得不三思之后再决定是否相信。

究竟是什么让我们之间产生这般的深仇大恨呢？是中国人导致的，还是我们呢？如果仔细研究中国过去五十年间官员们所上奏的奏疏，我们会发现这些奏疏的字里行间里充满了对外国人的憎恨。

当然，这其中也存在例外。比如袁昶对欧洲人就很尊敬，不过他虽然尊敬欧洲人，却表示绝对不会与欧洲人交朋友。也许正因为我们总是轻信他人，一次又一次地陷入中国官员们所设下的圈套中，不懂得吃一堑长一智，所以他们才觉得我们的智商有问题，才总是轻视我们。

可以肯定的是，如果未来还有类似义和团这样的运动出现，那么中国的官员必定会如 1900 年时一样，表面上虽然嗤之以鼻，私下里却拍手叫好。

关于中国官员为什么会对外国人表现出敌意，我们却无法解释。也许可以这样猜测一下，他们之所以仇视外国人，是因为受到了某种情感的支配，他们很担心外国人的到来会影响自己的生活。

现在，我们言归正传。下面是慈禧于7月3日分别发给俄国沙皇、维多利亚女王和日本天皇的几封电报。慈禧也给美国总统和法国总统各发了一份电报过去，但有些奇怪的是，这两封电报上所标记的时间是6月19日，而大沽炮台是在16日被攻占的。这几封电报的原文被收录于高第先生的著作《中国与西方列强的关系》第三卷中。

慈禧7月3日发给俄国沙皇的电报的原文如下：

大清国大皇帝问大俄国大皇帝好。中国与贵国邻邦接壤，二百数十年来，敦睦最先，交谊最笃。近因民教相仇，乱民乘机肆扰，各国致疑朝廷袒民嫉教。贵国使臣格尔思曾向总理衙门请速剿乱民，以解各国之疑。而其时京城内外，乱民蔓延已遍，风声煽播，自兵民以及王公府第，同声与洋教为仇，势不两立。若操之太蹙，既恐各使馆保护不及，激成大祸；又恐各海口同时举事，益复不可收拾，所以不能不踌躇审顾者以此。乃各国水师，不能相谅，致有攻占大沽炮台之事。于是兵连祸结，时局益形纷扰。因思中外论交，贵国之与中国，绝非寻常邻谊可比。前年曾授李鸿章为全权专使，立有密约，载在盟府。今中国为时势所迫，几致干犯众怒，排难解纷，不得不惟贵国是赖。为此开诚布臆，肫切致书。惟望大皇帝设法筹维，执牛耳以挽回时局，并希惠示德音。不胜激切翘企之至。①

在同一天，慈禧以光绪皇帝的名义给维多利亚女王发了电报，该电报是由中国驻伦敦大使馆转交给女王陛下的。电报的内容如下：

大清国大皇帝问大英国大君主兼五印度大后帝好。中国与各国通商以来，惟贵国始终以商务为重，并无觊觎疆土之意。近因民教相仇，乱民乘机肆横，各国致疑朝廷袒民嫉教，遂有攻占大沽炮台之事。从此兵连祸结，大局益形纷扰。因思中国商务，贵国实居十之七八，关税既轻于各

---

① 见《光绪宣统两朝上谕档》第26册第169页。

国，例禁亦宽于他邦。是以数十年来，通商各口之于贵国商民，最相浃洽，几于中外一家。今以互相猜疑之故，时势一变至此。万一中国竟不能支，恐各国中必有恃其地大物博，争雄逞志于其间者，于贵国以商立国之本意，其得失当可想而知。现在中国筹兵筹饷，应接不暇，排难解纷，不得不惟贵国是赖。为此开诚布臆，肫切致书。惟望大君主设法筹维，执牛耳以挽回时局，并希惠示德音。不胜激切翘企之至。①

慈禧仍然以光绪皇帝的名义，通过中国驻日本东京大使给日本天皇送去了电报，电报内容如下：

大清国大皇帝问大日本国大皇帝好。中国与贵国相依唇齿，敦睦无嫌。月前忽有使馆书记被戕之事，正深惋惜。一面拿凶惩办间，而各国因民教寻仇，致疑朝廷袒民嫉教，竟尔攻占大沽炮台。于是兵衅遂开，大局并形纷扰。因思中外大势，东西并峙，而东方只我两国，支柱其间。彼称雄西土，虎视耽耽者，其注意岂独在中国哉。万一中国不支，恐贵国亦难独立。彼此休戚相关，亟应暂置小嫌，共维全局。现在中国筹兵筹饷，应接不暇，排难解纷，不得不惟同洲是赖。为此开诚布臆，肫切奉书。惟望大皇帝设法筹维，执牛耳以挽回时局。并希惠示德音。不胜激切翘企之至。②

为了保存这段历史，慈禧下令将这些不同寻常的电报内容全部记录在大清王朝的国史之中。同时，她下旨从国史中删掉那些她曾表示支持义和团的谕旨。

以皇帝名义发出的这几封电报更能让人看出中国外交政策的不成熟。外国人普遍认为中国人都是心思深沉、心怀叵测的，觉得这些电报的文字之下有着更深层的含义。如果根据当时中国的政治形势来研究这些电报的内容，抛去那些刻意为之的浮华，那么展现在我们面前的事实让人忍不住瞠目结舌，怎么会有政府敢将这么幼稚的电报公之于众，甚至载入史册？

但事实情况是，外交政策非常成熟的欧洲人遇上外交政策非常幼稚可

---

① 见《光绪宣统两朝上谕档》第26册第168页。

② 见《光绪宣统两朝上谕档》第26册第168－169页。

笑，犹如孩童一般的中国人时，往往会变得不知所措，此时的欧洲人不知道该如何面对中国外交官的那种看似毫无欺瞒、完全透明，实则令人心生疑惑的陷阱阴谋。最后，外国人往往用“中国人高深莫测”这样的借口来聊以自慰。

如果一个人总是被人愚弄，那么将对手看作是非常聪明的，也并非不明智。就过去十年在中国发生的事件来说，英国的当务之急是改革外交机构，尤其是领事团队。这件事已经被不止一位英国首相提出了，但都只是白费力气。

第二十章

出京西逃

《景善日记》详细记载了8月15日清晨慈禧太后和光绪皇帝仓皇逃离京城的细节。而内阁大学士王文韶写给友人的信件也曾记载了朝廷西逃过程中的情形，后来这份信件被上海的一份华人报纸刊登，我们能够清楚地了解到当时的一些情形，而且它也直接印证了《景善日记》中所记载内容的真实性。除此之外，它还记录了一些有趣的信息。

8月18日时，王文韶在怀来县赶上了慈禧等人的队伍。在此之前的三天时间里，慈禧和光绪一行人饱尝艰辛和危险。

15日一大早，慈禧一行便在距离京城三十五千米的贯市停了下来，在一处清真寺借宿。在此处附近有一家由回民经营的商号，名叫“东光裕”，这家商号主要以给过往商队租售车马而闻名。他们给慈禧等人提供了普通百姓眼里最好的食物，但也只是一些粗面粉、蔬菜和小米粥。除此之外，他们还给慈禧一行准备了几辆骡轿。

护送的卫队按照命令落后于慈禧一行一段距离。为了避免被联军发现，慈禧等人无论到了什么地方，都不准通报，因此没有人知道他们的真实身份。这一路上，他们饱受艰辛，疲惫不堪，心力交瘁，当他们从车上下来的时候，立刻就被一大群难民和村民围住，百姓们过来打探京城的消息。

据一位在现场的目击者称，当时的皇帝看起来十分焦虑，光绪说：“落到如此田地，都是拜义和团所赐。”听到皇帝的话之后，老佛爷下令让他闭嘴，不要乱说。哪怕是在如此糟糕的情况下，她也能保持镇定自若。

第二天，慈禧等人乘坐骡轿赶了四十五千米的路，在长城附近的一处岔道留宿。这里条件艰苦，没有人为他们准备东西，因此他们只能睡在连被褥都没有的由砖砌的大炕上。不过，得知消息的延庆州的知州还是设法给慈禧找来了一顶蓝呢软轿，这样，她在白天赶路的时候能够舒服一些。正午时分，已经到达居庸关，当停下来休息时，李莲英从附近村民处弄来一些茶水，奉给老佛爷饮用。

16 日，一行人离开岔道，前往怀来。这条路全长二十五千米，道路难行，众人经历了很多艰辛。此时，朝廷中的众多大臣也纷纷追上了队伍，整个骡马车队变成了十七辆，而这还不包含慈禧和光绪等人的轿子。

就在队伍一路前行的时候，他们逃亡的消息也被四处扩散，有人说皇帝和太后已经逃离京城，还有人说他们都是假冒的，并不是真正的皇帝和太后。之所以会有这样的传言，是因为慈禧依然穿着最开始逃出皇宫时所穿的普通服装，梳着汉人发髻。

尽管有各种谣言，来自湖北①的怀来知县吴永最初却不知道太后一行即将到来的消息，等他知道时，太后等人已经进了他的衙门。他甚至来不及穿戴官服官帽，就赶去迎接了。

在给慈禧等人跪地行礼之后，吴永打算将围在周围的闲杂人等全部赶走，却被慈禧制止了。慈禧说："别这样，就让他们围在这儿吧，能够这样看着这些朴实的乡民，我很高兴。"饱尝了几天的艰辛之后，慈禧等人终于能够再一次品尝到珍馐美食。除此之外，吴永还给慈禧准备了一套女装，并且为皇帝和大阿哥准备了换洗的衣物。对此，慈禧再三对他表达了感谢。

慈禧等人在怀来县进行修整的时候，王文韶赶了上来。老佛爷亲自接待了他，并关切地向他询问了这一路的辛苦，甚至将自己的燕窝赏赐给他，并说经过这么多天的艰苦奔波，他一定像自己一样喜欢这些美食。之后，慈禧又埋怨起光绪皇帝，责怪他没有热情地接待这位对朝廷

---

① 湖北处有错误，吴永是浙江湖州人。

忠心耿耿的大臣。

在怀来，太后吩咐庆亲王回京与外国列强们议和。在庆亲王启程之前，慈禧召见了他，二人谈了很久，最后慈禧对庆亲王说，她相信他的实力，相信他能够完成这次议和的使命，还说他可以学习1860年恭亲王采取的方法。庆亲王深知这次任务十分艰难，尽管有些不情愿，但还是出发了。

王文韶对慈禧等人西逃初期的描述十分有趣，所以我们特意摘录于此，内容如下：

先时七月十一、三日，裕帅由北仓兵败，退扎杨村，又退至蔡村，裕帅用手枪自尽。李鉴帅十四始抵河西务，所统张春发、陈泽霖两军，不战自溃，鉴帅服毒自尽。洋兵进逼通州。十六日即有西巡之旨，因车辆不齐，迟迟未行。至十九日晚，城外大炮隆隆不绝。二十早，我所居喜雀胡同一带，炮声渐进，炮子如雨下，下午炮声尤甚。忽传天安门及西安门失守，然不能得真消息。我在内值宿未归，禁门已闭，不能出入。

至二十一早七点钟时，我坐小轿进城，始知两宫已黎明出城矣。我于上日共召见五次，亥刻见面，仅刚、赵二人。太后云："只剩尔等三人在此，其余均各自回家去，弃我母子二人不管，尔三人务须随驾同行。"并谕我"汝年纪太大，尚要汝吃此辛苦，我心不安，汝可随后赶来。刚、赵二人，素能骑马，必须随驾同行"。我复奏云："臣必赶来。"皇上亦云"汝务必要来"云云。至夜半，犹说不即走。岂知天甫微明，两宫已仓猝出宫。狼狈凄惨形，不堪言状。

是日，我进城内，因后门、东华门均不开，不能回宅，并知两宫出德胜门。我遂于巳刻冲出后门，至灵鹫庵中小憩，庵在安定、德胜门之间。庵中和尚亦极急，缘洋兵进城，逢庙必烧，以庙中皆设义和团也。其实，安定门至德胜门城上均有洋兵教民来往放枪，街上亦有洋兵。据闻洋兵进城只杀溃兵，居民、铺户并不惊动。和尚万不肯留，不得已，暂避隔壁韩姓家。（系旗人，充内务府役。）车夫、轿夫各自逃命。

至下午，闻西直门尚开，可以行走。遂将车马一切物件，一概丢在韩姓家，只带银钱并随身替换衣服，候至天黑，随众出城。由德胜门、十三海一带行走。近戛戛胡同，天复下雨。乃至景宅借住一宿。其时，城内枪炮之声已停，但见后门外满天光火，通宵不绝。

至寅初，探知西直门已开，洋兵未来，华兵已逃，无人盘问，逃难之人不少。我本拟坐车出城，沿途有兵勇抢车、抢牲口以致车马等，令刘升等押出城外，几被抢去。我与次子均步行，出西直门，至大桥外，始坐轿车。次子骑驴，所带仅存五六人，均步行。跑至海淀，饭铺已闭，勉强一饭，饭后即行。行七十里，至贯石住夜。二十三日，行四十五里，至居庸关住宿。二十四日，行八十里，至怀来县。始知两宫先于二十三日到此，驻跸一日，故此赶到之后，即见面。

二十五日起，即随驾同行，五十里至河城住。二十六日，行四十里，至鸡鸣驿住。二十七日，行六十里，至宣化府城住。二十八、二十九、三十等日，休息三天，拟初一日启跸，往山西大同府。至山西省城，大约须中秋后也。

此次出京，危险已极。沿途居民铺户，均被溃兵以随驾为名，其时驾尚未出，纷纷西行，抢劫至室室皆空。及圣驾驻跸之时，万骑千乘，强买强取，更不堪寓目。迨圣驾既过之后，靡有孑遗矣。①

朝廷在离开怀来之后又向前走了三天，来到宣化府，并在这里停留了四天，一来是做修整，二来是为更好地进入山西境内做准备。沙河镇的都统特意为皇帝和太后各准备了一顶官员专用的绿色轿子，自此之后，朝廷的规制和仪仗才逐渐恢复。

慈禧的精神很好，对什么事情都表现出了极大的兴趣。例如行至鸡鸣驿的时候，她非要到附近山顶上的一座小庙中去游览，因为当年的康熙皇帝在这座小庙中留下了一块刻有诗文的石碑，她想要亲自去看看。后来，在众人的极力劝阻下，她才作罢。

在宣化府的时候，曾出现了很大的混乱，不过多亏了宣化知县陈本的热情周到，慈禧等人的生活起居条件才得到了极大的改善，生活也变得更舒适了。在这里，慈禧收到了来自京城的庆亲王的第一封急奏，他

---

① 本文参见《中国近代史资料丛刊·义和团》（上海人民出版社，1957 年版）第一册第 183 – 185 页。

在急奏中向慈禧汇报了京城中那令人糟糕的现状，以及百姓的凄惨生活情况。

8月25日，慈禧一行离开宣化，继续向前行进，并在一个叫“左卫”的军事要塞过夜。就是在这时，皇后一行人也追上了慈禧等人的队伍，西行的队伍变得更加壮大。这里的守军已经都逃跑了，衙门也被洗劫一空，还被烧得破败不堪，只剩下两间小屋子，里面充满了难闻的气味儿，还潮湿不堪。从这里的糟糕环境就可以想象到当时大清朝的境况。

这里除了用湿面粉做成的馍馍外，没有其他能吃的东西。房间也只有两间，其中一间由慈禧居住，另外一间则给了皇帝和皇后。其余所有人，无论官职高低，都只能在院子外面的狭小空间中将就。

哪怕是一向沉着冷静的慈禧太后，这一次也做不到镇定自若了，看着这样的环境，她不禁抱怨道：“这地方真的是太糟糕了，到处都是臭虫，根本就没有办法入睡。我这辈子何曾落得过这般境地，真是太可耻了。当年唐明皇在安史之乱时不得不逃出长安，甚至亲眼看着自己最宠爱的贵妃被杀害，我现在和他相比，恐怕还不如他当时呢。”

当时有传言说，联军已经攻进了紫禁城，并且将皇宫中的宝物洗劫一空，这个消息无疑更是火上浇油，让慈禧愤怒不已。而随从的人员也都知道太后意难平，因而纷纷担心不已，不敢靠近太后。

8月27日，朝廷进入山西境内，并在天镇县留宿。天镇县县令是个满洲人，听说奉天和其他一些满洲城市沦陷后当地的官员便选择了自杀。知县死后，天镇县陷入了混乱之中。慈禧和光绪等人只草草吃了一些由狱官所提供的简陋饭食。

岑春煊[①]的到来，让众人紧张的情绪有所缓解，也使大家逐渐恢复了勇气。岑春煊是一位智勇双全的官员，他给慈禧带来了鸡蛋以及放置烟和钱的荷包袋子，慈禧非常高兴。

8月30日，朝廷来到山西境内的大同府，并入住都统府衙门。朝廷在这里留宿四天，住宿和饮食条件都有所改善，一切都是由都统亲自操

---

① 时任陕西布政使，奉命率兵北上，护卫京师。——原注。此处有误，当时的岑春煊是甘肃布政使。

办的。

9月4日当天，一行人行走了三十五千米路之后抵达了岱岳镇。这里迎接他们的又是潮湿的房间和糟糕的食物，但此时太后的精神已经恢复得很好了。

16日，途经雁门关，太后为了欣赏此地的风景，特地下令全员原地修整。她说：“看到这里的一切，我不禁想起了热河。”然后，她看向光绪，对他说：“毕竟离开京城，到外面看看这个世界的美好，也是很不错的事情，不是吗？”光绪皇帝回答道：“若是此时的时局并非如此，那自然是更令人欢愉的。”就在此时，岑春煊将一大束野花献给慈禧。慈禧深受感动，赏赐他一壶奶茶。

9月7日，途经原平镇时，当地官员给太后一行提供的房屋乃是当地百姓的泥屋，因为时间仓促，准备中有所疏忽，竟然忘记将原本停留在房间中的棺材移出去。岑春煊在得知这件事情之后，马上到慈禧面前请罪。

幸运的是，慈禧并没有生气，反而很大度地说：“如果棺材能够移走就全部移走吧，如果不行，只要我住的房间里没有，我也就不在意了。”最后，为了避免太后受到影响，原本停留在房间里的棺材全部被移走了。

9月8日，在忻州时，当地的官员给慈禧等人进呈了三顶黄色的轿子。两宫于10日进入太原府，此时的队伍已经恢复了往日的威严。之后，朝廷进入毓贤的巡抚衙门，就在大概六周以前，毓贤在此地屠杀了大批的外国传教士。

在得知慈禧一行人即将抵达的消息之后，毓贤亲自到城外迎接，并跪在慈禧驾前。太后吩咐停轿后，召见了毓贤，并对他说道：“一年前你离京前接受召见时，曾信誓旦旦地对我说义和团的人刀枪不入，定能取胜，但是很可惜，你错了，如今京城陷落了。我知道你办事得力，对朝廷忠心耿耿，且已经将山西的洋鬼子全部扫除殆尽，大家也都为这事对你夸赞有加，而且我也知道你的名声在外。但考虑到如今洋鬼子到处扬言要杀了你，我也只好暂时将你革职，就像李秉衡一样。不过你也不用将这件事放在心上，我这样做不过是权宜之计，为了蒙混外夷，暂时掩人耳目而已。等到时机成熟，国家富强之日，定会将你官复原职。”

毓贤磕头谢恩，并说道：“奴才捉洋人乃易如反掌之事，必杀他们个鸡犬不留。对于革职一事，臣已经准备好了。至于义和团的失败，乃是因为他们未能遵守法纪，滥杀无辜。”

慈禧和毓贤的这场谈话被旁边的几个人听到了，其中一人将谈话内容写入了一封信中，并将这封信邮寄给上海的报社，此事后来被报道出来。毓贤说完这番话之后，慈禧叹息一声，便下令让轿夫继续前行。

几天之后，慈禧颁布谕旨，将毓贤和另外几个义和团的首领革职。而就在降下这道谕旨之前，她曾亲自到屠杀传教士的院子参观，并反复询问这场残忍屠杀的每一个相关细节。

据记载，正当慈禧仔细听着这件残忍至极的事情时，大阿哥就挥舞着那把曾用来屠杀传教士的大刀，在院中蹦蹦跳跳地喊着要杀光洋人。而这把刀正是毓贤给他的。由此可见，慈禧想要杀掉洋人的决心以及她强烈的报复欲。

朝廷停留在太原的时候，慈禧又一次召见了毓贤。这一次慈禧已经意识到列强们想要杀掉毓贤的决心，以及太原百姓对毓贤的爱戴。无奈之下，慈禧只得隐晦地对毓贤说了一句：“最近棺材的价格又上涨了不少。”毓贤知道，太后这是在暗示他自行了断，以免之后会有更惨的下场。

慈禧对太原的官员们准备的食宿条件很满意，尤其是喜欢那些餐具器皿，这些器皿都是1775年乾隆皇帝巡幸五台山时当地官员们置办的，这次被他们特意拿出来打磨一新，供慈禧赏玩使用，这让她慈颜大悦。慈禧说：“在京城的时候，也没有用过这么好的东西呢。”

在朝廷抵达太原的次日，荣禄也赶了过来，对于他的到来，慈禧表示欢迎。荣禄给慈禧介绍了这一路上的所见所闻，以及义和团的暴乱给各地百姓造成的灾难。在此之前，荣禄曾给太后上过一篇奏疏，从这篇奏疏中我们能够看出他之所以受到太后的器重，正是因为他身上的那些与众不同的品质，他从不阿谀奉承，也从不像某些书生一般迂腐不堪。奏折的内容如下：

七月二十一日黎明，逆夷攻犯东华门甚急。奴才率领亲兵，飞驰堵御，将贼击退后，驰赴太和门，恭悉皇太后、皇上圣驾业已西巡。是时，户部尚书崇绮[1]与奴才相遇，正拟追随护从，适值东直、安定二门已为敌攻破，奴才在交道口一带率队竭力迎剿，巷战多时，营哨各官，伤亡过半，力实不支，始偕崇绮一同出城。原冀收齐队伍，乘敌不备，即图进去，以为恢复之计。迨至卢沟桥、良乡察看，败卒残勇拥集于途，刻难整理。当与董福祥密计，至保定复与宋庆密商，志图恢复。该提督等审机度势，佥谓各军屡挫，锐气销磨，非更有大枝精兵，重加整顿，恐难遽议进取。

尚书崇绮由是益增悲愤，八月初一日夜间，与奴才熟筹布置，恨不能仰纾国难，相对唏嘘。次日黎明，该尚书竟在保定莲花池书院寓所，以衣带自缢。留有亲书绝命词一纸，并致奴才一函，嘱代呈递，留置案头。奴才患难中如失左臂，痛悼莫名，当将其身后事宜，粗为料理。第念京城方陷，圣驾西巡，奴才忝领师干，一息尚存，此责未尽，不得不勉支危局，矢鞠躬尽瘁之诚。而该尚书老成硕学，守正不阿，猝遭时变，力与心违，出于一死，其节可重，其志可悲。奴才目睹情形，不忍听其湮没，理合据实上闻。并将该尚书绝命词一纸，恭呈御览。除所致奴才一函，另行封送军机处备查外。为此附片奏闻。其应如何赐恤之处，恭候圣裁。谨奏。[2]

慈禧在收到这份奏折之后下旨表彰了崇绮的忠诚和廉洁。

在荣禄往西赶路的途中，他的夫人在直隶的一个小镇上因病去世。这位夫人刚在保定府与荣禄会合。在荣禄来到太原之时，慈禧热情地接见了他。得知他的夫人去世的消息后，慈禧便下旨将荣禄的侧室刘氏升为正福晋。刘氏深得太后的欢心，且对太后有很深的影响，尤其是在两宫回銮之后，这种影响力变得更大了。

---

① 他是大阿哥的师傅，同时也是同治皇帝的岳父，他的女儿是阿鲁特氏，即嘉顺皇后。——原注。

② 这篇文献并非真正的奏折，而是荣禄八月初七日奏折的附折。参见清末王彦威所撰《西巡大事记》卷一等36－38页。

慈禧就未来该如何是好一事向荣禄做了询问。荣禄如往常一样坦率直言，回答道："老佛爷，为今之计只有除掉端王及其他曾支持义和团的王公亲王，然后启程返回京城。"

有一位随驾西行的满洲官员曾说过一件事，这件事足以说明当时的皇帝、太后和荣禄三人之间的关系。在荣禄赶到太原府的时候，光绪曾派人召见了荣禄，并对他说："你的到来让朕很高兴，朕希望你能立刻杀了端王，事不宜迟。"

然而荣禄却回答他："没有太后的懿旨，恕臣无法照办。皇上您做主的日子早就已经成为过去了。"①

如果不是慈禧在背后罩着荣禄，恐怕荣禄早就一命呜呼了。因为无论是维新派还是保守派，都不喜欢他。像他这样一个既保持中庸之道又有独到判断力的人，被极端分子环绕的时候，自然很容易四面树敌。当然，他也不敢自诩拥有崇绮那样刚正不阿、忠正廉洁的品行。

在太原时，曾有御史上奏弹劾荣禄包庇一个叫陈泽霖的官员，此人曾贪污大量军费。御史指出，荣禄曾下令让陈泽霖将贪污的军费亏空补上，但后来又上奏说这笔军费被联军抢走了。荣禄此举明显是为了从中捞取好处。陈泽霖曾通过一位姓姚的将军以四万两白银和二十斤上好燕窝及四箱丝绸贿赂荣禄。

弹劾荣禄的奏折被慈禧留中不发，不过她利用这个信息获得了很大的好处，填满了自己的腰包。荣禄还曾利用自己的生日和福晋过世等事向其他官员索要大量的现金和值钱的东西，就连李莲英也因此而感到眼红和嫉妒。当时的李莲英正因为自己留在京城的那些金银财宝被联军洗劫一空而郁闷不已。

在太原府，很多官员都赶来投奔朝廷，以至于到处都是拉关系、走后门，想要借此登上高位的人。那些在最开始就跟随慈禧逃离京城的人，这一路上可谓历尽艰辛，因此他们自认能够获得太后和皇帝的青睐，应该得到更多的恩赏。他们觉得自己应该比那些已经过了危险之后才赶来的人，或者至今还在路上、正往此处赶来的人获得更大的封赏和

① 这里是在暗指1898年9月时光绪曾下旨处死荣禄一事。——原注。

更高的职位。

这一时期，无论是在朝廷召见群臣时，还是在军机大臣的会议上，讨论的问题永远都是朝廷是否回京，以及是否考虑将都城迁到南方或西部的某个城市。对此，张之洞曾上书建议将都城迁到湖北当阳，因为那里地处中心位置，而且“当阳”（意思是面向南方）这个名字的寓意很好，意味着好日子就要来了，并且皇帝正好是坐北朝南的。不过，他的死对头们从他的这个建议中听出了另一种意味，即他希望皇帝重新执掌政权。

然而，老佛爷阵营中的荣禄从始至终都坚持两宫应该立刻回京，他的两位同僚鹿传霖和王文韶也支持他的观点。可以说，后来太后决定返回北京，不是因为各地高官的奏折，而是因为她相信荣禄的判断力。

在朝廷停留太原的这段时间里，这个话题一直被争论不休。直到9月底的时候，慈禧听到传言说联军已经派了一支部队来山西，要为那些被残忍屠杀的传教士们报仇。她下令立刻起程前往更加安全的西安府。

所以，朝廷在9月30日时离开太原，前往西安。对于中国人来说，一向很注重面子。因此，慈禧在离开太原之前，特意颁发了一道谕旨，谕旨内容简短，具体如下：

朕恭奉慈舆驻跸太原，将近两旬。该省适值荒歉，千乘万骑，供亿维艰，食用皆昂，民生滋累。每一念及，怵焉难安。且省城电报不通，京外往来要件，转辗每多延误。不得已谨择于闰八月初八日启銮，西幸长安。①

在前往陕西的一路上，一切都安排得很妥当，这让慈禧和皇上觉得比之前的颠沛流离要舒适得多。行至半路时，慈禧得知刚毅去世的消息后，心中十分悲伤。刚毅是义和团的主要支持者，也是她身边保守派中最顽固、最暴烈的一位。

刚毅是在一个叫侯马的地方病倒的，虽然有都察院副都御使何乃莹留下照顾他，但他还是在三天之后去世了。慈禧很不愿意落下这个病重

① 光绪二十六年闰八月初六日上谕，见《光绪宣统两朝上谕档》第26册第326页。

的大臣，对于他的去世很难过。刚毅去世之后，慈禧对他的儿子（也一起随驾西行）给予了很多关照，还时常和他的儿子聊起他生前是如何忠君爱国的。

在西安府时，朝廷先是在专门为陕西和甘肃的官员巡视时准备的临时住处待过一阵子，后来又搬到了总督的官署中。这两处都为两宫的到来做了充分的准备，墙壁被粉刷成如同紫禁城外墙一般的朱红色，外院被围上了一圈栅栏，栏外有皇家侍卫驻守，外面的房间则被改成了六部九卿的办公场地。

虽然和在北京城相比空间上小了很多，但是一切规章制度和以前别无二致。行宫的正殿空着，侧殿则用来作为官员们等候召见时的接待室。在正殿的后面有一间屋子，通向这间屋子的门共有六扇门板，其中四扇都关闭着，只有两扇敞开着用来通过，从门口可以看到后屋中间摆放着一个铺着明黄绸缎的宝座。朝廷的重要典礼仪式就是在这里举行的。

这间屋子的左边，则是每天上早朝的地方，再之后是太后的起居室和卧室。光绪皇帝和皇后则住在与太后的屋子相通的一间小屋子中，在这些房屋的西面，还有三间小屋子，那里住着大阿哥。至于总管太监则住在慈禧卧室东边的房间。

这里的一切都是临时准备的，因此难免有些简陋。慈禧此时的财务状况比较紧张，因此她不得不将更多的心思放在各地方所进贡的金钱和财宝上。此时，已经有各省进贡的银两和财物被陆续送了过来。但是，只要财政大权掌控在喜好节俭的岑春煊的手中，行宫中的一切都必然要节俭行事。

比如说慈禧的膳食花销，他规定每日只能在两百两白银以内（约二十五英镑），而这个费用，大概只是慈禧在北京时平日花销的十分之一。太后对此曾说："我们过得还真是很节俭嘛。"而岑春煊则回答道："其实还可以更节俭一些。"

按照慈禧太后的规矩，每天当值的太监都会在晚间列出一百道菜品，以供太后挑选第二日的膳食样式。历经了离京西逃那段艰难的时光之后，太后对南方进贡的燕窝海参等美味佳肴更加喜爱，反而不像以前那般喜欢鸡鸭鱼肉等普通食物了。光绪皇帝则和以前一样，每天只吃蔬菜。

太后下令，每顿饭只需要六道菜。但因为她非常喜欢牛奶，所以对牛奶的供应一事非常上心，甚至每个月拿出两百两银子来养着行宫附近的六头奶牛。

太后的健康情况还是很不错的，只是有些消化不良，她将这个病症归咎于气候的变化和一路奔波的辛劳。除此之外，她偶尔也会失眠，身边几个擅长按摩的太监会经常为她按摩。

当朝廷中的一切都井然有序地进行之后，有人提议在行宫中搭建戏台，太后答应了，而且她开始享受起听戏的欢愉，仿佛与在京城时一样。但其实她非常关心远在京城的庆亲王与列强之间的谈判进展情况，她下令只要收到来自北京的电报就立刻呈报给她阅览。

在得知颐和园被联军亵渎的消息之后，她愤怒不已，同时万分心痛，而当她听到留守的孙太监的汇报，说她的宝座竟然被联军扔进了昆明湖中，那些洋人士兵甚至在她的卧室留下很多污言秽语以及下流的画作时，更是怒不可遏。不过，在听到议和一事已经达成，并且将在9月7日登报公布之后，她的火气终于消了一些，她也大大地松了一口气。

1901年6月，慈禧以光绪皇帝的名义颁布了一道圣旨，宣布于9月起驾回京，谕旨的内容如下：

上年七月以来，仓猝播迁，朕侍慈禧端佑康颐昭豫庄诚寿恭钦献崇熙皇太后，暂驻关中，瞬将经岁，眷怀宗社，时切疚心。今幸和局已定，昨经谕令内务府大臣扫除宫阙，亟欲即日回銮。惟现在时令已交仲夏，天气炎蒸，圣母高年，理宜卫摄起居，以昭敬养，势难于溽暑之际，跋涉长途。自应俟节候稍凉，再行启跸。兹择于七月十九日，朕恭奉慈舆，由河南直隶一带回京。着各该衙门先期敬谨预备。将此通谕一体咸知，俾慰天下臣民之望。钦此。①

庄亲王的弟弟载功也是义和团的领袖人物，在两宫逃离京城来到西

---

① 光绪二十七年四月二十一日上谕，见《光绪宣统两朝上谕档》第27册第82－83页。

安的时候，他也带着家眷跟随过来。然而，此时的慈禧已经意识到，之前支持义和团是愚蠢的，如果这次回京还带着载功无疑会给自己带来麻烦。于是，她下旨将载功一家人全部赶走。载功一家因此而陷入穷困潦倒之中，没有任何官员肯对他们伸出援助之手，走投无路的载功不得不在一个小衙门中当个差役，而他的妻子则卖身为奴。

在那些支持义和团的领袖们被处斩或革职之后，慈禧这样说道："那些王公大臣，平日里只知道胡乱吹嘘，仗着自己的身份夸下海口，说洋鬼子绝对不是大清朝的对手，而我竟然相信了他们的话。大清朝险些就毁在他们这群人的手中。我只是可惜赵舒翘[①]，是我对不起他。"

官员和百姓都从慈禧太后对载功的处置一事中看出，太后对义和团的看法已经改变，因此没有一个人对载功给予尊敬和帮助。

在逃亡西安和从西安返回京城的一路上，太后很关心百姓的生活。在西安时，她就曾给百姓发放赈灾银两，对百姓的悲惨遭遇给予了极大的同情。她对光绪皇帝说，以前在深宫中根本不了解百姓的疾苦。

在西安居住的那段时间里，皇帝对国事给予了更多关注，可以说是自戊戌变法之后，从没有过的关注。与此同时，他获得了和太后商议国事的自由，不过，虽然慈禧会听取他的意见和看法，但在对重要事情做决定时，他依然没有发言权。

光绪的脾气依然很火爆，他时常会喜怒无常，动不动就发火，所以朝中的大臣有什么事情都更喜欢先去找太后禀报。在这段时间里，太后在光绪的建议下任命了他以前的师傅孙家鼐为体仁阁大学士，入职军机处。

1900 年 1 月，朝廷册立大阿哥一事让孙家鼐认为，这是在变相废黜皇帝，因此他辞去了朝廷中的官职。后来，义和团暴乱，他只好留在北京城中，再之后，家里被义和团的匪徒洗劫一空，如果不是荣禄出面保

① 义和团之乱爆发时，曾奉命和刚毅一起调查此事，他本认为拳匪不可信，但碍于刚毅等满洲大臣的权势，不得不屈从，最后答应了刚毅等人"因势利导"的提议。在后来与联军谈判时，他被列为义和团的"祸首"，慈禧碍于联军的权势，不得不处置了他。他最后自杀身亡。——原注。

护，恐怕他的性命早就没了。

和孙家鼐一同入职军机处的还有鹿传霖。在围攻外国领事馆的时候，鹿传霖便从江苏巡抚的任上离开，率领三千将士挥军北上，护卫京师。然而，他还没有抵达京城就听说了京城被联军攻破的消息。于是在遣散部队人马之后，他回到了直隶老家，并待了一段时间。之后，他又赶去太原行宫，并得到了太后的召见。对于他的到来，太后很高兴。

从此开始，一直到去世[①]，鹿传霖一直都是军机处成员。比较有趣的是，在治国方法和对国家在世界上的地位的认知等事上，他和义和团运动前的很多朝廷重臣的想法一样。而他在朝廷被联军威胁时能够离开江苏、率兵北上一事，也说明了在当时的清朝政府中，封疆大吏是有一定的自主权的，只要他们的态度足够强硬，他们所管辖的地界就相当于半个国家，有一定的独立性。

曾有一位苏州官员在护送贡品到西安、返回任上之后，给他的一位朋友写了一封信，详细描述了朝廷在逃亡西安时的生活情况，下面的内容就来自这封信件。该信件属于私人物品，并未打算发表。我们从这封信件中能够了解到官方文件未记载的一些朝廷流亡时的真实情况。内容如下：

太后仍朝纲独揽，事无巨细，必亲躬焉。其所宠信者，荣禄与鹿传霖也。岑中丞近已失势。朝议皆力主回銮。予见太后气色甚佳，虽寿已六十有四，见之者莫不以为四十许也。皇上貌甚郁郁，然近日稍发福矣。大阿哥年十五，肥胖粗野，状类伧荒。不喜读书，专好音乐、驰马、拳棒，日与太监数人，至戏园观戏。头戴韦陀金边毡帽，身衣青色紧身皮袍，枣红色巴鲁图领褂，无异下流。有京伶名严玉者，屡邀厚赏。其他伶工作乐，或时有不合者，必当面申斥。至亲自上台，敲鼓板，扯胡琴，以炫己长。怪状劣迹，殆难悉数。时为太后所闻，则重加鞭责。忽与侍奉太后之宫女有私，太后知之，大怒，因此吃亏不小。常同李莲英在外浪游。予友高某曾论之曰：“可惜一候补皇帝，将来恐变成开缺太子。”此语大妙，亦实言耳。

十月十八日，大阿哥与澜公、溥僎率领太监多名，与甘军哄于城隍庙之

---

① 鹿传霖死于1910年8月26日。——原注。

庆喜园，太监大受伤。彭述、裴维按在座，均遭殃及。起衅之由，因争座位而起。太监受伤后，又不敢与甘军一图报复，遂迁怒于戏园。嘱某中丞将各园一律封禁，并将园主枷示通衢。其告示有云："两宫蒙尘，万民涂炭，是乃君辱臣死之秋，上下共图，卧薪尝胆，何事演戏行乐。况陕中旱灾浩大，尤宜节省浮费，及一切饭店、酒楼，均一律严禁。"继而各园营求内务大臣继禄，工部侍郎溥兴，转求李莲英，向大阿哥缓颊。大阿哥亦正以戏园禁闭，日常寂寞，许其开演。则又出示云："天降瑞雪，预兆丰盈，理宜演戏酬神，所有园馆，一律弛禁。惟不得滋闹，如违重惩。"藉以掩人耳目，然见者无不鼓掌。

李莲英现下不甚跋扈，惟各省进呈贡品，则多方挟制，稍有不满，挑剔备至。

十月初六日，岑中丞欲为万寿铺张，与各宗室议及，溥侗厉声曰："国是败坏，一至于此，近又闻东陵为联军占据，何以对祖宗。尚欲做生日乎？我当力阻。"其事遂寝。

岑中丞为人沽名钓誉，其严禁太监滋扰告示云："本部院久已视官如寄，不知权贵为何如人。"其实每日奔走于权阉之前，谄媚逢迎，无微不至，且与内奏事辛太监换帖，呼之曰三哥。行在各官，出入非乘车，即骑马，尚书始能坐轿。岑中丞以乘车不甚冠冕，力求太监斡旋，故有加尚书衔之命，亦改车为轿矣。

董福祥，名虽回甘，其全军仍令邓增节制。邓于乙未年平回案内，蒙董保奖，本董门生也。

夏震武上奏，力保余蛮子可胜经略之任，愿以全家保其与联军背城一战。折中引用尚父、韩信两典，请皇上设台拜帅。虽未见施行，而太后赞赏不已。①

---

① 此信件具体出于何处已不可考，但主要内容均载于无名氏所撰写的《西巡大事本末记》(1901年，上海书局石印本，1902年刊印的《西巡回銮始末记》的内容基本与之相同)。

第二十一章

义和团首领之死

可以说，当时的中国官员都是崇尚利己主义的，彼此很难联合起来，也不容易组织持续的爱国主义运动。但是，深受儒家哲学思想熏陶的他们，身上又有一种不同寻常的特质，那种特质是：即使是在危急时刻非常胆小的人，也能够从容地面对统治者的判决，无论是革职还是死亡，他们都会非常平静地接受。

在北京辛丑议和时，义和团的首领们慷慨赴死的方式正说明了这一点。这也反映出因为中国人格外推崇儒家思想，所以对君主绝对服从和忠诚的观念深深影响着他们，从某种程度上来说，中国的政治体制之所以能够如此稳固而持久，就是因为受到这种思想的影响。

虽然列强们反复强调一定要处死义和团的首领和支持者，但慈禧太后本人不愿意，也不甘心就这样屈服，毕竟她曾公开支持过这场运动。然而，在与大臣们经过多次商议之后，她终于意识到，只有答应这个条件，才能让列强们满意，才能达成议和。

因此，1901 年 2 月，慈禧在万般不情愿的情况下颁布了一道由荣禄起草的诏书，宣布了那些曾发誓要将所有洋人赶进大海中去的义和团领袖们的死罪。

从这份谕旨中，我们能够看出慈禧这个女人的残忍和冷酷，在个人的生命安全和权力受到威胁时，她可以舍弃任何东西，哪怕是曾经支持的义和团首领们。然而，即便已经下旨定了他们的死罪，她还是不愿意就这样任凭列强们摆布，很显然，她希望和列强们进行一些友好的谈判，从而尽量保住端王、辅国公载澜和赵舒翘的性命。

这份诏书是以皇帝的名义颁布的，具体内容如下：

京师自五月以来，拳匪倡乱，开衅友邦。现经奕劻、李鸿章与各国使臣在京议和，大纲草约业已画押。追思肇祸之始，实由诸王大臣等，昏谬无知，嚣张跋扈，深信邪术，挟制朝廷，于剿办拳匪之谕，抗不遵行。反纵信拳匪，妄行攻战，以致邪焰大张，聚数万匪徒于腋肘之下，势不可遏。复主令鲁莽将卒，围攻堂馆，竟至数月之间，酿成奇祸。社稷阽危，陵庙震惊，地方蹂躏，生民涂炭。朕与皇太后，危险情形，不堪言状，至今痛心疾首，悲愤交深。是诸王大臣等信邪纵匪，上危宗社，下祸黎元，自问当得何罪？

前者两降谕旨，尚觉法轻情重，不足蔽辜，应再分别等差，加以惩处。已革庄亲王载勋，纵容拳匪围攻堂馆，擅出违约告示，又轻信匪言，枉杀多命，实属愚暴冥顽，着赐令自尽，派署左都御史葛宝华前往监视。已革端郡王载漪，倡率诸王、贝勒，轻信拳匪，妄言主战，致肇衅端，罪实难辞。降调辅国公载澜，随同载勋，妄出违约告示，咎亦应得，着革去爵职。惟念俱属懿亲，特予加恩，均着发往新疆，永远监禁，先行派员看管。已革巡抚毓贤，前在山东巡抚任内，妄信拳匪邪术，至京为之揄扬，以致诸王大臣受其煽惑。及在山西巡抚任，复戕害教士、教民多命，尤属昏谬凶残，罪魁祸首，前已遣发新疆，计行抵甘肃，着传旨即行正法，并派按察使何福堃监视行刑。前协办大学士、吏部尚书刚毅，袒庇拳匪，酿成巨祸，并会出违约告示，本应置之重典，惟现已病故，着追夺原官，即行革职。革职留任甘肃提督董福祥，统兵入卫，纪律不严，又不谙交涉，率意鲁莽，围攻使馆，虽系由该革王等指使，究难辞咎，本应重惩，姑念在甘肃素著劳绩，回汉悦服[①]、格外从宽，着即行革职。降调都察院左都御史英年，于载勋擅出违约告示，曾经阻止，情尚可原，惟未能力争，究难辞咎，着加恩革职，定为斩监候罪名[②]。革职留任刑部尚书赵舒翘，平日尚无嫉视外交之意，前查办拳匪，亦

---

① 因为董福祥在甘肃很受爱戴，慈禧担心处罚过重会引起百姓的不满和反叛，所以没有判他死刑。——原注。

② 此判决相当于终身监禁。

无庇纵之词，惟究属草率贻误，着加恩定为暂监候罪名[①]。英年、赵舒翘两人，均着先行在陕西省监禁。大学士徐桐，降调前四川总督李秉衡，均已殉难身故，惟贻人口实，均着革职，并将恤典撤销。

经此次降旨以后，凡我友邦，当共谅拳匪肇祸，实由祸首激迫而成，决非朝廷本意，朕惩办祸首诸人，并无轻纵，即天下臣民，亦晓然于此案之关系重大也。[②]

这道谕旨中的内容并没有让列强们感到满意，他们认为朝廷对端王和载澜的处置太轻了，慈禧只好在一周后又下了一道诏书，将这二人处以监禁候斩，后又减刑为流放新疆，永远不得回朝。刚毅虽然已经去世，却被判了开棺戮尸，这在当时的官员的眼中是最严重的刑罚，也是奇耻大辱。而赵舒翘和英年均被赐自尽。至于军机大臣启秀和徐桐的儿子（他和他的父亲一样，在排外一事上非常坚决），则被判处斩首，二人在北京城中被执行了死刑。

为了满足外国公使的要求，朝廷又下旨恢复了之前建议太后镇压义和团而被革职的五位官员的官职和名誉，但为了保住面子，这道谕旨在措辞上很是讲究，人们能一眼看出这是在不得已的情况下颁布的谕旨。谕旨内容如下：

本年五月间拳匪倡乱，势日鸱张。朝廷以剿抚两难，叠次召见臣工，以期折衷一是。乃兵部尚书徐用仪，户部尚书立山，吏部左侍郎许景澄，内阁学士联元，太常寺卿袁昶，经朕一再垂询，词意均涉两可。而首祸诸臣，遂乘机诬陷，交章参劾，以致身罹重辟。惟念徐用仪等宣力有年，平日办理交涉事件，亦能和衷，尚著劳绩，应即加恩徐用仪、立山、许景澄、联元、袁昶均着开复原官。[③]

---

① 太后本人很敬重赵舒翘，因此从一开始就想要保住他。种种信息都透露着，他本人并没有公开支持过义和团，很多行动都是因为受到刚毅的唆使。列强们在要求处死他时也没有找到明确罪证。——原注。

② 光绪二十六年十二月二十五日上谕，见《光绪宣统两朝上谕档》第 26 册第 480－481 页。

③ 光绪二十六年十二月二十五日上谕，见《光绪宣统两朝上谕档》第 26 册第 481 页。

赵舒翘之死。[1] 军机大臣赵舒翘是慈禧太后的亲信大臣，直到最后一刻，慈禧都想要尽自己的全力保住他，因此最开始时只是判了他终身监禁。在他被关押在西安省的大牢中时，太后还允许他的家人前去探望。

就在下令判处他监禁候斩之前，慈禧在军机处的会议上说：“其实，赵舒翘并没有附和拳匪，只是当初他错在用‘拳匪不要紧’这几个字来搪塞我。”赵舒翘听闻此言之后感到庆幸，觉得自己会被免除死罪。

然而，就在几天之后，外面却纷纷传言，说列强们想要置赵舒翘于死地，要朝廷判处他斩立决。这个消息瞬间引起了西安城内百姓们的轰动。赵舒翘的同乡，大约三百个西安百姓起草了一份请愿书，并把它递交到军机处，希望朝廷能够免除赵舒翘的死罪。

军机大臣们不敢将这份请愿书交到慈禧太后手中，只有赵舒翘的亲戚刑部尚书站出来对这些乡民代表们做了回复，他说：“如果赵舒翘被判处了斩立决，那么这将有违公理。”

大年初一[2]，关于处死赵舒翘的传言更甚，早上六点，军机处大臣便开始与太后商议，一直到上午十一点，仍然没有决定是否要遵从列强们的要求。百姓们聚集在鼓楼附近，将这里围得水泄不通，有人甚至扬言要劫法场。喧闹声震天，眼看着事态要变得无法控制，军机大臣怕引起更大的骚乱，于是恳请太后下旨让赵舒翘自尽。慈禧最后勉强答应，于次日凌晨一点[3]颁布谕旨，并命令于当日下午五点前来复命。

岑春煊领命前往狱中，对跪在地上的赵舒翘宣读了谕旨。赵舒翘听完后，问道：“还有太后的懿旨吗?”岑春煊回答：“没有了。”赵舒翘肯定地说：“一定会有的。”此时，赵舒翘的夫人说道：“我们夫妻二人共赴黄泉好了，肯定没有什么其他的懿旨了。”说罢，就将毒药递给赵舒翘。

赵舒翘接过毒药服下了一些，但直到下午三点时，还没有一点儿作用，他看上去依然精神十足，还能给家人安排自己的后事。此刻赵舒翘最担心的

---

① 本章内容中，除了“启秀之死”部分之外，其余人的相关记录，均与无名氏撰写的《西巡回銮始末记》卷三之《罪魁奉旨赐死记》中的内容基本相同。

② 根据《西巡回銮始末记》中的记载，应为初二。

③ 根据《西巡回銮始末记》中的记载，应为早上八点。

就是年迈的母亲在听到他死去的消息之后会一病不起。

这一天，前来看望他的人有很多，最开始的时候，岑春煊还打算阻止，不让他们进来探望，但后来因为人太多，便只好作罢，由着他们进来看望，渐渐地，房间里挤满了人。

赵舒翘依然很精神，丝毫没有要死的迹象，甚至声音洪亮地说："我落得如今这般田地，都是刚子良（刚毅）害的。"岑春煊见状，只好又让人拿来鸦片，他稍微吃了一点儿，但直到下午五点了，还是没有起一点儿作用。于是，岑春煊让人拿来砒霜，直到这时赵舒翘才露出难受的表情，呻吟不止，以手捶胸。

又过了一会儿，他开始说自己胸口难受，让人帮忙按摩胸口。但他的身体实在太过强壮，意志也过于坚定，以至于到了晚上十一点的时候，还没有死去。岑春煊十分着急，因为事情已经拖延得太久了，老佛爷肯定会对此不满。

想到这里，岑春煊只好问身边的手下："太后让我五点前去复命，如今已经耽误这么久了，该如何是好？"手下人回复说："大人何不用蘸了烧酒的纸覆其面，然后将他闷死？"岑春煊觉得手下人说得很有道理，于是照办，一共封了五张纸，赵舒翘才咽气。

直到最后一刻，赵舒翘都不相信老佛爷会下令赐死他，也许正是因为这一点，所以他在最开始时才只服用了一点儿毒药，希望能够拖延时间，等来赦免。在他死后，他的夫人大哭了一场，然后也自杀了。

庄亲王之死。庄亲王带着小妾及儿子们来到山西南部的蒲州，借住在这里的官署中，等待着朝廷对他命运的最后裁决。钦差大臣葛宝华带着圣旨奉命而来，当赶到这里的时候，时间还早，但按照当时的规矩，当地官员在迎接钦差大臣的时候应该燃放鞭炮，鞭炮的喧闹声吵得庄亲王非常恼火。

庄亲王愤怒地吼道："时间还怎么早，为什么要燃放鞭炮？"下人回答："是钦差葛大人到了。"庄亲王问："他可是为了我的事情来的？"下人说："只是从这里路过而已。"当钦差大臣葛宝华被请进来之后，庄亲王向他详细询问了行宫中的情况，葛宝华都简略地回答了。二人交谈一番之后，葛宝华就起身离开了。

葛宝华在官署的后面发现了一座古庙，从中选了一间无人居住的房间作为庄亲王自尽的地方，之后又将布帛牢牢系于房梁之上。他下令让地方官员派兵来维持秩序。在一切准备工作都做好之后，便起身回到官署之中，命令庄亲王上前接旨。

庄亲王听说之后，昂首走了过来，看着葛宝华问道：“朝廷是要你来杀我的吗?”葛宝华没有回答他的问话，只是对着他宣读圣旨，庄亲王也只好跪地叩头接旨。当葛宝华宣读完圣旨之后，庄亲王说：“要我自尽！我早就知道必死无疑，不过，恐怕老佛爷也活不长了。”之后庄亲王又问能否与家人告个别，葛宝华答应了他，并请他尽快。

此时，庄亲王的小妾和儿子们也都来到了这里。庄亲王对儿子说：“你以后一定要为国家效力，千万不要将老祖宗的江山让给洋人。”他的儿子听了这番话之后哭得说不出话来，而他的小妾更是已经悲伤得昏倒在地，不省人事了。

对此，庄亲王未做任何表示，只是看着葛宝华问道：“要我死在哪里?”葛宝华回答：“请您随我到后面的房间去。”于是，庄亲王跟着葛宝华走进了古庙中的空房间，一眼便看到了悬挂在房梁上的布帛，心中已经明白一切，转身对着葛宝华说道：“钦差大人办事还真是周到，佩服!”说罢，便直接将自己悬吊于房梁的布帛上，几分钟之后便气绝身亡。

英年之死。英年是一个胆小鬼。在朝廷颁布第一道谕旨将他关进西安的大牢中的那天，他的家人没有来看他，他自己则在监狱中哭了一整夜，甚至还不停抱怨庄亲王没有设法营救他。

在他入狱的第二天，恰好是新年，这一天所有人都为了新年而忙碌，根本没有人想起他，于是他又哭了一整天。等到了半夜的时候，他突然不哭了，身边的仆人感到好奇便上前去查看，这才发现他竟然满脸污泥，已经断气了。

原来，他吞咽了污泥，所以窒息而亡了。但事实上，这时候让他自尽的谕旨还没有颁布下来。英年的死讯晚了两天才被通报给岑春煊，之后岑春煊将这个消息禀报给了慈禧。

毓贤之死。在接到自己被判处斩首的谕旨时，毓贤已经踏上了被流放的路程。因为他有病在身，一路蹒跚而行，甚是缓慢。听到要将他处死的消息之后，他顿时头晕眼花，仿佛是在做梦一般。眼前这个虚弱无力、面无血色之人与昔日那个杀人不眨眼的巡抚大人相比，简直判若两人。

临死之前，毓贤就已经因为病痛的折磨而虚弱不堪，在行刑当日更是只能依靠别人的搀扶才可以行走，因此他是被人拖着带到了刑场的。在行刑的前一天，兰州府一些比较有身份的人希望为他举办一场告别宴，但被他拒绝了，他希望自己的最后一天能够在平静中度过。为了对这些人表示感谢，他特意写了一副对联赠与他们。

为了表示对毓贤的尊敬，城中颇有身份的长辈们决定将刑场布置得喜庆一些，于是，他们准备用红绸来装饰刑场。到了傍晚时分，城市的主干道上已经贴满了号召乡民联合起来为毓贤请命的告示。

但毓贤心中明白，这样做无济于事。于是，他特意写了一份声明，并通过官方公开发布，告诉百姓们他这样做是为国捐躯，是为国尽忠，是死得其所，并劝百姓不要干涉朝廷的决定。最后，他又亲手写了两副挽联，在他去世之后，这两副挽联流传甚广。第一联内容如下：

臣死国，妻妾死臣，谁曰不宜？最堪悲，老母九旬，娇女七龄，耄稚难全，未免致伤慈孝治。

我杀人，朝廷杀我，夫复何憾！所自愧，奉君廿载，历官三省，涓埃无补，空嗟有负圣明恩。

第二副挽联内容如下：

臣罪当诛，臣志无他！念小子生死光明①，不似终沉三字狱。

君恩我负，君忧谁解？愿诸公转旋补救，切须早慰两宫心。

第二天，毓贤被斩首，围观者看到毓贤身首异处的场景悲伤不已。

启秀之死。1901 年 2 月的某天清晨，启秀和徐承煜在菜市口被执行了死刑，现场围观的人中有很多欧洲人。启秀在最初听说要将他斩首的消息时，问道：“这是谁的命令？”当得知这个谕旨来自西安行宫之后，启秀说道：“既然是老佛爷让我去死，而不是那些洋人，我便死而无憾了。”

---

① 毓贤并没有说大话，他本人虽然冷血无情，却是个清廉的官员，他死后，在他的行囊中甚至找不到一件新衣能作为入殓之用。他的好名声至今仍被陕西百姓牢记，他们颂扬他的德政，并称正是因为有他在，他们才免遭洋人的毒害。他们还为毓贤建祠祭祀，但后来为了安抚列强将祠堂拆除了。——原注。

其实早在几个月之前，启秀曾被日本人抓过一次，幸好有庄亲王出面，说他家中的老母亲得了重病，这才将他救了出来。没过多久，他的母亲就去世了，于是庄亲王劝他，如果在此时选择自尽，能够保全“忠孝”二字，但启秀并没有听从庄亲王的建议，最后不仅招来了杀身之祸，还落得个名节不保的下场。

第二十二章

慈禧悔过

在义和团首领或被流放或被处死之后，列强们的怒火终于逐渐平息，与此同时，慈禧认识到，未来的大清朝或许只能在强权面前选择妥协，如果想要改变，让大清朝重新繁荣昌盛，就必须选择改革。对此，她做出的第一步就是适当调整她统治时期的官吏，于是，她特意在1901年2月13日颁布了这样一道非比寻常的谕旨，内容如下：

本年夏间，拳匪衅起，凭恃城社，挟制朝廷。当时所颁谕旨，首祸诸人竟于事机纷扰之际，乘间矫擅，非出朝廷之意。所有不得已之苦衷，微言宣示，中外臣民，谅能默喻。现已将首祸诸人分别严惩。着内阁将五月二十四日以后、七月二十日以前谕旨汇呈，听候查明，将矫擅妄传各谕旨提出销除，以重纶音而昭信史。钦此。①

接下来，她要在不失皇家颜面的前提下为自己曾经犯下的错误做一个正式的道歉。在以光绪皇帝的名义颁布的另一道谕旨中，她特意夸大了朝廷在1900年时所遭遇的一切，还详细描述了自己和光绪皇帝在逃亡过程中所经历的悲惨遭遇，并且郑重地对大众道歉，承诺为了改变这些情况而进行改革。这道谕旨在历史上有着深远的意义和研究价值，谕旨内容如下：

本年夏间拳匪构乱，开衅友邦，朕奉慈驾西巡，京师云扰。迭命庆亲王

① 光绪二十六年十二月二十六日上谕，见《光绪宣统两朝上谕档》第26册第484页。

奕劻、大学士李鸿章，作为全权大臣便宜行事，与各国使臣止兵议款。昨据奕劻等电呈各国和议十二条大纲，业已照允，仍电饬该全权大臣，将详细节目悉心酌核，量中华之物力，结与国之欢心。既有悔祸之机，宜颁自责之诏。朝廷一切委曲难言之苦衷，不得不为尔天下臣民明谕之。

此次拳教之祸，不知者或疑国家纵庇匪徒，激成大变。殊不知五、六月间，屡诏剿拳保教，而乱民悍族，迫人于无可如何，既苦禁谕之俱穷，复愤存亡之莫保。迨至七月二十一日之变，朕与皇太后誓欲同殉社稷，上谢九庙之灵。乃当哀痛昏瞀之际，经王大臣等数人扶掖而出，于枪林弹雨中仓皇西狩。是慈躬惊险，宗社阽危，阛阓成墟，衣冠填壑，莫非拳匪所致，朝廷其尚护庇耶?

夫拳匪之乱，与信拳匪者之召乱，均非无因而起。各国在中国传教，由来已久。民教争讼，地方官时有所偏，畏事者袒教虐民，沽名者庇民伤教。官无持平办法，民教之怒，愈结愈深，拳匪乘机，浸成大衅。良由平日办理不善，以致一朝骤发，不可遏抑。是则地方官之咎也。涞涿拳匪，既焚堂毁路，亟派直隶练军弹压。乃该练军所至，漫无纪律，戕虐良民。而拳匪专持仇教之说，不扰乡里，以致百姓皆畏兵而爱匪，匪势由此大炽，匪党亦愈聚愈多。此则将领之咎也。

该匪妖言邪说，煽动愚人，王公大臣中，或少年任性，或迂谬无知，平时嫉外洋之强，而不知自量，惑于妖妄，诧为神奇。于是各邸习拳矣，各街市习拳矣。或资拳以粮，或赠拳以械。三数人倡之于上，千万人和之于下。朕与皇太后方持严拿首要、解散胁从之议。特命刚毅前往谕禁。乃竟不能解散，而数万乱民，胆敢红巾露刃，充斥都城，焚掠教堂，围攻使馆。我皇太后垂帘训政将四十年，朕躬仰承慈诲，夙昔睦邻保教，何等怀柔。而况天下断无杀人放火之义民，国家岂有倚匪败盟之政体！当此之时，首祸诸人，叫嚣隳突，匪党纷扰，患在肘腋。朕奉慈圣，既有法不及众之忧，浸成尾大不掉之势，兴言及此，流涕何追。此则首祸王公大臣之罪也。

然当使馆被围之际，累次谕令总理大臣，前往禁止攻击，并至各馆会晤慰问。乃因枪炮互施，竟至无人敢往。纷纭扰攘，莫可究诘。设使火轰水灌，岂能一律保全，所以不致竟成巨祸者，实由朝廷竭力维持。是以酒果冰瓜，联翩致送，无非朕躬仰体慈怀，惟我与国应识此衷。今兹议约，不侵我主权，不割我土地，念列邦之见谅，疾愚暴之无知，事后追思，惭愤交集。惟各国既定和局，自不主强人所难。着奕劻、李鸿章于细订约章时，婉商力辩，持以理而感以情。各大国信义为重，当视我力之所能及，以期其议之必可行。此该全权大臣所当竭忠尽智者也。

当京师扰乱之时，曾谕令各疆臣固守封圻，不令同时开衅。东南之所以明订约章，极力保护者，悉由遵奉谕旨，不欲失和之意。故列邦商务得以保全，而东南疆臣亦藉以自固。惟各省平时，无不以自强为词，究之临事张皇，一无可恃；又不悉朝廷事出万难，但执一偏之辞，责难君父。试思乘舆出走，风鹤惊心，昌平、宣化间，朕侍皇太后，素衣将敝，豆粥难求，困苦饥寒，不如氓庶，不知为人臣者，亦尝念及忧辱之义否？

总之，臣民有罪，罪在朕躬。朕为此言，并非追既往之愆尤，实欲儆将来之玩泄。近二十年来，每有一次衅端，必申一番诰诫。卧薪尝胆，徒托空言；理财自强，几成习套。事过以后，循情面如故，用私人如故，敷衍公事如故，欺饰朝廷如故。大小臣工，清夜自思，即无拳匪之变，我中国能自强耶？

夫无事且难支柱，今又遘此奇变，益贫益弱，不待智者而知。尔诸臣受国厚恩，当于屯险之中，竭其忠贞之力，综核财赋，固宜亟偿洋款，仍当深恤民艰。保荐人才，不当专取才华，而当内观心术。其大要无过于去私心、破积习两言。大臣不存私心，则用人必公；破除积习，则办事著实。惟公与实，乃理财治兵之根本，亦即天心国脉之转机。应即遵照初十日谕旨，妥速议奏，实力举行。此则中外各大臣所当国而忘家，正己率属者也。

朕受皇太后鞠劳训养，垂三十年，一旦颠危至此，仰思宗庙之震惊，北望京师之残毁，士大夫之流离者数千家，兵民之死伤者数十万。自责不暇，何忍责人？所以谆谆诰谕者，则以振作之与因循，为兴衰所由判，切实之与敷衍，即强弱所由分。固邦交，保疆土，举贤才，开言路，己屡次剀切申谕。中外各大臣，其各懔遵训诰，激发忠忱，深念殷忧启圣之言，勿忘尽瘁鞠躬之谊，朕与皇太后有厚望焉。将此通谕知之。钦此。①

① 光绪二十六年十二月二十六日上谕，见《光绪宣统两朝上谕档》第26册第482–484页。

这份谕旨的颁布时间是二月份，恰好与慈禧接受列强们在协议中提出要求的日子相同。从这天一直到六月份全权负责议和的大臣在协议上签字，慈禧的心中一直有各种担忧。

一方面，在西安生活有很多不方便，荣禄和各地方大臣也纷纷提议尽快回京，另一方面，最让她介怀的端郡王的儿子，也就是现在的大阿哥还在她的身边。

慈禧心中很清楚，如果继续让义和团首领的儿子做皇位继承人，那么等到他们回京之后，根本没办法对列强们交代，她也就别奢望缓和与列强之间的关系了，更不用说和他们交好，进而获得他们的同情了。

而且，如果将来大阿哥继承了皇位，那么作为皇帝的他，势必会将他的亲生父亲从流放地召回来，单说这一点，就是列强们绝对不能容忍的。目前比较难办的是，朝廷曾下过谕旨将大阿哥封为同治皇帝的嗣子，并明确了他皇位继承人的身份，现在想要改变这一情况并不容易，也不合规矩。但慈禧终究是不同的，她再一次用自己的实际行动向世人证明，大清朝神圣的规矩和法度在她强大的意志面前根本不值一提。

太后想要废除大阿哥，其实并不单单因为政治因素。事实上，慈禧曾非常后悔选择确立端郡王这个粗鲁愚笨的儿子为皇嗣子，他的野蛮不端的行为，不止一次让慈禧感到羞耻。哪怕是在慈禧的面前，他也经常胡作非为，很少讲究宫廷礼节，甚至根本没有意识到自己的身份有多么尊贵，总会做一些不符合身份的事情。所以，哪怕是将他的大阿哥身份废除，慈禧也没有觉得有什么值得惋惜的。

在废除大阿哥的诏书中，慈禧称大阿哥的父亲端郡王是个罪人，险些将大清朝廷推向毁灭的危险边缘，他的所作所为对不起列祖列宗，所犯下的罪过永远也无法弥补。慈禧为了保全自己和大阿哥的脸面特意在谕旨中说，大阿哥意识到自己父亲的所作所为是非常错误的，而如今自己身份特殊，深知自己已经没有资格再做皇嗣子了，更没有资格来继承皇位，所以恳求太后能够撤销先前立他为皇嗣子的决定。

太后恩准了大阿哥的请求，废除了他的皇嗣子的身份，并且让他立刻离开宫廷，只赐给他一个皇族最低级别的爵位，并允许他不必履行官员的职责。慈禧用自己的行动告诉世人，她对大阿哥的绝情和不屑。因为赐给他最低级的皇族爵位，同时免去他任职的资格意味着他没有任何俸禄，所以他未来的人生必然是穷困潦倒而卑微的。

如今，这位曾经的皇位继承人已经成了北京南城那片最污秽之地的名人，他是一个邋遢的酒鬼，是一个朝不保夕、声名狼藉的赌徒，他因为曾成为大清朝的皇位继承人而被人熟知，如果不是时运不济、遇到那群可恶的洋人，也许他已经成了大清朝的皇帝了。

在废除了大阿哥之后，慈禧便声明在没有找到合适的人选之前，为同治皇帝立嗣一事暂缓。这也就意味着，在朝廷和外国列强们的关系缓和、朝廷回到京城、局面稳定之前，慈禧都不会考虑为同治皇帝立嗣了。

就这样，慈禧太后在流亡中忏悔和自责着，同时为回京做着准备。她深知外国人的耐性很好，记忆力却不好，她认为外国人很容易忘记过往的事情。

1901 年 6 月，议和的条款全部敲定，9 月 7 日，大清朝廷与各国代表在北京签署了《辛丑条约》。这个条约的签订体现了大清朝的无能，同时它犹如一颗带着毒的种子，一点点地渗透进大清朝这片土地中，并在之后的很多年给大清朝带来数不清的麻烦。

在西安时，慈禧身居深宫之中，每日所思除了自责便是忧惧。而在回京的路上（1901 年 10 月 20 日至 1902 年 1 月 6 日），她除了思考用什么手段来讨洋人的欢心之外，就在担忧和怀疑。

与此同时，北京城中的官员们纷纷因为议和条款的确定而松了口气，他们觉得局势已经稳定了，便又恢复了往日的嚣张跋扈和骄纵自傲的态度，做事时也拿出了往日的派头，再没有之前害怕的样子。这种认为自己的国家乃是天朝上国的骄傲之感在之后协商修订条约时达到了巅峰，让人不得不想到一位英国驻华代表多年前发表的对中国的评价。他说："和这个国家的人根本没有办法讲道理，却能让他们时时屈服于恐惧。"

还有一件事能说明中国官员骄傲自大、不可一世的思想已经根深蒂固了。这件事的影响很大，是关于皇帝的弟弟醇亲王（也就是当今的摄政王）的，醇亲王到柏林去谢罪，但他高傲自满的态度险些导致中国和德国的关系破裂。

根据和平条款第一条，中国应该就克林德男爵被杀一事向德国皇帝表达歉意，而这件事落在了醇亲王的身上。1901 年 7 月 12 日，醇亲王奉命前往德国，在他离开之前，朝廷曾就如何对德国表达歉意一事做出了明确指示。

在他到了德国之后，关于他应该如何遵循礼仪一事，德国皇帝也做出了指示，醇亲王却因为德国皇帝给出的指示和大清朝廷的相冲突拒绝向德国皇帝道歉。德国政府犹豫一段时间后，考虑到大清朝廷一贯的消极抵制的政策之后，便只好妥协。

下面这封电报是醇亲王载沣于 9 月 26 日从德国发给议和代表庆亲王和李鸿章的，电报本身具有很大的历史意义，内容如下：

前接啸枢电，相机因应，并示折中，仰见周密，欣有遵依。十四，德皇停止礼节后，遣来朝车、提督、礼官均未撤回。察其动静，似有挽回之机。因与翼、昌、诚、李希德等再四筹维，命昌用德文信致赓音泰，婉商外部，以跪礼我国万难应允，于德既无所取，更与两国体面尤有相关，作为出自沣意，恳请德皇宽免。一面又与驻巴在尔艾领事面商，或将此意由沣备函，径达外部，托其先为代通消息。

复于十八晚，面命吕使赶回德京，设法接办。十九吕回后，接啸电，亦即转电吕，命其照示，再与外部切商。旋于廿申，据艾领事来称，顷得外部电，命询王爷何时起身，以速为宜，我皇必见，跪礼已免，递书只带荫昌一人，余在别殿伺候，等语。当晚复接吕回电云：德皇六号出巡，现据外部大司员云，王爷前来，德皇必见，事有转机，云云。

据以上各情，事已挽回，但为时甚迫，沣未敢稍涉拘泥，赶即于十一钟令该国来接各官备车前往，廿一，三点到坡思丹，德皇又遣朝车并头等提督接沣等均至旧皇宫居住，供应优渥。随商订次日进见，并送故德后花圈礼节。廿二巳刻，亲至故德后墓如礼，十二点复遣朝车、提督，迎至新行宫，沣随带荫昌进见，内殿递书，宣读颂词。张冀六人在外殿侍立。礼成，德皇遣马队送归旧行宫。两点，德皇亲来答拜，意极殷勤，坐谈良久，并命备舟车游览哈芬湖孔雀岛。廿三暮，看操，午后仍至新行宫进见德后，并留多在柏林居住，看各厂院。又面属前赴丹西，会晤亨利亲王，看其水师。沣未便拂却。现拟见德后后，即赴柏林，另住客寓。所有一切，均赖国家鸿福，俱臻妥协，堪慰宸念。祈代奏。①

---

① 参见《义和团档案史料》（中华书局，1959 年 5 月版）下册第 1307 - 1308 页。

醇亲王这次出使德国所取得的结果让慈禧很满意，她对醇亲王给予了极大的赞赏。毫无疑问，在大清朝廷众人的眼中，这是一次外交上的胜利。大清朝廷虽然在军事战争中失败了，但似乎总是能够轻而易举地在外交上取得胜利。

阅读上面这封电报，你恐怕很难相信此次醇亲王出使德国是去道歉的。北京城中的人们，包括各国公使都普遍认为，醇亲王从德国回来之后发生了很大变化，他似乎从德国学到了很多东西。

如今摄政王的两个弟弟也被派到了国外去留学，他们表面上是去学习中国所需要的海、陆军知识，但事实上他们的所到之地几乎都以最尊贵的皇家礼仪接待了他们，这些所谓的外派出国学习，不过是一场场闹剧而已。这不过是皇族和朝廷官员从百姓那里获得声望的一种手段，并不是真的为了改革国家体制。

第二十三章

两宫回銮

匆忙从北京逃离的路上，慈禧太后显得心神不定、迟疑不决，驻跸西安后，这种状态仍然持续着。实际上，在应对义和团运动及派兵围攻领事馆的那段时期，这样的心态也在左右着她的决定。之所以产生这种心态，一方面是因为她已年逾花甲，另一方面则与那些占卜师和算命先生们脱不了干系。

每当遇到危机的时候，对于这些人的提议，慈禧都会尤为重视。之前我们也已经说过，这些先兆和迷信之类的东西向来很受她的关注，年岁越高，她越是相信这些。此次回銮返京路上的细节更是将这点体现得淋漓尽致。

对于回銮返京决定的达成，西安的荣禄和北京的李鸿章功不可没。自慈禧太后下旨从太原仓惶出逃前往西安开始，她的内心就没有停止过疑虑和惶恐，直到她最终听从劝谕颁下惩治义和团首领的懿旨，并达成了条款明确的和平协议，她的慌乱才有所缓解。

至于朝廷同意围攻外国领事馆这一决议，李鸿章一开始就觉得这很愚蠢。他也通过自己的办法让慈禧太后意识到这个问题。在 1900 年 7 月时局最为危急的时候，慈禧太后终于醒悟了，不管是义和团还是朝廷军队，都不是外国军队的对手。而此时，朝廷急需熟知外务的内行人才，借助他们，朝廷才能更快地摆脱眼下的困境。

因此，她委命李鸿章就任直隶总督，并要求他即刻从广东出发，甚至提议李鸿章向俄国借一艘船，火速从上海赶往天津。由此可见慈禧太后当时的心情何其迫切。李鸿章给袁世凯发了份电报，请袁世凯替他转奏答复。他的答复遣词虔诚恭敬，也一针见血地暗指当前这种危机局面的始作俑者显然正是慈禧太后。他的电报答复内容如下：

仰蒙倚任优隆，曷胜感悚。惟念前在北洋二十余年，经营诸务，粗有就绪。今一旦败坏扫地尽矣。奉命于危难之中，深惧无可措手，万难再当巨任。连日盛暑弛驱，感冒腹泻，衰年孱躯，眠食俱废，奋飞不能，徒增惶急。至俄国，并无信船在沪。现值奉天、黑龙江开衅，俄船必不肯借。罗丰禄电称：英外部请俟各使护送到津，再北上与之会议，未知都中能派队伍送各使赴津否？容俟调养稍愈，即由陆路前进。①

收到李鸿章的电文后，慈禧太后直截了当地批复说："现在事机甚紧，着仍遵前旨迅速北来，勿再借延。钦此。"②

李鸿章很清楚自己面临的局势，所以哪怕有慈禧太后的旨意，他依然选择在上海停留，对外宣称是协商，其实是在静观其变，他在等待围攻使馆的结局。7月23日的时候，《泰晤士报》的驻沪记者采访了李鸿章。采访中李鸿章宣称，如果没有足够的迹象表明慈禧太后已经意识到自己的行为很愚蠢，并决定用安抚政策平息外国军队的怒火，那么他会中止北上接任新职务。

到了7月底时，他认清了一个事实，那就是：皇室决定出逃。于是，李鸿章赶紧通过加急驿站上报了一篇奏折，这篇奏折非常值得关注，李鸿章在奏折里用几乎露骨的言辞批评了皇室的做法，并督促朝廷改变主意。

慈禧太后在西逃之前接到了李鸿章的这篇奏折。这篇奏折很有研究价值，它体现了李鸿章优秀的个人品质，彰显了他的大智慧，这些品质也充分揭示了李鸿章成为中国近代以来举足轻重的官员、世界闻名的人物的原因。我们抄录了这篇重要的奏折，内容如下：

窃维夷夏构衅，自古有之，而制驭之方，要在审己量力，我朝自道光中叶以来，夷祸日滋，渐成坐困。驯至庚申之役，入我京师，燔我淀园，乘舆北狩，迫致升遐。此固子孙万世必报之仇，薄海臣民所当泣血椎心、卧薪尝胆者也。嗣是法扰越南，尽撤藩服；日争朝鲜，丧师失地。尤无理者，德占

① 光绪二十六年六月二十九日李鸿章致袁世凯电，见《李鸿章全集》（上海人民出版社，1985年版）第三册第1037－1038页。

② 见《李鸿章全集》（上海人民出版社，1985年版）第三册第1057页。

胶州，俄占旅顺、大连湾；英索威海卫、九龙城，并推广上海租界，内地商埠；法索广州湾，并侵入沿海之地百余里。种种要挟，万难忍受。于此而不图自强，是为无耻；于此而不思报怨，是为无心。臣受国家厚恩，负天下责望，岂不愿大张挞伐，振我皇威。倘于衰迈之年，亲见四夷来宾，万方归服，岂非此生之大幸？

无如熟审众寡之不敌，细察强弱之异形，宗社所关，岂可投鼠；卵石之敌，岂待蓍龟。试以近事言之：紫竹林洋兵仅二三千人，拳匪官军，实盈数万，以十敌一，鏖战旬日，毙洋人仅数百，杀华人已及二万，而兵火伤痍又数万计。是兵与匪共战寡弱之夷，皆不敌矣。又，京城使馆，本非城郭，使臣参随、水兵，本非劲旅，拳匪及董军攻之，兼旬不克，所杀伤又数千计。是兵与匪合攻孱怯之夷，亦不敌矣。今各国之师，连踪而至，快枪毒炮，纷载而来。朝廷果有何军，堪以捍御？天下果有何将，堪以折冲？窃计子药无多，粮饷将竭。若各国以十余万众直扑都城，固守不能，播迁不得。虽欲如木兰之巡幸，而无胜保阻遏之师；虽欲如马关之议和，而无伊藤延接之使。彼时拳民四散，朝右一空，亲资谁倚？枢辅谁材？此以皇太后、皇上为孤注之一掷耳。思之寒心，奚忍出口。

夫拳匪假借神灵，妄言符咒，诬民惑世，本盛世所必诛。汉有三五里雾，而汉以亡；宋有六甲神兵，而宋以灭。此盖白莲余孽，世宗宪皇帝先遏其萌，仁宗睿皇帝终芟其难。累朝圣训，昭示子孙，岂容以宵小之谰言，弃祖宗之家法。

臣年届八旬，死亡无日，沐四朝豢养深恩，若知而不言，言又不切，九泉之下，何面目见列祖之灵乎！用是沥血敷陈，伏祈皇太后、皇上宸衷独断，迅黜庸妄之臣工，立斩猖狂之妖孽。知义和神团是匪非民，亟宜痛加剿洗；知扶清灭洋乃假托名号，不可姑息养痈。立简重臣，先清内匪；善遣驻使，速送彼军。

臣冒暑遄征，已临沪渎，屡奉敦促之旨，岂惜扶疾以行。惟每读诏书，则国是未定；认贼作子，则人心未安。而臣客寄江南，手无一兵一旅，即使奔命赴阙，道途险阻，徒为乱臣贼子作俎醢之资。是以小作盘桓，预筹兵食，兼觇敌志，徐议解排。仍俟布置稍齐，即行星驰北上。①

---

① 胡思敬《驴背集》卷一，见《近代史资料丛刊·义和团》第二册第 493 – 494 页。

慈禧太后对李鸿章的谏言直陈并非无动于衷。她以皇帝的名义在8月的19日与20日颁布的诏书就是较早的证明，她已经下定决心要对列强进行安抚，这也是为往后的回銮留的退路。也确实如她所料，列强军队因嫉妒与异议使他们内部的合作出现了裂痕，这也降低了太后返京的难度。

在8月19日的旨意上，慈禧先是阐明教众和非教众之间的矛盾导致了义和团运动及使馆围攻的发生，随后，她激愤地指出，虽然列强军队基于平乱的友善意图，但他们的实际行为让人觉得是有意和朝廷唱反调，他们无视正当程序和善意，这一点令人遗憾。

她还在旨意中表达了自己天真的质疑，朝廷排除万难、全力以赴维护驻京外国人的人身和财产安全，而自己的谦和仁善得到的回报却是列国的恶行。如果各国大使们不是早就清楚了朝廷的套路，或许会很难相信一个头脑精明的国家领导人竟会说出这么天真可笑的解释之词。不过，慈禧照旧被验证是对的，因为就在这个旨意颁布的同一时间，俄国已经在用相似的说法替大清朝廷开脱。

在以上所述的那道旨意的最后，慈禧太后委派荣禄、徐桐、崇绮作为议和代表留守北京。她也坦言，洋人们有军队作为倚仗，而且才打了胜仗，要在一开始就跟他们商谈出比较满意的结果可能不容易。所以，她把决定权交给代表们，看到底是向相关国家的外交部发电报，还是与他们驻沪的大使协商，能最终实现友好磋商的目的。精明的慈禧太后怎么会不知道眼下北京的形势对她的意图很不利，并且，相较于那些才遭受过围攻的人，各国外交部与驻沪大使要更好蒙蔽一些。

8月20日的旨意同样是以皇帝的名义颁布的，但口吻完全不一样——它是一道可怜巴巴的罪己诏，承认了皇室所犯的错误，希望获得民众的同情，规劝百姓回归理智。“涤虑洗心，匡予不逮。朕实不德，庶几不远而复，天心之悔祸可期矣。”全文读来有种异乎寻常的诚恳，以皇帝之名担下了使国家蒙受灾劫的所有过错，并警醒各级官员，他们的懒政、奢靡的陋习是造成这些灾劫的源头。

旨意饱含忏悔，对皇室的责任毫不推卸：“朕为天下之主，不能为民捍患，即身殉社稷，亦复何所顾惜。敬念圣母春秋已高，岂敢有亏孝养。”①

作为大清王朝未来的基本纲略，改革的举措已经正式向外发布，并且规划出了大概的框架。为了尽快推动改革政策的实施，各个省份和京城的大臣们接到旨意后即刻启程，赶往圣驾所在。长江一带的官员们因为按照“条约款项”行事，稳定了局势，获得了褒奖，信奉基督教的老百姓们又一次取得了王朝的庇佑与善意。

庆亲王和其他大臣们分毫不差地将朝廷的说法向各国进行了传达，并很快取得了预期的成效，这样的结果，让皇室和顾问们都不再为自己的安全提心吊胆。于是，自9月份开始，各省官员不约而同地联名上书，恳请皇室立即返京。但凡列国军队有一点儿对慈禧太后采取强制措施的迹象，这种建议都绝对不会被提出。

彼时，朝廷在热议未来的首都将要立在何地，针对这一问题，有不少相互矛盾的建议被相继提出。袁世凯负责草拟各省要员们的奏折，再把它们寄到南京的刘坤一手上，由刘坤一转发电报到各省。这篇奏折明确了义和团和其主要拥护者要为中国经历的这场灾劫负责，并且表明为局势“渐有转机”感到欣喜。

而众大臣们对于朝廷打算自太原府启程“西幸长安”这一传闻表示出了莫大的遗憾，他们觉得这个做法既不聪明，也不方便。这篇奏折堪称中国的王公大臣应对这种问题的样本，我们抄录于此：

窃自拳匪肇乱，构衅列邦，津京相继失陷，辽东亦多失守，以致宗社震动，乘舆播迁，薄海臣民，皇皇失措，莫不谓拳酿祸，贻误国家，疾首痛心，同切忧惧。迨叠奉明诏，车驾暂幸太原，议及亲贵。仰见我皇太后、皇上昔者之苦衷，今者之明晰。虽外人尚未满意，有待调停而天下士庶，莫不钦仰感动，鼓舞欢欣。方冀畿辅廓清，指日回銮，上慰九庙在天之灵，下遂亿兆苍生之望。日昨恭读电传本月初六日谕旨：现定闰八月初八日启銮西幸长安，等因。钦此。臣等思忧过虑，诚有不得不具陈于我皇太后、皇上之前者：

---

① 光绪二十六年七月二十六日上谕，见《光绪宣统两朝上谕档》第26册第271页。

伏查自古国家多难之时，亦有迁都之举，然必须敌人不能悬军深入，即深入亦不能持久，我始能立国图存。今日联军谋坚势众，实与古来不同。况陕西自宋、元、明至同治以来，屡经兵火，商稀民瘠。古称天府，今非雄都。又与新疆、甘肃为邻，新疆逼近强俄，甘肃尤为回薮。内讧外辱，在在可虞，较之京师，难云完善。即就目下言之，各国方以新胜之师，联合图进，我能往，彼亦能往。不畏数万里之海，岂畏数千里之陆。恐山川之险，未可凭恃，即偏安之局，不可幸成。且京师根本重地，四方所拱极而朝宗者也，宗庙宫阙、列祖列宗之神灵所式凭者也。二百余年基业固矣，一旦弃之，不特失臣民之望，亦非圣心之所安。

前闻各国曾请退兵回銮，不占土地。无论所请果否出于至诚，正可借回銮之说，以速其撤兵之议。倘西幸逾远，拂各国之请，阻就款之忱，万一激变宗旨，洋兵不撤，京畿从此沦胥矣，辽东不复，陵寝从此鼎革矣。一国变计，各国争先。外而沿江沿海，处处侵占；内而奸宄生心，纷纷扰乱。瓜分之势成，糜烂之祸亟矣。人心愈摇，饷源愈竭，运道愈梗，而朝廷徒局促偏安，为闭关自守之计，夫以偏僻凋敝之秦陇，供万乘百官之资粮，久将不给。以屡次挫失之弱兵，抗合纵连横之强国，势必难支。存亡关键，实在于此。臣等万死，奚足补救。

伏乞皇太后、皇上追念列祖列宗创垂之艰难，俯念满州八旗生齿之蕃衍，外顺各国迎驾之请，内慰臣庶恋阙之心。拟请睿裁，收回幸陕成命。若乘舆已发，驻陕伊迩，势难折回，亦乞明降谕旨，以告天下，具言此次幸陕，亦系暂计，俟畿辅稍定，即行回銮。并简派王大臣致祭宗庙，恭谒诸陵，示天下以朝廷不忘宗庙陵寝之重，断无终不回銮之理。一面饬令全权大臣宛告各国使臣，果真退兵，示以必返，庶足定人心而安大局。

臣等愚虑所及，不敢不昧死沥陈。谨合词电由护陕抚臣，端方缮折具奏。①

在另一篇辖省要员的奏折里，据说，俄国的外交大使曾经向朝廷驻圣彼得堡的外务官员暗示：基于陕西穷困，定都西安定然有许多不方便的地方，

---

① 两江总督刘坤一等于光绪二十六年闰八月所上奏折，见朱寿朋所编《光绪朝东华录》光绪二十六年第87—88页（总第4553－4554页）。

所以，甘肃的兰州府才会是两宫太后前往的地方。说完这一有意思的事实后，奏折随后指出：

臣等闻各国议论，大率皆同。今日幸陕之举，议者必以秦中远隔海口，有黄河、潼关之阻限，其险隘可守，敌来较难，拒敌较易。不知古今兵事，实有不同，八国环攻，与一国构兵，又不同。今日战斗须凭枪力，守御须凭炮力。潼关、同州等处之黄河，反宽四五里，愈上愈狭。外国陆路行营快炮七生的口径者，及八九生的口径用马拖运者，可击七八里，新式长田鸡炮，可隔山遥击数里，中国皆无之。仅凭土炮、小洋炮，岂能守河守关？各省枪少弹缺，自造无多。假使洋兵深入中原，运道必然梗阻，不过数战，弹子即罄，虽有忠义军民，徒手亦难击敌。盖一国则深入难，八国则接济易，此陕省拒敌之难也。

又查外洋通例，凡系有和约之国，必驻公使。若其国不能为公使驻者，即不视为与国。一立和约，即使迁都陕西，各国肯允，亦必各遣公使来陕驻扎。经此次变故以后，使馆必派洋兵保护，距海愈远，洋兵愈多。且山西、河南、直隶一路，必至节节皆驻重兵，是无论迁都何处，必有使馆洋兵，徒使中原数千里皆为洋兵盘踞，此陕省迁都之难也。总之，迁都之计，全在平日经营，若战败以后，敌人必不许我矣。守险远海，亦拒敌之一策，若海口既已属人，内地素无守具，则险者失其险矣。各国并力，各省分扰，彼有接济之便，我无持久之力，腹背受敌，跋前疐后，则远者失其远矣。此须俟事定以后，从容筹之。遇一国生衅之时，必先结援数国，移跸陪都，军械充足，炮台周密，再行开战，然非所论于此时也。

以上各情，恐议者或未详考，臣愚见所及，不敢不据实上陈，以备朝廷裁夺。①

不过，慈禧在做出裁决以前，要得到保证，即让她退位不是和谈的前提之一。如果确认了这一点，那么她原先在返京问题上显露出的犹疑就会全部消失。

保守派的文官大臣曾经做出大胆的预测：慈禧太后再也不愿意回到被玷

---

① 见朱寿朋所编《光绪朝东华录》光绪二十六年闰八月第89页（总第4555页）。

污的京城，也不想再见到被折辱的神坛宗庙。但是她再迷信，也始终是一个拥有远见卓识和清醒头脑的政治首脑，她不会让情感因素主导自己，尤其是在危及到她的统治地位的时候，感情因素绝不会占据太多分量。

此前她显露出的犹疑不定，以及她去关注一些臣子（如张之洞）提出的迁都西安的建议，多是因为“面子”。只要她原来的地位和权势不会被褫夺，她就会返京。不过，随着和谈一路进行下来，她发现有一点已经毋庸置疑了，那就是继续采用引起列强间嫉妒猜疑的老方法，她能够毫发无伤地返京。所以，她开始为早日返京做准备了。

关于议和代表们每天的和谈进度，庆亲王都会详细地向太后汇报，慈禧对和谈协议的条款喜出望外，一切准备就绪，只等道路疏通。经过夏季的大雨后，那些道路有点儿难以疏通，为保证回銮旅途的舒适畅快，起驾返京之事只能等路况全面好转。

在这段等待期里，将慈禧太后和皇室驻驾西安时收的海量“贡品”打包收拾好很有必要。在此期间，慈禧收到了一个确切的好消息：洋人军队没有将她北京的藏宝库洗劫一空。这让她对回京更加期盼。她要赶在宝物被内侍们偷走之前，监督着别人将那些宝物换一个更为稳妥的地方。

1901 年 10 月 20 日，即农历八月二十四日，慈禧太后带着长长的队列从总督府衙的临时行宫摆驾启程了，浩荡的随扈队伍紧跟其后。此次回程之旅，她首先到城门外的战神小庙进行了祭祀，战神是当朝的守护神（同时也是义和团的守护神）。从这时开始，回銮队列有条不紊地往北方进发，每天行进约四十千米，首站在河南府稍事休整，之后在开封举行了慈禧六十六岁的万寿贺诞，队伍在开封停留了约一个月。返京途中的膳食住宿和相关安排都极尽安逸舒服之能事，这跟皇室自北京西逃时所遭受的艰辛磨难相比，简直是云泥之别。

在慈禧停留开封的那段时间里，《辛丑条约》在北京签订。也正是在她启程离开开封的 9 月末，李鸿章逝世了。他精通洋务，且在谈判方面辩才无二，给了慈禧太后很大的助力。打了胜仗的列国军队愿意给朝廷宽容的条款，可以说李鸿章功不可没，这一点显然毋庸置疑。

太后对李鸿章的才能给予了充分的肯定，却从来没有对他进行特别关照，甚至借口说听不明白李鸿章的方言，所以始终没有任命他为军机大臣。

不过，在李鸿章逝世后，慈禧又给予了他当朝汉人大臣前所未有的哀荣，替他在北京以及他就任过的地方省份兴建宗祠，以便后人对其祭祀。

慈禧的英明与理智在这件事上得以彰显：甲午战争结束后，虽然因为战事爆发和后果惨烈，她对李鸿章进行了训斥，但她坚决反对皇帝革去李鸿章直隶总督一职以示报复的鲁莽做法。《辛丑条约》签订后，李鸿章获得了太后恩赐的无限哀荣，借着这个机会，太后祝贺并感谢了庆亲王与袁世凯等官员。她对荣禄的赤胆忠心格外予以褒奖："荣禄保护使馆，力主剿拳，复能随时赞襄，匡扶大局。"①

驻驾开封后，为了庆祝慈禧太后的六十六岁大寿，当地举办了丰富的娱乐庆典活动，随后，回銮队伍从开封启程，继续向北京行进。在出发的前一天，慈禧还抓紧时机公开对河南知府文悌②进行了严厉训斥，文悌竟然敢上书规劝太后不要返回京城，还放言，太后只要返回京城，外国军队一定会背信弃义地将她抓捕——这种恐吓的招数用来哗众取宠往往非常奏效。

在天气不错的时候，回銮队列经过黄河时还拜祭了河伯，以示赔罪与感激。一艘造型奢华的大龙船将慈禧太后与后宫眷属内侍送到黄河对岸，这艘大龙船是当地官员组织建造的。有人发现，渡过黄河以后，不管皇室返京的队列到了哪里，总能见到外国人的身影，他们常常混迹在前来围观的人群之中，对这些外国人，慈禧一直给予特别的关照与礼遇。

按照老例，各个驻华使馆会发出布告，在圣驾行经的地方，不允许本国人现身围观。而慈禧太后在到达京城以前，专门下达旨意告谕各地官员，她的銮驾所经之处，假设有外国人赶来围观，无需进行阻挠。实际上，种种迹象显示，只要能使各国高兴，慈禧太后什么方法都愿意去尝试。

各位读者应该还记得，奉迎外国人向来是慈禧高瞻远瞩的策略中的一部分，她要用这个手段来推动将来的计划的实施。她的所作所为，对她的利益不会有半点影响，甚至从诙谐的角度来看，她反而可以获得些东西。

---

① 光绪二十七年十月二十八日上谕，见《光绪宣统两朝上谕档》第 27 册第 223 页。

② 他曾于1898 年时担任御史，但因为保守的立场而被光绪革职。在戊戌政变之后，获得慈禧的信任。——原注。

在抵达京师边界的时候，慈禧太后下达懿旨，言语间的善意跃然纸上，表示皇帝銮驾一入宫便会见列国大使，并且，接见的位置定在皇宫的中心大殿。人们接到这道懿旨理所当然会认为这是王朝出于自愿的宽宏与友善，却不知道这也是和谈条约中的条件之一，是对列强另一种形式的妥协。

在那道懿旨里，慈禧太后还表示，她将与大使的夫人们亲密会见，并指出，她很珍视之前那段和夫人们友好往来的美好时光。在此，我们又说到了这个布局长远的策略，这个策略是基于最完美的传统思维模式搭建而成的，目的是“与强势又粗暴的外族周旋”。

慈禧太后的銮驾队伍搭乘火车专列于1902年1月6日的正午回到京城。专列在马家堡老火车站附近的临时停车点停靠，这里临近南城墙，为恭迎太后与圣上大驾，这儿支起了奢华精致的大帐篷，准备了镶金龙椅、景泰蓝祭祀器具和无数珍贵的陶瓷。

上百个达官要员在这儿候驾，还专门给洋人开辟了一块地方。慈禧太后的专列有三十多节车厢，进站的时候，人们透过车窗看到了太后热情的脸庞，她热切地环顾，打量着四周的情形。皇后与长公主坐在她身边，服侍在侧的是内廷大太监李莲英。

见到老佛爷以后，官员们纷纷下跪叩拜，内务府总管继禄还在一边好管闲事地呼呼喝喝，叫洋人们把帽子摘下来，其实他们的帽子早就已经脱下。总管太监李莲英第一个走下火车，他一从车上下来，就马上跑去查验各处上贡的物品清单。从西安拉回来的行装像小山一样堆积着，老佛爷沿途密切看管着它们。

随后走下火车的是皇帝，他显然很局促，老佛爷朝他打了个眼色，他便没有和现场任何一个官员寒暄，急匆匆地钻到自己的轿子里回宫了。皇帝离开后，老佛爷从火车上下来，走到行李车厢尾部的月台上。有人听见她说了句：“来了不少外国人嘛。”她按照王朝女性的想法朝外国人打招呼。随后，当时已接任李鸿章议和大使职务的王文韶，以及庆亲王躬身上前问安。二人恭敬地延请老佛爷上轿，老佛爷说：“无须着急。”她面向人群，逗留了约半盏茶的时间，与身侧的人热络地聊天，她的脸色看起来非常好，按照她的年纪来看，她显得非常年轻。之后李莲英返回，并呈上行装与财物账簿，她细致地查阅一番后，满意地递还给李莲英。

随后，在直隶总督袁世凯的请求下，老佛爷接见了铁路工程师和外国经理，她对他们沿途的精心安排表示感谢。紧接着，老佛爷也走上轿子启程回宫了。太后的这顶轿子比皇帝的要宽敞精致。一路上，老佛爷最为喜爱的一名内侍随行在侧，他将沿途有意思的事物指给老佛爷看。每当见到外国人，他便跟老佛爷汇报，有人听到他清楚地说了句："太后，快看，洋鬼子！"老佛爷便友善地笑着点头致意。

过了汉人群居的南大门后，銮驾一路往前门行进，进了内城，一座神庙出现在眼前，庙里供奉的是满洲人的守护神。蜂拥而至的外国人站在城墙上俯视着神庙前的院落，等待慈禧太后现身。老佛爷从轿子上下来，行礼跪拜，并给神像上香，道士们则在一旁念经。之后，老佛爷起身仰望，见到外国人就向他们和善地微笑，并不时点头致意。随后她再次坐上轿子往紫禁城去了。下午两点钟左右，慈禧太后一行抵达宁寿宫。轿子刚一落地，老佛爷就吩咐内侍们挖宝物，那些宝物都是她从京城出逃前埋下的。当见到宝物们完好无缺时，她不禁喜出望外。

之后老佛爷下旨钦赐珍妃身后殊荣，这既是基于将来与外国人打交道的考虑，也是为了平息国内的舆论。大家对珍妃应该还有印象，就是在西逃出京那天早上，被老佛爷下令投进井里的那位。

在懿旨里，老佛爷对这个可怜女人的品德和让人折服的勇气进行了褒奖："上年京师之变，仓猝之中，珍妃扈从不及，即于宫内殉难，洵属节烈可嘉。加恩着追赠贵妃位号，以示褒恤。"①

这道懿旨通常被认为是给皇帝的女人理应有的补偿，因为在中国人看来，死去的人依旧在阴曹地府里存活，并且那里同样有着严密的等级制度。珍妃活着的时候，相对于慈禧太后的政治目的，她在某种程度上显得无关紧要。但是，如今她已然过世，那么宽慰与抚恤她的灵魂是非常有必要的。

众多围观老佛爷返京的外国人在车站逗留着，他们对一眼看不到头的行李车厢卸货很感兴趣，这一场景充满趣味，并且令人大长见识。皇后与长公主的明黄轿子最先被抬下来，其次是滚黄边的靛青轿子，那是得宠妃嫔的乘

---

① 光绪二十七年十一月二十九日上谕，见《光绪宣统两朝上谕档》第 27 册第 245 页。

坐工具，最后是其他妃嫔宫女的官车，一辆官车可容两人乘坐。这些人统共九十个，给她们安排乘坐工具的时候，还引起了一阵喧哗与吵闹，几个年岁较大的女性嘴上不停地唠叨，引起了人们的关注。

等她们走了以后，慈禧太后那些堆得如小山一样的个人行装（里面包括了厨房用具与日常用品）吸引了内侍与低阶官员们的眼球。军机处负责监督这些东西的搬运，这里面还包括刻着上贡地区名称的大批金砖。不过因为这项工作至少要耗费几个时辰，不一会儿，荣禄就带着军机处的官员们起轿回城了。有人留意到，荣禄看起来有点儿虚弱，连走路都需要被两名健壮汉子搀扶着。

皇室乘坐火车专列一路从正定府过保定府再抵达京城，这确实是中国有史以来、开天辟地的第一次。1902 年《泰晤士报》3 月刊上发表了一篇关于此次旅程见闻的通讯报道，感谢该报的授权，我们抄录在此。①

这篇报道反映了老佛爷个性中善于精打细算的家庭主妇的一面，颇有意思，它让我们的脑海中勾勒出更为丰满的形象：这位精力充沛的女士，不仅时刻留心王朝礼仪与祖宗规矩的细节，还对交通工具与宫廷开销的细微处给予同等的关心；这种人物特性，令人不禁想起慈禧太后和“小军曹”② 之间明显的相同之处。详细报道附后：

12 月 31 日清早，两宫在大队骑兵的护卫下到达正定府，伴随銮驾的还有众多官员、内侍与杂役。一长列马车拖运着行装，根据一名现场人员的估算，马车达三千多辆，有两三千名内侍，御厨和其他杂役的人数跟内侍人数旗鼓相当。

给如此多的人安排住宿和膳食很难实现，再者，京城来接驾的达官贵人们带着他们的随从已经占满了正定府最好的住所。銮驾在正定府逗留了三天，这三天，场面是言语难以描绘的混乱。

各个角落都被堆放得乱七八糟的行囊塞满，内侍和杂役们都守着行囊露宿户外，用亚洲人独有的淡漠，木然地忍耐着身体的极度不适。但是，1 月

① 这篇报道的作者正是本书的作者之一濮兰德，当时他在《泰晤士报》任职，是驻京记者。

② 小军曹：是人们给拿破仑起的绰号。

1日深夜的温度达零下十八九摄氏度，许多人半夜冻得实在挨不住，甚至放声大哭，哭得涕泪横流。没被安排上住处的低阶官员，只能在火车站附近随便找个栖身之所将就几天，那种地方满是纪律涣散的士兵。

次日晚，临时驻跸处的马棚忽然起火，虽然火最终被扑灭，未造成重大损失，但场面因此变得更为混乱，差点导致全盘失控。好在朝廷下旨：1月3日摆驾赶往保定。听到消息后，食不果腹、龙蛇混杂的人们如释重负，这种场面堪称亚洲最大王朝的骄傲盛景的代表。

返京队伍从黄河边一直到正定府火车站，绵延四百多千米，沿途还在不断增加人数，马车、轿子相接，连绵不断，形成了罕见的画面，令人联想到司各特笔下描述的中世纪欧洲的露天集会盛典。

各个满族王爵贝勒都带着三十到一百个随从护卫。络绎不绝的负重车马晃晃悠悠地行走在冰冻险峻的小道上。冬季昼短夜长，回銮队伍白天马不停蹄地赶路，晚上依旧由军人擎着火把引路前行，奔赴预定的驻扎地。

不过，老佛爷、皇帝、总管太监以及妃嫔宫女们并不觉得艰苦，因为他们行进的道路非常平坦。这些路面全部被平整过，还被撒上了闪闪发亮的细土，绵软细腻，人踩在上面连声响都不会有。所有石头都被清理出去，一帮人拿着羽毛扫把在队列前方扫刷路面。

每隔十六千米都设有临时休整的帐篷，里面配备完善，还有样式丰富的食物。当地一名承包商透露，这条显然在平日的交通中完全用不上的御道耗资巨大，因为细土是从外地长途采运过来的，所以初步估计每八码这样的路要耗费五十个英洋，也就是说，一千英镑才能修建一千六百米。这有力地证明了一个普遍贫穷的国家中的皇室和达官贵人们的奢靡浪费程度。

1月3日早上九点半，队列启程出发。这个时间是慈禧太后定的，通过这个细节不难看出老佛爷这位传奇女性的一个重要的个性特点，她已经走过六十七载，但哪怕是这种细枝末节的小事，她都亲力亲为，思虑得周密细致。

她手握至高无上的权力，从朝堂政事管到杂役住所，有条不紊，不见慌乱。她从不小看吃穿用度与日常出行这些琐事。在她的身上，我们可以清楚地看到那种典型的女性行为方式，以及掌控王朝命脉近四十年的政治智慧。这不禁引人深思，如果某件事或是某种影响使得这个女人意识到在自己的统治下贪腐、虚伪与暴虐横行，那么她会做些什么，她又可以为她的子民做些什么。

返京专列依照老佛爷的吩咐准时于上午九点半出发。盛宣怀联合比利时铁路公司早早将皇室专列准备稳妥。老佛爷更是带着后宫嫔妃及宫女们清早七点就到了火车站。皇帝先到一步，等老佛爷抵达时，他便在饶有兴致的一群人面前郑重地叩拜行礼迎接。

等待的两个小时里，丝毫不见老佛爷有倦怠之意，她一直在忙碌：严密关注她那如小山堆积的私人物品的打包装车，临时在月台接见一个个文官武将，还专门叫人传召比利时铁路公司的代表沙多，并和他亲切会谈了许久，告诉他自己对他们周到舒适的安排感到十分满意，高兴于可以不再坐轿子而是乘坐有宽敞精致休息间的火车专列。她在竭力向沙多传达这样一个信息：在这段路程里，确保她的私人行李与物件万无一失是极其重要的。

四列拖运行李的专车发出去以后，她终于能松口气了，不过我们马上就能见到，抵达保定府后，她依旧要亲力亲为地操办这些事，因为拖运行装的火车是绝对不可以提前发到北京去的。慈禧太后在这个事情上透露出些许女人的特性，这不得不让人在一定程度上把她和别的国家的女人混为一谈，也让人对那些为朝廷做事的人的人品产生怀疑，这可不算鸡毛蒜皮的小问题。

月台上的情形非常有意思。它完全推翻了人们对深宫王朝固有的一些想象，人们始终觉得，王朝皇室的生活、行为是与俗世脱离、绝对保密的。可这一回却完全不是这样，实际上，在旅途的全过程，朝廷不曾也完全没有试图把銮驾防守起来，更没有禁止人群围观。人们尽管好奇但也努力压制着打探的欲望，静默地自由走动。

袁世凯带着约一千名士兵护卫慈禧太后进京，他们簇拥在銮驾四周，甚至挤到专列车厢里去了。出乎人们意料的是，在太后与皇帝接见高阶官员的时候，侍卫们没有上前驱赶围观的百姓，也没有提醒他们与銮驾保持距离。

实际上，这一备受瞩目的场景体现了中国人性格里民主的部分，这一部分给曾经与各省要员打过交道的洋人留下了难以磨灭的印象。不过，单就摆在眼前的实际情况来说，这一幕之于每个在场的人都是一次不同寻常的新鲜体验。

当地的围观群众对深宫里的妃嫔、宫女，与铁路上的外国官员抱有同等的好奇心。瑾妃年轻开朗，吸引了不少人的眼球。她穿着华美的服饰，打扮得花枝招展，在各个车厢串门子，和宫女们絮絮叨叨说个没完。

后宫女眷全都穿金戴银，慈禧太后佩戴的珠宝饰物尤其鲜亮，她们都没有吸传统的水烟斗，而是抽卷烟。这在乐观主义的人眼里，又是一种进步的表现。老佛爷用了大概十五分钟的时间接见王公大臣，在此期间，皇帝一直静默地站在旁边，看起来没精打采，但是也有人说，他脸部表情活跃起来的时候让人觉得他睿智超凡。

皇后颇具姿色，但在皇帝看来，过于厚重的胭脂妆粉使得她的美貌黯淡了几分。她似乎有些怏怏不乐，对身边的事物也没什么兴致。老佛爷、皇帝与皇后身上穿的都是颜色淡雅的丝绸。

銮驾专列准时在九点半出发，专列由一个车头与二十一节车厢组成，它们的分工如下：杂役、轿子、官车以及马匹等类似的物件占据了九节行李拖运车厢；铁路员工占用了一节警备车厢；皇亲国戚们使用了两节头等车厢；皇帝、太后各自独占一节专用车厢；袁世凯、荣禄、宋庆、鹿传霖、岑春煊还有内务府官员的一干人等乘坐了高阶官员的头等车厢；皇后与妃嫔们乘坐了专用车厢；值守内侍们用了两节头等车厢；总管太监独坐一节头等车厢；剩下的车厢是沙多的工作车厢。

铁路总主管盛宣怀斥巨资置办的专用车厢，专供太后、皇帝与皇后乘坐，明黄绸缎装扮的车厢里放置了名贵的古董，还设置了御座、会谈室与招待室。女眷车厢都贴心地安装了厚厚的窗帘，不过在这趟旅程里，没有人想要不被打搅的独处空间，所以她们根本没用上。行进过程中，后宫嫔妃们由自己的内侍引着到太后的车厢问安，而太后多数时间都在和皇帝以及李莲英谈话。

从某种层面上讲，太后身上有着权贵人物常有的共性，那就是比较迷信。紫禁城里的御用风水师和占卜官可不是轻松的闲职，恰恰相反，他们的言语甚至比大臣们奏折里的陈词谏言受重视得多，御用术士对朝廷而言绝非可有可无的角色。

这一次，那些占卜师们为圣驾回銮占定的良辰吉时是1月7日的下午两点。所以老佛爷再三叮嘱沙多，一定要做好万全的准备，务必要在这个钦定的时辰赶到永定门。沙多说，要确保万无一失，一定要早上七点就从保定府出发。不过这种要求丝毫动摇不了这位王朝掌权人的坚定决心，她依旧坚持按照计划的时间行事。清早六点，这位令人惊叹的太后就抵达了火车站，这个时间点天都还没亮，军人们打着灯笼、擎着火把，为抬轿的杂役们引路，他们赶路的艰辛可想而知。

老佛爷依旧为了行囊的事情操心不已。她那列装满南方各省贡品的货车，在銮驾专列出发的前二十分钟出发。可以想见，老佛爷定然在其个人财物的看管上提出了种种条件，也向铁路工程师们施加了一定的压力，使他们不敢麻痹大意。

老佛爷的个性在保定府发生的那件事上体现得更为明显。之前说到的那几个坐头等车厢的达官要员，也就是乘坐老佛爷与皇帝之间的那节车厢的大官们，觉得自己的车厢委实太过拥挤，于是就与铁路总主管协商，又找来了一节头等车厢，在专列后面加挂上。慈禧太后当时就发现了此事，并且对此进行询问，最终没有批准。新加挂的头等车厢当即被拆解下来，袁世凯等达官要员们只能继续在一起挤着。临出发前，老佛爷去这些官员所在的车厢慰问，关心他们是不是舒适，大家纷纷表示对当前的安排非常满意。

专列在上午十一点半的时候准时到达丰台火车站，这里是芦汉铁路和京津铁路汇合的地方，由英国工程师专门负责管理。精确的时间控制和熨帖的行程安排令老佛爷稍觉安心，但是她一次次地拿出怀表与铁路的时间进行比对，显然对于到达北京的时辰还是有些放心不下。

在丰台火车站，沙多来跟老佛爷告别，老佛爷又一次向他表达了自己对此次乘车旅途的满意，并表示希望往后还能有这样的体验机会，她还决定参加芦汉铁路的通车仪式。她派下五千个大洋对铁路上的国内外工作人员进行赏赐，还额外将一枚代表二等功绩的二龙勋章赐给沙多。

丰台与京城前门之间的铁路是由英国人管理的。为了得个祥瑞的兆头，并且遵循老祖宗的规矩，那些御用术士表示：銮驾应当在马家堡就下火车，之后通过汉人群居的城区，走永定门直接进入皇宫。于是，中午的时候，回銮队列离开火车站，乘坐轿子入城，沿途同样豪奢到了极致。

有些欧洲记者们将这个场景形容为令人终生难忘，但一个来自日本的记者觉得，这种场面好像他们日本乡下唱大戏一样。话虽如此，老佛爷终归还是在御用术士们测定的吉时返回了皇宫——这个一年多前她曾狼狈逃离的地方。皇帝照旧先一步进宫，恭顺虔诚地在宫内迎驾。京城当下的情形，还有皇帝在圣旨里字斟句酌的言辞，都验证了那些御用术士的建议的正确性。

最后，也许还能在此赘述一点作为时代的先兆：盛宣怀在老佛爷休息的那节专用车厢里放置了一张欧式大床。而与之产生强烈对比的是，车厢里的鸦片器具配备得一应俱全，样式看起来精致又华美。

在两宫回京一周左右时，慈禧太后按照《辛丑条约》中的条款规定接见了外国使团代表。在这次接见中，太后依然高坐宝座之上，光绪皇帝则是陪坐在一旁稍微低矮一些的座位之上，他显得那般可有可无。

之后，慈禧又在宁寿宫招待了使臣的夫人们。在这次宴会上，资历最老的公使夫人作为代表进行了发言，她说："欢迎太后回到美丽的京城。"这份祝贺致辞言辞真挚，热情洋溢，足见之前太后采取的刻意与列强之间拉近距离的计划已经奏效。1900年时被围攻的屈辱、恐惧和愤怒全都被这些外国人们忘到了九霄云外，现在他们又一次做好准备，开始为赢得中国人的青睐而互相算计、争风吃醋。

接受了外国公使夫人的祝贺之后，太后表示自己对外国人是十分尊敬的，对她们更是言辞恳切，饱含深情，她的话也给外国公使夫人们留下了非常好的印象。她向她们解释自己逃出北京是因为"宫廷政变"，而自己对领事馆中的众人所遭受的一切深表遗憾和同情，她希望能够重新与她们建立起友好的关系。公使夫人们在离开时都表示对太后此次的招待和谦逊的态度非常满意。

这次接见只是个开头，之后慈禧多次将她们请入宫中，在与外国人的社交方面，慈禧很下功夫，而事实也证明她曾经同荣禄说的话没有错。在面对这些蛮夷的时候，只要你表现得谦虚有礼，就可以让他们忘记曾发生的不快之事。

京城的生活又恢复了往日的平静，一切都好像从前一样，之前逃走的商贾和大难不死的百姓们也陆续返回京城，对于城中驻扎的外国军队们，人们也见怪不怪了。外国列强们又开始与所谓的"天朝上国"建立邦交，而列强彼此之间也开始了新一轮的猜忌和钩心斗角，这样一来，清王朝反而可以作壁上观，在列强争斗时保持各势力的均衡。

此时的荣禄可以说是站在皇权背后的男人，他一直都是慈禧的左膀右臂，一直到去世时为止。使馆区的外国人却因为当初围攻一事而耿耿于怀，对于义和团运动的起因，他们只相信自己想相信的，对于那些与他们所想不同的事情，他们便保持怀疑的态度。因此，他们认为荣禄乃是义和团的同党，他应该和那些被处死的义和团首领们获得相同的惩罚。

但就像我们从《景善日记》中所看到的记载那样，荣禄本人与义和团运动完全无关，并且根据很多保持中立的目击者的言辞来看，这件事也是毫无争议的。然而外国人只相信自己想相信的，因此荣禄第一次去正式拜访外国使团时受到了冷遇，而这也让荣禄本人非常生气。

荣禄曾向一位之前和他私交甚好的外国使者发誓说，在1900年时他做的唯一一件事就是尽力保全领事馆。然而令人遗憾的是，并没有人相信他。对于自己受到的猜忌和误会，荣禄深觉委屈，他请求慈禧允许他辞去军机处大臣的职位，慈禧却拒绝了他的请求，并对他说她相信他的为人，对他所做的一切十分信任。慈禧还特意颁布了一道谕旨，对他给予了高度赞扬。内容如下：

大学士荣禄奏，沥陈下情，恳请开去各项重要差使一折。该大学士公忠体国，谨慎小心，久为朝廷所信任。上年拳匪之变，众口纷呶，该大学士独能坚持定见，匡扶大局，厥功甚伟。今虽时事粗定，而元气大伤，除弊更新，百端待理。正当同心戮力，共济艰难，宫廷振厉不遑，孜孜求治。该大学士受恩深重，更何忍置身事外，独使宵旰忧劳。揆诸鞠躬尽瘁之义，于心安乎。所请着不准行。钦此。①

在慈禧太后去世之前，北京城的人们包括外国人在内，曾有两次目睹太后外出游玩之后乘坐火车返回紫禁城的情景，而她当时在面对百姓时的态度十分亲和，甚至可以说是相当随意，给人们留下了深刻的印象，同时也成了百姓们积极讨论的话题。

第一次是一年春天，慈禧到东陵祭祀，在回来的时候，照例要到位于前门城郭处的战神神龛进行祭拜，一路上她和曾经被邀请到宫中的夫人们侃侃

---

① 光绪二十七年十二月二十一日上谕，见《光绪宣统两朝上谕档》第27册第269页。

而谈，众人相谈甚欢。从庙宇中出来后，她又让随行的太监将她的望远镜拿过来，然后登上城墙用望远镜看着城下的人群，看到一张张熟悉的面孔，就会挥舞手绢和他们打招呼。有一次她甚至大声询问一位外国公使的女儿的身体是否安康。

对于太后竟然纡尊降贵，主动询问外国蛮夷的身体情况一事，在场的满族亲王和内务府的大臣们都非常愤怒。虽然1900年的惨痛经历让他们难以忘怀，但他们还是将这些外国人称为蛮夷，甚至直到今天依然如此。

他们看到这种情景实在是太愤怒了，因此便让太后的心腹之臣荣禄过去请求太后尽快回宫，她却丝毫不理会荣禄的劝说，依然我行我素地做出这样疯狂的举动。对她来说，做这样出格的行为让她很高兴。相对于慈禧太后的兴致勃勃，有人发现光绪皇帝却恹恹的，仿佛对什么事情都不感兴趣。

第二次是在1903年4月的时候，那时候她最重要的朋友兼心腹大臣荣禄刚刚去世四天，她从西陵祭拜回京。这一次的慈禧看上去心情非常低落，她缓缓地从火车上走下来，全然不见以往的活力和愉悦。

前来接驾的是她的弟弟桂祥。对于跪在自己面前的弟弟，慈禧只说了一句话："就是因为你推荐了那么一位无能的大夫，这才害死了荣禄，都怪你。"说完之后，她就坐进了轿子。

也就是这一次，慈禧在位于保定的行宫中接见了几位外国使臣的夫人，并对她们说不久前发生在保定城中的屠杀外国传教士一事与她毫无关系。因为不断重复这样的话，如今就连她自己也相信她在此事中是完全清白的。

但无论事实如何，毋庸置疑的是，她已经完全凭借自己的魅力将那些和她打过交道的外国人争取到了自己这一方，她成功地让他们相信她是无辜的。

皇宫中的生活又恢复了平静，在这之前，她特意颁布了一道谕旨来替自己解释一些事情，她似乎已经痴迷上通过颁布谕旨来为自己解释事情的行为，而这道谕旨也为她赢来了很多中国官员的同情。谕旨内容如下：

上年京师之变，蟊贼内讧，激成大衅，震惊九庙，国步阽危。皇帝奉予西狩，始念亦不及此，创巨痛深，盖无时不引咎自责。幸赖转旋大局，宗社复安。此皆仰仗列圣宠灵，渥荷上苍眷佑，得以挽回厄运，保此丕基。兹者乘舆遄返，匕鬯依然，钦感之余，弥增悚恻。惩前毖后，惟有恐惧修省，庶几克笃前烈，以敬迓天庥。若复徼幸图存，宴安逸豫，尚安有兴邦之一日？比虽时局粗定，而畿辅黎庶，屡遭蹂躏，仅有孑遗。秦晋一带，时苦旱灾。东南则滨江数省，皆被水患。悯念吾民，疮痍满目。值此国用空虚，筹款迫切，何一非万姓脂膏，断不忍厚敛繁征，剥削元气。深宫薄于自奉，一切减省，常愿以节俭为天下先。除坛庙各处要工，已饬核实估修外，其余可缓之工，应裁之费，皆应力杜虚糜。至于联固邦交，修明内政，举凡利所当兴，弊所当革，我君臣上下，务在同心协力，切实讲求，次第举行，认真整饬。庶几交相咨儆，安不忘危，永矢忧勤惕厉之诚，痛除粉饰因循之习，实事求是，同济艰难，无怠无荒。尔内外大小臣工，其与朝廷共勉之。钦此。[①]

① 光绪二十七年十一月二十二日上谕，见《光绪宣统两朝上谕档》第238页。

第二十四章

慈禧新政

1900年后狼藉的北京城，百姓们流离失所的现状，加上逃亡和舟车劳顿所带来的痛苦，都让慈禧的内心感到恐惧和忧虑。她清楚地认识到，国家已经到了必须改变的时候，如今的大清帝国不过是外强中干。

在上一章中，我们提到了慈禧的罪己诏，但其实早在诏书颁布之前，她就以自己特有的果断向世界宣布了她即将要施行新政的计划，并且也认识到想要改革就必须抛弃过去腐朽腐败的种种陋习。这些陋习是让朝廷堕落的根源。

尽管慈禧不想承认，但事实上她的这些改革举措就是1898年时光绪皇帝所推行的政策。与之不同的是，慈禧并没有忘记在推行新政之前调和新旧势力之间的权力和利益，以使其达到平衡，最大可能地消除各省旧势力对新政的反对和抵触。

1901年1月28日，慈禧太后在西安以光绪皇帝的名义颁布谕旨，向世界宣布她即将改革、推行新政的决定。这道谕旨是在荣禄的协助下起草的，内容和往常一样有些啰唆，但不影响其本身所凸显出的慈禧的聪明睿智和治国手腕。

在谕旨颁布之后，全国上下的士大夫文人无不为此感到高兴，就连一直反对慈禧的南方诸省的百姓也对此事拍手称赞。中国的媒体报纸对这篇谕旨进行了报道，称它是中国历史上迄今为止最受瞩目的一篇谕旨。这篇谕旨既呼吁了人们接受改革，也巧妙地说明了中国和中国人民在世界上的地位。它不但言辞巧妙地平复了国内各党派的心思，而且提高了太后的声誉。

在这篇谕旨中，太后明确放弃了已经传承了几千年的皇权绝对独裁的专制制度，在以前，这一原则是中国政治体制的基石。对此，少年中国党[①]的反应尤为热烈。人们意识到，如果不是因为1900年时所遭遇的一切对慈禧和国家的打击太大，她是绝对不会颁布这道谕旨的，因为这代表着她选择了一条和大清王朝、皇族宗室及她自己曾经坚持的信念完全相背离的道路。

已近垂暮之年的慈禧重新回到满目疮痍的京城，凭着非凡的气魄和能力，重新担起国家政治的重担，不禁让人心生佩服。慈禧用自己的行动向世人展示了她的统治欲望。她用自己的双肩担负起国家的耻辱，勇敢地承认过去所犯下的错误并时刻自省，甚至承诺会在将来施行更好的政策。对此，百姓们又怎么能不给予她同情呢？

不过，根据以往的经验，百姓和大部分外国人都对这篇谕旨中说的改革一事表示怀疑，觉得这篇谕旨和平时的那些并没有什么不同。然而，当她回到京城之后，身边的近侍和朝廷官员们都意识到太后提出的改革一事确实是出自内心。

慈禧开始向那些并不情愿的皇亲国戚们灌输她的改革理念，并且不断颁布各项新政，直到这一刻，百姓们才相信她的决心。而这件事也为慈禧赢得了很多百姓的拥戴，特别是南方民众，他们曾因为1898年时朝廷对广东维新党派的镇压而对慈禧怀恨在心，但如今他们逐渐原谅了慈禧，并对她的新政给予了支持。

从这一刻开始，一直到慈禧去世为止，无论她的顾问和大臣们是否支持改革，她的每一次行动、每一项举措都表明了她要改革的决心，这些可以从她的言行举止中看出来。

慈禧在义和团运动中付出了惨痛的代价，但也从中总结了经验，并且将这些学到的东西应用于此次的新政之中。慈禧并没有忘记义和团的忠勇，从始至终，她都认为义和团的首领们是忠心耿耿的，并且经常赞扬他们想要将洋人赶走的勇气。从义和团运动这次惨烈的教训中，慈禧也总结出一件事，那就是在中国变得足够强大之前，任何排外的行动都是不能被允许的，所以

① 少年中国党：就是由孙中山等人所创立的兴中会，对外声称少年中国党。

朝廷只能出面镇压。

慈禧果断地向百姓宣布她将要改革的决定，这在中国历史上是绝无仅有的。可以肯定的是，所有统治者在宣布即将采取激烈的变革举措时都会引发严重的纷争，甚至会引发内战，就像1898年光绪皇帝在维新变法时引发的情况一样。

考虑到这一点，慈禧利用巧妙的暗示向大众询问：“如果孔子遇到了如今这样的国家形势会怎么做呢?”她的这种利用暗示的巧妙做法，令最顽固的儒家信徒也心服口服了。她凭借自己的聪明睿智和高超的治国手段成功避免了纷争，还获得了士大夫和文人们的赞叹。

下面这篇谕旨记录了慈禧太后的转变，读来十分有趣，现摘录于此：

世有万古不易之常经，无一成不变之治法。穷变通久，见于大《易》[①]；损益可知，著于《论语》。盖不易者三纲五常，昭然如日星之照世；而可变者令甲令乙，不妨如琴瑟之改弦。伊古以来，代有兴革。即我朝列祖列宗，因时立制，屡有异同。入关以后，已殊沈阳之时。嘉庆、道光以来，岂尽雍正、乾隆之旧？大抵法积则敝，法敝则更，要归于强国利民而已。

自播迁以来，皇太后宵旰焦劳，朕尤痛自刻责，深念近数十年积习相仍，因循粉饰，以致成此大衅。现正议和，一切政事尤须切实整顿，以期渐图富强。懿训以为取外国之长，乃可补中国之短；惩前事之失，乃可作后事之师。

自丁戊以还，伪辩纵横，妄分新旧。康逆之祸，殆更甚于红拳。迄今海外逋逃，尚以富有、贵为等票，诱人谋逆；更藉保皇、保种之妖言，为离间宫廷之计。殊不知康逆之谈新法，乃乱法也，非变法也。该逆等乘朕躬不豫，潜谋不轨。朕吁恳皇太后训政，乃拯联于濒危，而锄奸于一旦。实则剪除乱逆，皇太后何尝不许更新；损益科条，朕何尝概行除旧。执中以御，择善而从，母子一心，臣民共见。

今者，恭承慈命，壹意振兴，严禁新旧之名，浑融中外之迹。我中国之

---

① 1861年时，在类似的情况下，崇厚在发给美国公使威妥玛的急件中也曾引用过这句话。从此以后，外国的观察者们就这个问题所给予的最多的一句批评是：越是改变，越是老样子。——原注

弱，在于习气太深，文法大密，庸俗之吏多，豪杰之士少。文法者，庸人藉为藏身之固，而胥吏倚为牟利之符。公事以文牍相往来，而毫无实际；人才以资格相限制，而日见消磨。误国家者，在一私字；困天下者，在一例字。至近之学西法者，语言文字、制造器械而已。此西艺之皮毛，而非西政之本源也。居上宽，临下简，言必信，行必果，我往圣之遗训，即西人富强之始基。中国不此之务，徒学其一言一话、一技一能，而佐以瞻徇情面、自利身家之积习。舍其本源而不学，学其皮毛而又不精，天下安得富强耶？

总之，法令不更，锢习不破，欲求振作，当议更张。着军机大臣、大学士、六部、九卿、出使各国大臣、各省督抚，各就现在情形，参酌中西政要，举凡朝章国故，吏治民生，学校科举，军政财政，当因当革，当省当并，或取诸人，或求诸己，如何而国势始兴，如何而人才始出，如何而度支始裕，如何而武备始修，各举所知，各抒所见，通限两个月，详悉条议以闻。再由朕上禀慈谟，斟酌尽善，切实施行。

自西幸太原，下诏求言，封章屡见。而今之言者，率有两途：一则袭报馆之文章，一则拘书生之成见。更相笑，亦更相非，两囿于偏私不化；睹其利，未睹其害，一归于窒碍难行。新进讲富强，往往自迷本始；迂儒谈正学，又往往不达事情。尔中外臣工，当鉴斯二者，酌中发论，通变达权，务极精详，以备甄择。惟是，有治法，尤贵有治人。苟得其人，敝法无难于补救；苟失其人，徒法不能以自行。流俗之人，已有百短，遂不愿人有一长。以拘牵文义为认真，以奉行故事为合例。举宜兴宜革之事，皆坐废于无形之中；而旅进旅退之员，遂酿成此不治之病。欲去此弊，其本在于公而忘私，其究归于实事求是。

又，改弦更张以后，所当简任贤能、上下交儆者也。朕与皇太后，久蓄于中，事穷则变，安危强弱，全系于斯。倘再蹈因循敷衍之故辙，空言塞责，省事偷安，宪典具存，朕不能宥。将此通谕知之。钦此。①

在这篇谕旨中，慈禧又一次以光绪皇帝的名义谴责了维新党派人士和他们在1898年所提倡的改革政策，不过，她也说明了此刻的改革乃是顺理成

① 光绪二十六年十二月初十上谕，见《光绪宣统两朝上谕档》第26册第460－462页。

章、大势所趋的。慈禧太后是绝对不会为了身边人的利益而承认自己做错了的，对她这样强势的女人来说，保全东方宫廷的声望和荣誉至关重要。事实上，慈禧此刻采取的改革举措和当年康有为及其党派人士提倡的基本相同。为了保全面子，她不得不声称自己采取的一切措施和康有为等人提倡的有本质上的不同，而且自己的政策更胜一筹。

当年她曾以那般残忍的手段镇压维新变法，如今她绝不可能推翻之前的言论，更不会给维新党派人士说任何好话，所以她在公布自己的新政时尽可能地避免使用为戊戌变法平反的言论。

因此，“愚民”们必须要认清一件事，即慈禧太后所提倡的改革政策与康有为和他的同党们所推行的政策完全不同。话虽如此，但事实上她的改革举措要比康有为等人的举措走得更远，而这二者唯一的不同之处在于，这一次慈禧老佛爷是改革的发动者，而之前那一次，她是反对者。

回顾慈禧流亡回来的这六年时间，尽管无法确定她对外国人的态度和情感是否真的发生了改变，但对于她致力于改革的决心和真诚，恐怕没有人会表示怀疑。从义和团的兴起和衰亡、北京城被攻陷等事情中，慈禧清楚地认识到一个国家无能就意味着即将走向灭亡，然而这样的经验教训并不是西方国家的每一个政治家都能懂的。

慈禧认识到，仅仅靠着中国的那些经史典籍，永远也无法赶上西方国家的发展和物质文明，如果大清王朝仍然想要以独立的国家存在，就必须效仿日本，学习西方的模式，整顿军队，提高军事力量，从自身上变强。

慈禧是一个只要认准了一件事就会马上采取行动的人。这是她与满洲的那些昏聩消极的皇亲贵族之间最大的差别。他们只知道听天由命，而她从来都靠行动和自己的努力。

最开始时，慈禧太后面临的形势并不简单。那些由来已久的皇族亲贵们的特权问题，是她首先需要着手处理的，他们的傲慢无知让慈禧对他们有了清醒的认识。除此之外，在处理地方乡绅的问题上，她还得倍加小心，因为他们是大清王朝的中流砥柱，稍有差池就可能会带来很大的问题。

在与外国列强们打交道的时候，慈禧必须得时刻保持警惕，小心翼翼地处理各种事情，维护自己的威望和尊严。因为这不仅关乎着她自己的尊严，更关乎着她在百姓中的声望。她的太后威严曾经在1900年时被狠狠地撼动了，她可不想再让它受到影响。

同时，她绝对不能在洋人面前表现得像一个需要忏悔的角色，而是应该以一个无辜受牵连的受害者的形象出现在他们面前。在这一过程中，她还有好几个完全不同的形象需要扮演，这些角色都有一定难度。

1901 年 2 月，慈禧在西安颁布了一道谕旨，全国上下的士大夫和文人学士们对这道谕旨的内容拍手称赞，认为这道谕旨是一部非常精彩的文学作品。然而大部分的官员根据传统和经验觉得这不过就是一篇很普通的官样文章，于是对此并不是十分在意，依然打算用以前的老办法来应对，继续敷衍了事。他们觉得老佛爷发布这道谕旨不过是为了忽悠外国人，哪怕他们这些大臣都只是敷衍拖延，她也绝对不会怪罪下来。

直到去世的前一刻，慈禧还在自己的遗诏中告诫和劝慰那些大臣。然而还是有很多地方官员因为私人成见和自私自利的想法公开表示老佛爷此举只是在演戏。但是，仔细研究这六年时间里的官方记录和一些慈禧的私人记载，我们根本就找不到一点来支持这些官员们的想法。

就在回京之前，慈禧还颁布了一道谕旨，清楚地表明了自己的信念。谕旨内容如下：

自经播越，一载于兹。幸赖社稷之灵，还京有日，卧薪尝胆，无时可忘。推积弱所由来，欢振兴之不早。近者，特设政务处，集思广益，博采群言，逐渐实行。择西法之善者，不难舍己从人；除中法之弊者，统归实事求是。

数月以来，兴革各事，业已降旨饬行，惟其中或条目繁重，须待考求，或事属创举，须加参酌。回銮以后，尤宜分别缓急，锐意图成，兹据政务处大臣荣禄等面奏，变法一事，关系甚重，请重申诫谕，示天下以朝廷立意坚定，志在必行，并饬政务处随时督催，务使中外同心合力，期于必成。用是特颁懿旨，严加责成。

尔中外臣工，须知国势至此，断非苟且补苴所能挽回厄运。惟有变法自强，为国家安危之命脉，即中国民生之转机。予与皇帝为宗庙计，为臣民计，舍此更无他策。尔诸臣受恩深重，务当将应行变通兴革诸事，力任其难，破除积习，以期补救时艰。

昨据刘坤一、张之洞会奏，整顿中法、仿行西法各条，事多可行，即当按照所陈，随时设法，择要举办。各省疆吏，亦应一律通筹，切实举行。大要不外言归于实，用得其人。予与皇帝宵旰焦劳，母子一心，力图兴复。大小臣工，其各实力奉行，以称予意。将此通谕知之。钦此。①

慈禧太后意识到，西方世界的物质文明有着巨大的优势，她也认识到，大清朝的教育水平和通信手段需要提高和改善，这两方面正在影响着人们的生活和朝廷的政治。就像她猜测的那样，在未来，腐朽的满洲人们肯定会因为教育和通信落后而不得不面对各种挑战。

因为这些问题，慈禧特意颁布了一道谕旨。显然，她已经意识到了清政府即将会因为这些问题而面临危机。她发现满洲的统治阶级享有的特权，包括接受进贡和大清王朝的创立者们通过武力手段赢来的其他特权都已经不合时宜，如果不能找到一个更好的办法来化解这些危机，那么在不久的将来，满洲人势必会将自己卷入到严重的危险当中。

大清建立之初，统治者们为了保护满洲人血统的纯正颁布了禁止满汉通婚的规定。虽然在南方，这条律法经常会被违背，但是在北方，尤其是在京城范围内，此律法被有效地实行着，在这里，它起到了维护统治地位和区分门第之别的作用。

但慈禧太后已经意识到，单单依靠满洲人的力量太过薄弱，如果大清朝想要继续作为一个主权国家存在于世，就必须要将汉族人的力量和才智争取过来，依靠汉人的力量实现更大的目标。

1902 年 1 月，刚刚回到北京的慈禧便颁布了一道谕旨，在其中说明了自己的想法，她说，以后满汉应该通婚。这道谕旨的内容如下：

我朝深仁厚泽，沦浃寰区。满汉臣民，朝廷从无歧视。惟旧例不通婚姻，原因入关之初，风俗、语言或多未喻，是以着为禁令。今则风同道一，已历二百余年，自应俯顺人情，开除此禁。所有满汉官民人等，着准其彼此结婚，毋庸拘泥。至汉人妇女，率多缠足，由来已久，有伤造物之和。嗣后缙绅之家，务当婉切劝导，使之家喻户晓，以期渐除积习。断不准官吏胥

① 光绪二十七年八月二十二日上谕，见《光绪宣统两朝上谕档》第 27 册第 188－189 页。

役，藉词禁令，扰累民间。如遇选秀女年份，仍由八旗挑取，不得采及汉人，免蹈前明弊政，以示限制，而恤下情。将此通谕知之。①

她之所以不允许汉人女子入宫当选秀女，嫁与皇帝为妃，是因为担心会发生密谋造反、影响清朝安全的事情，她不想冒这个险。努尔哈赤曾经定下一条法律来约束所有皇帝，即“满人无太监，汉人无妃嫔”。

之后，慈禧还在一道谕旨中指责了满洲宗室官员的无知，命令他们将家中年龄在十五到二十五之间、身体健康的男孩送到国外去接受更好的教育，至于他们在留学期间的花费则由政府一力承担。慈禧希望他们在学成归来之后，能够改变落后的思想和迂腐的行为，更好地为国家效力。

这些留学的政策多是为了满族人而实行的。慈禧认为，中国之所以处于困境中就是因为教育问题。在与袁世凯和张之洞商议许久之后，她认识到，传统的科举制度是改革道路上的阻碍。于是，在经过一番深思熟虑之后，她决定将整个科举考试制度彻底废除。

古老的科举考试制度，数百年来一直备受争议，迷惑着那些试图通过科考走入官场的人。只要人们可以通过这种制度进入官场，那么他们势必会对它趋之若鹜，继续选择这种教育方法。

为了让人们接受自己的想法，慈禧特意下了一道谕旨，从其中的内容可以看出她的煞费苦心。她说，早在两千五百年前的时候就曾有庠序，而这其实就相当于今天国外的那些大学。她还说，如今通过文章好坏来选择官员的科举制度是从 1390 年的明朝开始的，这个制度可以说是一项很近的发明。

在袁世凯的建议和张之洞的赞成下，1904 年太后终于颁布谕旨彻底废除了古老的科举考试制度，与此同时，取得现代学堂的毕业证书成为了进入仕途的唯一凭证。

之后，慈禧发现，在赴日本留学的大批学生中，出现了很多政府最不希望看到的革命学者，对此她特意下令今后要安排更多的人前往欧洲和美国留学。

在这篇开辟了新纪元的谕旨被颁布之后，慈禧紧接着又颁布了另外几篇

---

① 光绪二十七年八月二十三日上谕，见《光绪宣统两朝上谕档》第 27 册第 272 页。

谕旨，其中最引人注意的应属那篇要求在十年之内彻底废除鸦片贸易的谕旨。这篇谕旨体现了大众的心中所想，也产生了意想不到的结果，对恢复大清王朝人民的道德感和奋发图强的精神有着很大的帮助。

虽然这篇谕旨在改革中取得了很大的成功，但是那些试图改革朝廷机关制度的谕旨几乎全部以失败告终。朝廷官员对于慈禧所提倡的改革以消极的态度来面对，并进行抵制，他们不过是将那些遭人唾弃的旧制度改了个名号之后继续使用。

当时唯一新建立的部门就是邮传部，而这个部门的设立也为朝廷迎来了外国人的喝彩，被认为是大清朝的真正进步。然而，在邮传部设立之后，它就成为了政府贪污腐败的代名词，它因为低效率和铺张浪费而成为中国人眼里的笑话。

在处理完教育问题之后，慈禧将目光转向了改革派官员们最近常常提起的废除大清朝司法体制中的酷刑等问题。慈禧意识到，如果大清朝想要西方列强们同意废除外国人的领事裁判权，就必须建立一套能与世界国家接轨的法律体系。

针对这个问题，慈禧颁布了一道谕旨，尽管这道谕旨在形式上很不错，但事实上与她同时期颁布的其他谕旨相比缺少了一些诚意。比如说和她下旨要废除鸦片和改革教育的谕旨相比，这道谕旨明显与她之前提倡的观念相违背。

虽然这道谕旨中也起草了不少律法，但从地方衙门在审判时的那些野蛮行径来看，谕旨起到的效果相当有限，甚至根本没有任何效果。慈禧下令，在新的刑法确定之前，暂停沿用从明朝时期流传下来的粗鲁而野蛮的刑法，比如凌迟、腰斩、烙印、鞭笞和株连等。她还决定将刑法中最严厉的处罚确定为斩立决。

因为南方越来越强烈的舆论影响，所以慈禧决定采取行动。她打算在朝廷内引入宪政，于是派出了以辅国公载泽为首的代表团前往欧美等国学习其现行制度。在代表团考察归国后，1905 年秋天，朝廷颁布了一道著名的谕旨。在这道谕旨中，慈禧明确宣布了自己的想法，她表示将制定一部宪法，而且无论早晚一定会将其实行。谕旨内容如下：

我朝自开国以来，列圣相承，谟烈昭垂，无不因时损益，著为宪典。现在各国交通，政治法度，皆有彼此相因之势，而我国政令，积久相仍，日处阽危，忧患迫切。非广求智识，更订法制，上无以承祖宗缔造之心，下无以慰臣庶治平之望。

是以前简派大臣，分赴各国，考查政治。现载泽等回国陈奏，皆以国势不振，实由于上下相睽，内外隔阂，官不知所以保民，民不知所以卫国。而各国之所以富强者，实由于实行宪法，取决公论，君民一体，呼吸相通，博采众长，明定权限，以及筹备财用，经画政务，无不公之于黎庶。又兼各国相师，变通尽利，政通民和，有由来矣。

时处今日，惟有及时详晰甄核，仿行宪政，大权统于朝廷，庶政公诸舆论，以立国家万年有道之基。但目前规制未备，民智未开，若操切从事，徒饰空文，何以对国民而昭大信？故廓清积弊，明定责成，必从官制入手。亟应先将官制分别议定，次第更张，并将各项法律，详慎厘订。而又广兴教育，清理财政，整饬武备，普设巡警，使绅民明悉国政，以预备立宪基础。

着内外臣工，切实振兴，力求成效。俟数年后规模粗具，查看情形，参用各国成法，妥议立宪实行期限，再行宣布天下。视进步之迟速，定期限之远近。着各省将军督抚，晓谕士庶人等，发愤为学，各明忠君爱国之义，合群进化之理，勿以私见害公益，勿以小忿败大谋，尊崇秩序，保守和平，以预储立宪国民之资格，有厚望焉。将此通谕知之。钦此。①

对于有些人来说，现有的秩序就意味着权势与利益，即便是慈禧太后想要进行如此激烈的改革，也会遭到这些人的反对。因为北京城中缺少敢于直言的新闻媒体，所以这些反对派们的抵抗和敷衍就只能在私卜里进行，没有人敢大胆地表露出来，这些官员们在应对改革时的惯用伎俩就是墨守成规。

如果发起和提倡改革的人不是慈禧，而是在声望和威严上都不如她的人，那么这些皇室亲贵们的反抗会更加强硬，采取的行动也一定会更加暴力。但他们实在太了解慈禧的为人了，也十分惧怕慈禧，因此不敢放肆。

除了老佛爷这样有权势和威望的人，没有人能够成功地效仿日本的模

---

① 光绪三十二年七月十三日上谕，见《光绪宣统两朝上谕档》第32册第128－129页。

式，在国内引入立宪制。即使到了这一刻，仍然有很多满洲人不认为慈禧是真的要推行改革政策，依然觉得这不过是一次敷衍的行动。

尽管慈禧已经承诺会实行立宪制度，但在南方依然有很多言论在谴责慈禧的新政，尤其是香港和上海的华文报纸从没有停止对她的指责，以及对她所推行的新政策的批评。理由大多是她有辱大清朝的国威，竟然对列强们百般讨好。

事实上，这些人身上缺乏慈禧那样的胆识和智谋，更缺乏承认事实的勇气，他们甚至无法理解和想象摆在慈禧面前的重重困难。在很多时候，他们指责慈禧的所作所为只是因为仇满情绪在作祟，他们采用肆无忌惮的言论攻击她。

至于通商港口的那些外国报纸，因为有慈禧支持义和团运动引发的排外事情在前，所以也对她此次的行为表示怀疑，觉得她的动机不纯，认为她也许还有其他阴谋。他们对于慈禧的改革所抱有的情感即便不是排斥，也绝对算不上支持和同情。

以上两种情况，导致人们对慈禧的改革魄力缺乏更深刻的认识。批评她的人们和普通人一样没有意识到慈禧太后其实是一个很复杂的人，她既有好的一面，也有坏的一面，她既聪明，也可能会犯错，而这主要源于她所处的环境和身边人的影响，以及女性善变的影响。但除了上面所说的这些之外，慈禧其实是一个天生的政治家和领袖，而且绝对算得上是优秀的。

以下内容摘选自上海的一份报纸，该报纸反映了少年中国党的排满情绪和顽固的爱国主义精神。内容是关于一位批评人士以太后招待外国使馆的大使而大做文章的，具体内容如下：

如果一个宾客能够对宴请自己的主人表示感谢，并且在宴会上宾主尽欢，那么相信任何人都不会反对宴请这样的客人。但如果客人本身带着怀疑的目光来面对主人，那么即使主人以最热烈的情谊来款待对方，又能奢望从对方的身上获得什么良好的结果呢？

我们中国人总是对那些讨好洋人的人们嗤之以鼻，但如果太后也放下身段去讨好洋人，试图与外国公使的夫人们成为知心好友，甚至打算结交那些相当于商贾和下层阶级的女人们，又该怎么来说这件事呢？

现如今，宫中筹备了各种洋人餐点，餐厅也装饰成洋式风格，那些受到太后热情款待的人虽然在宴会上表现得很感激，但在离开之后的第二天依然以一个胜者的姿态到我们的外务部去盛气凌人、颐指气使、百般刁难。所以，太后试图通过宴会来缓和外国和中国关系的方法并不起什么作用，太后用来招待他们的那些美酒菜肴全都白白浪费了。

在他们这些外国人的心中，此刻太后对他们的热情款待，就和当初在围攻了领事馆之后，给他们送去的那些水果蔬菜一样，这样的形容绝对算不上是恭维太后，这件事已经逐渐变成了丑闻。当年俄国曾盛情款待李鸿章，而太后也从中捞到了不少好处。如今太后这样的做法，难道是想得到什么好结果吗？

另一位批评者的猜测则更接近事实真相，他说，或许太后只是表面上与外国人交好，实际上是在背地里计划着未来如何对他们实施周密的报复。他说："这根本无法让人相信，太后的年纪已经这么大，想要改变习惯不太容易，难道她真的可以与和她的教育背景及个人天性完全不同的人成为好友吗？更何况，那些外国人难道就不会怀疑吗？他们曾抢夺了她的皇宫，逼得她不得不逃走，甚至让她亲手将最宠信、最忠诚的大臣交到刽子手那里，她还能够对他们真心以待，和他们结成朋友吗？"

但是，这位作者很难相信慈禧竟然在暗暗计划着发动第二次义和团运动，他对此表示十分困惑。他说："对于如今的太后来说，应该是将精力主要集中于如何敛财一事上，而不是考虑如何重整大清的国力。她的最终目标很可能是，无论发生什么事情，都要确保自己的晚年生活能够过得安逸。"

虽然外面有各种对慈禧的评价，但她对此从不在意。慈禧一直都在为了大清朝的未来安危而坚定地走自己的道路。虽然她有强大的个性，但想要改变宫廷内外的那些保守党派们根深蒂固的思想和偏见，并非一日可以完成。

在慈禧去世的时候，很多坚守旧制的势力，比如太监的势力和腐化官员们的势力依然没有受到什么影响。但是，在她去世前，她已经为大清朝廷的未来规划了一条行之有效的大概路线，只要清朝这艘船沿着这条航线继续前行的话，最终能到达安全的彼岸。

第二十五章

荣禄遗折

荣禄的死让慈禧非常伤心。在慈禧漫长的一生当中，荣禄对她的影响很大。每当遇到危机或者发生重大事情时，陪在她身边，为她尽忠效力、出谋划策的人几乎都是他。荣禄去世时，慈禧正在保定的行宫中，她当即便下了一道谕旨，对荣禄进行了褒奖，称赞他“公忠亮达，才识宏深。由荫生起家，洊陟正卿，历任总管内务府大臣、将军、总督，恪恭匪懈，擢登揆席”。①

在这道谕旨中，慈禧太后特别强调了荣禄在 1900 年与外国列强达成议和协议时所做出的贡献。为了表达对荣禄的情谊，她还特意下旨赐给荣禄一份陀罗经被作为棺罩，并让恭亲王领十名皇家侍卫到荣禄府中代表她去参与祭奠。慈禧给荣禄赐下的谥号是“文忠”，并将荣禄晋封为一等男爵，允许其灵位进入贤良祠受后人敬仰供奉。慈禧还自出白银三百两，将它们赐给他的家人来置办丧事。

关于荣禄的遗折从未公开发表过，但是据曾侍奉过太后的人说，慈禧在看过这封遗折之后深受感动。在遗折被呈递给慈禧的第二天，她就颁布了下面这道谕旨，内容如下：

已故大学士荣禄，翊赞纶扉，适在时事艰难之日，尽心经画，献纳周详，有为中外所不及知者。朝廷倚畀之殷，相须綦切。本年正月间，因病给

---

① 光绪二十九年三月十四日上谕，见《光绪宣统两朝上谕档》第 29 册第 67 页。

假，叠经降旨慰问，方冀调理就痊，长资辅弼。乃以医药罔效，遽致不起。披览遗章，拳拳于国计民生、用人行政，追念前劳，曷胜怆恸。昨已加恩赐恤、赐祭，派员奠醊，予谥文忠，追赠太傅，晋封一等男爵，入祀贤良祠，赏银治丧。着再加恩于灵柩发引前一日，赐祭一坛；生平事迹，宣付国史馆立传；任内一切处分，悉予开复。伊嗣子员外郎良揆，着加恩以四、五品京堂候补，用示笃念荩臣，有加无已之至意。钦此。①

1903年4月11日，荣禄因病过世，享年67岁。如果不是因为义和团运动期间操劳过度，积劳成疾，或许他还能再多活一些时日。荣禄去世之后，庄亲王及其手下等一干贪污腐败的满洲大臣才开始真正执掌大权（庆亲王是在荣禄去世之后唯一一个有资格成为军机处首席大臣的满洲大臣）。也就是从那时起，一直到现在，他们一直掌管着大权，并在充满阴谋的宫廷之中立于不败之地。

荣禄从本质上来说是一个立场中立的人，他一直秉承着太后宣扬的“中庸之道”。可以肯定的一点是，如果他还活着，绝对不会赞成慈禧太后这么着急地开展立宪制。如果有他的反对，那么太后也不会坚持这个计划了。

早在两宫还驻跸在西安之时，荣禄就曾对慈禧太后提及改革的必要性，并请求她下旨实行新政，以保全大清社稷。然而，就像已故的日本人伊藤博文一样，他也是一个行事谨慎的人，认为这个计划急不来，应该缓慢地进行。那些曾留心立宪政策的人，无不赞成他的观点，称他是个明智之人。

下面所摘录的就是荣禄的那篇从未公开发表过的遗折，内容如下：

奏为天恩未报，病在垂危，伏枕哀鸣，仰祈圣鉴事。窃臣前因患病，上劳宸廑，时遣看视，迭蒙赏赐药品、食物，体恤周至。嗣因病久未痊，奏恳暂解枢务。钦奉谕旨：“著安心调理，毋庸开去军机大臣差使，并不必拘定假期，一俟病痊，即行入值。钦此。”仰聆温语，感激涕零。旬日以来，服药调理，病情时增时减。自十三日丑刻后，气喘痰壅，神思昏迷。至本日清晨，精神益觉不支，自揣万无生理。伏念臣猥以庸愚，久蒙倚畀，叠承恩眷，变越寻常。际此时事艰难，方思勉竭愚诚，裨补万一，虽久婴疢疾，犹

① 光绪二十九年三月十五日上谕，见《光绪宣统两朝上谕档》第29册第68页。

冀调治获痊，稍效涓埃之报。乃病入膏肓，势成不起。追念五十年来驰驱中外，才轻任重，祜薄灾生，图报无期，拊膺自痛，南望觚棱，五中摧裂。方今强邻环伺，伏莽未清，财匮民穷，亟需补救。伏愿皇太后、皇上，简任贤能，振兴庶务，惩前毖后，居安思危。新政之当举者，必以实力推行；成宪之当遵者，毋以群言淆惑。善求因革之宜，驯致富强之效。臣赍志以没，饮恨无穷，未能效犬马于今生，犹冀报衔结于来世。悽悽愚忱，不胜呜咽。谨口授遗折，恭缮呈递，伏乞皇太后、皇上圣鉴。谨奏。①

---

① 本书原作者录入的《荣禄遗折》不知出处，与历史记载的出入很大，为尽量保持历史真相，此处改为历史可考的原件，内容参见了杜春和等人编辑的《荣禄存札》第403页，齐鲁书社，1986年版。

第二十六章

慈禧的最后时光

慈禧太后的身体是从 1908 年的夏天开始明显不如之前的，这一点从她的遗诏里可以看出来。此刻，光绪皇帝的身体也出现了问题。这样的巧合让人觉得奇怪，因此引发了很多猜测，有人说二者之间也许有关系。

光绪皇帝的驾崩有些蹊跷，这和皇宫里的奇特机密一样似乎都深藏在大清总管李莲英的心里。慈禧太后和光绪皇帝的先后去世的确有些奇怪，对此，一些身居高位的满汉大臣颇为不解。

不过，有足够的旁证可以让我们得出这样的结论，即长期受到压制的光绪是被以大内总管李莲英为首的保守派“暗杀”的，他们担心光绪皇帝会在太后去世后重掌国家大权。

除此之外，有一种可能也让大家相信，慈禧太后很可能会比光绪先去世，所以当时在颐和园中发生的很多阴谋诡计和暗杀行动都是故意背着她在进行的。他们料到慈禧太后命不久矣，为了自己的未来打算，便准备除掉光绪。这样的行动在东方大国中是非常常见的。

实际上，根据当时的目击者所提供的证据来推断，这种猜测似乎比较合理。否则，就没有更合适的理论来解释这件事了。

有关慈禧最后一段时间的情况的叙述，主要来自当时恰好在宫中当值的两位大臣（满汉各一位）。总体来看，他们提供的情况与消息最为可靠、最为灵通的中国报纸上写的内容基本相同。当时那些报纸的消息都来自官方。

当然，对此，我们也要有所保留地接受，姑且相信他们对太后的那些好的评价，也保留我们自己的怀疑。

慈禧和光绪几乎同时去世，也可能是纯属巧合。不过，即便是最有同情心的批评者也注意到，慈禧的亲信侍从曾经说过这样的话，慈禧听到光绪死去消息后的瞬间反应并非是悲痛，而是长舒了一口气。

去年秋天，光绪皇帝开始重病缠身。这让他不得不在人生的最后一年渐渐停止了日常的祭祀大典。要知道，在这种祭祀大典上不断磕头是一件非常耗费体力的事情。人们逐渐意识到皇帝剩下的时间或许不多了。

有人曾经发现（并且被别人当作重要的事情铭记），不久前慈禧太后下令为醇亲王的小儿子（生于 1906 年 2 月）请了专人奶妈。这个行为预示着慈禧太后要选定这位幼小的王子继承光绪皇帝的位置。

尽管有人不断劝说慈禧太后要在这件事情上表明立场，可她还是直接拒绝了，理由是她之前选定继承人后引起了重大误解，并且，依据本朝家法规定，只有在皇帝临终时才能选定继承人。可惜在 1900 年端郡王的儿子被选定为大阿哥时，这项规定形同虚设，她根本就没有将其放在眼里。[①]

对于这件事，我们有理由相信是因为慈禧的迷信。她对吴可读尸谏记忆深刻，这件事让她后悔当年做出违背皇家法规、执意选择立光绪为皇帝一事。这些年来，为了平息公众舆论，以及安抚这位忠臣的亡灵，慈禧曾不止一次下令追授这位已故大臣的荣誉。在执政晚期，经历了各国列强的一连串羞辱之后，慈禧不止一次地为自己误入歧途、招致众怒而深感自责。

尤其是北京天坛在 1888 年遭遇雷击，以及后来的正阳门大火时，慈禧都认为这是上苍对自己的责罚。就连 1898 年光绪和康有为的密谋，慈禧也感觉是上苍在责罚自己。据此，我们可以得到如下合乎情理的假设：在义和团的首领们信誓旦旦地想让慈禧相信他们的法力可以将洋人丢进大海时，慈禧肯定觉得这是上苍对自己的眷顾，给自己一个补偿过错的机会。

后来，在选定端郡王的儿子做同治皇帝的继承人时（暂且忽略了光绪皇帝），慈禧再次背叛了皇家家法，而她这样做的目的，毫无疑问是想让中国人向幼帝的父亲（其仅次于她的权力）顶礼膜拜，让百姓们认为他是上苍派

---

① 这个规矩是乾隆皇帝定下的，为的是防止朝廷大臣们为他们所支持的皇子能够继承大统而在背地里搞阴谋诡计。——原注。

来的救世主、洋鬼子的征服者，这样可以提高慈禧家族的声望。从另一个角度来说，或许慈禧认识到自己的所作所为让她在广大民众心中的光辉形象受到了损害，所以她想不顾一切地来挽回形象。

因此，慈禧从西安回銮后，意识到自己此次的勇敢行为就和以前一样是在被人误导之下所犯的错误，就表现出了超凡的勇气和智慧，做出了一个重大决定。那些曾被她嗤之以鼻的改革措施，如今都被她欣然接受。她甚至废除了端郡王的儿子“大阿哥”的尊号，切断了义和团与皇家的一切联系，并果断地将之前支持义和团的谕旨全部废除。

这个重大决策与后来让醇亲王幼子继承皇位的决定，形成了当前的局面，即让皇家幼支的地位更加牢固。现在有部分人相信，老醇亲王，即光绪皇帝的父亲和当今皇帝的祖父，有朝一日会被加封“皇帝”的尊号，会成为新皇家分支的奠基人。

即便是汉人，也觉得直接继承大统属于重大事情，人们认为（诸如《泰晤士报》1908 年 10 月驻北京记者的报道）慈禧太后肯定会提名溥伦接替光绪的位置，以此恢复皇家长支的继承原则。

这样做非常符合中国传统和士大夫的想法，并且，以此来告慰御史亡灵要比其他策略更加有效果。之前，曾经专门研究继承问题的莫理循博士也说出了大家的想法，即选定其他幼主来接替光绪皇帝（意味着将会有一个漫长的摄政时期），对大清帝国的统治会更加不利。

这一点很重要。就当前的形势来说，一旦慈禧这个掌管了大清朝近半个世纪的人宾天之后，中国便缺乏一个能够以强硬的手腕来进行统治的人，皇帝年幼，国家政权势必会被摄政王把持。然而，摄政者的地位从一开始就会被宗室长支的巨大势力压制，长此以往，他的权力势必会被削弱。

慈禧已经充分意识到选定醇亲王之子来接替皇位后会形成的局面，而且，也许正是因为这个原因，她才一直拖延着不去选定光绪皇帝的接班人。当时，慈禧需要果断采取行动，而最终让她下定决心的有两件事，其中之一是她曾经对荣禄做过的允诺，另外一件事则是她对溥伦贝勒的“代言人”庆亲王充满了讨厌。

很显然，慈禧还想将“太后”的头衔和权力留给自己的侄女（即光绪的皇后），以此来回报其对自己的忠心。从另一个角度来说，这也属于人之常情。因为这些原因，最终她把传统和良心放在了一旁。

从 1907 年冬天一直到来年春天，慈禧的身体依然像往常一样康健，她在 4 月还像往常一样到颐和园度过了酷暑。可是，酷暑导致她的痢疾复发，8 月她又患了一次中风，从此之后，她的面容出现了憔悴模样。

不过，慈禧身体的其他方面依然良好，她的谈吐和精神依然不减当年，她依然全力关注着国家大事。慈禧时常说有活到维多利亚女王那样高寿的雄心，因为她非常钦佩那位女王。她感觉，女王的面相和自己有些类似，她们都属于长寿相。慈禧时常召见的一位高道士影响着她的思想，此人预言慈禧的寿命要高过之前的所有太后。可惜，这位道士的预言并没有实现，因为慈禧去世时的年龄要比她之前的三位太后都小。

老佛爷在 1908 年夏天对达赖喇嘛的造访表现出了极大兴趣，那次访问被安排在了秋天。不过，大内总管李莲英建议取消这次访问，原因是中国传统思想里“活佛”和“天子”在一起不吉利。

按照李莲英的说法，二者相见必死其一[①]。慈禧解释说，自己有预感，皇帝的病情难消，既然如此，便没有理由拒绝达赖喇嘛来京访问。慈禧在 6 月召来几位曾留学海外的中国医生给光绪治病，此时的光绪已经非常瘦弱了。医生们诊断，皇帝患上了布赖特氏症。

几个医生对这位威严尊贵的病人的诊断有些潦草，因为礼节，他们没办法对皇帝进行更精确的检测，可这些医生宣称他们的诊断是正确的，即皇帝心脏跳动非常虚弱。另外，南方报纸的一些记者也信誓旦旦地说诊治过程是闹剧，这伙人意识到慈禧不久于人世之后，便知道皇帝也活不长久。

当时，京城的舆论普遍认为慈禧与光绪之间的关系并非不好。有关消息说，光绪病重之前，慈禧还曾经鼓励他多参与国家大事，为国家选定大臣。另外，她也恢复了之前的做事习惯，但凡颁布谕旨，都会让皇帝审阅，征求皇上同意。

在维新党人王照结束流亡生活回到国内时，慈禧请光绪帝决定如何处罚

① 李莲英之所以想要阻止慈禧见达赖喇嘛是有自己的打算的，因为慈禧很迷信，而她若接见了达赖之后，一定会对他深信不疑、青睐有加，这势必会让他的地位受到威胁。——原注。

他。在1898年时，慈禧曾发誓一定要除掉王照。此时，光绪考虑了一会儿后，建议饶王照不死。慈禧说道："没问题，我本来也准备饶他不死，只是想听听你的建议。我知道，你也对康有为和维新党人充满了仇恨，因此担心你会处死王照。"慈禧似乎相信，她已经将所有政敌彻头彻尾地从皇帝心头抹掉了。

光绪的身体每况愈下，慈禧告诉身边的太监，在皇帝来向她请安的时候，不要让他一直在外面等候。她还告诉光绪在军机处商议国事时不需要跪迎她。一位满人大臣这样说过，一天早晨，光绪皇帝阅完一位御史的奏折发现里面有很多不实之处便对军机大臣们说道："外面有很多谣言，可信度不高。比如我的确生病了，可这里有人说我没病。"慈禧在一旁说："谁要敢这样瞎说，证据确凿，马上处死。"光绪接着说："我感觉身体大不如前。太后寿辰快要到了，我怕不能行礼了。"太后在一旁非常同情地说："对我来说，你的康健比向我磕头重要许多。"皇帝一听，连忙叩谢，结果跪地时晕倒了。

庆亲王提议请一位曾经在欧洲留学实习的名叫屈永秋的医生给皇上诊治，但这个建议被拒绝了。皇帝在第二天问询值班的御医自己的病情可否治愈，可这些御医接受的医学知识都与唐朝流传下来的一样。皇上无奈地说："我心里烦乱。"御医吕用宾马上回答说："皇上当前的病情没有任何致命之处。臣等恳求皇上静下心来，不然臣等内心不安。"

慈禧太后中风后，外面关于其病情的谣言比较多，这让慈禧感觉到外面舆论的重要性，由此联想到自己答应的立宪问题，于是准备兑现1906年的诺言。慈禧在八月初一颁布谕旨，准备效法日本人立宪，这篇谕旨显示了她与日本天皇一样拥有卓越的政治才华。

这次谕旨的主要内容是在九年时间内建立国家宪政体系。在该谕旨中，慈禧还下令政府部门开始必要的改革，以此推动新体制的实施。慈禧在颁布这道谕旨时表达了自己希望能够在有生之年看到中国首届国会召开的愿望。

谕旨还说，如果端郡王的儿子能够显示出自身的价值，那么他依然可以成为皇位继承者。在光绪皇帝驾崩之后，他要继续推行宪政。岁月不饶人，届时她会隐居颐和园安享天年。只要国家维持当前的状态，肯定会有人对她的决定提出重要的疑问，不过她很希望将自己的摄政期延长下去。

前直隶总督袁世凯在9月适逢五十岁寿辰，此时朝廷依然在颐和园。为了对这位值得信赖的心腹大臣表示祝贺，慈禧将很多贵重物品都赏赐给了他。北京城里几乎所有身居高位的官员都参加了袁世凯的生日寿典，同时给他送上了贺礼。可是，令人不解的是，光绪皇帝的弟弟、醇亲王载沣（当今摄政王）没有参加，他请了假，并且也没有送贺礼。

祝寿庆典上发生了一件耐人寻味的事情。亲友送的寿联里，有一副对联特别显眼，以至于有人匆忙将其取了下来。一边的条幅上写着“戊戌年八月初五日”（此日就是戊戌政变中袁世凯向荣禄告密，导致光绪帝后来被慈禧幽禁的日子）。另一边条幅上则写着“愿皇上万岁，愿阁下万岁”。

依照中国传统文化，“万岁”不可以在臣子身上使用，所以这副对联实际上就是在指控袁世凯阴谋篡位。非常明显，这是某个政敌送来的寿联，在告知大家袁世凯十年前出卖过皇帝。这副对联之所以能够被挂到墙上，必定是袁世凯属下的纵容或者马虎大意。当四个月之后袁世凯这位总督下台时，大家回忆起这件事，很自然就把它和醇亲王缺席寿宴的事情联系起来了。

达赖喇嘛在 9 月到达京城，可是，因为某些仪式方面上的争议，他的觐见被拖延了。最终安排喇嘛首先给皇帝磕头，然后皇上起身并邀请达赖喇嘛坐在他的旁边。历经多次议论之后，达赖喇嘛勉强接受了这样的安排，不过，他依然感觉这样做极大地损害了他的尊严。达赖喇嘛带来很多贡品，原以为慈禧太后会优待他，结果却令他非常失望。

10 月初，达赖喇嘛的觐见举行，当时太后要求喇嘛定期为自己祝寿祈祷。慈禧在这个月还接受了外国公使的觐见。当月 20 日，太后要回到西苑过冬，这是慈禧有生以来的最后一次盛大出行了。在这次出行里，她依然像之前那样乘坐豪华游艇，从昆明湖连接西苑三海的人工河进入京城，然后到达西苑的万寿寺，再从这里继续前行，一直到远处的山峦里。此刻，慈禧扭头对身边的瑾妃娘娘说自己非常担心，皇帝时下的危险情况会让她长时间无法来到喜爱的住处了。

慈禧端坐在一把雕龙刻凤的豪华藤椅上，身边是她喜欢的太监和五六个宫眷。可是，在太监们搀扶着她走下游艇上轿子时，太后的精神成为了大家普遍谈论的话题。太后依然像之前那样先来到万寿寺烧香祭拜，那是她捐赠的寺庙。在慈禧去世后，人们想起了一个不祥的事件，太后的最后一炷香居然没有点着。离开万寿寺后，她恳求僧人们每天为她祝寿祈祷，因为就快要到她的寿辰了。

慈禧离开万寿寺后就在宫女们的簇拥下来到西直门外的万牲园。来到门口，她坚持下轿，要自己走进园里。看到之前没有见过的动物，慈禧非常高兴，还声称自己以后会经常来这里。她询问了看园人许多问题，对狮子尤其感兴趣。她问万牲园总管（内务府的一个满人）这些动物的来路，可总管对此一无所知，总管的张口结舌引来太后侍从们的大笑。

慈禧太后说："看来你不了解动物学知识。"随后她又开始不拘小节地和护园人谈话。大内总管李莲英对此似乎有些不耐烦，不断恳求太后别累着自己，可慈禧依然兴致很高，不停地走来走去。

老佛爷的这些不寻常的行为很不合乎礼节，这样的情景不免让英国人联想起另外一位卓越的女王在视察一座花园时的情景。当时，旁边的人谈起太后的精神和精力时都感觉她还可以活很多年。

慈禧对一些出人意表的东西总能有着非凡的记忆，她这次提到当年端方从欧洲回国时带来的大象，可当时宫廷没有场所适合这种动物（另外还有几种动物），因此才兴建了万牲园，那些动物就成了园子的首批"住户"。

当时是两名德国人负责饲养这头大象的。从哈根贝克动物园建立时，他们就陪伴着这头大象。这两个德国人还因为官员给这个庞然大物配给的食物不足而强烈抗议，结果是白费力气，大象被饿死了，最终那两位德国饲养员也拿着不到期的酬金回国了。慈禧为此很不高兴，就查办了那位犯了错误的官员。而今，慈禧提及此事，看到很多动物都被饲养得很好而非常满意，尽管负责饲养老虎的员工曾经受到过严厉的训斥。

慈禧回到西苑之后，一切都已经准备妥当，就等 11 月 3 日她的七十三岁寿诞的到来。到时候，京城主要街道都会张灯结彩，宫廷还会安排连续五天的戏曲。其中一个特殊仪式是为达赖喇嘛准备的，和往常宫廷举办的寿诞不同，这次寿诞上，达赖喇嘛需要当着众位僧人的面给慈禧太后行大礼。

光绪皇帝因为身体健康方面的原因不需要去仪鸾殿给慈禧太后三叩九拜地行大礼了，只需要委托一位皇族亲王代替他完成这项使命。对这种皇家礼仪的深刻意义非常了解的人都意识到皇帝的健康状况肯定非常糟糕了。

随后发生的事情证实了大家的猜测，皇上同样放弃了专门为招待达赖喇嘛而准备的宴会，结果将跪在宴会大厅外恭候皇帝驾临的达赖喇嘛激怒了。

光绪在寿诞那天早上的八点离开瀛台来到大殿，可他瘦弱愁苦的模样让慈禧于心不忍。于是，慈禧命令侍从太监扶皇上上轿，允许他不参加寿诞。慈禧在当日晚些时候颁布了特别谕旨，赞扬了达赖喇嘛的忠心，并让他即刻回到西藏。慈禧说道："到藏以后，务当恪遵主国之典章，奉扬中朝之信义。"①

就这样，慈禧太后在轻松愉悦的氛围中度过了寿诞日。下午，她穿着观音的服装，周围是大群的嫔妃、福晋和太监，他们都穿着各种各样奇特的衣服。他们在湖水上进行了野餐，而此刻太后精神很好，想不到的是，她竟然在傍晚时着了凉，加上吃了很多的乳酪以及海棠果，结果导致痢疾复发。就在不久前，痢疾折磨了她一个夏天。

第二天，慈禧依然像往常一样处理各种要务，可到了 11 月 5 日时，太后和皇上都出现了不好的征兆，因而没有召见军机处大臣，将朝廷的所有事务都暂停了两天。太后生病的消息传到了达赖喇嘛的耳朵里，喇嘛马上进贡了一尊佛像，还说需要将这尊佛像放到太后的陵寝里②，而慈禧的陵寝刚刚在庆亲王的监督下修建完工。按照达赖喇嘛的说法，这尊活佛被放到慈禧太后的陵寝里，慈禧的寿命就能被延长一些时间，原因是佛像的法力可以震慑太后的克星。

慈禧听到达赖喇嘛的预言之后非常宽心，所以在第二天早晨举行了朝见，命令庆亲王马上去陵寝，将那尊佛像放在祭坛上面③，还特令庆亲王特别注意这件事，确保这件事能够完美无缺地执行下去。

不过，庆亲王似乎对慈禧的这个命令有不同意见，于是问她是否一定让他在此时离开京城。慈禧果断地命令他按照旨意办事，说："我不会在这几天里死去，现在感觉已经好多了。不管怎样，你必须按照我的旨意去办。"

---

① 光绪三十四年十月初十日上谕，见《光绪宣统两朝上谕档》第 34 册第 239－240 页。

② 庆亲王在荣禄去世后接替了他的工作，负责陵寝监修一事。——原注。

③ 太后的陵寝在京城以东大概一百四十五千米处，这里有一个巨大的围场，里面的建筑都是标准的中式建筑风格，道路宽广且装饰华美。陵寝共包括四重宫殿，鳞次栉比，依次排开，在第四重宫殿的后面，有一个巨大的山丘，也就是俗称的"宝城"，其下便是墓室。——原注。

11月9日星期一那天，慈禧和光绪帝都出席了军机处会议，并特别召见了即将离开京城赴任的直隶提学使。慈禧在召见时有些心酸地提及学生里逐渐暴露出的越来越强烈的革命思潮，她命令那位提学使要想尽一切办法阻止学生的革命活动。

不久，从各省海选而出的四位医生来宫中给皇上诊治病情。当天下午，皇上的病情就出现了比较严重的复发症状。从那时起，皇上就再也没有离开过寝宫。第二天早上，皇上派人（或许是别人替他派的）去给慈禧太后请安，此刻的太后也难以走出寝宫上朝召见大臣。

御医们报告说两宫的病情较为严重，大家对此非常担心，于是恳求内务府总管即刻另请高明医生。军机处马上向庆亲王报告，说有重要的事情需要他办理，请求他马上回京城。庆亲王马不停蹄地往回赶，最终在13日早上约八点回到京城。

他急匆匆入宫后发现慈禧太后的心情很好，并感觉太后可以康复，但皇上的病情似乎在继续恶化，他已经昏迷了，只是间断地清醒着。在意识清醒的最后时刻，皇上让皇后去通报太后，说自己很遗憾，难以继续在太后身边陪伴，希望太后别再耽搁，马上选定皇位继承者。这个恪尽职守的消息究竟是来自皇帝的真心还是别人的授意，这个消息是否是皇帝本人发出的，大家并不清楚。

庆亲王刚刚到达，就被慈禧召到了仪鸾殿。慈禧虽然看上去比较虚弱，可还能登上宝座，她在用无与伦比的勇气和精神与病魔斗争着，尽量使自己发出像之前一样清晰热烈的谈吐。据一位颇有见识的军机大臣回忆，他非常吃惊慈禧太后竟然有如此非凡的意志力，还特意记录下了一段这样的事件：军机处完全由慈禧太后主导和掌控，在场的人包括庆亲王、醇亲王、军机大臣袁世凯、内阁大学士张之洞、鹿传霖和世续。

慈禧说："根据光绪继位时的诏书，现在到了为同治皇帝立嗣的时候了。"她已经做了选定，但依然想听取一下军机大臣们的见解。庆亲王和袁世凯提出立溥伦，假如溥伦不行的话，就另立恭亲王溥伟。大家都感觉，溥伦作为道光帝的长曾孙，更加适合继承皇位。或许从这个角度分析，醇亲王倾向于这个提议。可是，其他军机大臣提议让醇亲王年幼的儿子继承大统。

各位军机大臣表明观点之后，慈禧表示，之前她将荣禄的女儿许配给醇亲王为福晋时就已经决定，将来一定将其长子册立为皇位继承人，以此作为对荣禄的忠心的赏赐和报答。荣禄一生忠心，在义和团运动时期为国家做出了巨大贡献。

慈禧太后让人铭记自己的想法，当年荣禄曾经拒绝协助进攻外国大使馆，进而挽救了大清国。当年3月，她特意向荣禄的遗孀，也是她最老的朋友重申了这个诺言。不久，荣禄的遗孀撒手人寰。所以，她现在要加封醇亲王为摄政王，此头衔要比1861年自己和东太后赐予恭亲王的“议政王”的级别更高。

醇亲王听到这样的决定后起身叩谢慈禧太后的隆恩，并不停说着自己配不上这个位置。此时，袁世凯再次鼓起勇气提议应该由溥伦继承皇位，因为溥伦的资历要高一些，并诚恳地说，而今应该是延续立长继位的时候。非常明显，袁世凯已经意识到了对自己充满仇恨的醇亲王的威胁。

慈禧面向袁世凯面带怒色地斥责道：“我还没有老糊涂呢。事到如今你应该清楚，只要我做了决定的事，无论是谁都别想改变。现在国家艰难，正处在多事之秋，一位幼主确实是国家的危险之源，可你要记住，只要有我在，就可以指导和协助醇亲王。”

随后，慈禧又面向其他军机大臣说：“马上草拟两道谕旨，一道加封醇亲王载沣为‘摄政王’，另一道令人将醇亲王幼子溥仪接进宫，今后在宫廷教养。”慈禧命庆亲王将这两道谕旨内容向光绪通报。

此刻，光绪尚有意识，他明白庆亲王对自己所说的话的意思后，说道：“册立一个成年人不更好吗？不过也不用怀疑，太后肯定了解得更清楚。”当听到醇亲王被加封为摄政王时，光绪表示非常满意。

当时是下午三点，两小时后，年幼的溥仪跟着父亲来到了宫里，拜见了慈禧太后和光绪皇帝。第二天早晨七点时，值班的御医报告说，光绪皇帝“鼻翼抽搐，腹部隆起”，从这些迹象判断，光绪已经危在旦夕。夜晚，光绪似乎也预感到死期已至，于是写了份遗嘱，但字迹已经难以辨认，下面这几句意味深长的话就是开头[1]：

---

① 这篇遗诏多半出自坊间杜撰，因此此处根据英文直译。

当初太后选立我来继承大统的时候，我是醇亲王的次子。她一直对我怀恨在心，但对于我过去十年里所遭遇的不幸，袁世凯和某某（第二个名字无法辨认）应该负责。在时机成熟时，定会杀掉袁世凯。

光绪的皇后一直保留着这份文件，可是它被中立的人看到了。根据这些措辞可以感觉到，在最后一年的时间里，假如光绪有和解的意思的话，肯定是出于害怕，并非真意。

当日较晚的时候，朝廷颁布谕旨，向全国人宣布皇帝病情万分危急，要求各省急速选派最好的医生来京城，这样，皇上的性命或许可以保住。谕旨详细叙述了光绪的病情，但情况是否属实不得而知。大家当时普遍感觉，这属于例行公事，只是在宣布一件无关紧要并且期待已久的事情。

下午三点时，慈禧来到瀛台探望光绪，但此时的光绪已经意识不清，认不出慈禧了。后来，光绪逐渐恢复了意识，身边侍从奉劝他穿上寿衣，因为按照礼仪，皇帝应该穿着这身衣服宾天。按照规矩，病人需要在去世前的最后时刻穿上寿衣，否则就会不吉利。结果，光绪拒绝了。五点时，光绪驾崩，慈禧太后、皇后、两位嫔妃以及几个太监在场。

慈禧没有等待给光绪的龙体穿寿衣的情景，而是直接回到寝宫，命令颁布光绪皇帝的遗诏，宣布新皇帝继承大统。此处奉上遗诏原文：

朕自冲龄践阼，寅绍丕基。荷蒙皇太后帱育仁慈，恩勤教诲，垂帘听政，宵旰忧劳。嗣奉懿旨，命朕亲裁大政。钦承列圣家法，一以敬天法祖、勤政爱民为本，三十四年中，仰禀慈训，日理万机，勤求上理。

念时事之艰难，折衷中外之治法，辑和民教，广设学堂，整顿军政，振兴工商，修订法律，豫备立宪，期与薄海臣庶共享升平。各直省遇有水旱偏灾，凡疆臣请赈、请蠲，无不恩施立沛。本年顺直、东三省、湖南、湖北、广东、福建等省，先后被灾，每念吾民，满目疮痍，难安寝馈。

朕躬气血素弱，自去年秋间不豫，医治至今，而胸满胃逆，腰痛腿软，气壅咳喘诸症，环生迭起，日以增剧，阴阳俱亏，以致弥留不起，岂非天乎！顾念神器至重，亟宜传付得人。兹钦奉慈禧端佑康颐昭豫庄诚寿恭钦献崇熙皇太后懿旨：以摄政王载沣之子（溥仪）入承大统，为嗣皇帝。在嗣皇帝，仁孝聪明，必能仰慰慈怀，钦承付托，忧勤惕厉，永固邦基。尔京外文武臣工，其精白乃心，破除积习，恪遵前次谕旨，各按逐年筹备事宜，切实办理。庶几九年以后，颁布立宪，克终朕未竟之志，在天之灵藉稍慰焉。丧服仍依旧制，二十七日而除。布告天下。咸使闻知。①

在这样的关键时刻，慈禧太后的精神似乎很好，身旁的人都为她如此的表现感到震惊。慈禧命令以新皇帝的名义颁布圣旨，内容涉及大行皇帝的美德，感恩慈禧太后的仁慈，以及自己继承皇位。

或许大家能回忆起这件事，当初光绪登基，御史吴可读用自杀的方式以示抗议，原因是如此一来，同治皇帝就会没有后嗣，先帝在天之灵就会孤苦，没有后嗣为他祭祀祖宗。如果幼帝被过继给同治，那么也算是慈禧兑现了当初的诺言。

而今看来，假如慈禧不能灵活处理这件事，肯定会重蹈覆辙，光绪皇帝的在天之灵也难以得到合理的慰藉。所以，必须要找到合理的办法解决这样的难题，才能告慰两位先帝的在天之灵。

假如没有后嗣祭奠光绪的亡灵，那就难以保证不会出现正统派的反感，弄不好会出现另一位御史效仿吴可读。慈禧太后意识到这个问题，就使用比较专横的方式解决了这个难题，尽管之前的历史上没有这样的例子。慈禧后来为此发了一道谕旨，内容如下：

前因穆宗毅皇帝未有储贰，曾于同治十三年十二月初五日降旨：大行皇帝生有皇子即承祧穆宗毅皇帝为嗣。现在大行皇帝龙驭上宾，亦未有储贰，不得已以摄政王载沣之子（溥仪）承继穆宗毅皇帝为嗣，并兼承大行皇帝之祧。钦此。②

但凡了解中国传统礼仪和继承法的人肯定知道，慈禧太后这样的做法是没有先例的。当前在位的皇上用双重身份为两位故去的皇帝祭奠，让我们不得不怀疑正统士大夫和传统的中国老百姓不会像果断、睿智的慈禧太后那样接受这样的原则并付诸于实际行动。

---

① 光绪三十四年十月二十一日上谕，见《光绪宣统两朝上谕档》第 34 册第 247 - 248 页。

② 光绪三十四年十月二十一日上谕，见《光绪宣统两朝上谕档》第 34 册第 247 页。

慈禧接下来又发布一道谕旨，将所有日常国家事务都交给摄政王代理执行，而国家大事依然需要禀告她再行决定实施。如此的安排无异于把摄政王放到了和当初的光绪一样的位置，这样的傀儡需要幼帝成人或者慈禧驾崩后才有机会转变身份。

换句话说，此刻的慈禧依然期望自己长命百岁，这样一来她就可以长久地掌控天下。

在谕旨里，慈禧说"现值时事多艰"，以此说明自己摄政的合理性，说"所有军国政事，悉秉承予之训示，裁度施行"①。由此可知，假如慈禧太后康健如常，那么摄政王肯定会像当初的光绪一样只有一个虚名，必定会难以使用自己手中的权力，整日里只能郁郁寡欢。

① 光绪三十四年十月二十一日上谕，见《光绪宣统两朝上谕档》第34册第247页。

第二十七章
慈禧之死和她的葬礼

11月14日，慈禧经历了漫长而又兴奋的一天。在结束操劳之后，虽然她感觉十分疲惫，但身体看上去大有好转。第二天早上，她像往常一样六点起床，召见军机大臣，然后和隆裕皇后、摄政王及其福晋（荣禄的女儿）进行了一番交谈。

她以新帝的名义颁布了一道谕旨，将她自己封为“太皇太后”，将隆裕皇后封为“皇太后”，还计划在正式受封当天举行隆重的庆贺大典，同时正式宣布摄政王载沣监国。

在中午用膳的时候，慈禧突然昏倒了，并且持续了很长时间，情况十分危急。在她清醒过来之后，所有人都知道是因为过去那段日子里她每天都紧绷着神经，一直劳心劳力，这才导致旧疾复发，再加上长久被痢疾折磨，让她元气大伤。

此时的慈禧也意识到自己大限将至，于是马上下令召见隆裕太后、摄政王和众位军机大臣。当着他们的面，慈禧颁布了一道谕旨。此时，她思路清晰，语调平静，犹如平日里处理国家大事一般，毫无担忧和恐惧。诏书的内容如下：

昨经降旨：特命摄政王为监国，所有军国政事，悉秉承予之训示裁度施行。现予病势危笃，恐将不起。嗣后军国政事，均由摄政王裁定，遇有重大事件，有必须请皇太后懿旨者，由摄政王随时面请施行。①

任何一个了解中国朝廷历史和慈禧太后生平的人在看到这篇谕旨后，都能从结尾部分的几句话中看出该谕旨的意义很大。这篇谕旨言辞巧妙，很显然，慈禧希望给新太后和叶赫那拉家族提供一个继续参与国家大事的机会，借此保住叶赫那拉家族在本朝的地位和权威。如果摄政王和他的追随者们做出什么危及叶赫那拉家族的事情，那么新太后可以凭借此谕旨来采取行动，并加以干涉。

这篇谕旨的效力，在最近端方因为在慈禧葬礼上犯下不敬之罪而被革职中已经显示了出来。很显然，隆裕太后时刻都在维护叶赫那拉家族的地位，打算效仿她的姑姑慈禧太后，因此摄政王这个职位很难当。

在颁布了这道谕旨之后，慈禧的病情迅速恶化，于是她下令起草遗诏，并呈递给她审阅。遗诏很快就起草完毕并被送到她的面前，在仔细看过之后，慈禧改动了几个地方，并在其中特别加了一句话，即“不得不再行训政”。

她说，自己的垂帘听政乃是不得已而为之，并不像很多人认为的因为她的私人欲望。在她的心中，时刻都以国家和百姓的福祉为念，在国家遇到危机时，她也是迫不得已才僭越地行使了最高权力。

遗诏中最感人至深的那段话，即以“回念五十年来”开头的那段，也是出自她之手。在写下这段话的时候，她说自己此生已经没有什么遗憾了，只是希望能够再活些时日，可以继续为大清效力。

之后，慈禧又和陪伴了她多年的宫女和侍从们告别，在场的众人哭得非常伤心。直到最后一刻，慈禧都始终保持着清醒的头脑，依然像平日里一般面色平静，语气从容，就好像是马上起程前往颐和园一样。

就在所有人都觉得她可能马上就要宾天时，她却一次又一次地恢复意识。一直到最后，守在她床榻边的人，都忍不住希望（或者说因为担心和害怕）她战胜死神。最后，在她弥留之际，按照惯例，守在身边的人请她说出自己的临终遗言。

---

① 光绪三十四年十月二十二日上谕，见《光绪宣统两朝上谕档》第 34 册第 251 页。

让所有人都感到惊讶和意外的是，她所说的竟然是：“以后千万不能让女子干政。女子干政违背我朝律法，应该严厉禁止。而且要留心千万别让太监干政，明朝就是亡在了太监的手里，理应作为我朝的前车之鉴。”

慈禧死了，就如她活着的时候一样，她自己凌驾于法律之上，却要求后来者严格遵守法律。然而，就在几个小时之前，她刚将自己的权力移交给同族的一个女人，如今面对即将到来的消逝和黑暗，她却犹豫了，犹豫是否该将这一造成混乱现状的体制延续下去。她深知，无论这个权力落在谁的手上，都会让整个国家的局面继续混乱下去。

下午三点的时候，太后驾崩了。按照传统，君主在临死之前应该面朝南方。据那些在现场目睹了慈禧去世全过程的人说，她死时嘴巴始终张开着。对此，中国人的解释是：她的灵魂不愿意离开身体，她不愿意魂归九泉。

慈禧太后宾天了。在宫女给她换好描龙画凤的寿衣之后，她的遗体就和先帝的龙体一起被从西苑移到了紫禁城，沿途跪满了臣民。

慈禧太后在弥留之际写下的那篇比锋利的刀剑更有力量的谕旨内容如下：

慈禧端佑康颐昭豫庄诚寿恭钦献崇熙太皇太后诰曰：

予以薄德，祗承文宗显皇帝册命，备位宫闱。迨穆宗毅皇帝冲年嗣统，适当寇乱未平，讨伐方殷之际。时则发捻交讧，回苗俶扰，海疆多故，民生凋敝，满目疮痍。予与孝贞显皇后，同心抚训，夙夜忧劳，秉承文宗显皇帝遗谟，策厉内外臣工暨各路统兵大臣，指授机宜，勤求治理，任贤纳谏，救灾恤民。遂得仰承天庥，削平大难，转危为安。

及穆宗毅皇帝即世，今大行皇帝入嗣大统，时事愈艰，民生愈困，内忧外患，纷至沓来，不得不再行训政。前年宣布预备立宪诏书，本年颁示预备立宪年限。万几待理，心力俱殚，幸予体气素强，尚可支持。不期本年夏秋以来，时有不适，政务殷繁，无从静摄，眠食失宜，迟延日久，精力渐惫，犹未敢一日暇逸。本月二十一日，复遭大行皇帝之丧，悲从中来，不能自克，以致病势增剧，遂至弥留。

回念五十年来，忧患迭经，兢业之心无时或释。今举行新政，渐有端倪。嗣皇帝方在冲龄，正资启迪。摄政王及内外诸臣，尚其协心翊赞，固我邦基。嗣皇帝以国事为重，尤宜勉节哀思，孜孜典学，他日光大前谟，有厚望焉。

丧服二十七日而除。布告天下，咸使闻知。钦此。①

慈禧太后的尊号已经达到二十二个字，其中有十六个字是她生前所有，另外六个字则是在她死后由新皇帝追谥的。慈禧尊号的第一个字是“孝”，每个已故皇后的谥号中都有这个字；第二个字是“钦”，意思是遵循祖宗礼法；第三和第四个字是“配天”，第五和第六个字是“显圣”。在大清朝的文献中，慈禧被尊称为“孝钦显皇后”。在整个清朝历史中，没有一个女性的谥号比她的尊贵和隆重。

慈禧太后驾崩之后，在百姓心中的声望不但没有缩减反而与日俱增，丝毫不逊于生前。慈禧的棺材停在了宁寿宫，之后又移到紫禁城北面的煤山脚下，也就是现在的景山，将会在选定吉日之后下葬。她的棺材周围摆满了祭品，尊贵程度丝毫不逊色于帝王。

在慈禧去世之后，百姓们顿时觉得大清国失去了一个引路人，变得群龙无首。慈禧太后在他们眼中，不仅仅是一个人，还是一个值得他们爱戴的领袖，是这个国家的核心。那些精心制作的祭品，足以说明慈禧在他们心中的地位以及他们对慈禧的深切怀念。从她去世的那一刻开始，到她的灵位被迎回紫禁城的一年时间里，百姓们从没有间断过对慈禧的祭祀。

七月十五中元节时，人们用纸扎成了一艘大船，将它置于紫禁城外靠近煤山的地方。船上堆满了纸扎的太监和宫女以及各类珍馐美味、家具陈设等，这些全都是给在另一个世界的老佛爷使用的。船头上放着一个宝座，四周则跪着一群身穿朝服的文武大臣，就好像老佛爷正坐在宝座之上召见群臣一般。

中元节的早晨，摄政王以皇帝的名义在这艘游船前拜祭之后，便一

---

① 光绪三十四年十月二十二日上谕，见《光绪宣统两朝上谕档》第34册第252页。

把火将这些东西点燃了，为的是让身在黄泉之中的老佛爷继续享用。在慈禧太后下葬之前的一两天时间里，他们曾以同样的方式先行烧了数以百计的侍从、骑兵、骆驼和其他牲畜，同样是为了让身在黄泉的太后继续使用。

下面是1909年11月27日刊登自《泰晤士报》的一篇报道：

11月9日早上5点，是钦天监选定的慈禧太后金棺从紫禁城启程前往东陵下葬的吉时，后来又将这个时间改成了早上7点。

送葬队伍的整体安排以及外国使团代表在队伍中占据的位置与大行皇帝光绪时期类似，只不过在军队中的骑马人数要比那时候多一些，装备上也要更好，警察队伍更整齐，穿着也更漂亮。就整体而言，此时的队伍看起来要更壮观一些。

但和光绪皇帝下葬之日相比起来，此时的天气要差很多。五月份光绪皇帝下葬时，外面阳光灿烂，整个队伍明亮如画，阳光将队伍的影子投射在冰冷的墙壁之上，远远看上去像一个个形象逼真的浮雕。而太后下葬的这一天，天气寒冷，阴云密布，再加上祭典被推迟了很长时间，不可避免地让在场的人感到心情压抑。

在城内时，金棺由八十四个人共抬，因为这是通过城门时所能容下的最多人数。但在出了城门之后，人数则增加至一百二十个。摄政王走在最前面，其后跟着的是亲王、贝勒和军机大臣等人，他们负责扶柩护灵，而大学士们则作为陪侍跟随在一旁。之后跟着一大队骑兵，再后则是蒙古人牵着的骆驼队。骆驼上驮着用来搭建帐篷“行宫”的用品。从京城到东陵一共要走四天时间，晚间需要搭建帐篷来作为停放灵柩的“行宫”。

蒙古人之后跟着一个伞队，1901年太后从西安回銮途中，百姓赠送她万民伞，等到16日下葬之后，这些伞将会被烧掉。伞队后面跟着一队喇嘛高僧，再之后是一队手中执着祭器、佛幡和绣旗等物的銮仪卫队。

在整个送葬队伍中，最引人瞩目的要数三辆装饰华丽的乘舆，外面均用黄色丝绸做装饰，并且上绣龙凤图案，除此之外，还有两顶黄色软轿，规格和太后平日里所乘坐的一模一样，而这些东西也将会随着太后的下葬，在陵墓外面被焚烧。

在送葬队伍中最显眼的人物则是六位总管太监，其中就包括声名狼藉的李莲英，以及平日里总是陪在慈禧太后轿子旁边，随着她出入宫廷，相貌俊秀，身材矮小的贴身太监。

总的来说，整个送葬队伍非常壮观。用中国人的话说，自唐朝的武则天之后，整个中国历史上恐怕再也找不到能够与这场葬礼的排场相比的了。据史书记载，当时武则天在下葬后，还有数百名侍从跟着陪葬。

警察的布置引起了人们的关注，很多人对此表示惊叹，并且将这种非凡的效率归功于当今太后。送葬队伍所经之处，家家门户紧闭，朝廷还在沿路两边安排了士兵守卫，防止有人偷偷对着队伍扔炸弹。街道两边有很多士兵守卫，个个严阵以待，虽然人数众多，但整体看起来却纪律严明，十分机警。整个送葬队伍并没有出现混乱，就连嘈杂喧嚣之声也没有。

东陵距离北京城大约一百四十五公里，这里群山环绕，苍翠欲滴，是一个安静的场所，送葬队伍在满是黄沙的土路上缓慢行走了四天才到达。陵寝最初由荣禄负责监工，一共花费了八百万两的银两，与咸丰皇帝的定陵紧挨着。慈禧陵墓的西面是慈安皇太后的陵寝，东面则是咸丰皇帝的第一位福晋的陵墓。她在咸丰皇帝登基之前的一年就去世了，直到咸丰皇帝去世之后才被安葬，并被追封为皇后。

慈禧这一生都十分关注自己的死后之地，尤其是在晚年时，更是会时不时地亲自实地考察这里的建造情况，并且还会告诉那些负责修建和装饰的工人万事小心，千万不可疏忽。1897年时，慈禧太后因为柚木柱子不够粗而特意让工人重新返工修建。

在荣禄去世后，修建陵墓的监工之事落在了庆亲王的身上。他在原本的基础上增加了很多雕工精美的玉雕祭器、大花瓶和金银香炉等，另外还在放置金棺的长榻上铺满宝石，又额外雕刻了很多宫女和太监的雕像。

下葬仪式的最后一项，是向老佛爷道别，其中既有亲王、贝勒和文武百官们向老佛爷道别，也有咸丰皇帝、同治皇帝的妃嫔们，隆裕太后来到墓室前行礼并向慈禧做最后的道别。之后墓室的大门便会缓缓落下，而慈禧的一生，也随着这道大门的落下彻底画上了句号。

关于光绪皇帝的葬礼花销，在清朝的官方档案记录中被记载得很精确，一共四十五万九千九百四十两二钱三分六厘。因为在中国，葬礼的花销直接反应出死者的尊贵程度，以及其直系亲属的“面子”，所以很多人非常喜欢将光绪葬礼的花费情况与慈禧太后的相比较，据说慈禧太后的葬礼花费在一百二十万到一百五十万两之间。

有传言说，摄政王曾试图削减慈禧太后的葬礼开支，但因为叶赫那拉家族的强烈反抗，最终只好作罢。可以说，对于太后的豪华葬礼，北京城中的老百姓们是乐见其成的，因为在他们眼中，老佛爷执政的这五十年时间里，对百姓一直都是和蔼可亲且充满同情心的。

太后的灵位从东陵运回紫禁城并入祀太庙的仪式非常隆重，从中可以看出，中国人对祭祀祖先一事是非常看重的。灵位其实就是一块简单的木牌，上面会漆上漆，也有些雕刻，并且用满汉两种文字写上死者的名字。

灵位首先会出现在葬礼上，之后随着陵墓大门的关闭，墓主人的灵魂则被认为是转移到了这块灵位之上。因此，人们对灵位的尊敬要像对其本人还在世时的尊敬一样，丝毫不能怠慢。

在从东陵回到北京的一路上，慈禧的灵位被放置于用黄色绸缎包裹的乘舆中的座位上，由一队骑兵缓慢而庄严地一路护送进京，这队人马整整走了三天时间。每天夜里，都需要将灵位放在一个特别搭建的帐篷之中休息，礼官恭敬地跪请下车，然后再抬去休息。

灵位所经过的御道都是经过精心打扫的，也被称为“圣道”，寻常人是没有资格从上面行走的。在灵位来到城门前时，摄政王亲自率领文武百官来到城门口跪地迎接。街道两旁的店铺全都闭门关店，整个城内静悄悄的，臣民全部跪倒在地，以最尊敬的心情迎接老佛爷的回归。

队伍缓慢而严肃地走进紫禁城内，来到太庙。这里是整个大清王朝最神圣的地方，慈禧的灵位被“请”入太庙，安放于九位帝王、三十五位皇后之间。在将她的灵位放上之前，首先要将同治皇帝和其皇后的灵位请下来。因为按照规矩，慈禧应该对祖宗的灵位行礼，而同治和他的皇后接受母亲的叩拜是不合适的。

新帝年纪太小，叩拜大礼全部由摄政王代劳，他将对着神龛上摆放着的所有灵位行三叩九拜之礼，算下来一共叩拜了四百下。在叩拜结束后，按照规矩，慈禧的灵位会被安放在慈安的灵位旁边，之后同治和其皇后的灵位也被重新“请”回太庙，由人代替他们向慈禧的灵位行礼。到此为止，大丧之礼全部结束，慈禧非凡的一生也彻底落下帷幕。

然而，慈禧的灵魂依然会时刻注视着紫禁城及她的子民们。百姓们相信，慈禧的灵魂会引导国家摆脱所有苦难，让百姓过上安居乐业的生活。随着时间的流逝，慈禧在活着时所犯下的错误和她性格中的缺点，都逐渐被人们淡忘，人们记住的只有她曾为这个国家所做出的丰功伟业。

对慈禧来说，她此生最好的墓志铭莫过于她临终前留下的遗诏，它超越了她统治时期的所有卑微和耻辱，让她坚定地直面死亡和变革，也是它让我们能够重新审视这位伟大的女性。引用《旁观者》杂志[①]中一位记者所说的话：“希腊人心中最理想的统治状态是，国王就是哲学家，而哲学家就是国王。”

① 1909年1月2日。——原注。

第二十八章

结论

柯勒律治有这样一句话："所有笼统的判断，都是有失公正的。"法国的一位哲人也说："只有深入地理解，才会充分地宽容。"我们只有先将心中关于种族的偏见摒弃掉，同时努力地站在慈禧太后出生的环境和传统的角度上去了解她，才能真正地理解她的生平和个性。

之前我们引用过《旁观者》杂志上的一句话，那是一篇非常有见解的文章，里边这样说道："她所生活、工作的环境，以及统治的国家，与西方的思维模式和行为标准之间的差别是非常大的，可以说相距甚远，历史学家在对她进行判断的时候，首先要确立判断标准，是以她自己的标准为依据，而不是我们的。"

根据大致的民间舆论和搜集到的证据可以看出，慈禧被载入史册的时候一定会被称为：上天选中的统治者、政治天才、"坤元兼乾元，圣明过人"①的女子。

对于当时的中国来说，舆论自由尚处于萌芽状态，出版自由更是一个无法企及的梦想，所以，中国作家对慈禧太后生平经历的撰写，不会有任何可靠的价值。就算是京城的高官们或那些对她比较熟悉的人们，曾经在日记、文件或者私人回忆录中写下过很多有用的信息，但是这些信息出版后，却不会提供任何有趣味或有价值的东西。

---

① 参见《景善日记》。——原注。

对太后真实的记载，在官方和正统派的眼中，那简直就是对太后的亵渎。有一点是真实存在的，很多广东的作者们曾在一些被欧洲人保护的报纸和香港地区及新加坡的华文报纸上发表过一些关于太后的个性和生平的东西，但是，因为他们对满洲人的仇恨，这些材料有着很大程度的偏见和歪曲，所以，对历史研究并没有起到什么作用。

有一本非常有名的书，名为《中国的内部危机》，最开始的时候，它是以几篇文章的形式被发表在一份新加坡报纸上的，后来才被集结出版。这本书的作者名为“文庆”，但其实这只是一个笔名，而他是康有为最狂热的弟子中的一位。

这部作品之所以著名，主要是因为里面通篇的谩骂和错误百出，很明显，其目的就是激起同胞们对满洲人的仇恨（完全是为了广东人的利益），并希望各国列强阻止太后回北京。

这位作者利用他学到的杂七杂八的“西学”，将太后与喀耳刻、塞米勒米斯、凯瑟琳·德·美第奇、梅萨利娜、富尔维娅和茱莉娅·阿格丽品娜归为一类；为了支持自己的论点，还引用了但丁和罗塞蒂的话；为了让他的叙述更加具有真实性，他在谩骂中还夹杂了少量的可证事实。

他做出的判断并非是公正的。他并没有客观地认识到慈禧身上那些真实存在的优秀品质，她所处的环境、面对的艰难，还有她所受的教育中存在的问题。因此，他的作品毫无价值。

从历史要以准确性为目标的角度来看，一些欧洲人（特别是外交使臣的太太及其朋友们）对太后的印象进行的记载也几乎是没有什么价值的，他们见到太后的时候，都是在一些礼仪庆典上，对慈禧太后的了解，会受到皇座上虚假之光的影响，或者是被她表现出来得极具技巧和魅力的仪表和举止影响，毕竟这些，对于她来说是信手拈来的。

倘若朝廷的礼节允许男性欧洲使臣和名仕直接觐见太后并与之交流的话，她一定也会将这些技巧运用出来，通过她非凡的活力和意志力来展现她的影响力。西方国家的一些统治者也精通这一套，比如德国的威廉皇帝，美国的罗斯福总统。

虽然，太后只是通过女性之间的交际来实现国际交往，但是她会把握好每次机会，竭尽全力地让对方感觉到她的亲切和优雅。她也凭借这些品质，让那些跟她接触过的人对她赞不绝口，甚至包括那些被她围攻恐吓过的人。

她的宫廷魔力，神秘又珍奇；她的礼仪风度，魅力十足；她的举手投足，充满亲切感。这些让那些见过她的欧洲女性对她有了非常好的印象，这些与她们在别处听到的常识和经历是截然不同的。有一些实例值得我们多加注意，这些有利的印象在议和谈判的时候也起到了一些作用。

我们可以在《景善日记》中大致了解一些慈禧的性格。景善在多年间有过很多机会与太后近距离接触，以此对太后做出的评估，在平民百姓茶余饭后、街头巷尾的闲谈中得到了印证。

她虽然喜怒无常、暴躁多变，像孩子一样缺乏是非观念，对权力的追逐与热爱也丝毫不加以掩饰，性格残暴，有着强烈的报复心，但绝不是林文庆笔下的那个野蛮的妖怪。相比之下，她更像是美国杂志上的那些面目和善、衣着光鲜的女郎。

她只是一个勇气可嘉、活力四射的女人，一个意志坚定、野心勃勃的女人，一个东方女人。她按照她所处的民族和阶级，所认知的生活方式，度过了她的一生。

《景善日记》中有这样一段话："圣母春秋已高，必不主战，所好皆文雅之游戏，藉以消遣，如观戏、描画、著诗等事。素时性极温和，乃因意外之事，大发雷霆，令人不胜悚惶战栗之至。"通过景善的描述，我们看到的是一个女人的真实写照，这个写照一定是一个非常有同情心的观察者勾勒出来的，公正公允，没有隐藏其他动机。

他笔下的慈禧太后赢得了那个时代的能人志士的忠诚，更别说她身边的侍从和宫女了。对待周围的一切，她怀着人情味儿和同情心，她不会在岁月中凋萎，也不会在习惯中陈腐。但是，那些凶残的义和团首领在她的面前，只能退避三舍。

慈禧是善变的。年仅二十四岁的时候，慈禧就掌握了自己的人生，并在实际上控制了大清帝国，所以，她没有特别必要的契机去学习如何控制自己的情绪。她的性情，从根本上来说，就是独裁者的狡诈和暴躁。在大清的皇宫里，人命就如草芥一样无足轻重，而想要维持自己手中的权力，只能依靠残忍无情的手段，统治者一旦暴露出弱点，那些叛逆和肮脏的行为就会随之展现出来，被这样的传统所熏陶，得到的也是这样的生存训练，她又怎么能独善其身，或者让紫禁城结束这样骇人听闻的残忍方式呢？

我们要清楚地明白她所处的时代和位置。从她所处的环境和所受到的教育方面去考虑，尤其是她还嫁给了一个荒淫昏庸的皇帝，那金碧辉煌的宫城就像牢笼一般，她的生活是永无休止的繁文缛节、卑劣的钩心斗角和人为的罪孽。

在中国与欧洲国家建交之前，北京朝廷及其行事之风，就与中世纪的欧洲有着很大程度上的相似，之后，在不断的侵扰和溃败中，他们的传统和行事之风并没有丝毫的转变。

一位研究中世纪的历史作家有这样的一个观点，他说北京的宫廷生活，与十四世纪的欧洲宫廷生活是非常相似的："一时睿智如学者，一时又愚笨糊涂，一时像婴儿般快乐，一时又猛然陷入悲剧之中，命运变幻莫测，幸运与厄运相伴相生。十三和十四世纪的罪人，换一个角度，或许也是清白无辜的。可以说，他们的很多问题从根本上来说都是因为孩子气的直率与成人的阴险谋略碰撞在了一起。"

无论慈禧曾经犯下的罪行是怎样的残忍，但值得肯定的是，她仰仗着自己的信仰和地位，对自己的所作所为从不遮掩。当然这份残忍只是表面所展现出来的，作为东方的统治者，倘若没有这份残忍，就无法保持其地位和效率，如果形势允许，她也有着满洲人所特有的仁慈之心和幽默感。

我们有必要清楚一点，在当时的东方（欧洲的人道主义发展之前同样也是如此），痛苦和死亡，是再寻常不过的，生命风险是每一天的组成部分，皇帝的宝座周围上演着钩心斗角、爱恨纠葛的大游戏，这种生命风险时有发生。

慈禧在这场游戏中，所扮演的是王者的角色，但是在关于她的记录当中，没有任何信息显示她纯粹因为残忍或者喜好杀人而夺取人的性命。被她赐死的那些人，无一不是阻挡了她的道路，成为了她谋权路上的绊脚石的。

当外国人的傲慢无礼让她暴怒的时候，她毫无顾忌地将在华的欧洲人赶尽杀绝；当光绪皇帝最喜爱的珍妃对她至高无上的权威发出抗拒时，她毫不犹豫地将其处死。她做事的手段向来都是干净利落又彻底（只有一件事例外），在东方人看来，其实并不能称之为残忍。

她不喜欢酷刑，也不喜欢一点点将人折磨死。从她颁布的报复性的谕旨中可以看出来，对阻挡她道路的那些人，她的处置同样是干净利落的，没有任何不必要的残忍，与专制暴政毫不相同。应该说她的手段是伊丽莎白式的，而并非是佛罗伦萨式的。

如果说，慈禧在很早的时候就学会了自食其力，这并没有什么值得奇怪的，因为纵观朝野上下，能够给予她助力的人可以说是少之又少。满朝文武，要么是腐朽愚昧的文人学士，要么是腐败堕落的拍马之徒，要么是满口上天之意的宿命论者，要么是沉迷于鸦片、腐败无能的寄生虫。在那样的环境中，她显得格格不入，她重振了祖先们建朝初期的雄风和活力。在国家危难之时，她仿佛就是上天选定的统治者。就算她独断专行，那也是因为她身边几乎没有能够担当大任的人了。

她沉迷于奢华和享乐，甚至一度如宫廷传统中的那些人们一样放浪，同时，她精明练达，喜好聚敛财富。但是，她认为，她在所有的事情上遵循的都是“中庸之道”，她并没有被享乐蒙蔽双眼，也没有被享乐耽误应该做的事情。

慈禧也是一个非常迷信的统治者，恪守宗教礼节，敬拜鬼神，还用大量的资金支持道士、僧人、卜卦者。然而，就像英国的伊丽莎白女王那样，她自己的本能，要比那些迷信的言论更强大。她有着坚实可靠的判断力（她能够对身边腐败随从的弱点和激情加以利用，并取得成功，凭借的就是这样的判断力），她的这份判断力决不允许那些无形的力量成为她操控有形之事的阻碍，或者是影响到她对权力的追求。

太后身上所显现出来的品质，是多样而复杂的，但是让她赢得声望和权力的，首要的就是她的刚毅勇敢，其次是她的单纯坦率。这些品质，与大多数满洲人的怯懦和造作是迥然不同的。

她的刚毅勇敢是不置可否的，即使是深陷义和团运动的混乱恐怖之时，她也丝毫没有怯懦。在众多见证了她的无畏精神和沉着冷静的人中，景善只是其中之一。当面对着断壁残垣、满目疮痍时，就算是最有勇气的男子也不免心惊胆战，太后却能平静地画着竹子自娱自乐，甚至为了让自己在游湖的时候享受片刻的安静，而下令停止炮轰使馆区。

她在皇宫之中斥退凶狠狂暴的义和团首领，这是多么有气魄的场面！离京逃亡的那天早晨，只有她仍然能够镇定自若。发号施令的样子，好像她并非是逃亡，而是出去野餐一样。那一刻，人们完全忘记了她所受教育和性格上的所有缺陷，眼中只剩下了她高贵的品质。

对于自己的品质，对于上天赐予的权力，慈禧是充满自信的，在这一点上，她与德国皇帝是一样的。有一件事非常清晰地显示了她的唯我独尊和迷信的思想，卡尔小姐给她画了一幅肖像，为了能够参加圣路易博览会的展览，这幅肖像要被运往美国。她觉得，这幅肖像代表的是自己的威仪，代表的是她本人，应该同样被敬畏，所以，她便下令在京城的街道上修了一条微型铁路，专门用来运送这幅肖像。

这幅肖像被置于黄缎华盖之下，运送的时候要竖立而行，不能被苦力扛在肩上，她认为被扛在肩上是不吉利的，这是她不能接受的。在为肖像送行之时，皇帝要在肖像面前跪送，在铁路的两侧，百姓们也要行跪拜之礼，要将其视为老佛爷本人。在欧洲人看来，这样的做法简直无法理解，所以欧洲人无法对太后做出公正客观的评价。想要充分地理解这样的事情，除非回到都铎王朝的早期。

太后说话直率，她能够很快地察觉到对方阿谀奉承的言辞，并且非常的反感。那些被她赏识提拔的官员，大多是坚毅刚强之人，说话直言不讳，比如荣禄、曾国藩、左宗棠等人；她从内心深处是瞧不起那些谄媚之徒的，也会毫不遮掩地表现出这种轻蔑。也有例外的时候，比如张之洞，因为他的学识和勇气，太后便不计较这些冒犯之举了。

一个有趣的事情反映了她的这一特点。有一年殿试，批阅完需要她亲自御览的试卷之后，她下了一道尖锐的谕旨：

朕奉慈安皇太后、慈禧皇太后懿旨：本年庶吉士散馆，经派出阅卷大臣尚书朱凤标等，将各试卷公同阅看，拟定等第名次，开单进呈。于各卷考列前后，尚属公允，惟万青藜所阅，拟取一等一名严辰一卷，诗赋文理，尚数明顺，而其赋体，全篇牵引本朝故实，作意铺张，词意多未著题，甚至过事颂扬，有“女中尧舜”等句。国家取士，本明试以言之义，总宜崇实黜华，用觇品学。翰林散馆，将以选授清华之职；试用诗赋，尤应切当敷陈。若如严辰所作，不求实际，专事揄扬，于人品、学术颇有关系，此风断不可长。严辰着改为一等末名，即将原拟一等二名之王珊，作为一等一名，其余以次递推。嗣后各项考试派出考官及阅卷大臣等，务当悉心考校，请求切实，毋事虚浮，以期拔取真才，用副敦崇实学之至意。钦此。①

太后并没有跨越出对自己民族（满族）的偏爱，毕竟这是天性，但是，她的权力能够保持稳固，关键因素，就是她的公正不阿，并且她在朝廷各部官员排布上达到了满汉人员的平衡。

慈禧深知，国家的智囊和活力归根结底还是要依靠汉人，满洲人想要维持自己的权力和统治，必须要得到汉人的支持和忠诚。从她刚一开始执掌政权的时候，一直到她将义和团中的皇亲国戚赐死为止，在对满洲人的处罚上，她向来都是公正无私、毫不手软的。

就像是 1863 年发生的一件事情，该事与一位名叫胜保的人有关，胜保是她宠信的一位将领，在 1860 年英法联军入侵之时，胜保曾参与了抵抗的战争，因此被太后赏识，由于他的运气好，恰逢朝廷无知，他成了英法联军停止向热河进军的功臣，也因此受到了太后特殊的恩赐。

然而，在 1863 年，他在镇压太平军的作战中，按照一种在中国军事作战中经常用到的方法，请求用高官厚禄招降一位叛军首领。慈禧太后深知这种做法的危险性，断然拒绝了他的请求，并明确说出了自己的理由。

胜保竟然胆大包天地压下了这道谕旨，并违抗太后旨意，私自授予了那个叛军将领官职。招降的成功几乎就要证明了他的做法是对的，就是在这时，那名叛军将领突然反悔，并趁机反叛，朝廷的很多将领都因此而丧命，几个重要城镇也接连失守。

胜保被朝廷逮捕并押解回京。经过严刑逼问，胜保承认了自己的几项轻罪，还承认了自己携带妇女随营的事情。这在清朝的律法当中是杀头的死罪。而对于其他的指控，胜保一概不认，甚至以非常强硬的态度要求与原告对质。慈禧太后在这时颁布了一道谕旨，大致意思是：胜保犯下的罪行，应该斩首，但是念及他曾经在抵抗英法联军、镇压太平军的作战中多次立下战功，因此特恩赐他自尽。

我们之前说到过，慈禧非常迷信，如果我们能够回想一下中世纪巫术盛

---

① 同治元年四月二十一日上谕，见《咸丰同治两朝上谕档》第 12 册第 192 页。

行时的氛围（她就是被这种氛围所熏陶的）的话，也就不会觉得奇怪了。受到儒家学派的影响，她在宗教问题上一直秉承着一种包容的态度，在不愿提及的鬼神之事上，仍然非常愿意敬拜这些鬼神，并在日常事务中，会听信术士们的指导。

她在刚开始垂帘听政的时候，就以皇帝的名义颁发了一道谕旨，这道谕旨会让我们不由自主地想到巴比伦时代，在那个时代，巫师和占卜者有着很高的地位。谕旨内容如下：

七月十五日夜间，忽见众星流向西南甚多；本月二十五、六日夜，复有彗星见于西北。上苍垂象，变不虚生。且自上月以来，京师疫气盛行，至今未已。朕虽年在冲龄，实深恐惧。兹奉两宫皇太后懿旨：天人交儆，必政令有阙所致。惟当上下同心兢惕，益自修省……其勤思职业，用戒戏愉，以邀天鉴。①

谕旨在最后对所有的相关人员都进行了告诫。

我们在之前的章节里介绍过，慈禧从西安回銮的时候是如何慎重地与术士一起商定她重新进入北京城的黄道吉时的，对于他们的建议，慈禧非常虔诚地希望能够严格遵守。她对吉凶征兆非常在意，这大概是出自她的本能（像拿破仑一样）。这种本能，凌驾于她心中务实的一面，但是，一旦有重大的危机出现，或者是她至高无上的权威受到威胁的时候，她务实的一面便会展现出来。

她一直祈求祖宗的神灵保佑她，认为祖宗的神灵是真实存在的，但就算是这样，如果祖宗的神灵影响到了她的专制权威，她也会毫不犹豫地将祖宗的神灵束之高阁，事后再以虔诚的祭祀来表示自己的忏悔，祈求神明的宽恕。

能够直接证明这一点的是，她无视大清继承法，在同治皇帝驾崩之后，选立了光绪皇帝，从而导致无后嗣为同治皇帝祭祀。这在当时的中国人眼中是不可饶恕的。

最能展现太后迷信的事情是，她为自己的墓地和陵寝的建造，在这种时

---

① 同治元年七月二十七日上谕，见《咸丰同治两朝上谕档》第 12 册第 355 页。

候，就到了御用的风水术士大显身手的时候了。1873 年同治皇帝亲政之后所做的第一件事，就是陪伴两宫太后去东陵，精挑细选出两块依山傍水的风水宝地来建造墓地，并举行了庄严肃穆的驱邪仪式。就连选定开工的吉日都要举行专门的仪式，经过神秘的计算。

为了能够严格按照风水术士提出的要求来修建陵墓，确保不出差池，太后命自己的心腹大臣荣禄担任陵墓总监工一职，这一差事可是让满洲大臣们垂涎三尺的职位，因为这个职位历来都是一个“肥差”。

风水方面的严格要求，给这两块墓地带来一个大麻烦。最后，慈安太后的陵墓向西北移了一些，慈禧太后的陵墓向东北移了一些。

慈禧没有畏惧过任何人。从她掌握政权的那一刻起，她就坚信自己的命运，并认为这是上天赐予的权力。她享受自己的权力，就像享受美酒一般。她喜欢对文武百官进行说教，并能够从中获得乐趣。在她颁发的谕旨中不难看出这一点。

在 1862 年，她还尚未满二十七岁时，就经常一本正经地告诫军机大臣们要痛除旧弊，严禁腐败，严于律己，尽忠职守。有这样一道谕旨：

各部院大臣，皆出自特简，庶绩厘凝，全赖该大臣等献替可否，以臻妥协。即举措或有未协，亦当力争匡救，用辅不逮，方合古大臣忠亮之义。[1]

还有一次，她在鼓励朝臣们要敢于弹劾恭亲王时说：

该大臣均系特简，与王同列，如遇事有窒碍，即当面折廷争，公忠共矢，如《书》所称“汝无面从，退有后言”者，引为鉴戒，方足以励大臣之节。[2]

慈禧非常善于运用文字做出这样的训诫，中国士大夫特别推崇这些东西。能够写出这些训诫大臣们的警句格言，让慈禧感到非常得意，但是人们总是觉得她的那些陈词滥调不过是表面功夫，不必当真。就像我们所了解到的那样，《泰晤士报》驻北京的记者说，她为了能够重新获得康格夫人和其他使臣夫人的好感，特意表现出女孩子气的骄纵。

---

① 同治元年三月初八日上谕，见《咸丰同治两朝上谕档》第 12 册第 111 页。
② 同治元年三月十九日上谕，见《咸丰同治两朝上谕档》第 12 册第 131－132 页。

毫无疑问，太后在各个阶层的臣民中，有着极高的声望和威信。尤其是在北京城及周边地区，人们对她非常的敬爱，每每提到她的时候，都是怀着钦佩、崇敬之情。

虽然人们心中清楚，义和团起义以及后来的灾难，她都有着不可推卸的责任，但人们似乎并没有归罪于她。反而觉得她拿大清帝国孤注一掷时非常勇敢，值得被爱戴。平民百姓认为她驱逐洋人的意图是正确的，而且她也确实拼尽全力了。

将洋人“赶进大海”这个宏伟计划是得到百姓认可的。哪怕这次失败了，也是天意如此，他们坚信，这个计划终有一天会成功的，然后就可以证明太后的智慧了。他们对太后的不满之处，就是太后回銮之后，竟然屈尊投降，还与洋人往来密切；即便如此，她的臣民对她还是同情多过责备。

她的百姓中，见过她的寥寥无几，他们对她的了解不过是来自于茶余饭后、街头巷尾的闲谈，但是，在他们的心中，老佛爷是那样的勇敢、慷慨、仁慈。即使她经常动不动就大发雷霆，但她在百姓心中的形象并没有受到影响，因为中国人认为，如果不将心中的怒火发泄出来，会对身体产生极大的伤害。

北京城周边的百姓是那样的淳朴简单，对他们这位动不动就大发雷霆的君主非常的宽容，就像宽容女子的善变：于他们而言，她是一个统治者，也是一个天真善良的女子，见多了残暴的官吏和酷刑的人们，对太后的暴政也就见怪不怪了。

本书的作者之一曾非常幸运地见过一次太后，当时她正坐着轿子去东陵，途经齐化门外的东岳庙，并在那里用了早膳，然后便坐着轿子去往通州。轿子所到之处，道路两旁都跪满了百姓，有一瞬间，轿帘被风吹了起来，人们看到太后竟在轿子里面睡着了。百姓是那样的善良，他们高兴地说：“看呀，老佛爷睡着了。她一定是事务繁多，过于操劳，能有这样一个千载难逢的机会见到老佛爷的真容，真是荣幸至极呀！”

人们认为，慈禧是凌驾于法律之上的。例如，她曾颁布过禁止酷刑的命令，但是几周之后，即 1904 年 7 月的一天，她便亲自下令将维新党人沈荩杖毙了，公众舆论对此并没有产生什么异议。

没过几天，就在皇宫上下都在为她准备七十大寿的时候，她又下了一道谕旨，拒绝了皇上要给她授予尊号、增加俸禄的请求，说自己此时没有祝寿的心思：

值此时事多艰，日、俄两国兵事未定，我东三省境内人民，方在流离颠沛之中；广西叛匪披猖，生灵屡遭荼毒，其余完善各省，亦复疲于捐派。民力难堪，满目疮痍，深宫无日不为引疚，岂尚忍以百姓之脂膏，供一人之逸豫。

又说：

内外臣工，其各修职业，各矢血诚，于筹饷练兵、兴学育才以及农、商、工、艺诸要政，凡有裨于民生者，合力振兴，切实整顿，用以宏济艰难。俾天下苍生，咸乐升平，而跻仁寿，是则予之所厚望也。①

毋庸置疑，沈荩的亡灵及时得到了安抚。

有一点是不容置疑的，她的报复手段有时候是非常残忍的。《景善日记》中有过记载，就算是她身边的大红人，在她发怒的时候都会躲得远远的，如果没有办法躲开，也要尽可能事事小心翼翼地顺着她。

谁都明白，如果有人胆敢对她至高无上的权力发起质疑，或者对她追寻权力所采用的手段提出异议，那她一定无法容忍。但是他们也清楚，那些忠于太后、尽职尽责的人，她在心中都清楚地记着呢，她不会忘记自己的朋友，这一点有点像俄国女皇凯瑟琳。

在中国的中南地区，太后并不受欢迎，尤其是在甲午中日战争之后，他们对她的厌恶表现得更加明显，戊戌变法之后更是强烈，这种现象主要是因为汉人的排满情绪，其中也有政治的原因。尤其是广东地区，那里的煽动家们一直对太后进行着猛烈抨击，甚至将太后说成是史无前例的妖怪。

那些狂暴又机敏的广东人在表达他们的观点时，常常是肆无忌惮、言辞下流的。有这样一种普遍现象（不仅仅是在中国）：人们总是习惯性地将社会的不道德怪罪到统治者的头上。从这个角度来看，这些人对太后的指控，我们就可以不予采纳。

南方鲁莽之徒和讽刺家的言论中，能够引起人们兴趣的是，它们反映了

---

① 光绪三十年五月二十七日上谕，见《光绪宣统两朝上谕档》第30册第97页。

中国统治阶级内部可能出现了分裂，并表明新兴力量已经开始出现，满洲的统治已经开始衰弱，甚至逐渐被人们摒弃。

1898 年一首流行一时的打油诗描述了广东人对满人的态度："煌煌我大清，三个问题不须问：皇帝祭何祖？太后祀何神？公主嫁何夫？"第一个问题暗示的是满洲皇帝的出身。第二问题则说的是新年时候一项神秘的祭祀，广东人认为这是太后和后宫嫔妃们的过错。最后一个问题指的是满洲人近亲通婚的习俗，这在汉人眼中是有悖伦理的，要知道汉人甚至不能接受同姓结婚。

然而，这些也不过是一些地方上的表现，戊戌变法之后便逐渐不被追捧了。上海有的华文报纸表现出了非常明显的排满倾向，其中很多文章表达的是对太后个人的敌意，所产生的结果也是非常有局限性的，并没有比少年中国党祈求政府变革的结果好多少，其观点也没有什么分量。

官僚阶级总体上来说对太后是忠诚的，敬重的，并对太后的治国才能和智慧表现出赞赏和钦佩之意，认为正是太后让大清在危难之中得以保持团结。他们认为，在太平军叛乱之后，中国能够迅速恢复过来，是因为太后重用了曾国藩，也正是因为她的睿智，中国才能在 1898 年避免遭受激进派的改革危险。

他们还认为，在 1860 – 1861 年，如果不是她巧妙地对载垣进行了秘密处决，大清可能早就已经土崩瓦解了。如今他们感到，太后那双强有力的手已经无法掌舵了，大清这艘大船已经危机重重。

卡尔小姐曾对太后的生活进行过详细的记载①，对宫廷的庆典娱乐描写得绘声绘色，堪称是对中国宫廷生活的第一部权威记述。

太后不仅在国家事务上极富天资，在文学艺术方面也有着浓厚的兴趣。她热衷于听戏、演戏和庆典，并且无论何时何地都能陶醉其中，每天都要选取自己想看的曲目。即使是她在逃往西安的时候，也要召戏子进宫唱戏。她也因此而招致很多非议，甚至是御史大臣的批评。

慈禧太后的生活可以分为几个阶段。在 19 世纪 90 年代之初，尚未重修

---

① 书名为《和中国太后在一起》。译注：最早版本由陈霆锐翻译，书名为《慈禧写照》。——原注。

颐和园时，我们所了解到的很少。但是，到了她的中年时期，她开始奉行“中庸之道”时，她的生活习惯开始有了规律，趣味也变得简单。她钟爱颐和园，里面的园林景致、湖光山色让她沉迷，一直到去世，她都很少回紫禁城。在颐和园中，没有繁文缛节，可以自由自在，这让她感到舒适快乐。她喜欢游湖，还经常与大臣的家眷们（尤其是荣禄的福晋和大公主）聊聊家长里短，谈谈陈年旧事，畅想美好未来。

她热爱文学和历史知识，因此赢得了士大夫的拥戴。于士大夫而言，经史典籍就是他们的宗教信仰。她眼界开阔，所读的书籍多而杂。她每天都会让经过专门训练的太监为她读名家作品，常常会花上几个小时。她深知教育的重要性，也清楚旧瓶装新酒的危险。

在生命的最后，她终于认识到，清王朝的局势正在迅速转变，中国圣贤的智慧已经不能再为政治统治提供助力。这一方面，她非常清楚，她此时的行为与她 1898 年的所作所为有着鲜明的对照。但是，我们也需要认识到，她之所以反对维新变法，更多的是因为她感觉自己受到了侮辱，1900 年，她决定支持义和团也是这样的原因。

1876 年，北京开设同文馆，主要是教授语言和科学，那时有一位御史奏称“天文、算学等事宜归钦天监、工部”，对此，太后曾大加斥责，还下了谕旨：

朝廷设立同文馆，取用正途学习，原以天文、算学为儒者所当知，不得目为机巧。正途人员用心较精，则学习自易，亦与读书、学道，无所偏废。是以派令徐继畬总管其事，以专责成，不过借西法以印证中法，并非舍圣道而入歧途，何至有碍于人心士习耶？[①]

之前，我们多次提到过慈禧早年开始垂帘听政时，皇宫里面是何等的铺张奢靡。御史们就这个问题多次谏言，言辞详细，甚至让我们读了之后，也觉得他们确实应该指责太后。

这一时期（特别是 1862 年到 1869 年），御史们的谏言都指向了太监，说他们在宫中作恶且影响力与日俱增。他们极为腐败，还煽动太后铺张浪

① 同治六年正月二十九日上谕，见《咸丰同治两朝上谕档》第 17 册第 24－25 页。

费，不仅造成了国库空虚，还导致了对地方财政的搜刮。

那段时间可以说是她最为放纵的时期，即便如此，她仍然保持着宽宏大度，对于御史的谏言公开褒奖，并宣称自己也希望能够节俭，以此来应对公众舆论。1869 年，在筹备同治皇帝的大婚时①，太平军的叛乱导致民不聊生，军机处对增加宫廷开支表示强烈的反对。当时，太后下了一道谕旨："现在民生未裕，军务未平，物力艰难，正宜倍加爱惜。"②

事实上，她并没有遵守这样的原则做事。但是，有必要清楚的是，那些庞大的开支中，相当大的一部分其实已经被装进了官员和太监们的口袋里，不管军机大臣是怎样的斥责，这样的事情已经成了默认的习惯。

慈禧太后也清楚，在那些庞大的开支中，有很大部分被官员和太监中饱私囊了，但她仍然睁一只眼闭一只眼，这种观念在中国是根深蒂固的，况且，她自己也能从中得到很多的好处。她在接见外交使臣们的夫人时，经常会问一下日常物品的价格，用这样的方法，让身边的总管太监意识到，她对超支的事情心中有数。

虽然，慈禧讲究排场和奢华，平时出手大方，但她作为女人，也像很多家庭主妇那样，有着节俭的本能，到了晚年的时候，甚至可以说是吝啬。中国宫廷的开销，没有规定专门款项数额，完全取决于农业收成和贸易状况，地方上征收的赋税有一部分是用于朝廷开支的。③ 这些款项没有定数，在一定程度上解释了为什么太后喜欢聚敛财富，这一本能让她在皇宫的储藏室里收藏了很多的金银财宝、丝绸、药材、钟表。

慈禧去世的时候，一位大臣估算了一下，她的个人财产（包括她所收藏的金银财宝）大约有一千六百万英镑。显然这只是一个大概数字，众所周知，1900 年朝廷在逃亡时，慈禧太后就在宁寿宫中埋藏了六千万两的黄金④（大概是八百万英镑），各省送到太原和西安的贡品比这个更多。

慈禧太后自豪于自己的容貌。她的确有骄傲的资本，即便是在晚年时

---

① 同治大婚是在同治十一年（即 1872 年）九月，但是筹备大婚是从 1869 年开始的。

② 同治八年三月二十七日上谕，见《咸丰同治两朝上谕档》第 19 册第 100 页。

③ 自乾隆年间以来，这笔开支平均每年约四千万两白银。——原注。

④ 这批黄金大部分是从肃顺家中查抄所得的。

期，她的皮肤依然白皙，容貌依然年轻。（她去世之前，一位画师给她绘制肖像，她还让画师将她的皱纹略去。）她像大部分女性一样有着虚荣之心，每天花在梳妆打扮上的时间非常多，尤其是在梳头上，更是用心。1900年，在逃出皇宫时，她还因为不得不佩戴汉人的头饰而抱怨。

她身体健康，活力四射。她觉得这主要是因为她每天早起，生活规律，经常喝牛奶。她吃得不多，但是非常讲究，可以说她简直就是一个美食家，热衷于山珍海味。她吸食鸦片，但是极为有度，只在每天处理完政务之后享受片刻。

她深知过量吸食鸦片的危害，并通过了唐绍仪等人的禁烟法令。但对于适量吸食鸦片的人，她能够给予理解，她用经验得出结论：鸦片能够对人的心智产生安慰和刺激作用。于是，她在1906年11月22日的禁烟谕旨中表示六十岁以上的人可以吸食鸦片。对禁烟法令，她还是很肯定的，只不过对和自己一样能够适度消遣的人，不是特别苛刻。

这就是慈禧太后，一个非比寻常的女人。她的不同于常人的个性和在事业上的成功，让她在世界伟大统治者的行列中赢得了一席之地。用平常的分析比较的办法，是无法讲通她在事业上取得的了不起的成就的，也无法解释她的臣民对她的爱戴。

毋庸置疑，这就是所谓的“魅力”。这种品质非常神秘、无法言明，不依赖于道德、伦理、教育、文明。它非常有吸引力，让大多数人无法抗拒。这个女人就是凭借着这种魅力，赢得了人们的尊敬和爱戴。

这种个人魅力，这种如磁场一样有吸引力的气场，就是她能够在长达半个世纪的时间里统治地球上三分之一的人口的原因。凭借这种魅力，她让中国的英雄豪杰都来归顺；也因为这种魅力，她让老佛爷的名字有了卓越美德和超凡智慧的属性。

一些欧洲人，在对她的复杂、不可揣摩的性格特点进行研究的时候，习惯性地站在欧洲的道德观点上，认为她是冷血的、残暴的。我们并不是否认这些事实，也不是为她的罪行狡辩，但是，我们必须承认，让她遵循完全不懂的道德和行为标准对她是不公平的。而且，将她与她的先辈和同一时期的人们来比较，按照她的臣民们的结论来看，她不应该被判定为邪恶之人。

在英国的近代史上，人们为了口中的国家利益，也残酷地剥夺了别人的生命；在伊丽莎白和玛丽女王（两个温和的女王）时代，为了维护王权，为了捍卫基督教，很多人被绞死、车裂。

慈禧在面对死亡的时候，就像活着的时候一样，甚至直至最后一刻，她都对未来充满了希望。她无法忍受因病无法处理政事的日子，直至最后，她心中所惦念的仍然是大清的江山和她推行的新政。她盼望着迎接一个新的时代，一个光荣的时代，那不仅仅是中国的时代，也是她自己的时代。

在死亡来临之际，她毫不畏惧，坦然视之，平静地迎接未知世界，好像是要去游玩一样。她并不想与人世告别，不想结束满怀热情的人生。不同于那位英格兰都铎王朝的女王，她虽然不情愿，但她仍然优雅地听从命运的安排，高贵地谢幕，自信地迎接接下来的命运。

后 记

最初接到《我眼中的慈禧》的编译任务时，我的内心多少是有些忐忑的，因为我的英语水平有限，再加上已经有那么多翻译得很好的译作在前，我作为写作行业的后辈，自然很担心自己编译的作品，不能被大家接受和喜欢。

但与此同时，我又是有些激动的，作为一个满族人，能通过这样一个机会，对清朝的历史做一次更深入地了解，对我来说这样的机会是很难得的。所以，经过一番思虑之后，我决定开始着手编译这本《我眼中的慈禧》。

在通读濮兰德和巴克斯的英文原文及陈冷汰译《慈禧外纪》（中华书局版）、秦传安和虞丽琦译《老佛爷的一生》（华文出版社版）之后，我有了初步的想法。

这既然是一部编译作品，自然要做到在尊重原著的前提下，保证书中所传达的内容更接近事实真相，因而在编译的过程中，对原文中的某些错漏进行了修订。

其次，在进行编译的过程中，我还将原文中涉及到历史文献资料的地方，均核校了中文原始文献，以最大程度还原事实真相。

但不得不承认，由于本人能力有限，仍然有部分内容未能查到原作者所引用的文件究竟出自何处，因而只能对原文进行直译。

由于本人能力有限，文中如有错漏之处，还请读者批评指正。

钟小萌

2020 年 6 月于沈阳